TRANSFORMACIONES ACTUALES DEL DERECHO ADMINISTRATIVO

TRANSFORMACIONES ACTUALES DEL DERECHO ADMINISTRATIVO

1.ª EDICIÓN

Miguel Ángel Ruiz López

COLEX 2022

Calle Costa Rica, número 5, 3º B (local comercial)
A Coruña, C.P. 15004
info@colex.es
www.colex.es

I.S.B.N.: 978-84-1359-489-7
Depósito legal: C 550-2022

A todos los que mantienen su dignidad y, en especial,
a quienes la han perdido.

SUMARIO

CAPÍTULO III
EUROPEIZACIÓN DEL DERECHO ADMINISTRATIVO

CAPÍTULO IV
CONCEPTO DE SERVICIO PÚBLICO, JUSTIFICACIÓN DE LA INTERVENCIÓN ESTATAL EN LA PRESTACIÓN DE SERVICIOS PÚBLICOS Y PROCESO DE LIBERALIZACIÓN

CAPÍTULO V
HUIDA Y RETORNO DEL DERECHO ADMINISTRATIVO

CAPÍTULO VI
DE LA ADMINISTRACIÓN PRESTADORA DE SERVICIOS A LA ADMINISTRACIÓN GARANTE

CAPÍTULO VII
LA CUARTA REVOLUCIÓN INDUSTRIAL Y EL DERECHO Y LOS DESAFÍOS PARA EL DERECHO ADMINISTRATIVO

CAPÍTULO VIII
NUEVAS HERRAMIENTAS DE GESTIÓN PÚBLICA

CAPÍTULO IX
LOS RECURSOS HUMANOS EN LA ADMINISTRACIÓN PÚBLICA

INTRODUCCIÓN

El Derecho administrativo se configura en la actualidad como un fenómeno multinivel y multiforme, de manera que se expresa tanto en el ámbito doméstico como en el global. En este contexto, se ha producido una pérdida del tradicional carácter territorial del Derecho administrativo, a consecuencia de la presión ejercida por la globalización, que se ha manifestado particularmente en áreas como los mercados financieros o el medio ambiente. Las nuevas normas pertenecientes al Derecho administrativo global tienen una vocación más allá de la propia esfera estatal, lo que además ha provocado una pérdida progresiva por parte del Estado del monopolio de la producción normativa, así como la desestatalización de la propia Administración pública, como realidad independiente con capacidad para actuar en el ámbito internacional cada vez con mayor autonomía.

Al mismo tiempo, y a consecuencia de los mismos procesos mencionados, se ha producido una progresiva «administrativización» del espacio jurídico global, de manera que se puede diferenciar un conjunto específico de normas internacionales materialmente administrativas que resultan de aplicación tanto a las organizaciones internacionales como al resto de redes de ámbito global. De este modo, el proceso de globalización exige un nuevo orden jurídico que no se encuentre constreñido por el principio de soberanía estatal, desarrollándose un nuevo espacio jurídico global como mosaico de sistemas jurídicos multinivel.

Puesto que los efectos de la globalización comienzan a manifestarse desde finales del siglo XX, la noción del Derecho administrativo global es aún reciente, pudiéndose encontrar diferentes opiniones dentro de la doctrina acerca de la verdadera existencia de tal Derecho, así como de la creación de una Administración global. Cabe destacar en este sentido las aportaciones y clasificaciones realizadas por KINGSBURY, KRISCH Y STEWART, así como SCHMIDT-ASSMANN, distinguiendo tanto los tipos ideales de Administración global, como el conjunto de relaciones internacionalizadas o los sujetos que participan de dicha Administración global.

En contraposición a ello, otro sector de la doctrina ha señalado las principales deficiencias de estos conceptos, puesto que se basan aún en una realidad parcial y fragmentaria que no ha suscitado unanimidad en la doctrina, ni en cuanto a la definición del concepto ni a los caracteres específicos que presenta este Derecho y la Administración pública global. Al mismo tiempo, tampoco se encuentra específicamente delimitado el alcance del nuevo Derecho administrativo global, puesto que los conceptos en los que se basa provienen de muy diversas disciplinas.

Entre las consecuencias fundamentales de la creación de un Derecho administrativo global puede destacarse la reconfiguración de las relaciones entre el Derecho público y el Derecho privado, de manera que se difuminan las fronteras entre ambos. Al mismo tiempo, se produce la multiplicación de autoridades administrativas independientes con capacidad de establecer su propia regulación, lo que a su vez ha provocado el declive de la legislación parlamentaria y el debilitamiento de las normas administrativas.

En este contexto de transformación emerge un Derecho administrativo global, tanto en lo que respecta a la creación de un nuevo campo de investigación y la extensión de la perspectiva metodológica tradicional, como las propias transformaciones operadas sobre la Administración: nuevos mecanismos de legitimación democrática y el control del ejercicio de la autoridad pública, así como nuevos cambios en la gestión administrativa, pasando de una óptica puramente legal a otra que incluye principios como la transparencia o rendición de cuentas.

Al mismo tiempo que se produce dicho proceso de globalización del Derecho administrativo, cabe destacar un proceso de europeización, que puede definirse como la transformación de los ordenamientos nacionales a consecuencia de la influencia de las disposiciones comunitarias, traducido en la convergencia jurídica entre estos y la creación de una serie de disposiciones administrativas de aplicación común. De este modo, al igual que puede distinguirse un espacio administrativo global, en este nuevo contexto se configura una unión administrativa europea, de manera que se genera un proceso de homogeneización y consolidación de una cultura administrativa europea.

La europeización del Derecho administrativo se configura como un proceso gradual que avanza al ritmo de la integración europea. La doctrina también ha señalado que aún no puede caracterizarse por ser coherente y exhaustivo, de manera que sigue en continua evolución. No obstante, a pesar de sus carencias, existe una serie de ámbitos en los que el proceso de europeización de las disposiciones administrativas se ha manifestado con particular relevancia. Este es el caso del Derecho ambiental, concretamente en lo que se refiere a los trámites administrativos de evaluación e impacto, y a los principios jurisprudenciales cuyo objetivo es preservar el bien común del medio ambiente. Por otra parte, este proceso se advierte asimismo en la teoría del servicio público, mediante el proceso de liberalización y la creación del mercado único, que han llevado a la creación de nuevas categorías como el servicio económico de interés general o los servicios de interés general no económicos, y han contribuido asimismo a la defensa de la competencia en el seno de la Unión. Finalmente, cabe advertir la europeización de los procedimientos administrativos nacionales, reconociendo soluciones jurídicas comúnmente aceptadas y a través del fomento del principio de buena administración.

En el libro se proponen distintas circunstancias legitimadoras de la intervención del sector público en la prestación de ciertos servicios. Entre ellas se encuentran aquellas que tienen una naturaleza político-económica, como la existencia de monopolios naturales y aprovechamiento de las economías en red, la gestión de unos bienes públicos que no podrían ser ofrecidos de forma eficiente por el sector privado, la lucha contra las posiciones dominantes o la prestación de los servicios de acuerdo a principios como la regularidad. A todo lo anterior se han de sumar las justificaciones de intervención del sector público de naturaleza social, como es la procura del acceso en condiciones de igualdad a los servicios públicos y el mantenimiento de una cohesión social y territorial.

A continuación, se analiza el proceso de liberalización de los servicios públicos, que puede tener tintes propios de privatización o desregulación, pero que posee autonomía propia. El impulso que ha propiciado este proceso ha contado con distintas motivaciones. Por un lado, el sector público no ha sido siempre eficiente en la prestación de servicios públicos, pues no en pocas ocasiones las empresas públicas se han visto utilizadas como un instrumento en la persecución de objetivos ajenos a las funciones propias del servicio público. Pero la ineficiencia también se aprecia desde una vertiente social donde la vocación cohesionadora no ha sido alcanzada de manera deseable. Junto a lo anterior, el proceso de liberalización de los servicios públicos encuentra alicientes en la desmitificación tradicional de la gestión pública o la crisis del monopolio natural en términos económicos.

Se añade una reflexión global sobre el impacto de este proceso en el Derecho administrativo y la indudable repercusión del Derecho comunitario europeo. Y es que una de las consecuencias fundamentales provocadas por el proceso de liberalización de servicios públicos ha sido el proceso de huida y retorno del Derecho administrativo. El primero de ellos supone la creación de entes sometidos al Derecho privado en detrimento del Derecho administrativo, mientras que el segundo se refiere a la tendencia opuesta que se ha manifestado en años más recientes. El proceso de huida se ha justificado tradicionalmente sobre la base de asegurar una mayor flexibilidad y agilidad en la gestión administrativa y la actividad jurídica de las entidades, pero al mismo tiempo produce una serie de consecuencias de indudable trascendencia. Además de los efectos positivos señalados, se han generado una serie de problemas como la inobservancia de principios esenciales del procedimiento administrativo; particularmente en los ámbitos de contratación y concesión de subvenciones. Este proceso, en definitiva, manifiesta la incapacidad del Derecho administrativo de responder a las nuevas demandas sociales, lo que provoca la utilización del Derecho privado.

Junto a estas consecuencias de carácter general, se han manifestado otras puramente sectoriales. En el ámbito de los recursos humanos, se produce la multiplicación de personal laboral, de manera que los principios de mérito y capacidad reducen su ámbito de aplicación. En el ámbito patrimonial, supone múltiples remisiones al Derecho privado en cuanto a adquisiciones y enajenaciones de bienes. En lo que respecta a la organización y gestión, supone acudir a personificaciones propias del Derecho privado y en el ámbito presupuestario provoca la atenuación de los controles públicos sobre el erario. Finalmente, en el ámbito contractual, supone la eliminación de disposiciones fundamentales que garanticen la libre concurrencia y una adecuada adjudicación de los contratos.

Frente al proceso de huida del Derecho administrativo, sin embargo, en los años más recientes se manifiesta precisamente la tendencia contraria. Este retorno al Derecho administrativo se ha visto favorecido por la aplicación del Derecho comunitario y la necesidad de respetar los principios de estabilidad presupuestaria y sostenibilidad financiera. Este retorno se ha manifestado de manera fundamental en el de reestructuración administrativa, particularmente en el ámbito local español, en cuanto a la aplicación del procedimiento administrativo y sus disposiciones a las entidades de Derecho privado cuando ejerzan potestades administrativas, o en el ámbito contractual, donde se ha producido una extensión del ámbito subjetivo de aplicación de la legislación de contratos del sector público. Este retorno al Derecho administrativo presenta elementos positivos como las garantías de los principios de transparencia, igualdad y control, pero al mismo tiempo demanda nuevas mejoras de la eficacia administrativa.

En este contexto se ha producido el cambio de paradigma de una Administración pública prestadora directa de servicios a otra que actúa como garante de aquellos que pueden ser prestados por entidades privadas. Adquiere una importancia fundamental la función de regulación administrativa, entendida como la capacidad de la Administración de orientar el funcionamiento de los mercados hacia los objetivos de servicio público que resulta necesario satisfacer. La justificación de la función reguladora tiene una explicación eminentemente económica, pues a través de ella se asegura el suministro de determinados bienes públicos, la necesidad de corregir las disfunciones que se dan en el seno de la sociedad o la garantía de la competencia.

En este nuevo contexto, la Administración ha desplegado una serie de potestades administrativas, necesarias para garantizar la correcta prestación de los servicios por entes privados, mediante la transparencia de los procedimientos o el uso de instrumentos procedentes del sector privado como la normalización.

Junto a la función de regulación, cabe destacar una nueva tendencia particular que se conoce como autorregulación regulada, y que se refiere al incremento de la capacidad de los entes privados en el ámbito de la decisión y autoorganización, de manera que se genera un proceso de «administrativización de la sociedad». El aumento de la capacidad de influencia de determinados sectores privados ha provocado una correlativa disminución de la de los poderes públicos, a través de diversas estructuras: así, destaca la existencia de organizaciones que se dotan voluntariamente de códigos de conducta, de otras que establecen normas técnicas y de certificación y, finalmente, de Internet, donde la autorregulación se produce dentro de una estructura que no se encuentra claramente definida ni se dirige a un conjunto de sujetos en particular.

En este contexto, estas organizaciones han desarrollado una serie de instrumentos que guardan paralelismo con los utilizados en el ámbito público: los instrumentos normativos, los declarativos, que guardan similitudes con la actividad autorizatoria, y los resolutivos, de carácter similar a la potestad sancionadora. De este modo, la consolidación del Estado social ha supuesto una menor intervención de la actividad estatal en la esfera pública, así como la proliferación de nuevas formas de regulación llevadas a cabo tanto por sujetos públicos como privados, lo que provoca una retroalimentación entre ambos, de manera que los instrumentos tradicionalmente públicos y privados se combinan para dar lugar a nuevas formas de regulación.

Finalmente, la Cuarta Revolución Industrial es un fenómeno liderado por las tecnologías que ha llegado para cambiar nuestras vidas desde una perspectiva tanto individual como global. Dentro del conjunto de entes afectados destacan la Administración pública y el conjunto de efectos que el uso de las tecnologías está provocando en su estructura, organización, funciones y valores o ética de sus empleados públicos.

En este contexto, el Derecho administrativo es una hoja de ruta hacia la plena incorporación de las tecnologías en sede administrativa. Con una base constitucional, el legislador ha aprobado varias leyes que conforman este proceso hacia el «papel cero», el «internet de las cosas» o la robotización como algunos de los elementos de la Cuarta Revolución Industrial. Un punto de inflexión lo constituyó la Ley 11/2007, de 22 de junio, de Acceso Electrónico de los Ciudadanos a los Servicios Públicos, actualmente derogada. A pesar de su importancia, el legislador fue consciente de la insuficiencia de esta norma y, más tarde, aprobaría la Ley 39/2015, de 1 de octubre, de Procedimiento Administrativo Común de las Administraciones Públicas, y la Ley 40/2015, de 1 de octubre, de Régimen Jurídico del Sector Público, que supusieron una nueva oportunidad para que el ordenamiento jurídico positivo sea el mecanismo que permita impulsar y fortalecer un modelo de Administración pública más próximo a la ciudadanía, transparente, proactivo (y no tanto reactivo), sencillo, eficaz, eficiente y sostenible.

Se abordan los desafíos que la Cuarta Revolución Industrial supone para la Administración pública y el Derecho administrativo. Entre ellos, se plantea un cambio cultural que supondrá la primera palanca de cambio hacia la digitalización de la Administración pública, para lo cual es necesario facilitar el conocimiento de las tecnologías, su utilidad y los beneficios que reportan en un mundo cada vez más competitivo. No hay que olvidar, como decía GÜNTER GRASS, que estamos saturados de información y sedientos de conocimiento, por lo que indudablemente adquirirá una importancia capital la educación en el conocimiento.

Junto a esto, se encuentra el camino a una mayor transparencia, que cuenta con la Ley 19/2013, de 9 de diciembre, de Transparencia, Acceso a la Información Pública y Buen Gobierno, como herramienta fundamental. Asimismo, será necesario un mayor control y protección de datos. El impulso comunitario ha propiciado que los Estados miembros tomen conciencia del problema y aprueben normas en sus respectivos ordenamientos jurídicos.

La Cuarta Revolución Industrial ha puesto en manos de la Administración pública distintas herramientas de gestión pública para servir de forma más eficiente y con mayor calidad al ciudadano. La actividad automatizada será la base de la Administración pública adaptada a la realidad digital del siglo XXI, la cual ofrecerá herramientas tales como el *blockchain*, idóneo para los procedimientos administrativos y la analítica predictiva, que permite centrarse en los resultados para ir más allá de los problemas u orientar la gestión de la información en torno a su utilización y puesta en práctica. Junto a estas herramientas, el *cloud computing*, dentro del que destaca la Red SARA, el «internet de las cosas» o la inteligencia artificial, que van a seguir transformando el modus operandi de la gestión pública.

Tampoco hay que olvidar el impacto de la Cuarta Revolución Industrial sobre los recursos humanos de la Administración pública. Será necesario diseñar nuevas formas de atraer el talento digital más dinámicas y que exijan demostrar dotes suficientes para el manejo de las herramientas digitales. Además, ante la próxima descapitalización de la función pública, el traspaso del conocimiento intergeneracional contribuirá a aunar en los empleados públicos la experiencia de los más mayores y los conocimientos tecnológicos de los más jóvenes. Por último, el reciclaje y la formación serán componentes fundamentales en este cambio de paradigma y las relaciones de puestos de trabajo se verán afectadas de manera que algunos puestos profesionales desaparecerán y, en cambio, otros se incorporarán por ser especialistas en nuevas tecnologías.

Expuestas estas líneas actuales de transformación del Derecho administrativo, es imposible, al menos para mí, realizar un pronóstico de los derroteros del Estado y de la suerte de ese escenario global en el que está inmerso. En cualquier caso, no se puede pasar por alto su mención. El futuro es incierto, aun cuando parece lícito afirmar que, en rigor, dichas transformaciones no han de conducir a un replanteamiento radical de las bases mismas del Derecho administrativo.

CAPÍTULO I

EL DERECHO ADMINISTRATIVO Y LA ADMINISTRACIÓN PÚBLICA EN EL MARCO DE LA CONSTITUCIÓN ESPAÑOLA

Es preciso analizar el encaje de Derecho público como ordenador de la Administraciones públicas en nuestro marco constitucional, antes de abordar los principales procesos de transformación en que se halla inmerso en el momento presente.

La Constitución española, que recientemente ha cumplido cuatro décadas de vigencia, ha influenciado como norma suprema la articulación y la configuración de los distintos ámbitos que componen el Derecho administrativo, ya que como señala MANUEL CLAVERO ARÉVALO, nuestra Constitución, heredera de la tradición jurídica europea y de la propia historia del constitucionalismo español, también presenta elementos novedosos de diversa índole que ponen a la Administración en un lugar sumamente relevante, como es la mención que se hace al dominio público en la misma[1]. Aunque dicho impacto ha sido notable y profundo, aquí se presentarán los elementos esenciales que tienen como finalidad permitir una comprensión de los principales aspectos del Derecho administrativo actual desde una perspectiva constitucional[2]. Un estudio desde nuestra vigente Constitución del Derecho

1 *Vid.* MANUEL CLAVERO ARÉVALO, *Las transformaciones del Derecho administrativo en España tras veinticinco años de Constitución*, conferencia pronunciada con ocasión de la solemne apertura del curso del INAP, Madrid, 23 de enero de 2003, p. 5.

2 Un análisis más profundo del impacto de nuestra Constitución en la Administración pública y en el Derecho administrativo en particular lo realiza LUIS MARTÍN REBOLLO *vid.*

administrativo permite el mejor entendimiento de la Administración pública en nuestro ordenamiento, así como del alcance de las relaciones que entabla con los ciudadanos. Nada desdeñable ha sido el impacto de la Constitución en esta parcela del Derecho, ya que, como apunta CLAVERO ARÉVALO, según los cálculos del mismo, el 90% de la legislación administrativa preconstitucional está hoy en día derogada[3].

Para analizar el impacto de nuestra *norma normarum* en el Derecho administrativo y la Administración se van a tratar cuatro aspectos. Primero el impacto de la cláusula del Estado social, democrático y de Derecho. En segundo lugar, el impacto de la descentralización territorial que posibilita la Constitución y que se ha hecho efectiva. En tercer lugar, se tratará la relación de la Administración y el mercado en el marco constitucional. Y, en cuarto y último lugar, se tratará cómo lo contenido en el artículo 24 de la norma constitucional ha afectado al control sobre el actuar de la Administración.

1. El impacto de la construcción de un Estado social, democrático y de derecho en la Administración pública y en su Derecho

La Constitución dedica el artículo primero, que sin duda tiene un valor primordial, para proclamar que «España se constituye en un Estado social y democrático de derecho, que propugna como valores superiores de su ordenamiento jurídico la libertad, la justicia, la igualdad y el pluralismo político». Este artículo no solo plasma la forma de gobierno, sino que también consagra una serie de principios que afectarán de manera directa a cualquier tipo de intervención que hayan de protagonizar los poderes públicos.

A. El Derecho administrativo y la Administración a través del Estado de derecho

Bajo dichos principios y ante esta nueva forma de Estado y de gobierno, se vislumbraba la necesidad de adaptar la Administración pública española y el Derecho administrativo que la regulaba. Era por tanto necesario, en palabras de SEBASTIÁN MARTÍN-RETORILLO, «reedificar la Administración de acuerdo

«1978-1998: Veinte años de Derecho administrativo posconstitucional» en la obra colectiva *20 Años de ordenamiento constitucional. Homenaje a Estanislao* Aranzadi, Aranzadi, Pamplona, 1999, pp. 239-353.

3 *Vid.* MANUEL CLAVERO ARÉVALO, *Las transformaciones del Derecho administrativo en España tras veinticinco años de Constitución*, *op. cit.*, p. 7.

con los principios del modelo de Estado establecido en la Constitución»[4], al mismo tiempo que se debía lograr la consecución de los intereses generales con la mayor eficiencia posible; premisa que considera el propio SEBASTIÁN MARTÍN-RETORILLO como un requerimiento político esencial que emana de la propia Constitución.

Al ser considerado nuestro Estado como un Estado de derecho, se sitúa a la Administración pública como servidora del ordenamiento, en el cual el Derecho administrativo tendrá un papel esencial en cuanto a los límites y objetivos de la misma. El principio de legalidad, por tanto, ocupa un papel central, ya que la Administración, como el resto del aparato del Estado, queda sometida en su totalidad al ordenamiento. Se instaura así un régimen que hunde sus planteamientos en el liberalismo y en la seguridad jurídica que se debe predicar de todo Estado que siga sus premisas.

El imperio de la Ley y la primacía del ordenamiento jurídico ocupan, por tanto, un papel esencial desde la perspectiva formal, a lo que hay que añadir una serie de valores de carácter formal. Entre ellos se puede destacar que el Estado debe ser respetuoso con los derechos fundamentales consagrados en la Constitución. La Ley debe ser expresión de la voluntad popular formada conforme a los cauces establecidos en una democracia representativa. También destaca el expresado autor la necesidad de una efectiva separación de poderes, aunque no taxativa, pues ello situaría al poder ejecutivo en un lugar ajeno al control que sobre él deben ejercer los otros dos poderes. El principio de legalidad en nuestro marco constitucional para hacerse efectivo no solo debe ser llevado a la práctica desde un punto de vista formal sino también material, lo que desemboca en que ambos aspectos deben ser también garantizados por el Derecho administrativo.

Este principio de legalidad en relación con la Administración y sus actividades sujetas a Derecho administrativo se plasma de manera concreta y específica en parte de su articulado. De esa manera el artículo 103.1 indica la sumisión de Administración a la ley y al Derecho; cuestión complementada en el artículo 106.1, que enmarca el control jurisdiccional no solo de la actividad administrativa sino también de la potestad reglamentaria. Un principio de legalidad que, además, de nuevo desde una perspectiva material, queda reforzado por la responsabilidad patrimonial de las Administraciones públicas ex artículo 106.2.

Nos encontramos con un principio de legalidad cuyas garantías se pueden observar a través de tres ámbitos: el primero concerniente a la preservación de los derechos y libertades de los administrados, la posibilidad de control de la actuación administrativa por parte del poder judicial y, en último lugar, por la mencionada responsabilidad patrimonial que se deriva del funcionamiento

---

4 *Vid.* SEBASTIÁN MARTÍN-RETORTILLO BAQUER, *El reto de una Administración racionalizada*, Civitas, Madrid, 1983, p. 27.

normal o anormal de los servicios públicos. Tres ámbitos de influencia en los que está presente el Derecho administrativo como elemento básico e instrumento de dichas garantías.

Por tanto, el Estado de derecho y el principio de legalidad parecen ir de la mano, aunque sobre esta relación se ha planteado una disyuntiva doctrinal. Una primera postura defiende una vinculación expresa y positiva a la Ley. En ella se encuentran EDUARDO GARCÍA DE ENTERRÍA y TOMÁS-RAMÓN FERNÁNDEZ. Una segunda postura abandona esta premisa y considera que el ordenamiento reconoce ámbitos de actuación a la Administración más allá de los marcados por el Derecho administrativo, es decir, no tiene habilitación expresa para actuar, pero aun así actúa porque en dicho actuar se encuentra la consecución de los intereses generales. Por tanto, la Administración realiza todo aquello que la ley no le prohíbe; postura que en nuestra doctrina ha sido defendida por autores como JUAN ALFONSO SANTAMARÍA PASTOR[5] o MIGUEL SÁNCHEZ MORÓN[6]. Conviene mencionar que en ambas posturas se percibe la disputa entre la vinculación positiva y negativa que fue referida anteriormente, al tratar sobre la influencia de la *Teoría pura del derecho* en el Derecho administrativo.

Los autores mencionados usan como ejemplo los denominados reglamentos independientes, que despliegan sus funciones en el ámbito de la organización de las Administraciones, así como los apoderamientos generales de competencia que se encuentran recogidos en algunas normas con rango de ley. De la misma manera consideran que la norma superior de nuestro ordenamiento ha concedido a la Administración potestades originarias, como la potestad reglamentaria, que son en realidad formas de cooperación o coparticipación entre el poder legislativo y el ejecutivo en la consecución y alcance de los intereses generales lo que, como señala ANTONIO EMBID IRUJO, ocasiona que en esos casos no sea pleno el sometimiento al marco normativo, pues es la propia Administración la que participa del mismo[7].

Pese a ello se debe reconocer que el Estado de derecho no deja elementos que sean ajenos al poder normativo. El ordenamiento jurídico es la expresión de la voluntad popular, que a su vez es la única considerada con capacidad para limitar o definir los derechos de los administrados. Solo una norma del ordenamiento, y con especial incidencia aquellas pertenecientes al Derecho público, puede construir el marco de la actuación de Administración que quedará sometida por tanto a la Ley.

---

5 *Vid.* JUAN ALFONSO SANTAMARÍA PASTOR, *Fundamentos de Derecho administrativo*, Editorial Centro de Estudios Ramón Areces, Madrid, 1988, pp. 200 y ss.

6 *Vid.* MIGUEL SÁNCHEZ MORÓN, *Discrecionalidad administrativa y control judicial*, Espasa-Calpe, Madrid, 1994, pp. 103 y ss.

7 *Vid.* ANTONIO EMBID IRUJO, «La relación entre los poderes del Estado en la reciente dogmática alemana», *Revista de Administración Pública*, n.º 115, 1988, pp. 411 y ss.

Este pleno sometimiento, que obliga a una garantía jurídica que respalde todo el actuar de la Administración puede ser ejemplificado a través del artículo 9.,1 que señala que «los ciudadanos y los poderes públicos están sujetos a la Constitución y al resto del ordenamiento jurídico» y del mencionado artículo 103.1, que de la misma manera indica de forma ya más concreta respecto a la Administración pública que «la Administración pública sirve con objetividad los intereses generales y actúa de acuerdo con los principios de eficacia, jerarquía, descentralización, desconcentración y coordinación, con sometimiento pleno a la ley y al Derecho».

B. El Derecho administrativo y la Administración a través del Estado social

La evolución del Estado liberal, ante las insuficiencias del mismo plasmadas en las desigualdades que se fueron fraguando en su seno, llevó al mismo a actuar y a convertirse en un Estado que intervenía en mayor medida en la sociedad. De esta manera el Derecho administrativo y la Administración pública como brazo del poder ejecutivo asumen un papel más relevante frente a los ciudadanos. Ya no solo se limita desde una labor de policía a defender la legalidad, sino que extiende sus actividades al ámbito de lo social y de los servicios públicos. Es el nacimiento del Estado social que se plasma en el artículo 1 de la Constitución antes citado. Un Estado social que crea una nueva perspectiva en relación con el Estado de derecho, pese a que como señala LUCIANO PAREJO ALFONSO «aunque sea cierta la tensión entre los principios de sumisión al Derecho y de responsabilidad social, ni hay contradicción irreductible entre ellos ni la consolidación del segundo supone en modo alguno no ya la dilución, sino tan siquiera la restricción o pérdida de importancia del primero. El Estado de derecho nunca, ni siquiera en su versión liberal, ha sido refractario a la intervención social dirigida teleológicamente a asegurar la libertad y la seguridad de los ciudadanos»[8].

A través del Estado social se hace más compleja la actuación administrativa por tener que ser la Administración la que responda del ámbito social, ahora enmarcado en los intereses generales, lo que permite también denominarlo Estado social de Derecho, como indica ALEJANDRO NIETO[9].

El modelo de Estado expuesto conlleva una Administración pública activa en los diferentes órdenes sociales y, por ello, un Derecho administrativo más extenso que posibilite dicha actuación, lo que le dota de mayor complejidad; una complejidad que se incrementa con el continuo cambio y adaptación que

8 *Vid.* LUCIANO JOSÉ PAREJO ALFONSO, «El Estado Social y Administración prestacional», *Revista Vasca de Administración Pública*, n.° 57, 2000, p. 17.

9 *Vid.* ALEJANDRO NIETO, «La vocación del Derecho administrativo en nuestro tiempo», *Revista de Administración Pública*, n.° 76, 1975, p. 23.

precisa el actuar en la realidad social. Este cambio tiene tanto una vertiente material como otra de carácter organizativo, ya que este modelo deja atrás un modelo neutral para alcanzar un modelo de Estado interventor. En palabras de CARL SCHMITT «la sociedad convertida en Estado, se transforma en Estado económico, Estado cultural, Estado previsor, Estado bienhechor, Estado benéfico; el Estado resultante de la auto organización de la sociedad no puede ya separarse realmente de ella y abarca todo lo social, es decir, todo aquello que guarda relación con la convivencia humana. El Estado neutral desaparece»[10].

La actuación del Estado social además se encuentra legitimada desde la vía de los derechos. El capítulo III del título I permite dicha actuación, legitimándola para actuar en pos de los intereses colectivos, si bien no alcanzan la protección de los derechos consagrados en la sección primera del capítulo II, como tampoco alcanzan la protección de los derechos y deberes de la sección segunda del mismo capítulo.

Pero este Estado social no se ciñe solo a las actividades prestacionales, sino que revoluciona el Derecho administrativo. ALEJANDRO NIETO[11] considera que en los momentos iniciales de la construcción del Estado liberal tras la Revolución Francesa el Derecho administrativo tenía dos facetas, la intervencionista y social y la de la protección de los derechos e intereses individuales, que fue la que se impuso durante el siglo XIX y el primer cuarto del siglo XX.

Cabe aquí adentrarse en lo que expone el autor al respecto, tanto por su interés en el origen como en el concepto de Derecho administrativo, que durante la parte inicial del siglo XIX aún parecía proteger los intereses colectivos por encima de los intereses individuales, pero a medida que la burguesía iba asentando su poder se produjo un cambio de tendencia. La burguesía detentora del poder fue modificando el Derecho administrativo para dotar de mayor centralidad a la esfera jurídica individual, en concreto a la propiedad y la libertad de los sujetos considerados individualmente. Se produce un proceso que permite asentar a finales del siglo XIX dos subparcelas dentro de la parcela que es el Derecho administrativo. La primera ALEJANDRO NIETO la considera compuesta por un Derecho administrativo de proletarios, que abarcaría las funciones de policía o la vertiente de subsistencia o caridad que ejercía el Estado. La segunda parcela estaría formada por el que el autor denomina Derecho administrativo de la burguesía, y recoge aspectos tales como la contratación, la expropiación o la función pública. Ambos Derechos no se diferencian solo en las esferas que comprenden, sino que el primero, en opinión de dicho autor, encuentra menor protección procesal que el segundo.

---

10 *Vid.* CARL SCHMITT, *La defensa de la Constitución*, Tecnos, Madrid, 1983, p. 136.

11 *Vid.* ALEJANDRO NIETO, *La vocación del Derecho administrativo en nuestro tiempo*, cit., pp. 19 y ss.

Esta evolución descrita también encontró su reflejo en la doctrina, sobre todo como reacción a la realidad que la individualización del Derecho administrativo representaba. De esta manera, ALEJANDRO NIETO considera que la expuesta teoría del servició público defendida por LEÓN DUGUIT tiene como fundamento la pretensión de recuperar la centralidad que la esfera colectiva había tenido en el Derecho administrativo a principios del siglo XIX, mientras que las posiciones de ERNEST FORSTHOFF, relativas a la caracterización del concepto de Derecho administrativo a través de la procura existencial, precisamente pretenden aunar los intereses colectivos en favor del bien individual.

Estas consideraciones han llevado a diversos autores, entre ellos a JOSÉ EUGENIO SORIANO GARCÍA[12], a plantearse si la evolución que llevó a la construcción del Estado social produjo un choque con el anterior Estado de constitución liberal; un Estado que como se ha visto pretendía la defensa de una serie de garantías negativas respecto a la interferencia de los Estados y de otros particulares. Este autor menciona que dicho choque no existe, pues no estamos hablando de una fórmula de Estado novedosa, donde la Administración puede tender a expandirse en favor del interés general y acabar por marginar los derechos y libertades conquistados en el Estado liberal y democrático, sino que estamos hablando de una yuxtaposición o incluso superposición de fórmulas donde sobre la base de las garantías anteriores se incluyen unas nuevas.

Esta yuxtaposición o superposición no conlleva dejar intacto el anterior modelo, sino realizar variaciones o correcciones precisamente para evitar fricciones, entre las que destaca el autor antes citado la supeditación del reglamento a la Constitución y a la Ley; por otro lado, la sumisión de la potestad sancionadora a los propios principios consagrados en la Constitución, incrementando las garantías que frente a dicha potestad tienen los ciudadanos, como ya se encargó de subrayar el Tribunal Constitucional a través de su sentencia de 8 de junio de 1982. Además, sobre dichos principios y garantías se han construido elementos tales como el silencio positivo o las garantías procedimentales; todos ellos encaminados a garantizar en el Estado social los derechos de los ciudadanos frente a los posibles excesos de la propia Administración pública.

Tras este breve repaso a la evolución del Estado social con respecto al Derecho administrativo, se debe retomar la perspectiva constitucional de párrafos anteriores. Nuestra Constitución recoge ya en el momento de su elaboración la fórmula más avanzada del Estado social, que es aquella que se expresa mediante la intervención en la economía. Las fórmulas de intervención administrativa en la economía, y por tanto las habilitaciones que detenta el Derecho administrativo para regular la misma, es amplia. Una amplitud que en el caso español queda reflejada en los artículos 128 y 131, ya que el primero subordina

---

12 *Vid.* JOSÉ EUGENIO SORIANO GARCÍA, «El concepto de Derecho administrativo y de la Administración pública en el Estado social y democrático de Derecho», *Revista de Administración Pública*, n.º 121, enero-abril 1990, pp. 154-155.

la riqueza de la nación al interés general, además de reconocer la iniciativa pública en la actividad económica, permitiendo incluso la existencia de monopolios públicos, así como la intervención de empresas por razones de interés general. El artículo 131, por otro lado, posibilita la planificación económica, y, por tanto, actuar en el mercado a favor del interés general.

Esta construcción del Estado social ha despertado por su situación actual dos posiciones doctrinales que se deben traer a colación. Una posición, en primer lugar, que comprende aquellos que abogan por la reducción del Estado social e incluso su completa desaparición, y una posición, en segundo lugar, que aboga por una readaptación del mismo que permita nuevas formas de actuar adaptadas a las nuevas realidades sociales. Entre los exponentes de esta segunda posición cabe mencionar a SANTIAGO MUÑOZ MACHADO[13] y a LUCIANO PAREJO ALFONSO. Este último señala que «la apuntada crisis no afecta tanto a la idea de imbricación confusión de Estado y Sociedad, es decir, de la responsabilidad del primero por las condiciones de la segunda, cuanto a la forma de cumplimiento de ésta, y, por tanto, los procedimientos de dirección y control de los procesos sociales»[14].

Independientemente de la postura que se adopte al respecto de estas consideraciones doctrinales, lo que sí parece estar claro es que el Derecho administrativo se erige en ambas situaciones como el Derecho que regula la actividad de la Administración en su vertiente social. Al ser esta vertiente social cambiante se debe considerar que dicha evolución afecta en gran medida al propio Derecho, lo que ha llevado a autores como JOSÉ EUGENIO SORIANO GARCÍA a considerar que «el Derecho administrativo de nuestros días es, pues, el derecho que regula la actividad de la AP, entendida como parte del aparato del Estado encargado de su acción interior en orden a la realización efectiva de una función de configuración social permanente de estabilidad y progreso en la comunidad jurídica mediante la aplicación directa de los valores constitucionales»[15].

Sobre el Estado social construido en nuestra Constitución y su proyección en el actuar del Estado a través del Derecho público y de las Administraciones públicas existen además otros debates doctrinales que tienen un profundo sentido práctico y que provienen en gran medida del debate anteriormente planteado sobre el desmantelamiento del Estado del Bienestar. Este debate tiene como base la discusión sobre las consecuencias constitucionales de las privatizaciones llevadas a cabo en muchas ocasiones respecto a los servicios públicos; unas privatizaciones que tienen su razón de ser en las crisis econó-

---

13 *Vid.* SANTIAGO MUÑOZ MACHADO, *Servicio público y mercado, vol. I: Los fundamentos*, Civitas, Madrid, 1998, pp. 4 y ss.

14 *Vid.* LUCIANO PAREJO ALFONSO, *El Estado Social y Administración Prestacional*. cit., pp. 20-21.

15 *Vid.* JOSÉ EUGENIO SORIANO GARCÍA, *El concepto de Derecho administrativo y de la Administración pública en el Estado social y democrático de derecho*, cit., p. 156.

micas sufridas desde finales de la década de 1970, y su explicación histórica en la caída del muro de Berlín. El debate reside en la discusión sobre los propios límites que deben marcar la conjugación de los artículos 38 y 128 de la Constitución, que defienden la economía de mercado y la subordinación de la riqueza al interés general, que ponen sobre la mesa la existencia precisamente de unos límites mínimos del Estado intervencionista que impidan la total destrucción del Estado social.

Este debate, que por las circunstancias económicas e históricas antes mencionadas pasó de ser de máximos posibles de intervención a los mínimos, tiene dos posturas encontradas en su seno: aquellos que consideran que el Estado social es una aspiración, de manera que dichos límites son inexistentes en ambos extremos o al menos como aspiración respecto al límite mínimo, y aquellos otros, entre los que podemos destacar a Luis MARTÍN REBOLLO, que defienden que la Constitución, de la mano de artículos como el 41 o el 43.1, construye unos mínimos inquebrantables de acción de la Administración que deben ser respetados, como la Seguridad Social o la propia intervención de los poderes públicos en la política económica[16].

C. El Derecho administrativo y la Administración a través del Estado democrático

En cuanto al último aspecto a considerar en lo relativo a la forma de Estado, cabe señalar que el Estado democrático, con indica LUCIANO PAREJO ALFONSO, incluye la perspectiva de legitimación del poder y de las potestades que ejercen las Administraciones públicas, lo que acarrea a su vez su efectivo control, ya sea jurídico, social o político[17].

El principio democrático tiene una amplia transcendencia en el actuar de la Administración, ya que tiene una importancia radical en la formación del legislativo que a posteriori designará al Gobierno que a su vez tiene como una de sus funciones dirigir la Administración civil y militar. Este principio se refleja tanto en el actuar de la Administración como en el propio Derecho administrativo. Por ello se puede mencionar el art. 17 de la Ley 40/2015, de 1 de octubre (LRJSP), que obliga a adoptar acuerdos por mayoría en los órganos colegiados; norma que además permite distintas formas de participación de los administrados en las tareas que tiene la Administración encomendadas.

---

16 *Vid.* LUIS MARTÍN REBOLLO, *Treinta años de Derecho administrativo español (Una primera aproximación a los principales cambios producidos)* en la obra colectiva *Derecho administrativo y regulación económica Liber Amicorum Gaspar Ariño Ortiz*, La Ley, Madrid, 2011, p. 28.

17 *Vid.* LUCIANO PAREJO ALFONSO, *Crisis y renovación en el Derecho público*, Centro de Estudios Constitucionales, Madrid, 1991, p. 42.

De esta manera se pueden traer a colación diferentes ejemplos reflejados en el propio Derecho público en general y Administrativo en particular. Cabe señalar de esta manera la posibilidad de integrar ciudadanos o colectivos en los propios órganos colegiados de la Administración, como indican los artículos 15 y siguientes de la LRJAP, o remitiéndonos a la norma suprema se puede indicar la participación en la elaboración de los reglamentos, según lo previsto en el artículo 105.a) de la CE, o desde el Derecho público se puede traer a colación la participación que permite el artículo 24 de la Ley del Gobierno. Un principio democrático que encuentra también un reflejo en la legislación autonómica y la normativa municipal, pero sobre todo en las leyes de Derecho administrativo de carácter sectorial, donde se permite una amplia participación de la ciudadanía en aspectos tales como la elaboración de instrumentos de planificación, en las propias fases de información pública o incluso de audiencia de los interesados.

2. La descentralización territorial y su impacto en el Derecho administrativo y la Administración pública española

La evolución de la Administración pública y del Derecho administrativo se puede dividir en una manera simplificada en tres grandes momentos. Uno primero que comprendería el final del siglo XIX y que se prolongaría durante el primer tercio del siglo XIX, en el cual la Administración es reducida y escasamente intervencionista, además de no considerarse en comparación con otras Administraciones de su tiempo como la francesa, altamente profesionalizada. En este período se construyó la estructura de la Administración a través de normas ya consideradas clásicas del Derecho administrativo, como son La Ley de Santamaría de Paredes de 1888 o la Ley de Azcárate de Procedimiento Administrativo de 1889, así como en el plano más material la promulgación de normas administrativas en sectores como las aguas, las carreteras, los ferrocarriles o los puertos.

Este período de escaso intervencionismo público encuentra su final durante la Dictadura de Primo de Rivera, donde la Administración comenzó a ser altamente intervencionista; período que, incluida la breve etapa republicana, encuentra su culmen en los años 50 del siglo pasado, donde se modernizaron no solo la Administración sino el Derecho administrativo gracias al impulso, por un lado, de Laureano López Rodó en la Secretaría General Técnica de la Presidencia del Gobierno, como desde un punto de vista más académico a través de todas aquellas aportaciones comprendidas en la Revista de Administración pública que tenía como director a Eduardo García de Enterría.

Pero sería el tercer momento de esta evolución el que tiene mayor interés en este capítulo, por estar protagonizado por la vigente Constitución[18]; en especial, por el impacto que tuvo en la Administración y en el desarrollo del Derecho administrativo. Ese impacto, además de traer causa de los principios antes enunciados, fue causado por la construcción de un Estado de carácter autonómico que en muchos aspectos presenta rasgos de descentralización superiores a algunos Estados con una división territorial de carácter federal.

Como señala Luis Martín Rebollo en su análisis del impacto de la Constitución en el Derecho administrativo, tras sus primeros treinta años de vigencia, el panorama de 1978 era el de un país de rasgos netamente centralistas que veía entrar en vigor una Constitución que daba pie a la descentralización, que se hizo en su opinión de manera acelerada y que conllevó que España pronto se erigiese como uno de los países más descentralizados de su entorno político[19].

Se abrió a través del título VIII de la Constitución un camino a la descentralización que fue el fruto de un consenso social previo sobre dicho aspecto que llevó a consolidar dicha pretensión en la norma superior. El único inconveniente es que el consenso de descentralización era quizá el único consenso al respecto. Su verdadero contenido, alcance o limitaciones eran los verdaderos puntos de discordia. Por ello, en el marco constitucional se optó finalmente por crear la posibilidad de descentralización, pero su contenido no era precisamente de carácter racional, sino más bien ambiguo. La mayor expresión de esta ambigüedad es lo que se ha venido llamando a este respecto el principio dispositivo de la Constitución. Se entiende por principio dispositivo la posibilidad dentro del marco constitucional de arrogarse las competencias que cada comunidad autónoma considere a través de los Estatutos de autonomía. Ello posibilitó, unido a las diferentes vías de acceso a la autonomía, que no existiese un reparto homogéneo de competencias; cuestión que no sería parcialmente subsanada hasta los pactos políticos sobre competencias autonómicas de 1992.

Pero si hay un elemento de esta construcción que Luis Martín Rebollo considera esencial es la posibilidad constitucional de construir un Estado descentralizado conjugado con la carencia de verdaderos mecanismos que posibiliten la unidad dentro de esa descentralización[20]. En este aspecto también pone el énfasis Manuel Clavero Arévalo, al señalar que el principio

18 Esta evolución trifásica ha sido defendida por el profesor Tomás Ramón Fernández Rodríguez (vid. «La Administración del Estado a lo largo del siglo XX», *Revista Española de Derecho Administrativo*, n.° 109, 2001, pp. 8-14.

19 *Vid.* Luis Martín Rebollo, *Treinta años de Derecho administrativo español (Una primera aproximación a los principales cambios producidos)*, cit., p. 15.

20 *Vid.* Luis Martín Rebollo, *Treinta años de Derecho administrativo español (Una primera aproximación a los principales cambios producidos)*, cit., pp. 16-18.

de lealtad constitucional debe ser elemento central en las relaciones entre las distintas Administraciones públicas; un principio que parece no haberse asentado en la práctica diaria con la suficiente intensidad[21].

Para Luis Martín Rebollo todo ello tiene un impacto inevitable en el Derecho administrativo, por lo cual señala que «De un Estado centralista se ha pasado a otro descentralizado, lo que supone poder legislativo autonómico, diseño de políticas propias en los más variados temas, capacidad de gestión de múltiples servicios, una nueva organización con una estructura propia y peculiar, nuevos funcionarios, más medios y una nueva planta judicial para controlar los actos y reglamentos de las nuevas organizaciones... Y eso se traslada al mundo del Derecho que, en muy buena medida, se ha "autonomizado"»[22].

Por otro lado, y de relevancia también en próximos capítulos en los que se tratará el impacto de la globalización y europeización en el Derecho administrativo, se debe mencionar que la propia Constitución posibilita la cesión de competencias de carácter soberano a organizaciones internacionales, lo que fue un reflejo de la por entonces futurible incorporación de España a las Comunidades Europeas.

El impacto por tanto del propio Derecho autonómico, incluido el Derecho administrativo autonómico y el Derecho de la Unión Europea, es hoy determinante. La Administración central y sus normas de organización y funcionamiento han sufrido una pérdida a favor de las instancias autonómicas y europeas, limitando por tanto sus funciones, a lo que además tiene que añadirse, en parte motivado por el influjo europeo, un proceso liberalizador de los servicios que de manera tradicional venía prestando el Estado, tales como la venta y distribución energética o las telecomunicaciones.

La Constitución, por tanto, consagra un modelo descentralizado de Estado que interpone entre las dos Administraciones de carácter territorial, la estatal y la local, una tercera de carácter autonómico incorporada en las comunidades autónomas. Unas comunidades autónomas que Eduardo García De Enterría considera «entes políticos de primera significación como partes mismas del Estado al cual componen propiamente y en cuya voluntad superior participan», a lo que añade que «poseen verdadera sustancia política por su misma posición constitucional»[23]; elemento que les permite asumir competencias legislativas. Es por tanto no solo un cambio en la estructura administrativa, sino también en los principios que la rigen, pues como señala Luciano Parejo Alfonso se ha dejado detrás el principio de jerarquía que

21 *Vid.* Manuel Clavero Arévalo, *Las transformaciones del Derecho administrativo en España tras veinticinco años de Constitución*, cit., p. 10.

22 *Ibidem.* p. 23.

23 *Vid.* Eduardo García de Enterría y Tomás-Ramón Fernández, *Curso de Derecho administrativo*, vol. 1, 18.ª ed., Civitas, Madrid, 2017., p. 315.

caracterizaba el modelo centralizado de Administración y actualmente ocupa esa centralidad el principio de competencia en las relaciones interadministrativas[24].

A todo ese fenómeno de descentralización de carácter territorial se le debe sumar un segundo fenómeno que afecta a todas las Administraciones descritas, que es el de la cesión a un conjunto de organismos, caracterizados por su funcionamiento independiente, de numerosas funciones bajo el argumento, en algunos casos, de una ventaja a favor de la consecución de la eficacia administrativa. Esta situación ha creado un cosmos de organizaciones administrativas que tienen como centro de sus sistemas las tres Administraciones territoriales de nuestro país. De nuevo será en este sistema complejo donde el principio de jerarquía, sin dejar de desempeñar un papel relevante, dará paso a la primacía del principio de competencia.

Pero esta pluralidad no significa un menoscabo de la unidad global del Estado, sino que la misma se consagra a través de un principio organizativo fundamental como es el principio de coordinación, consagrado el artículo 103.1 CE, y replicado de manera expresa en el artículo 140 de la Ley 40/2015, de 1 de octubre. Un principio que además se encuentra vinculado con principios afines, pero no iguales, como son los de colaboración y cooperación interadministrativa, que encuentran también reflejo en los artículos 140 y siguientes de la LRJSP[25].

Concluyendo este epígrafe sobre el impacto de la pluralidad territorial en la Administración pública y en el Derecho administrativo, se debe advertir un fenómeno que, aunque no responde únicamente a la pluralidad territorial, sí encuentra a ésta entre una de sus causas más relevantes. Es el fenómeno de la eclosión normativa, como la denomina Luis Martín Rebollo[26] Este fenómeno de eclosión normativa se caracteriza por la inmensa producción normativa realizada en todos los ámbitos y parcelas del Derecho a la luz de lo dispuesto en la Constitución, y que no responde a una sola causa, aunque si fuese preciso enumerar los elementos que la han hecho posible se debe destacar la descentralización política consagrada a través del Estado de las Autonomías. Los parlamentos autonómicos han contribuido enormemente a esta eclosión, ya que era preciso dotar del suficiente respaldo legal a las competencias asumidas por las comunidades autónomas.

---

24 *Vid.* Luciano Parejo Alfonso, *Crisis y renovación en el Derecho público*, *op. cit.*, p. 22.

25 Para un mayor abundamiento sobre estos principios cabe remitirse a Miguel Sánchez Morón (vid. «La coordinación administrativa como concepto jurídico», *Documentación Administrativa*, n.º 230-231, 1992, pp. 25-29); Luis Morell Ocaña (vid. «Una teoría de la cooperación», *Documentación Administrativa*, n.º 240, 1994, pp. 58-60); y Ángel Menéndez Rexach (vid. «La cooperación, un concepto jurídico», *Documentación Administrativa*, n.º 240, 1994, p. 17).

26 *Vid.* Luis Martín Rebollo, *Treinta años de Derecho administrativo español (Una primera aproximación a los principales cambios producidos)*, cit., pp. 29-35.

Esta es una eclosión que también desde la perspectiva territorial ha sido favorecida por un aspecto que se tratará con mayor profundidad más adelante, como es el de la europeización de nuestro ordenamiento jurídico administrativo.

El tercer motivo de esta eclosión, en opinión del autor antes mencionado, es el de la también cuantiosa producción normativa de las Cortes Generales, por lo cual no se puede considerar este fenómeno exclusivo de la división territorial del poder.

Y el cuarto elemento explicativo es la proliferación de los decretos-leyes y los decretos Legislativos a la sombra de la denominada legislación motorizada, cada vez más frecuentes en nuestro ordenamiento, como señala MANUEL ARAGÓN REYES[27].

Todo ello desemboca en una abundante legislación, gran parte de ella encaminada a regular aspectos económicos y financieros, incluyendo la legislación administrativa. Dentro de esta última han sido abundantes los textos que han regulado sectores específicos, como los denomina LUCIANO PAREJO ALFONSO, o aspectos tanto de personal como de carácter orgánico. De esta eclosión otros autores como MANUEL CLAVERO ARÉVALO han destacado que puede poner contra las cuerdas el principio de legalidad consagrado en el artículo 9.3 de la Constitución, ya que es preciso que el maremágnum normativo goce de coherencia, pues si no se logra la misma se puede caer en cierta inseguridad jurídica[28]. Aun así, este último autor señala que esta proliferación normativa ha mejorado la calidad de aquella parte general del Derecho administrativo en la que se regula el procedimiento, los contratos o los propios actos de la Administración. Esta calidad y eficiencia señala el autor que proviene de dos motivos: el primero es el haberse hecho eco el legislador de las innovaciones propuestas por la doctrina, que según expone el autor vinieron de la mano de las aportaciones de juristas tan relevantes como SANTIAGO MUÑOZ MACHADO, JOSÉ PEDRO PÉREZ LLORCA o LUIS COSCULLUELA MONTANER[29], y, en segundo lugar, el ser estas normas de carácter exclusivo del Estado a la luz de artículo 149.1.18.ª de la Constitución,

De esta eclosión normativa se debe destacar un aspecto fundamental como es la necesidad de aceptar que hoy en día en el ámbito administrativo es muy improbable que se tenga la capacidad de conocer la totalidad de las normas que componen ya no solo el ordenamiento, sino esa parcela del mismo que es el Derecho administrativo. Ello también tiene notables implicaciones docentes sobre cómo aproximarse al Derecho administrativo, ya que

---

27 *Vid.* MANUEL ARAGÓN REYES, *Uso y abuso del Decreto-Ley. Una propuesta de reforma constitucional*, Iustel, Madrid, 2016, pp. 5 y ss.

28 *Vid.* MANUEL CLAVERO ARÉVALO, *Las transformaciones del Derecho administrativo en España tras veinticinco años de Constitución*, cit., p. 6.

29 *Ibidem.* p. 10.

la eclosión de normas aboca al docente y al estudiante a centrarse en enseñar y aprender aquellos principios y normas fundamentales que lo rigen, así como a aprender a buscar las normas que lo componen para que, independientemente de los cambios que se sucedan, el conocimiento adquirido sea siempre de utilidad para el estudiante. Usando las palabras de LUIS MARTÍN REBOLLO:

> «A la vista de un Ordenamiento tan profuso y al mismo tiempo tan plural, proveniente de fuentes normativas diversificadas, se comprende mejor que se haya afirmado que ser jurista hoy consiste no en saber las normas sino en saber moverse entre las normas»[30].

3. La legitimidad democrática en un contexto de pluralidad de Administraciones

Dentro de lo indicado en nuestra Constitución al respecto de las Administraciones públicas se debe destacar el reconocimiento de la autonomía que detentan las mismas. Ante un modelo asentado previamente en España, como era el modelo de Administración centralizada, se construye uno nuevo que va de la mano de la habilitación de la creación de comunidades autónomas.

Basta aquí recordar que esa novedosa distribución del poder territorial imposibilita que toda la gestión administrativa sea asumida por el Estado, ya que se ha construido un sistema de competencias que cada ente territorial tiene como propias y que no pueden sufrir interferencias de otras Administraciones. Ello conlleva que la Administración del Estado no se encuentre en una situación de superioridad sobre las demás Administraciones territoriales, sino que se deben tratar como iguales. El modelo de Administración única y central, a excepción de las Administraciones locales, se ha visto sustituido por un modelo distinto, radicalmente nuevo y en el que no hay cabida para el intercambio de competencias entre las Administraciones públicas.

El modelo asentado es, por tanto, de carácter plural, con inspiración tanto del modelo alemán como del italiano. Pero este modelo ha afectado también a la relación entre la Administración local y la propia del Estado. En el modelo previo se toleraba una intromisión de la Administración del Estado en el ámbito de la Administración local; una cuestión que ya no es posible, como se desprende del artículo 140 de la Constitución: «La Constitución garantiza la autonomía de los municipios. Estos gozarán de personalidad jurídica plena. Su gobierno y administración corresponde a sus respectivos Ayuntamientos, integrados por los Alcaldes y los Concejales».

30 *Vid.* LUIS MARTÍN REBOLLO, *Treinta años de Derecho administrativo español (Una primera aproximación a los principales cambios producidos)*, cit., p. 31.

Otorga nuestra norma suprema, por tanto, a las Administraciones locales una autonomía que tiene su razón de ser hacer en la gestión de los intereses que les son propios. Las Administraciones locales tienen, como se desprende del artículo 140, antes citado, una legitimación nueva de carácter democrático, de la que habían carecido durante un largo período de nuestra historia política y jurídica,

El Estado español, como Estado democrático, se compone de unos poderes que emanan de la soberanía nacional, tal como indica el artículo 1.2 de la Constitución. De esta manera no se puede plantear la existencia de ningún poder en nuestro marco constitucional ajeno a dicha soberanía. El propio poder de las Administraciones debe estar ligado de manera más directa o indirecta al mismo. En cuanto a la Administración del Estado la legitimación proviene del Gobierno de manera indirecta, presidido por el Presidente designado por el Congreso de los Diputados y nombrado por el Rey. Un Gobierno que tiene entre sus funciones precisamente dirigir la Administración.

La legitimación de la Administración local es, en oposición a la del Estado, de carácter directo, como se desprende del artículo 140 antes mencionado. No precisa por tanto de una interconexión con el Estado para encontrar su legitimidad democrática. Compagina el ser una Administración servidora de los intereses locales con estar dotada de un carácter representativo, ya que sus órganos directores son elegidos por los electores de cada municipio. Asume la Administración local, en consonancia con esta legitimación, pero sobre todo en consonancia con su limitación territorial, las competencias necesarias para satisfacer los intereses locales que se encuentran en una esfera diferente a la de los intereses generales. Al no ser esferas plenamente coincidentes pueden llegar incluso a ser de carácter opuesto. En ese caso la Administración del Estado no podrá someter, controlar o imponerse a la local, ya que ésta tiene su propia autonomía, constitucionalmente garantizada.

Esta fue una postura que prontamente dejó asentada el Tribunal Constitucional a la luz de su sentencia 4/1981, 2 de febrero, en la que tuvo la oportunidad de declarar inconstitucionales aquellos preceptos contenidos en las Leyes de Bases de Régimen Local, de 17 de julio de 1945 y de 3 de diciembre de 1953, que habían sido unificadas en un Decreto de 2 de junio de 1955. En ella pone de manifiesto a través de los artículos 137, 140 y 141 de la Constitución el significado de la autonomía local en nuestra norma fundamental, posteriormente plasmada en la vigente Ley 7/1985, de 2 de abril, Reguladora de las Bases del Régimen Local.

En cuanto a la Administración autonómica se debe señalar que su principio legitimador democrático es también de carácter indirecto, pues depende de una estructura de Gobierno, el autonómico, que responde a las mismas reglas que el Gobierno del Estado, si bien de una menor intensidad que la legitimidad estatal, ya que ésta es completa, en cuanto responde a la totalidad de la nación y a los intereses de la misma, mientras que la legitimidad de la Administración autonómica responde al de la propia población de su territorio, lo que a su vez conlleva que esté encaminada a la consecución del interés general constreñido al ámbito autonómico.

4. El Derecho administrativo tras la Constitución como regulador de la intervención de la Administración en la economía

La intervención del Estado en la economía se ha mencionado de manera parcial al tratar previamente el impacto del Estado social en nuestro Derecho administrativo y en nuestra Administración, pero la intervención que posibilita la Constitución en la economía puede considerarse, por su importancia, un elemento autónomo en la concepción de la Constitución, siendo posible hablar de una Constitución económica, que ha sido definida por GASPAR ARIÑO ORTIZ como:

> «el conjunto de principios, criterios, valores y reglas fundamentales que presiden le vida económico social de un país, según un orden que se encuentra reconocido en la Constitución»[31].

Pero este sistema de principios, criterios y reglas no llega *per se* a tener una definición concreta del modelo que propugna, aunque nuestra norma superior, al igual que las de los países de nuestro más inmediato entorno, sí parece instaurar un modelo que deja atrás los modelos liberales absolutos.

Las constituciones promulgadas antes de la primera postguerra consagraban, aunque no se mencionase de forma directa ese principio de economía liberal, ya que incorporaban aspectos tales como la supresión de aduanas interiores, un reconocimiento de la propiedad y la herencia como derechos sacrosantos y la creación de una unidad del sistema económico. Se plasmaba, sin embargo, un escaso intervencionismo del Estado en materias económicas, casi ceñido en el ámbito del Derecho administrativo a las leyes que regulaban la expropiación forzosa. Pero este modelo encuentra un punto de inflexión a partir de la Constitución de Weimar, ya que consagra desde el punto de vista del Estado social antes mencionado un Estado prestacional y garante que sin duda se veía abocado al cumplimiento de tales funciones propias de un mayor intervencionismo en la economía.

El servicio público y el intervencionismo económico se entrelazan así en una sociedad como la europea, marcada por un alto desarrollo industrial y la necesidad simultánea de su reconstrucción tras la Primera Guerra Mundial.

---

31 *Vid.* GASPAR ARIÑO ORTIZ, *Economía y Estado: Crisis y reforma del sector público*, Marcial Pons, Madrid, 1993, p. 95.

En España la tendencia fue la opuesta, pues la neutralidad en la Primera Guerra Mundial le permitió un notable desarrollo económico y no se plasman estos planteamientos sobre la denominada Constitución económica hasta la Constitución republicana de 1931. Un intervencionismo económico que encuentra su culmen en los primeros años de la Dictadura franquista, dadas las aspiraciones autárquicas de dicho régimen. Aun así, la modernización y dinamismo del intervencionismo estatal en la economía, a semejanza de lo que sucedía en otros países de nuestro entorno, no llegará hasta el desarrollismo económico que experimentó nuestro país entre la segunda mitad de la década de 1960 y la década de 1970. Martín Bassols Coma describe este período como un período de «intervencionismo económico sin vinculaciones constitucionales, (...), un intervencionismo empírico, que fue adaptándose a las distintas circunstancias concurrentes a nivel y en el entorno internacional»[32].

Este sería el contexto en el que se elaboró la vigente Constitución, el sistema económico de Estado plasmado en ella. La Constitución permitió albergar en su seno diferentes derechos y libertades de carácter económico que se simultaneaban con el intervencionismo estatal, creándose así un sistema mixto de mercado con importantes habilitaciones en cuanto a la intervención de la economía por parte del Estado que puede ser denominado «economía social de mercado»[33].

Pero de esta premisa de compatibilidad entre derechos y libertades de carácter económico e intervencionismo se desprende un complicado equilibrio determinado por el punto equidistante que la Constitución económica realiza de ambos; un equilibrio que fuerza a los poderes públicos a actuar en ambos sentidos y con los objetivos propios del Estado social de Derecho, que avala un intervencionismo económico que corrija las disfuncionalidades de un libre mercado.

Por tanto, este intervencionismo no solo constriñe el actuar de los sujetos privados en favor de un mayor progreso, sino que en muchos casos afecta a la propia Administración pública cuando ésta actúa en entornos de mercado y sometida al Derecho administrativo, introduciendo distintas obligaciones aplicables a los demás participantes en dicho mercado.

Todo ello permite la construcción de una serie de tutelas tanto ex ante como ex post sobre el mercado en las que el Derecho administrativo, los órganos de defensa de la competencia y las autoridades reguladoras juegan un papel central. A esa actividad reguladora de los sectores liberalizados y de la protección de la competencia hay que sumarle la iniciativa pública directa en la actividad económica, así como la actividad prestacional directa que realiza la Administración.

---

32 *Vid.* Martín Bassols Coma, *Constitución y sistema económico*, Tecnos, Madrid, 1985, pp. 58-59.

33 *Vid.* Ramón Martín Mateo, *El marco público de la economía de mercado*, Trivium, Madrid, 1999, p. 78.

Estos aspectos podrán en apuros el equilibrio antes mencionado. Existe un debate sobre si la actividad económica e incluso prestacional del sector público sometida a la economía social de mercado debe realizarse bajo las mismas premisas y con las mismas posibilidades que el sector privado o, por el contrario, constreñirse a aquellos casos en los que existe una carencia de iniciativa privada que se debe suplir, ya que el mercado no permite conforme a sus reglas el mantenimiento de las mismas. Entraría de esta manera en juego la consideración de la intervención en la economía regida por el principio de subsidiariedad[34]. Por tanto, parece emerger un debate sobre si la cobertura de los sectores esenciales para la sociedad debe ser efectuada en primera instancia por la Administración o por las reglas propias del mercado. Al respecto RAMÓN MARTIN MATEO señala que «el único límite a las nacionalizaciones se conecta con su causa, a saber, el carácter primordial que para la comunidad estatal tengan determinados bienes o servicios, lo que determina la conveniencia de su control público a través de la demanialización de los primeros y de prestación directa, sustitutoria de la iniciativa privada de los segundos»[35].

En este debate sobre el alcance del intervencionismo del Estado a través de la Administración pública autores como RAMÓN PARADA VÁZQUEZ consideran que la iniciativa pública en la economía debe ser supeditada a las mismas normas que rigen la iniciativa privada. El principio de subsidiaridad antes expuesto es para este autor un elemento propio del anterior sistema preconstitucional que no debe seguir considerándose válido tras la entrada en vigor de la misma[36]. Esta posición se ha visto respondida por aquellos que consideran que en ningún momento del desarrollo jurídico de nuestro país la Administración pública y su iniciativa en el mercado se ha producido ni se debe producir un parangón entre la misma y la iniciativa privada. El motivo de esto son las ventajosas posibilidades de financiación y la obtención de garantías que tiene la Administración, a lo que hay que sumarle su resistencia a las situaciones económicas desfavorables, debido al respaldo presupuestario con el que cuenta, como indica GASPAR ARIÑO ORTIZ[37].

Este intervencionismo diferenciado de las reglas privadas también es defendido por SANTIAGO MUÑOZ MACHADO, quien, al analizar las nuevas tendencias

34 *Vid.* JOSÉ MARÍA BOQUERA OLIVER, *Derecho administrativo I*, Civitas, Madrid, 1992, p. 279.

35 *Vid.* RAMÓN MARTÍN MATEO, *Derecho administrativo económico*, Centro de Estudios Universitarios Ramón Areces, Madrid, 1985, p. 365.

36 *Vid.* JOSÉ RAMÓN PARADA VÁZQUEZ, *Derecho administrativo, vol. I, parte general*, Marcial Pons, Madrid, 1994, p. 439.

37 *Vid.* GASPAR ARIÑO ORTIZ, *Economía y Estado: Crisis y reforma del sector público*, *op. cit.*, pp. 172-173.

del Derecho que aquí nos ocupa[38], considera que pese a los cambios sucedidos en las últimas décadas en la economía capitalista, ésta sigue presentando fallos sistémicos dado que, en primer lugar, la aspiración de competencia perfecta es precisamente eso, una aspiración que debe ser favorecida a través de la regulación estatal; una regulación que en numerosos casos permite corregir las deficiencias del mercado mediante la aplicación del Derecho administrativo. Pero lo que es mucho más interesante en los tiempos que corren es que dicha intervención normativa tiene también una especial incidencia en la transmisión y publicidad de la información, que constituye uno de los elementos más importantes de la actual sociedad globalizada.

Por tanto, la acción del Estado a través de la Administración en la economía se refuerza, si no de forma directa sí de forma indirecta. Y ello introduciendo elementos traídos del Derecho administrativo estadounidense, como son entes de control y regulación de carácter independiente, lo que presenta a su vez nuevos retos, como controlar el nivel de autonomía y dependencia para que su actividad no se aleje de las premisas y garantías de una Estado de Derecho ni tampoco de la legitimidad democrática necesaria para su actuación[39].

Pero este debate académico apuntado más arriba, como señala Luciano Parejo Alfonso, se ha visto reformulado a raíz de la crisis ya no solo económica sino de planteamientos que vive el propio Estado. Para este autor, dicha crisis en el aspecto que nos ocupa debe ser entendida «desde la idea de la recuperación de la libre iniciativa y desarrollo de la sociedad, los valores de la eficiencia y la eficacia, en su configuración privada»[40]. A raíz de estos planteamientos las empresas públicas han ido perdiendo terreno, como ilustran las masivas privatizaciones de las mismas en la última década del pasado siglo.

Por ello en este contexto parece existir un retorno al principio de subsidiariedad propulsado por el contexto económico presente. Un contexto donde el Estado y la Administración en particular parecen haberse retrotraído en un ejercicio de fluctuación que parece poder ser abarcada dentro del marco de la Constitución económica y de la economía social de mercado. Ello nos permite considerar que dicha fluctuación en última instancia queda supeditada a las decisiones que el legislador adopte en relación con la situación económica y social de cada momento. Esta posibilidad de fluctuación en el intervencionismo del Estado en la economía no permite afirmar que el principio de subsidiariedad haya periclitado.

---

38 *Vid.* Santiago Muñoz Machado, «Hacia un nuevo Derecho administrativo», en la obra colectiva *El Derecho público de la crisis económica. Transparencia y sector público, Hacia un nuevo Derecho administrativo*, coordinada por Avelino Blasco Esteve, INAP, Madrid, 2012, p. 205.

39 *Ibidem*. p. 209.

40 *Vid.* Luciano Parejo Alfonso, *Crisis y renovación en el Derecho público*, *op. cit.*, p. 36.

Por otro lado, este equilibrio también muestra su problemática en el ámbito de la actuación económica que precisamente coincide con el Estado social: aquel ámbito de prestaciones a cargo de la Administración pública. Como señala SEBASTIÁN MARTÍN-RETORILLO esta situación de tensión o desequilibrio en el ámbito prestacional tiene como fundamento la liberalización de sectores tan relevantes como la energía o las telecomunicaciones. Esta liberalización ha llevado a algunos autores a considerar superado el concepto de servicio público que, como se ha visto, juega un papel central en la consideración del concepto del propio Derecho administrativo y ha sido sustituido por las actividades reguladas[41].

Pero esta crisis en el servicio público ha permitido el alumbramiento de dos conceptos que son fruto de las mencionadas liberalizaciones y de la europeización de nuestro Derecho administrativo, como son los conceptos de servicio público de interés económico general y el concepto de servicio universal; conceptos que aúnan la noción clásica de servicio público con las realidades de la liberalización.

Este debate sobre la liberalización desde la perspectiva del Derecho administrativo puede examinarse además desde la perspectiva de otro de los asuntos que fueron traídos a colación previamente, como es el de la huida del Derecho administrativo, dado que las amplias liberalizaciones e incluso desregularizaciones pueden enmarcarse en este fenómeno al que la actividad administrativa interventora sobre la economía no es ajena; un fenómeno que además está estrechamente vinculado con el fenómeno de retorno al Derecho administrativo en otros sectores.

5. El control de la Administración en el marco constitucional

Como se señaló al inicio de este capítulo cuando se trató el impacto del asentamiento de un Estado de derecho a través de la Constitución, una parte fundamental del mismo reside en el establecimiento de instrumentos que posibiliten y garanticen los derechos de los ciudadanos frente al actuar de la Administración. La garantía mencionada se constituye, por tanto, como elemento esencial de dicho modelo de Estado, lo que lleva a EDUARDO GARCÍA DE ENTERRÍA a señalar que:

> «sin una total y plenaria resolución de este gran tema de la justicia administrativa, el Estado de Derecho es literalmente nada»[42].

41 Véase como ejemplo GASPAR ARIÑO ORTIZ, «Sobre el significado actual de la noción de servicio público y su régimen jurídico», en la obra colectiva *El nuevo servicio público*, Marcial Pons, Madrid, 1997, pp. 37 y ss.

42 *Vid.* EDUARDO GARCÍA DE ENTERRÍA, *La lucha contra las inmunidades del poder*, Civitas, Madrid, 1960, p. 12.

A. La reserva de jurisdicción de la Administración

La reserva de la que ha gozado la Administración en diferentes etapas y en diferentes grados ha sido motivo de preocupación ya desde la segunda mitad del siglo XIX en cuanto a su relación con el dogma de soberanía de la ley, que somete tanto a los ciudadanos como a los poderes que conforman el Estado y que respecto a estos últimos les otorga las funciones a ejercer, ya sean de tipo jurisdiccional o ejecutivo. En el caso de la función ejecutiva, en cuyo núcleo central se encuentran las funciones administrativas del Estado, se produce una constante relación de tensión entre el producto del legislador —la ley— y las pretensiones de gestión que pretende realizar la propia Administración. Es decir, la pretensión de fórmulas de gestión que al entender de la Administración pueden acarrear una mejora de sus funciones se encuentra acotada o limitada en numerosos casos por la norma jurídica, lo que crea una tensión entre ambas esferas.

Esta tensión encuentra cierta estabilidad cuando la intromisión de la ley en el actuar administrativo es de carácter excepcional y se justifica precisamente por su ocasionalidad. El problema reside, como indica SANTIAGO MUÑOZ MACHADO, cuando «las visitas que el legislador hace a los dominios de la Administración son frecuentes»[43].

En dichas situaciones parece diluirse la separación teórica entre los poderes que nuestra propia Constitución también recoge. Este principio se diluye y parece que la Administración queda mermada en favor del poder legislativo. Esta situación tiene sus orígenes en la propia Revolución americana, cuando los teóricos y políticos de aquel tiempo postularon la necesidad de un Ejecutivo fuerte, evitando las interferencias de la ley y por tanto del legislador. Una situación que se contrapone a la postulada por los teóricos y políticos de la Revolución Francesa, en la cual los miembros del legislativo consideraron la necesidad de luchar contra un Ejecutivo fuerte. El motivo de aquella diferencia hundía sus raíces en la historia política europea. En el caso americano se pretendía un Ejecutivo fuerte por la experiencia abusiva que había existido a raíz de ejercicio de poder realizado por el Parlamento inglés frente al Ejecutivo. En Francia, en cambio, el legislador ocupa la centralidad del tablero para garantizar el imperio de la ley en contraposición a la experiencia absolutista previa.

Se construye así en Francia un Estado de Derecho legal que pone el acento en la figura del legislador y, en segundo lugar, en la función jurisdiccional, arrinconando al poder ejecutivo. El control jurisdiccional y la omnipresencia del legislador creaban un equilibrio donde la posición más débil la ocupaba la Administración. Esta situación, producto en gran medida de los ideales

43 *Vid.* SANTIAGO MUÑOZ MACHADO, *Tratado de Derecho administrativo y Derecho público general, tomo III*, Agencia Estatal Boletín Oficial del Estado, Madrid, 2015, p. 86.

revolucionarios de finales del siglo XVIII y principios del siglo XIX, comienza a sufrir una variación en Alemania, donde se reivindica una verdadera posición constitucional de la Administración en el marco constitucional del momento. A la Administración y al Ejecutivo en general, pese a estar supeditados a la ley, se les concede cada vez una mayor relevancia con la finalidad de lograr una consecución de los intereses generales.

El problema reside en que se considera que la Administración carece de la legitimidad democrática de la que goza el legislativo y aparece como un entramado puramente burocrático ajeno a la voluntad popular. Pero frente a dicha afirmación se contrapone el argumento de que la Administración actúa mediante unos procedimientos reglados y preestablecidos en unas normas que sí tienen una legitimación democrática; legitimación que se acentúa al entender que dichas normas posibilitan además la participación de los administrados interesados. El procedimiento administrativo goza así de un matiz legitimador que se suma a la antes mencionada legitimación de la ley habilitando la actuación administrativa. Es lo que se entiende por la doctrina como principio de habilitación positiva, esto es, que la Administración precisará una habilitación de una norma jurídica concreta y con carácter específico. Esta norma no solo debe marcar las atribuciones que se realizan a la Administración, sino también los fines a las que está encaminada. Bajo este principio no se pretende que el legislador se arrogue la función administrativa y convierta a la Administración en un mero motor, sino que las habilitaciones legales deben marcan unos límites o unos contenidos básicos que permitan el actuar de la Administración sin dejar de lado su autonomía.

Como señalaba OPPERMANN las normas deben limitarse a establecer las pautas principales de comportamiento de la Administración. Esas pautas principales establecidas por el legislativo deben ser a posteriori complementadas por la propia Administración, ya sea mediante normas internas o mediante la consideración e interpretación de las normas en cada caso concreto. Se produce así una situación de reserva de ley que permite una actuación ponderada entre la Administración y el legislador[44].

Será este el panorama donde surja además el concepto de reserva de la Administración; un concepto que tiene de nuevo su formulación en la doctrina alemana con defensores como HARTMUT MAURER y FRIEDRICH SCHNAPP, como indica SANTIAGO MUÑOZ MACHADO[45].

HARTMUT MAURER considera la reserva de Administración como un principio novedoso en el Derecho administrativo. Este principio, según el autor, tuvo que ser creado como consecuencia de la cada vez menos limitada voluntad de interferencia del legislador sobre la Administración a partir de la segunda

---

44 *Vid.* SANTIAGO MUÑOZ MACHADO, *Tratado de Derecho administrativo y derecho público general, tomo III*, *op. cit.*, p. 86.

45 *Ibidem.* pp. 86 y ss.

mitad del siglo XX, pues reducía el actuar de la Administración conforme a su voluntad y criterio a reductos mínimos, lo que en última instancia condicionaba su total actuación. Este fenómeno en cambio, por grave que sea, no parece para el autor mencionado de suficiente entidad como para introducir en el texto constitucional tal principio que garantice la reserva administrativa ante las tentaciones del legislador. Propone, por otro lado, la creación de una norma específica que impida dicha extralimitación y asegure un principio tan básico como es la posibilidad del Ejecutivo, valga la redundancia, de ejecutar las leyes sin restricciones tan intensas que pulvericen todo espacio hábil en su función de aplicación de la norma.

El otro autor antes mencionado, FRIEDRICH SCHNAPP, admite la inexistencia de una base constitucional que permita consagrar dentro de la *norma normarum* el principio que defiende, pero ello no es óbice para que el Ejecutivo dependa de manera constante de las pretensiones, en algunos casos de tendencia absolutista, que tiene el Parlamento. Para FRIEDRICH SCHNAPP el principio de reserva de la Administración viene ligado a una legitimidad democrática que la misma tiene y no solo proviene del actuar conforme a la ley, sino que proviene también de manera indirecta de estar sometida al Gobierno, el cual, pese a gozar de una legitimación también indirecta, comparte la misma con la Administración y le otorga la posibilidad de actuar con la autonomía necesaria.

Esta postura pretende garantizar la libertad del Ejecutivo en el ejercicio de sus funciones. Una situación a la que nuestra doctrina no ha sido ajena, como demuestra la posición de ANTONIO EMBID IRUJO[46], quien inició la reflexión sobre este equilibrio necesario en la doctrina española, que buscaba una distribución equitativa y simultáneamente ordenada de estas cuestiones. Este debate doctrinal también tiene cierto reflejo en nuestra jurisprudencia, pues como señala SANTIAGO MUÑOZ MACHADO[47] la sentencia del Tribunal Constitucional 116/1986 parece incorporar la idea que las limitaciones totales que realiza el legislador a la Administración deben responder a aspectos concretos y de carácter excepcional, en ningún caso han de ser la regla general, ya que ello conllevaría un verdadero quebranto de la separación de poderes. Una argumentación de la que de nuevo se hace eco la sentencia del Tribunal Constitucional 50/2015. Ello lleva a considerar que en nuestro ordenamiento parece excluida la intromisión total del legislador en la actuación administrativa y que el principio de reserva administrativa, aunque no esté presente en nuestra carta magna, si parece ir de la mano de la exigencia de eficacia de la Administración indicada en el artículo 103.1 de la citada norma.

---

46 *Vid.* ANTONIO EMBID IRUJO, *La relación entre los poderes del Estado en la reciente dogmática alemana*, cit., pp. 403 y ss.

47 *Vid.* SANTIAGO MUÑOZ MACHADO, *Tratado de Derecho administrativo y Derecho público general, Tomo III*, *op. cit.*, p. 88.

Una ley que incorpora en su seno decisiones de carácter administrativo abocaría a un conflicto constitucional en caso de que afecte a la división de poderes; un aspecto además que tiene como elemento fundamental la reserva de jurisdicción y su interacción con el artículo 24 de la Constitución española, que consagra la tutela judicial efectiva.

Este aspecto no es ajeno tampoco al Derecho europeo ni a la jurisprudencia europea. La existencia de una reserva de Administración parece también situarse en el panorama de la Unión Europea. De esta manera la sentencia del Tribunal de Justicia de la Unión Europea de 9 de diciembre de 2009 (Comisión vs. Alemania) considera la existencia en el Derecho europeo de una reserva de la Administración, si bien ésta es compatible con el principio de universalidad de las leyes. La mencionada sentencia pone de relieve el constreñimiento realizado por el legislador germano a la discrecionalidad de la que debe gozar la autoridad nacional en pos de una mayor efectividad. En el caso de la sentencia se aborda la discrecionalidad en el marco de las competencias de la autoridad nacional que en Alemania regula las telecomunicaciones, con diferentes mercados y grados de intervención. Dicha apreciación, que además estaba avalada por normativa europea relativa a las telecomunicaciones, como eran las Directivas (2002/19, 2002/21 y 2002/22/CE), quedaba cercenada por la intromisión del legislador alemán.

B. El control bajo el prisma del artículo 24 de la Constitución

Este control que permite construir una serie de garantías a los ciudadanos tiene también que tender a la búsqueda de un equilibrio entre los propios intereses generales y los intereses particulares, así como un equilibrio entre las potestades que regula el Derecho administrativo y que detenta la Administración y los derechos individuales. Dichas potestades que detenta la Administración son tan relevantes para la consecución del interés general como su control para garantizar el interés individual. Como señala MIGUEL SÁNCHEZ MORÓN «tan nocivo para la sociedad es el autoritarismo administrativo, el abuso del poder o la falta de garantías individuales, como la impotencia, la parálisis y la ineficacia de la Administración»[48]. Será por tanto un equilibrio que deberá pretenderse entre un intervencionismo judicial y una inmunidad administrativa que existiría ante el exceso de control.

El debate sobre el punto de equilibrio entre estas dos posiciones extremas tiene como base las propias facultades de fiscalización y control de la actividad administrativa que tienen los órganos jurisdiccionales integrados en el poder judicial. El debate sobre dicho equilibrio, según JUAN JOSÉ DÍEZ

48 *Vid.* MIGUEL SÁNCHEZ MORÓN, *Discrecionalidad administrativa y control judicial*, *op. cit.*, pp. 102-103.

SÁNCHEZ, lleva poniendo el centro de la discusión en «el progreso ya afianzamiento del control judicial que alcanza sin cortapisas las decisiones discrecionales y al esfera de los actos políticos, esta hace poco inmune»[49].

Este debate tiene en su seno dos visiones polarizadas entre aquellos que señalan que se produce de esta manera una instrumentalización de los órganos judiciales que se convierten en auténticos gobernantes, al dirigir con sus decisiones el destino de la Administración, dotada de legitimidad democrática, aunque indirecta, a través del Gobierno, y aquellos otros, entre los que cabe destacar figuras tan relevantes de nuestra doctrina como EDUARDO GARCÍA DE ENTERRÍA, que señalan que el control jurisdiccional de la actuación administrativa en absoluto adolece de la falta de legitimidad democrática. Para el mencionado autor la legitimidad democrática también se encuentra de manera indirecta en el actuar de forma controladora del poder judicial sobre la Administración, ya que dicho control no está realizado conforme al libre arbitrio de los jueces y magistrados, sino que se somete a la ley, que es la máxima expresión de la voluntad popular y producto del Estado democrático[50].

Este equilibrio que representa el control o inmunidad de las Administraciones públicas en el ejercicio de sus funciones son en buena parte motor y causa explicativa de la evolución del Derecho administrativo. Las potestades que esta parcela regula evolucionaron en función del control que se ejercía sobre las mismas, así como de la reducción de las inmunidades de las que gozaba la Administración.

Son precisamente esas inmunidades en el ejercicio de las potestades uno de los objetos de estudio y debate más relevantes dentro del Derecho administrativo. Las potestades que se atribuyen a la Administración tienen como finalidad garantizar el principio de eficacia. Entre ellas cabe destacar el propio principio de autotutela administrativa, que permite una primera exención en cuanto que habilita a la Administración a imponer sus decisiones de manera forzosa, sin recurrir a la autorización de los órganos jurisdiccionales, quienes realizarán un control posterior de dicha imposición de las decisiones.

Esta autotutela de carácter formal en cuanto al método de imposición de decisiones también tenía su vertiente material, que en algunos casos fue casi totalmente inmune al control del poder judicial, como era el caso de la potestad reglamentaria antes de la aprobación de la Ley de Jurisdicción Contencioso-Administrativa de 1956. Pero ha sido precisamente la evolución del Derecho administrativo, en especial desde la aprobación del texto constitucional, el que ha ido eliminando estas inmunidades, tanto de carácter formar como material.

49 *Vid.* JUAN JOSÉ DIEZ SÁNCHEZ, *Razones de Estado y Derecho: del control judicial de los secretos oficiales*, Tirant lo Blanch, Valencia, 1999, pp. 96-97.

50 *Vid.* EDUARDO GARCÍA DE ENTERRÍA. *Democracia, jueces y control de la Administración*, 5ª ed., Aranzadi, Navarra, 2000.

Una aproximación a dicha evolución en España vino precisamente, a raíz de la aprobación de la LJCA de 1956, de la mano del profesor EDUARDO GARCÍA DE ENTERRÍA a través de su obra *La lucha contra las inmunidades del poder*[51]. Es la propia LJCA la que marcó el punto de inflexión en el control de la actividad administrativa. Además, gozó de un contenido amplio y bien sistematizado que permitió prolongar su vigencia hasta 1998 con la aprobación de la ahora vigente LJCA, de la cual es heredera directa. Lo que es más relevante es que la LJCA de 1956, pese a ser una norma preconstitucional, pervivió veinte años tras la aprobación de la Constitución de 1978, como sucede con otras leyes de alta factura técnica, como la Ley de Expropiación Forzosa.

Como indica EDUARDO GARCÍA DE ENTERRÍA, el modelo español de justicia administrativa tiene como modelo desde 1845 el sistema francés de justicia retenida; un modelo que se va dejando atrás paulatinamente, primero por la Ley de lo Contencioso-Administrativo de 1888, denominada *Ley Santamaría de Paredes*, mediante la cual se abría camino a la judicialización del control, aunque con numerosas restricciones, ya que, como señala SANTIAGO MUÑOZ MACHADO, «la jurisdicción administrativa se inserta en España en la órbita del poder judicial, pero su configuración responde al mismo orden de ideas que sirvieron para organizar la justicia administrativa en Francia»[52]. Esto conlleva que no se puede hablar de una judialización plena ni repentina, sino de toda una evolución que mantiene elementos de la jurisdicción retenida.

Tres son los elementos que tradicionalmente supusieron reductos de inmunidad donde se alejaba el control jurisdiccional: el primero son los actos discrecionales, el segundo los actos políticos y el tercero el reducto de inmunidad de la potestad reglamentaria; reductos que tuvieron en gran medida su punto de inflexión en la reducción de los mismos en el artículo 24 de la Constitución, en tanto en cuanto proclama sin excepciones el derecho a la tutela judicial efectiva.

En cuanto al primer elemento que se resistía al control jurisdiccional por quedar tradicionalmente excluido del mismo fue el acto discrecional, pero pronto la jurisprudencia consideró que existían elementos reglados sobre los que se permitía su control. Entre estos elementos reglados que eran susceptibles de control estaban, por ejemplo, el fin público o la competencia.

Este control que permitió la LJCA de 1956 y asienta la norma vigente no ha estado ni está exento de debate, pues precisamente es en este punto en el cual entra en juego la disputa antes mencionada entre aquellos que consideran que un control de dichos actos por parte de la jurisdicción permite una

51 *Vid.* EDUARDO GARCÍA DE ENTERRÍA. *La lucha contra las inmunidades del poder en el Derecho administrativo (poderes discrecionales, poderes de gobierno, poderes normativos)*, Civitas, Madrid, 1983.

52 *Vid.* SANTIAGO MUÑOZ MACHADO, «La reserva de jurisdicción», *La Ley*, Madrid, 1989, pp. 101-104.

toma de decisiones administrativas por parte de los órganos jurisdiccionales sin legitimación democrática, entre los que destacan ALEJANDRO NIETO[53], LORENZO MARTÍN-RETORILLO[54] o LUCIANO PAREJO ALFONSO[55], y aquellos como EDUARDO GARCÍA DE ENTERRÍA[56] y su discípulo TOMÁS-RAMÓN FERNÁNDEZ[57], o JAVIER DELGADO BARRIO[58], quienes ven preciso y legítimamente democrático dicho control.

Estas posiciones parecen encontrar cabida tanto a través del artículo 24 de la Constitución, que fundamenta el pleno control jurisdiccional, como del artículo 71.2 de la LJCA, que impide que el orden jurisdiccional contencioso-administrativo pueda sustituir la decisión tomada por la Administración al indicar que «los órganos jurisdiccionales no podrán determinar la forma en que han de quedar redactados los preceptos de una disposición general en sustitución de los que anularen ni podrán determinar el contenido discrecional de los actos anulados».

En cuanto el segundo elemento, el control del acto político, ha sido uno de los debates más longevos no solo de nuestra doctrina sino también de nuestra jurisprudencia. La LJCA de 1956 excluye del ámbito administrativo aquellos actos de relación internacional y define el acto político como aquel acto que es esencialmente distinto del acto administrativo. Pero esta concepción ya chocaba con la cada vez más asentada en España, en parte por la influencia del propio EDUARDO GARCÍA DE ENTERRÍA: la concepción estatutaria de la Administración y del Derecho administrativo, ya que considera a la misma una persona jurídica cuyos actos son imputables a la misma y, por tanto, no parece posible desde esta perspectiva considerar un tipo específico de actos exentos de dicho control por la creación de una distinción interna.

Aun así, la propia Constitución, esta vez de la mano del artículo 97, parece crear una esfera de Gobierno propia que tiene comprendida la función de gobernar consagrada por el principio de legitimidad democrática. En palabras de JESÚS JORDANO FRAGA, «se perfilan así con nitidez los rasgos propios que defienden el Gobierno y la Administración como instituciones constitu-

---

53 *Vid.* ALEJANDRO NIETO, Estudios históricos sobre administración y Derecho administrativo (Estudios de historia de la Administración), *op. cit.*, pp. 223 y ss.

54 *Vid.* LORENZO MARTÍN-RETORTILLO BAQUER, «Del control de la discrecional administrativa al control de la discrecionalidad judicial», *Revista de Administración Pública*, n.º 100-102, 1983.

55 *Vid.* LUCIANO PAREJO ALFONSO, *Administrar y juzgar. Dos funciones constitucionales distintas y complementarias*, Tecnos, Madrid, 1993.

56 *Vid.* EDUARDO GARCÍA DE ENTERRÍA. *Democracia, jueces y control de la Administración*, *op. cit.*

57 *Vid.* TOMÁS-RAMÓN FERNÁNDEZ RODRÍGUEZ, *De la arbitrariedad de la Administración*, 2.ª ed., Civitas, Madrid, 1997.

58 *Vid.* JAVIER DELGADO BARRIO, *El control de la discrecionalidad en el planeamiento urbanístico*, Civitas, Madrid, 1991.

cionalmente diferenciadas»[59]. Una posición también defendida por el Tribunal Constitucional en su sentencia 45/1990 de 15 de marzo, en la que se avala la existencia de actos políticos y su no sometimiento al control jurisdiccional.

Esta afirmación, al igual que sucedió con el acto discrecional, ha sido matizada por la posterior jurisprudencia en virtud tanto del mencionado artículo 24 como del artículo 9.1 de la Constitución. Entre estas sentencias cabe señalar la sentencia del Tribunal Supremo de 28 de junio de 1994 en el asunto «Elegio Hernández» en la que se controló el Real Decreto 364/1992, por el que se nombraba Fiscal General del Estado por no cumplir los requisitos fijados por la ley. Un control que precisamente se fundamentaba en los dos artículos constitucionales antes mencionados.

Esta construcción jurisprudencial, como sucedía en el caso anterior, parece haber encontrado cabida también en la LJCA, pues su artículo 2 permite su control y el conocimiento de los elementos reglados que lo componen, así como la posibilidad de exigir las responsabilidades patrimoniales pertinentes. Aun así, la casuística sigue marcando el control de estos actos caso por caso.

En tercer y último lugar, cabe mencionar el control jurisdiccional sobre los actos normativos de la Administración que comprende la potestad reglamentaria; la mencionada LJCA de 1956 alteró la situación de inmunidad de dicha potestad permitiendo el recurso directo contra los reglamentos. Pese a ello presentaba problemas de diversa índole, como eran las limitaciones por la legitimación o las inercias jurisprudenciales que limitaban su control a aspectos formales.

Estas limitaciones quedaron de nuevo superadas debido a la defensa del derecho a la tutela judicial efectiva que realiza el artículo 24 de la Constitución y que encuentra cabida en el propio artículo 1 de la LJCA de 1998, el cual atribuye a la jurisdicción contencioso-administrativa la potestad de conocer las pretensiones «que se deduzcan en relación con la actuación de las Administraciones públicas sujeta al Derecho administrativo, con las disposiciones generales de rango inferior a la ley y con los decretos legislativos cuando excedan los límites de la delegación». Artículo que se ve reforzado con el posterior artículo 25, que admite los recursos contencioso-administrativos contra las disposiciones que tengan carácter general, sin hacer distinción con respecto a los actos.

De la misma manera, esta vez el artículo 47.2 de la Ley 39/2015, de 1 de octubre, permite un control material de los mismos al disponer la posibilidad de la declaración de nulidad de aquellas disposiciones generales que «vulneren la Constitución, las leyes u otras disposiciones administrativas de rango superior, las que regulen materias reservadas a la Ley, y las que establezcan

59 *Vid.* Jesús Jordano Fraga, «¿Jaque mate al acto político?», *Revista Española de Derecho Administrativo*, n.º 95, 1997, p. 438.

la retroactividad de disposiciones sancionadoras no favorables o restrictivas de derechos individuales». Ello permite concluir que el artículo 24 de la Constitución fue el elemento determinante a través del aseguramiento del derecho a la tutela judicial efectiva para eliminar la inmunidad administrativa a este respecto y propiciar un notable avance en la evolución de nuestro Derecho administrativo.

Por todo lo expuesto se puede considerar que el artículo 24 de la Constitución que da título a este apartado, y que eleva a derecho fundamental la tutela judicial efectiva, ha contribuido a la evolución del Derecho administrativo al limitar los privilegios administrativos, garantizando el equilibrio de los mismos con los derechos de los ciudadanos. Las inmunidades del poder quedan así cercenadas en el marco de nuestra Constitución, sin a su vez menoscabar las potestades que el Derecho administrativo concede a la Administración para servir con objetividad el interés general, como exige su artículo 103.1.

CAPÍTULO II

EL DERECHO ADMINISTRATIVO FRENTE A LA GLOBALIZACIÓN

1. La creación de un Derecho administrativo global

Con la llegada del siglo XXI se ha producido una extensión del Derecho administrativo más allá de la órbita subjetiva de la Administración pública y del Estado[60]. Así, frente a la tradicional concepción del Derecho administrativo como Derecho interno, «la progresiva interacción de este con las normas pertenecientes al Derecho internacional, influido por los fenómenos de la globalización de la economía y la internacionalización del Derecho, han producido unas relaciones cada vez más fuertes entre ambos»[61]. Al igual que ha ocurrido en otras ramas del Derecho, el Administrativo se ve influenciado por las fuentes del Derecho internacional.

La extensión del Derecho administrativo se ha producido tanto en sentido horizontal, es decir, desde el Estado hacia la sociedad, como en sentido vertical y ascendente, con relación a instancias de carácter supranacional. De este modo, tal y como señala la profesora DARNACULLETA GARDELLA, se ha producido una evolución desde el estudio de los efectos de la globalización sobre el Derecho

---

60 *Vid.* JOSÉ ESTEVE PARDO, «La extensión del Derecho Público. Una reacción necesaria», *Revista de Administración Pública*, n.° 189, 2012, p. 11.

61 *Vid.* AGUSTÍN GORDILLO, «Capítulo V: El Derecho administrativo» en el *Tratado de Derecho Administrativo, Tomo 1, parte general*, Fundación Derecho Administrativo, Buenos Aires, 10ª edición, 2009, pp. 10 y ss.

administrativo[62] a la creación de una nueva realidad denominada «Derecho administrativo global»[63]. Ambos movimientos de apertura e interpenetración de los ordenamientos nacionales y supranacionales implican la superación de la concepción del Derecho administrativo como disciplina puramente interna y dejan entrever un mosaico de relaciones interordinamentales mucho más complejo que aquellas descritas tradicionalmente por el Derecho público internacional.

A consecuencia de la globalización, la sociedad contemporánea se presenta como una sociedad de caracteres transnacionales, que se desenvuelve más allá de las fronteras territoriales. En este contexto, la sociedad civil ha abandonado su tradicional posición pasiva, como mera receptora de la actividad del Estado, y ha comenzado a asumir un papel decisivo en la actividad económica. Como señala Carro Fernández-Valmayor, se produce así una situación paradójica: «al mismo tiempo que se pretenden disminuir las dimensiones del Estado, las del Derecho público se han visto, por el contrario, aumentadas de manera significativa»[64].

En esta nueva etapa, parte de la doctrina considera que se ha producido una «desestructuración» o «desestabilización»[65] del Derecho administrativo; al tiempo que otro sector habla de la formación de un «nuevo»[66] Derecho, producto de la renovación de sus instituciones, enfoques y métodos, que han permitido su expansión desde su área de influencia tradicional con el objetivo de dar respuesta a nuevas realidades prácticas. En este sentido, Javier Barnés Vázquez considera que se ha producido una «gran explosión del Derecho administrativo», aumentando su espacio vital, de manera que las transformaciones cualitativas que ha sufrido esta disciplina la han llevado a superar «los tres diques que delimitaban sus señas de identidad: como derecho nacional, derecho del poder y como derecho de vocación ejecutiva»[67].

---

62 *Vid.* María Mercè Darnaculleta Gardella, «El Derecho administrativo global. ¿Un nuevo concepto clave del Derecho administrativo?», *Revista de Administración Pública*, n.º 199, 2016, p. 13.

63 *Vid.* Jaime Rodríguez-Arana Muñoz, «El Derecho administrativo global: un derecho principal», *Revista Andaluza de Administración Pública*, n.º 76, 2010, p. 16.

64 *Vid.* José Luis Carro Fernández-Valmayor, «Reflexiones sobre las transformaciones actuales del Derecho público, en especial del Derecho administrativo», *Revista de Administración Pública*, n.º 193, 2014, p. 14.

65 *Vid.* Jean-Bernard Auby, «La bataille de San Romano. Réflexions sur les évolutions récentes du droit administratif», *Actualité juridique. Edition droit administratif*, vol. 57, n.º 11, 2001, pp. 912-926.

66 *Vid.* Eberhard Schmidt-Assmann, «Cuestiones fundamentales sobre la reforma de la teoría general del Derecho administrativo. Necesidad de la innovación y presupuestos metodológicos», en la obra colectiva *Innovación y reforma en el Derecho administrativo*, dirigida por Javier Barnés Vázquez, Global Law Press, Sevilla, 2.ª edición, 2012, pp. 15-132.

67 *Vid.* Javier Barnés Vázquez, *Transformaciones (científicas) del Derecho administrativo. Historia y retos del Derecho administrativo contemporáneo*, Global Law Press, Sevilla, 2012, pp. 10-11.

Así, el Derecho administrativo contemporáneo se concibe como «un fenómeno multinivel y multiforme»[68], es decir, se expresa tanto en el ámbito global como en el doméstico; como «actividad de sujetos públicos y de sujetos privados y con formas expresivas de la autoridad o del acuerdo, mediante instrumentos formales o informales, obligando o simplemente recomendando»[69]; fórmulas todas que se superponen y se complementan[70]. Los desafíos que se le presentan al Derecho administrativo son de gran complejidad si se tienen en cuenta sus dos características clásicas: la autoridad pública y la territorialidad, que a partir de este fenómeno se enfrentan a una doble tendencia: tanto la internacionalización de las relaciones administrativas como las consecuencias que se producen en la esfera interna del Estado.

Este carácter bidireccional es la consecuencia de dos vectores que se producen de manera complementaria. Por un lado, son el resultado de la presión que ejerce la globalización sobre el Derecho y, por otro lado, como consecuencia de la necesidad de trasladar a la globalización jurídica las exigencias del Estado de derecho. El primer vector provoca un proceso progresivo de desestatalización del Derecho administrativo, al mismo tiempo que el segundo provoca la «administrativización» (también entendida como publificación o constitucionalización) del espacio jurídico global[71].

A. La desestatalización del Derecho administrativo

En cuanto al primero de los vectores, la desestatalización del Derecho administrativo ha provocado que el carácter territorial de dicho Derecho y el ámbito de validez de las normas y de los actos administrativos se vea afectado por una creciente dinámica global, particularmente intensa en un conjunto de sectores administrativos. Entre ellos cabe destacar el ámbito de los mercados financieros, la energía, la salud, el medio ambiente o las telecomunicaciones[72]. De este modo, la globalización ejerce una presión sobre el Derecho administrativo, tradicionalmente Derecho interno, que culmina

---

68 *Ibidem.*

69 *Ibidem.*

70 *Vid.* BENJAMÍN MARCHECO ACUÑA, «Los desafíos de la ciencia del Derecho administrativo ante la globalización». *Revista General de Derecho Administrativo*, n.º 49, octubre 2018.

71 *Vid.* MARÍA MERCÈ DARNACULLETA GARDELLA, *El Derecho administrativo global. ¿Un nuevo concepto clave del Derecho administrativo?*, cit., pp. 13-17.

72 *Vid.* AGUSTÍN GORDILLO, «La creciente internacionalización del Derecho», en la obra colectiva *Perspectivas del Derecho administrativo en el siglo XXI*, dirigida por JORGE FERNÁNDEZ RUIZ, Universidad Nacional Autónoma de México, México, 2002, pp. 71 y ss.; y LIBARDO RODRÍGUEZ RODRÍGUEZ, «El Derecho administrativo frente a la internacionalización del derecho y en particular frente al derecho comunitario», en la obra colectiva *Retos y perspectivas del Derecho administrativo*, dirigida por MANUEL ALBERTO RESTREPO MEDINA, 2.ª parte, Universidad del Rosario, Bogotá, 2009, pp. 19 y ss.

tanto con la aprobación de normas y actos con una vocación más allá de la propia esfera territorial como por la intensificación de las relaciones transnacionales de cooperación entre distintas Administraciones Públicas, al tiempo que se crean nuevas administraciones internacionales[73].

De este modo, como consecuencia del fenómeno globalizador, las tradicionales relaciones entre sujetos y fuentes propias tanto del Derecho administrativo como del Derecho internacional, considerados durante largo tiempo como esferas delimitadas por su propio ámbito de actuación, se ven transformadas por un nuevo mosaico de relaciones entre organizaciones y sistemas normativos mucho más complejos. Asimismo, y, tal y como señala la profesora DARNACULLETA GARDELLA, se pueden encontrar cuatro manifestaciones de este fenómeno: la pérdida progresiva por parte del Estado del monopolio de la producción normativa; que los Estados hayan dejado de ser los únicos destinatarios de las normas internacionales; que hayan visto asimismo disminuido su control político respecto a la actividad reguladora de las organizaciones internacionales y, finalmente, que se hayan convertido en meros espectadores de un tránsito progresivo de la cooperación interestatal hacia la cooperación interadministrativa[74].

La pérdida del monopolio estatal de la producción normativa se manifiesta ante el creciente protagonismo de las organizaciones no gubernamentales, lobbies, multinacionales o grupos y comunidades de expertos que actualmente participan en la elaboración y aprobación de disposiciones normativas. Al mismo tiempo, se pone de manifiesto una progresiva armonización internacional, de manera que los estándares y normas adoptadas y elaboradas en el ámbito global afectan al Derecho administrativo estatal. En un número creciente de sectores los organismos transnacionales de regulación ejercen el monopolio de la producción de estándares, ya sean estos públicos o privados, ejerciendo como delegados de una autoridad regulatoria[75].

No solo puede destacarse un proceso de desestatalización de la regulación y de la actuación administrativa tradicional, sino que se puede mencionar un proceso de desestatalización de la propia Administración pública, como realidad independiente con capacidad para actuar en el ámbito internacional cada vez con mayor autonomía respecto de la del Estado como sujeto tradicional

73 *Vid.* MARÍA MERCÈ DARNACULLETA GARDELLA, *El Derecho administrativo global. ¿Un nuevo concepto clave del Derecho administrativo?*, cit., p. 23 y ss.

74 *Ibidem.* p. 23.

75 Algunos ejemplos de esta delegación de autoridad regulatoria en el ámbito público se encuentran en la Unión Postal Universal, la Organización Internacional del Trabajo o el Fondo Monetario Internacional, todas ellas organizaciones internacionales. Este proceso también puede advertirse a través de las redes de cooperación transnacional como el Comité de Supervisión del Banco de Basilea o la Organización Internacional de Mercados de Valores. En el ámbito privado, algunas de las entidades que ejercen el monopolio de la función de estandarización son el Comité Internacional de Estándares Contables o la Organización Internacional de Estandarización.

de las Relaciones Internacionales. Este fenómeno resulta particularmente acusado en determinados sectores como la seguridad, el medio ambiente o la seguridad social, de modo que se produce una cooperación interadministrativa que han creado densas redes transnacionales de regulación.

B. La «administrativización» del espacio jurídico global

En directa relación y en paralelo al proceso de desestatalización de la Administración pública, la doctrina ha señalado también la progresiva administrativización del espacio jurídico global. Este proceso significa que existe un conjunto de reglas internacionales materialmente administrativas que resultan de aplicación de las organizaciones internacionales y al resto de redes de regulación, públicas y privadas, de ámbito global[76]. De la interrelación producida entre el Derecho administrativo y el Derecho internacional público resulta una doble tendencia: por una parte, la extensión del Derecho administrativo excede el ámbito tradicional de las organizaciones internacionales y, por otro, provoca que a éstas les resulte de aplicación un conjunto de principios jurídico-administrativos que se desarrollaron en el ámbito interno y que desbordan el espacio característico del Derecho internacional público. Entre dichos principios se pueden destacar los principios de buena fe, audiencia, igualdad de trato o proporcionalidad, así como aquellos otros relacionados con el concepto de buena administración o gobierno abierto (transparencia, información, participación, etc.).

En definitiva, el nuevo Derecho administrativo global es el resultado de un incremento en la extensión y las formas de regulación y administración que se desarrollan más allá de las fronteras de los Estados y de la creciente interdependencia generada por el fenómeno globalizador[77]. Puesto que la globalización se convierte en un fenómeno que trasciende las propias fronteras tradicionales del Estado-nación, exige un nuevo orden jurídico más allá del ámbito nacional que se encuentra constreñido por el principio de soberanía estatal. De este modo, con el objetivo de posibilitar el intercambio más amplio posible de productos y servicios a nivel internacional, «se impone que las normas se apliquen en territorios lo más amplios posibles. Es decir, que no exista una fragmentación indebida de las regulaciones que exijan a los operadores económicos adaptar sus productos o servicios a cada uno de los sistemas legales que dominan en cada mercado»[78].

---

76 *Vid.* María Mercè Darnaculleta Gardella, *El Derecho administrativo global. ¿Un nuevo concepto clave del Derecho administrativo?*, cit., pp. 28-32.

77 *Vid.* Benjamín Marcheco Acuña, *Los desafíos de la ciencia del Derecho administrativo ante la globalización*, cit.

78 *Vid.* Santiago Muñoz Machado, *Servicio público y mercado. I. Los fundamentos*, Civitas, Madrid, 1998, p. 291.

Como consecuencia, y tal y como señala CASSESE, se desarrolla un «espacio jurídico global», o un «mosaico de sistemas jurídicos, con diferentes niveles (locales, nacionales, regionales, globales)» y «una pluralidad de regímenes regulatorios sectoriales»[79] en el que, además de participar diversas fuerzas en ocasiones contrapuestas, existen diversas organizaciones que reclaman el control, no ya sobre territorios y personas, sino sobre funciones[80]. De este modo, los ordenamientos estatales se encuentran sometidos a un «innegable proceso de convergencia y de colaboración ante problemas que exceden de los límites territoriales del Estado-nación»[81].

Frente a la dificultad de ofrecer una definición sobre el concepto de Derecho administrativo global, puede referirse la aportación de KINGSBURY, que lo define como «aquel que incluye los mecanismos, principios, prácticas y los acuerdos sociales que los respaldan y que promueven o que de otra forma afectan la *"accountability"* de los órganos globales administrativos, en particular asegurándose de que cumplan con los estándares adecuados de transparencia, participación, toma de decisiones razonada y legalidad, y promoviendo la efectiva evaluación de las normas y decisiones que aprueban»[82].

Por su parte, RODRÍGUEZ ARANA se refiere al Derecho administrativo global como un Derecho «*in fieri*» en formación, que puede definirse como «el conjunto de principios y reglas jurídicas que tienen por objeto regular la organización de la administración pública transnacional y la actividad administrativa de los órganos que conforman dicha administración y de las personas públicas o privadas que son afectadas por esa actividad»[83].

De este modo, la creación de un Derecho administrativo global «presupone la existencia de una Administración global o transnacional, un espacio administrativo global multifacético, poblado de varios y diversos tipos de instituciones regulatorias administrativas y de varios tipos de entidades que son los sujetos de la regulación, incluyendo no solo Estados sino tam-

---

79 *Vid.* SABINO CASSESE, *The global polity. Global dimensions of democracy and the rule of law*, Global Law Press, Sevilla, 2012, p. 175.

80 *Vid.* SABINO CASSESE, «New paths for administrative law: A manifesto», *International Journal of Constitutional Law*, vol. 10(3), 2012, p. 605.

81 *Vid.* JOSÉ LUIS CARRO FERNÁNDEZ-VALMAYOR, *Reflexiones sobre las transformaciones actuales del Derecho público, en especial del Derecho administrativo*, cit., p. 29.

82 *Vid.* BENEDICT KINGSBURY, «The Administrative Law frontier in global governance», *American Society of International Law*, vol. 99, 2005, pp. 1 y ss.

83 *Vid.* JAIME RODRÍGUEZ-ARANA MUÑOZ, «El Derecho administrativo transnacional o global: un nuevo capítulo del Derecho administrativo», en la obra colectiva *Derecho administrativo. Homenaje a Jorge Fernández Ruiz*, dirigida por DAVID CIENFUEGOS SALGADO, MIGUEL ALEJANDRO LÓPEZ OLVERA, Instituto de Investigaciones Jurídicas de la UNAM, México, 2013, pp. 453 y ss.

bién individuos, empresas y ONG»[84]. En contraposición a esta idea, algunos autores niegan la existencia de tal Administración global, considerando que ésta tan solo puede ser vista como la propia extensión del Estado actuando a nivel internacional. En este sentido, la acción internacional podría colaborar con la administración interna, pero ante la inexistencia de un poder ejecutivo internacional y un aparato coactivo en el nivel supranacional, no podría considerarse que exista una acción administrativa global.

Esta visión negativa, sin embargo, podría contradecirse a causa de la proliferación y rápida expansión de regímenes regulatorios internacionales que han adoptado funciones administrativas; entre ellos, las redes y comités de la OCDE, la OMC, la estructura del G-8 y G-20 o la regulación financiera desarrollada por el Fondo Monetario Internacional[85]. Asimismo, los regímenes regulatorios desarrollados en el marco del derecho ambiental, o diversos mecanismos administrativos que se enmarcan dentro de la acción de las Naciones Unidas; particularmente, en el Consejo de Seguridad o la Agencia Internacional de la Energía Atómica.

A pesar de que la idea sobre un Derecho administrativo global es relativamente reciente, pudiendo situarla a comienzos del siglo XX, no lo es la idea de la internacionalización de determinados aspectos del Derecho. Esta idea se encuentra presente en la creación de instituciones de carácter regulatorio a nivel internacional, desarrolladas desde finales del siglo XIX y comienzos del XX, las «uniones internacionales», que trataban sectores como los servicios postales, la navegación y las telecomunicaciones[86]. La internacionalización del Derecho administrativo, tal y como señala DARNACULLETA GARDELLA, supone una reducción notable del «papel de los parlamentos nacionales y, con ello, la democracia parlamentaria pierde protagonismo como argumento de legitimación de poder». De este modo, la doctrina se debate entre «las propuestas de democratizar el régimen de funcionamiento de las organizaciones internacionales, aportar nuevas concepciones de la democracia teóricamente aplicables a la esfera global o buscar sustitutos de la misma como argumentos de legitimación de los nuevos poderes globales»[87].

La elección de la denominación «global» para adjetivar el surgimiento de este nuevo Derecho administrativo frente a la denominación «internacional» se ha visto influenciada por el papel que ha tenido la globalización en la época contemporánea como concepto capaz de ilustrar las importantes transformaciones que se han producido desde finales del siglo XX y que continúan en nuestros días.

---

84 *Vid.* BENJAMÍN MARCHECO ACUÑA, *Los desafíos de la ciencia del Derecho administrativo ante la globalización*, cit.

85 *Ibidem.*

86 *Vid.* BENJAMÍN MARCHECO ACUÑA, *Los desafíos de la ciencia del Derecho administrativo ante la globalización*, cit.

87 *Vid.* MARÍA MERCÈ DARNACULLETA GARDELLA, *El Derecho administrativo global. ¿Un nuevo concepto clave del Derecho administrativo?*, cit., p. 41.

La preferencia por esta denominación global concuerda con las teorías desarrolladas en el ámbito internacional acerca de la gobernanza global, como proceso que ha erosionado los principios tradicionales del Estado-nación (soberanía, territorialidad y estatalidad) y su capacidad de producción normativa. De este modo, el Estado se encontraría fragmentado o «desagregado» en una multiplicidad de «redes de regulación», basadas en la cooperación transnacional de autoridades reguladoras nacionales o en la colaboración de expertos públicos y privados.

Esta teoría, sin embargo, ha sido rebatida por la doctrina alemana, que considera que el papel del Estado-nación no ha sido suprimido, sino que ha sufrido una transformación hacia la noción de «estatalidad abierta», de manera que el conjunto de Estados sigue manteniendo una posición esencial en la esfera global. Esta tesis se ve apoyada por el hecho de que precisamente son los Estados los que han iniciado ese proceso de creación de organizaciones internacionales mediante la puesta en común de sus voluntades; delegando, directa o indirectamente, funciones de regulación a las redes y organizaciones y son precisamente éstos los que contribuyen a aumentar la juridicidad de los principios de dichas organizaciones al incorporarlos a sus ordenamientos jurídicos internos mediante la transposición de las disposiciones.

2. Tipos de administraciones globales y sujetos de la Administración global

A. La clasificación de Kingsbury, Krisch y Stewart: la Administración global

Los autores Kingsbury, Krisch y Stewart distinguen cinco tipos ideales de Administración global:

1. Administración por parte de organizaciones internacionales formales.
2. Administración basada en la acción colectiva de redes transnacionales de acuerdos de cooperación entre funcionarios regulatorios nacionales.
3. Administración distribuida llevada a cabo por reguladores nacionales bajo tratados, redes u otros regímenes cooperativos.
4. Administración por acuerdos híbridos intergubernamentales-privados.
5. Administración por instituciones privadas con funciones regulatorias.

En la práctica, muchos de estos estratos se superponen o se combinan, de manera que en ocasiones resulta difícil distinguir en qué esfera se encuentra cada una de las actuaciones[88].

88 *Vid.* Benedict Kingsbury; Nico Krisch.; Richard Stewart, «The emergence of Global Administrative Law», *Law and Contemporary Problems*, vol. 68, n.º 3-4, 2005, p. 20.

El primero de los tipos ideales viene constituido por la administración internacional, entendida como organizaciones formales intergubernamentales creadas mediante tratado o acuerdo ejecutivo. Entre ellas el ejemplo más notorio es el Consejo de Seguridad de las Naciones Unidas y sus comités, con capacidad de adoptar decisiones vinculantes relacionadas con administraciones nacionales particulares; especialmente de carácter sancionador. Asimismo, el Alto Comisionado de las Naciones Unidas para los Refugiados (ACNUR) ha desarrollado potestades administrativas en el sentido de determinar el estatuto de refugiado y administrar campos de refugiados en diversos países, o la Organización Mundial de la Salud en cuanto a la evaluación de los riesgos mundiales a nivel sanitario y la emisión de advertencias.

En contraposición a ello, las redes transnacionales de acuerdos de cooperación se caracterizan precisamente por la ausencia de una estructura de toma de decisiones vinculantes, de manera que la cooperación entre actores se produce fundamentalmente con un carácter informal. A pesar de carecer de efectos jurídicos vinculantes, la cooperación horizontal que se produce entre entidades puede tener una repercusión importante, como ejemplifica la presión ejercida por los expertos de la Organización Mundial del Comercio para el establecimiento de normas de regulación de carácter global entre los Estados miembros.

En tercer lugar, la conocida como administración dispersa se caracteriza por un conjunto de agencias regulatorias domésticas que actúan en el espacio administrativo global, adoptando decisiones sobre temas que generan preocupación a nivel internacional. Como señala MARCHECO ACUÑA, un ejemplo de este tipo de administración lo constituye el ejercicio de la jurisdicción reguladora extraterritorial, mediante la cual «un Estado busca regular la actividad que ocurre principalmente en otros lugares. Pero incluso la administración interna sin efectos extraterritoriales inmediatos puede ser parte del espacio administrativo global, especialmente cuando está encargada de implementar un régimen internacional para el logro de objetivos comunes»[89], como ocurre en el ámbito de la legislación ambiental internacional[90].

Por su parte, la administración por acuerdos híbridos intergubernamentales y privados se basa en la toma de decisiones por parte de organismos compuestos tanto por autoridades públicas como por agentes privados. Las dos instituciones más importantes representativas de esta tendencia son, en primer lugar, la Comisión del «Codex Alimentarius», dentro de la Organización Mundial del Comercio, encargada de adoptar estándares de seguridad alimenticia a través de un proceso de decisión en el cual participan tanto actores no gubernamentales como representantes gubernamentales. Tam-

89 *Vid.* BENJAMÍN MARCHECO ACUÑA, *Los desafíos de la ciencia del Derecho administrativo ante la globalización*, cit.

90 *Ibidem.*

bién la ICANN (*Internet Corporation for Assigned Names and Numbers*), establecido como órgano no gubernamental, pero que progresivamente ha ido permitiendo la participación de actores gubernamentales.

Finalmente, muchas de las funciones administrativas regulatorias pueden ser llevadas a cabo por órganos privados, como ocurre con la Organización Internacional para la Estandarización, que armoniza reglas de producción y procesamiento de carácter mundial. En contraposición a la esfera interna, donde la capacidad de influencia de estos actores puede verse más limitada, a no ser que ejerzan poder público por delegación explícita, como es el caso de las Corporaciones de Derecho Público, en la esfera internacional, a consecuencia de la ausencia de instituciones globales, pueden recobrar mayor importancia y protagonismo. Un ejemplo de órgano regulatorio privado es la Agencia Mundial Anti-Doping, conectada con el Comité Olímpico Internacional y que puede culminar en el sistema de apelación de la Corte Internacional de Arbitraje para el Deporte, que constituye un órgano de carácter privado.

B. La clasificación de Schmidt-Assmann: las relaciones administrativas internacionalizadas

Otra clasificación sobre las relaciones administrativas internacionalizadas es aquella desarrollada por EBERHARD SCHMIDT-ASSMANN, que distingue entre formas de cooperación bilateral; formas organizativas regionales; formas organizativas de alcance mundial y redes informales de autoridades[91].

Las formas de cooperación bilateral, tal y como señala el autor, se encuentran especialmente extendidas en el Derecho policial, lo que colisiona con la concepción tradicional de la seguridad como un elemento intrínseco a la estatalidad y, por tanto, con el monopolio estatal de la coacción. El surgimiento de amenazas que trascienden las fronteras tradicionales del Estado-nación; la «sociedad del riesgo» en palabras de ULRICH BECK[92] o la supresión de controles internos en la zona Schengen, han provocado una serie de cambios fundamentales y que culminan en la permeabilización de las fronteras estatales a la cooperación entre autoridades policiales.

Sin embargo, la internacionalización alcanza un mayor nivel de intensidad cuando la cooperación se articula a través de organizaciones propias, es decir, formas organizativas regionales. A pesar de los problemas de falta de legitimación expresados tradicionalmente con respecto a estas formas de asociación, éstas son capaces de formar su propia voluntad. Uno de los problemas

91 *Vid.* EBERHARD SCHMIDT-ASSMANN, «La ciencia del Derecho administrativo ante el reto de la internacionalización de las relaciones Administrativas», *Revista de Administración Pública*, n.º 171, 2006, pp. 11 y ss.

92 *Vid.* ULRICH BECK, *La sociedad del riesgo: Hacia una nueva modernidad*, Paidós Básica, Barcelona, 1998, pp. 25-89.

fundamentales que se ha generado en este ámbito es el surgimiento de corporaciones territoriales locales y regionales, mediante el reconocimiento de potestades de autoridad propias del carácter soberano y asumiendo funciones de planificación, infraestructuras y de representación común.

En este nivel cabe asimismo destacar el papel de Europol como autoridad policial europea, regulada por el Derecho internacional público y no por el Derecho comunitario. Puesto que esta organización es la encargada de realizar la recogida, procesamiento y transmisión de datos, sigue resultando problemático mantener separadas las competencias centralizadas y descentralizadas en el manejo de dichos datos e imputar las distintas responsabilidades que pudieran producirse[93].

En cuanto a las formas organizativas de carácter mundial, éstas tienen su fundamento en Tratados internacionales, mediante los cuales se crean funciones normativas, de ejecución administrativa o de resolución de conflictos. En este sentido, han asumido funciones normativas de especial relevancia la Organización Internacional del Trabajo, o han asumido instituciones para la resolución de conflictos otras como la Organizaciones Mundial del Comercio. Asimismo, otras instituciones como el Banco Mundial o la Organización Mundial de la Salud desempeñan, junto a sus funciones tradicionales, otro conjunto de actividades típicamente administrativas, pero con un alcance y relevancia externos: así, la concesión de ayudas y subvenciones, la organización de campañas de vacunación o el control de las prácticas nacionales de protección medioambiental.

Finalmente, las redes informales de autoridades han surgido particularmente en el ámbito de las autoridades de control y regulación. Así, resulta paradigmático el caso del Comité de Supervisión Bancaria de Basilea, mediante la emisión de directrices de alcance internacional, a pesar de carecer de un estatuto formal de constitución y de un mandato vinculante. Sin embargo, esta ausencia de marco jurídico formal no impide que las decisiones adoptadas en el seno de dichas organizaciones no tengan una trascendencia importante.

De esta clasificación, SCHMIDT-ASSMANN señala que cada nuevo ámbito de cooperación «amplía las posibilidades de actuación administrativa, pero desvincula progresivamente a las Administraciones implicadas de sus mecanismos de dirección y control tradicionales»[94]. Así surge «un nuevo complejo o entramado administrativo, de carácter sectorial-especializado y con un resultado ambivalente: la internacionalización resuelve problemas, pero al mismo tiempo genera otros nuevos; merece ser fomentada, pero requiere también una ordenación que la estructure»[95].

---

93 *Vid.* EBERHARD SCHMIDT-ASSMANN, *La ciencia del Derecho administrativo ante el reto de la internacionalización de las relaciones Administrativas*, cit., pp. 11 y ss.

94 *Vid.* EBERHARD SCHMIDT-ASSMANN, *La ciencia del Derecho administrativo ante el reto de la internacionalización de las relaciones Administrativas*, cit., pp. 18-19.

95 *Ibidem.* pp. 18-19.

C. Los sujetos de la Administración global

Tradicionalmente, los sujetos del Derecho internacional eran los Estados, al mismo tiempo que el concepto de gobernanza global aludía a la disciplina que estudia el comportamiento de éstos y su interacción con el resto en la escena internacional. Sin embargo, en el marco de los programas regulatorios acordados en el ámbito global por los Estados, éstos son llevados a cabo mediante otros actores domésticos bajo el control del Gobierno. A pesar de que los actores privados son tradicionalmente aludidos de manera formal en la etapa de implementación, los reales destinatarios de las disposiciones regulatorias adoptadas en el marco internacional son los propios actores que se desenvuelven en el ámbito doméstico: los individuos y las entidades colectivas.

Incluso mediante la aparición de determinados órganos internacionales, éstos son capaces de adoptar medidas que producen consecuencias jurídicas inmediatas para los individuos y entidades colectivas sin necesidad de mediación de la acción gubernamental estatal. A modo de ejemplo, se encuentra la concesión del estatuto de refugiado de individuos llevadas a cabo por ACNUR. Esta concepción provoca que los actores privados sean considerados asimismo sujetos de la nueva Administración global.

Asimismo, en otros casos, los propios órganos y organismos internacionales administrativos han asumido «una estructura corporativa mixta público-privada en la cual las empresas y las ONG participan en pie de igualdad junto con los representantes de los Estados»[96]. Este es el caso de la Organización Internacional del Trabajo, donde se encuentran representados dos miembros del Gobierno, otro representante de los trabajadores y otro de los empresarios en el seno de su Conferencia. Por otra parte, en determinadas situaciones son los propios Estados los destinatarios de las disposiciones regulatorias con el objetivo de otorgar protección o beneficios a determinados colectivos, sujetos económicos de carácter privado o intereses sociales.

Estos variados ejemplos, tal y como señalan KINGSBURY, KRISCH y STEWART, «sugieren que las diferencias en los sujetos de los regímenes administrativos globales dependerían de las diferencias en la materia, los objetivos de la regulación y las características funcionales del problema a regular, de manera que constituye un tema de gran importancia para las investigaciones futuras»[97].

---

96 *Ibidem.* pp. 19-20.

97 *Vid.* BENEDICT KINGSBURY, RICHARD STEWART y NICO KRISCH, «El surgimiento del Derecho administrativo global», *Revista de Derecho Público*, n.° 24, Universidad de los Andes, 2010, p. 9.

3. La problemática conceptualización de un Derecho y una Administración pública global

«El Derecho administrativo global se basa actualmente en una realidad parcial y fragmentaria que se corresponde con la aspiración de constituir un ordenamiento coherente, no exento de completud en cuanto a sistema», tal y como lo define MEILÁN GIL[98]. Este carácter etéreo y fragmentado es consecuencia, en buena parte, de la diversidad de aproximaciones metodológicas al concepto: desde el proyecto del *Global Administrative Law* hasta el análisis de diversos sectores administrativos de manera aislada (como en el ámbito de los mercados financieros, el medio ambiente o la contratación pública, por mencionar los ámbitos más estudiados).

En todo caso, tal y como señala DARNACULLETA GARDELLA, la discusión metodológica no es el único escollo para el Derecho administrativo global. El problema al que se enfrenta dicha disciplina aún en proceso de creación es un problema de concepto, puesto que no se puede ofrecer una definición consensuada de qué se entiende por Derecho y por Administración pública en el espacio jurídico global. La razón misma de esta ausencia de definición radica precisamente en la inexistencia de un sistema jurídico global y de una Administración pública global, de manera que ambas tendencias se retroalimentan[99].

Parte del debate originado en torno a un Derecho administrativo global, en opinión de JAVIER BARNES VÁZQUEZ, puede explicarse por la utilización de los términos para denominarlo en la lengua española. De este modo, mediante la denominación «Derecho administrativo global» se crean una serie de equívocos; entre ellos, que el término «global» es entendido tradicionalmente como sinónimo de universal o como un Derecho monolítico o unitario, es decir, como un conjunto de normas uniformes para cualquier administración, lo que resulta imposible de aplicar a esta nueva concepción del Derecho administrativo[100].

Tal y como defiende este autor, resulta necesario establecer una delimitación negativa acerca de lo que se entiende por Derecho administrativo global, de manera que así contribuya a un mejor esclarecimiento del sentido y

98 *Vid.* JOSÉ LUIS MEILÁN GIL, «El Derecho administrativo global», en la obra colectiva *Curso de Derecho administrativo iberoamericano*, dirigida por JAIME RODRÍGUEZ-ARANA, LIBARDO RODRÍGUEZ RODRÍGUEZ, MARÍA DEL CARMEN RODRÍGUEZ MARTÍN-RETORTILLO, Instituto Nacional de Administración Pública, 2015, p. 172.

99 *Vid.* MARÍA MERCÈ DARNACULLETA GARDELLA, *El Derecho administrativo global. ¿Un nuevo concepto clave del Derecho administrativo?*, cit., pp. 41 y ss.

100 *Vid.* JAVIER BARNÉS VÁZQUEZ, «El Derecho administrativo global y el Derecho administrativo nacional, dos dimensiones científicas hoy inseparables», en la obra colectiva *Hacia el Derecho administrativo global: fundamentos, principios y ámbito de aplicación*, dirigida por BENEDICT KINGSBURY Y RICHARD STEWART. Global Law Press, Sevilla, 2016, p. 35.

significado del término. De este modo, no se pretende la formulación de un concepto, ni la proclamación de un método jurídico, ni tampoco la creación dogmática de una nueva rama del Derecho o una concepción monolítica y unitaria del Derecho administrativo. Es decir, no cuestiona la común doctrina administrativa ni los conceptos de soberanía nacional, territorialidad o estatalidad.

Se trata, en cambio, de una manera de disciplinar fenómenos que no son comprensibles a través de los conceptos tradicionales aplicables a distintas ramas del Derecho, porque los cauces por los que éstas han discurrido tradicionalmente se han visto desbordados por el fenómeno de la globalización. Por tanto, es el Derecho administrativo de la gobernanza global, esto es, de las múltiples organizaciones que se sitúan y operan en el espacio administrativo global[101]. De esta manera, la globalidad del Derecho administrativo puede entenderse como sinónimo de impacto y de producción de efectos más allá del tradicional ámbito local.

Asimismo, en las organizaciones supra y transnacionales no participan todos los Estados, y cuando éstos participan no lo hacen en las mismas condiciones. En este sentido, las organizaciones internacionales se encuentran tradicionalmente dominadas por los intereses de los Estados más poderosos, especialmente en términos económicos. Bajo la propuesta de un Derecho administrativo global subyace la concepción de que existen principios del Derecho administrativo que han entrado a formar parte de un acervo común universal o universalizable, sin tomar en consideración que el universo desborda con mucho las fronteras de las democracias occidentales[102].

Para SCHMIDT-ASSMANN, «el gran reto del Derecho administrativo consiste en preservar, mediante las necesarias adaptaciones, la función ordenadora y sistematizadora que debe cumplir la llamada Parte General sobre la masa heterogénea de normas y técnicas administrativas y, en general, en hacer frente a la rápida evolución que se viene operando en los distintos sectores materiales de la actividad de los poderes públicos, a través de una nueva orientación metodológica, basada en un diálogo multidisciplinar y abierta a nuevos conceptos y a nuevas estrategias regulatorias, centradas no solamente en la disciplina y limitación del poder, sino también en la efectividad y eficacia del conjunto de la actuación administrativa»[103].

---

101 *Vid.* BENEDICT KINGSBURY y RICHARD STEWART, *Hacia el Derecho administrativo global: fundamentos, principios y ámbito de aplicación*, Global Law Press, Sevilla, 2016, p. 36.

102 *Vid.* MARÍA MERCÈ DARNACULLETA GARDELLA, *El Derecho administrativo global. ¿Un nuevo concepto clave del Derecho administrativo?*, cit., p. 33

103 *Vid.* JOSÉ LUIS CARRO FERNÁNDEZ-VALMAYOR, *Reflexiones sobre las transformaciones actuales del Derecho público, en especial del Derecho administrativo*, cit., p. 38

A. Sobre la conceptualización del término «Derecho»

Tal y como señala DARNACULLETA GARDELLA, el concepto de Derecho que se contiene dentro de la denominación Derecho administrativo global depende de la distinción entre dos fenómenos normativos: por una parte, el proceso de armonización de sectores de regulación mediante la importancia que han adquirido los estándares internacionales y, por otro, la regulación de las normas de conducta, formas y procedimientos de actuación. De este modo, la consideración de los efectos jurídicos que acaban produciendo, a pesar de su carácter voluntario, difieren. Por lo que se refiere a los estándares internacionales, ha tenido como consecuencia una extensión de las tesis que abogan por el pluralismo político[104]. Paralelamente, el aumento de la importancia de los valores y principios ha dado lugar a una proliferación de planteamientos basados en la existencia de un Derecho natural[105].

B. La noción de Administración pública global o la estructura del espacio administrativo global

Como ya se adelantó anteriormente, el presupuesto de partida de la conceptualización del Derecho administrativo global es la creación de una Administración global o transnacional. KINGSBURY, STEWART y KRISCH sostienen que «existe suficiente cantidad de Administración global y transnacional como para poder identificar hoy en día un "espacio administrativo global"» multifacético, poblado de varios y diversos tipos de instituciones regulatorias administrativas y de varios tipos de entidades que son los sujetos de la regulación, incluyendo no solo Estados sino también individuos, empresas y ONG»[106]. La multiplicación de instancias internacionales con capacidad normativa en variados sectores es un ejemplo del carácter multifacético de la administración de la gobernanza global[107].

Sin embargo, tal y como señalan los propios autores, esta visión es debatible. Así, parte de la doctrina sigue considerando que esta Administración tan solo consiste en una extensión del Estado o, de manera excepcional,

104 *Vid.* RAFAEL DOMINGO OSLE, *¿Qué es el derecho global?, Consejo General del Poder Judicial*, Centro de Documentación Judicial, Madrid, 2008, p. 146.

105 *Ibidem.* p. 146. *Vid.* asimismo RAFAEL DOMINGO OSLE, «La pirámide del Derecho Global», Persona y Derecho: *Revista de fundamentación de las Instituciones Jurídicas y de Derechos Humanos*, n.° 60, 2009, pp. 29-61, y JOSÉ LUIS MEILÁN GIL, «Derecho global: Realidades y principios», *Publicaciones del VII Congreso de Academias Jurídicas y Sociales de Iberoamérica y Filipinas, Real Academia Gallega de Jurisprudencia y Legislación*, Coruña, 2012, p. 52.

106 *Vid.* BENEDICT KINGSBURY y RICHARD STEWART, *Hacia el Derecho administrativo global: fundamentos, principios y ámbito de aplicación*, *op. cit.*, pp. 37 y ss.

107 *Ibidem.* pp. 37 y ss.

de organizaciones supranacionales con un alto nivel de integración, cuyo ejemplo paradigmático es la Unión Europea. De este modo, se produce aún una distinción clara entre la administración doméstica y la internacional, y esta última tendrá un importante papel a la hora de coordinar y asistir a la doméstica, pero ante la ausencia de un poder ejecutivo internacional no puede caracterizarse como actividad administrativa propiamente.

En esta línea, si la conceptualización propia del Derecho administrativo resulta problemática, aún más puede serlo la identificación de la Administración a la que debe aplicarse, particularmente ante la ausencia de los poderes tradicionales del Estado en el ámbito internacional (poder legislativo, ejecutivo y, especialmente, el judicial capaz de velar por la aplicación del Derecho administrativo global)[108]. De acuerdo con la profesora DARNACULLETA GARDELLA, dentro de la doctrina continental europea resulta posible encontrar autores que manejan tanto una dimensión subjetiva como una objetiva de la Administración pública en el espacio jurídico global[109].

De acuerdo con la concepción subjetiva, el Derecho administrativo global se aplicaría únicamente a las organizaciones internacionales y a las organizaciones basadas en la cooperación transnacional de autoridades de regulación. En contraposición, la dimensión objetiva defiende que el sujeto del Derecho administrativo global serían las autoridades públicas Internacionales, es decir, aquellas con capacidad de configurar de manera unilateral la situación jurídica de otro sujeto. Por otra parte, la doctrina anglosajona entiende que resulta necesario incluir tanto aquellas entidades de carácter público como aquellas reguladas por el Derecho privado, a consecuencia del aumento de poder de éstas últimas en cuanto a la regulación y armonización de determinados sectores.

Esta línea es asimismo defendida por JAVIER BARNÉS VÁZQUEZ, que sostiene que es la identidad de funciones entre los sujetos públicos y privados lo que impone una identidad de los valores aplicables a su actuación[110]: «[...] si todos los actores, públicos y privados, se integran en una compleja red de actividades regulatorias, es lógico pensar que, con las necesarias matizaciones, todos participen de los mismos valores, tanto por razones de eficacia (todos representan piezas que se necesitan recíprocamente) como por razones de legitimidad democrática o por virtud del principio del Estado de Derecho»[111].

108 *Vid.* MARÍA MERCÈ DARNACULLETA GARDELLA, *El Derecho administrativo global. ¿Un nuevo concepto clave del Derecho administrativo?*, cit., p. 38.

109 *Ibidem.* p. 38.

110 *Vid.* JAVIER BARNÉS VÁZQUEZ, «La transposición de valores públicos a los agentes privados por medio de elementos de organización y de procedimiento», en la obra colectiva *Estrategias del Derecho ante la incertidumbre y la globalización*, dirigida por MARÍA MERCÈ DARNACULLETA GARDELLA, JOSÉ ESTEVE PARDO e INDRA SPIECKER GENNANT DÖHMANN, Marcial Pons, Madrid, 2015, pp. 281-311.

111 *Ibidem.* pp. 281-311.

C. El alcance de la creación de un Derecho administrativo global.

Tal y como defienden KINGSBURY, KRISCH y STEWART, «el Derecho administrativo global reúne diferentes ramas del Derecho que pertenecen a la Administración global pero que han sido tratadas en forma separada por mucho tiempo, a menudo por razones conceptuales»[112]. Así, en primer lugar, uno de sus componentes puede encontrarse en el campo del Derecho administrativo internacional, como disciplina que agrupa las reglas, procedimientos e instituciones a través de las cuales las organizaciones internacionales resuelven los problemas y controversias laborales, así como otros asuntos de carácter interno[113]. Dentro de este, asimismo, se encuentra la interpretación realizada por NEUMEYER[114] y el resto de la doctrina acerca del conjunto de normas nacionales que determinan los efectos de los actos administrativos de un Estado extranjero en el sistema normativo del propio Estado.

Sin embargo, el concepto de Derecho administrativo global va mucho más allá, aproximándose así a la concepción defendida por NÉGULESCO[115], que define el Derecho administrativo internacional como «una rama del Derecho público que, al examinar los fenómenos legales que juntos constituyen la Administración internacional, busca descubrir, especificar y sistematizar las normas que gobiernan esta administración». De este modo, el Derecho administrativo global abarca el conjunto de reglas y procedimientos que ayudan a asegurar la rendición de cuentas por parte de la Administración global, concretado fundamentalmente mediante las estructuras administrativas, en la transparencia, en el procedimiento administrativo, en los principios de una toma de decisiones razonada y en los mecanismos de revisión.

En definitiva, la creación de un Derecho administrativo global implica la construcción de estructuras transnacionales y globales que sean capaces de desempeñar funciones análogas a aquellas desarrolladas en el Derecho administrativo en el ámbito doméstico, al mismo tiempo que se opera una transformación sobre dicho Derecho administrativo nacional de manera que intervenga en el carácter cada vez más global de la regulación. Por tanto, frente a concepciones taxonómicas que han sido recurrentes en la doctrina continental en relación con la definición de un Derecho administrativo global, lo que generaría un campo de investigación excesivamente amplio que haría inmanejable este nuevo con-

112 *Vid.* BENEDICT KINGSBURY y RICHARD STEWART, *Hacia el Derecho administrativo global: fundamentos, principios y ámbito de aplicación*, *op. cit.*, pp. 37 y ss.

113 *Ibidem.* pp. 37 y ss.

114 *Vid.* KARL NEUMEYER, «Internationales Verwaltungsrecht: Völkerrechtliche Grundlagen», in 1 *Wörterbuch des Völkerrechts und der Diplomatie* 577, Karl Strupp, 1924, pp. 577-581.

115 *Vid.* PAUL NÉGULESCO, «Principes du droit international administratif», vol. 51, *Recueil des Cours* 579, 1935, pp. 589-605.

cepto, debe establecerse cuál es el alcance del nuevo Derecho administrativo global. Su foco, tal y como defienden KINGSBURY, KRISCH y STEWART «no debe ser el contenido específico de las reglas sustantivas, sino el funcionamiento de principios existentes o posibles, de reglas procedimentales, de mecanismos de revisión y de otros mecanismos relativos a la transparencia, participación, toma de decisiones razonadas y a garantizar la legalidad en la gobernanza global»[116].

4. Consecuencias de la creación de un Derecho administrativo global

El impacto de la globalización sobre los ordenamientos estatales no es únicamente formal, es decir, no opera mediante la incorporación de disposiciones creadas global o internacionalmente y su ulterior aplicación o transposición al Derecho interno, sino que provoca asimismo un cambio en los paradigmas de la organización y métodos de actuación administrativas, con el objetivo de poder hacer frente a esta nueva realidad[117]. En este sentido, se produce un replanteamiento de los espacios tradicionales de intervención de la Administración pública y del poder privado, así como de las funciones de uno y otro, generando tendencias como los procesos de liberalización y privatización (con la consecuente transferencia de funciones o potestades tradicionalmente públicas) o la creación de entidades independientes de alta especialización técnica y desvinculadas, en la mayoría de los casos, de los titulares del poder político.

De este modo, los procesos descritos anteriormente condicionan inevitablemente el proceso de transformación del Derecho administrativo, afectando tanto al sistema de fuentes como a los propios conceptos jurídicos o las instituciones clásicas a consecuencia de la introducción de nuevas figuras provenientes del Derecho privado[118].

A. La reconfiguración de las relaciones entre el Derecho público y el Derecho privado y el nuevo papel del Estado

Una de las consecuencias fundamentales de la globalización del Derecho administrativo es la transformación de las relaciones tradicionales entre el

116 *Vid.* BENEDICT KINGSBURY, RICHARD STEWART y NICO KRISCH, *El surgimiento del Derecho administrativo global*, cit., p. 17.

117 *Vid.* BENJAMÍN MARCHECO ACUÑA, *Los desafíos de la ciencia del Derecho administrativo ante la globalización*, cit.

118 *Vid.* JULIO GONZÁLEZ GARCÍA, «Globalización económica y Estado: el debilitamiento del Estado», en la obra colectiva, *Construyendo el futuro: conversaciones jurídicas sobre la globalización*, dirigida por SUSANA GALERA RODRIGO y MERCEDES ALDA FERNÁNDEZ, Atelier, Barcelona, 2017, pp. 51-74.

Derecho público y Derecho privado, de manera que parte de la doctrina ha llegado a afirmar que dicha distinción ha dejado de tener sentido. Este entrecruzamiento plantea un doble problema: por una parte, el paso de determinadas actividades o servicios públicos tradicionalmente regulados por el Derecho público que pasan a regirse por el Derecho privado no puede suponer la desaparición de los principios o valores que informan tales actividades, al mismo tiempo que deben asegurarse las garantías que en su condición de sujetos particulares les asegura el Derecho privado.

Durante los últimos años, y como manifestación fundamental del proceso globalizador, han aumentado las tendencias de privatización y liberalización, que han alcanzado diversos ámbitos del funcionamiento administrativo, tanto en el plano organizativo, mediante la privatización de empresas públicas, como del Derecho aplicable a dichos entes, lo que supone la sustitución del Derecho administrativo por el Derecho privado.

GONZÁLEZ GARCÍA distingue dos modalidades esenciales de privatización: por una parte, la de empresas públicas y, por otra, la privatización del Derecho aplicable a la Administración, tendencia que se conoce como «huida del Derecho administrativo». En cuanto a la primera, se trata de un componente esencial de las políticas que se han venido desarrollando desde los años 90 como aspecto fundamental del Consenso de Washington[119]. Tal y como señala el autor, el proceso de privatización no ha respondido ni a un único modelo ni a una única periodicidad, de manera que se pueden encontrar privatizaciones mediante la enajenación de empresas públicas aun manteniendo la titularidad de la actividad o, la vertiente más radical, que presupone asimismo la *despublicatio* de la actividad que pasa a corresponder asimismo a los agentes económicos.

La segunda modalidad de privatización es aquella consustancial a los países de la Europa continental que han vivido bajo un régimen de Derecho administrativo. Así, desde mediados de los años 80 se ha producido un proceso de privatización del Derecho aplicable a la Administración, conocido como «huida del Derecho administrativo». Este fenómeno de huida, tal y como señala FERNÁNDEZ FARRERES, no solo no es un proceso reciente, sino que no ha logrado erradicarse, de manera que ha crecido notablemente en los últimos años. Asimismo, se ha visto agravado por la posibilidad por parte de las Administraciones públicas de crear nuevos entes con personalidad jurídico-privada que se rigen exclusivamente por el Derecho privado[120].

En los últimos años, la atención que ha recibido este fenómeno de huida del Derecho administrativo ha sido correlativa a la consolidación del paradigma de la eficacia de la gestión pública.

---

119 *Vid.* GASPAR ARIÑO ORTIZ, *Economía y Estado. Crisis y reforma del sector público*, Marcial Pons, Madrid, 1993, pp. 215 y ss.

120 *Vid.* GERMÁN FERNÁNDEZ FARRERES, *Sistema de Derecho Administrativo, vol. I*, Thomson Reuters-Civitas, 4.ª ed., 2018, p. 81.

Este proceso de privatización y desregulación se ha producido en mayor o menor medida en todos los países y, tal y como defienden las tesis neoliberales que propugnan un Estado mínimo, debería conducir a que tan solo las organizaciones económicas fueran las productoras de bienes y servicios, que deberían ser prestados de manera libre en el marco de la economía globalizada y dejar que el mercado se regulase por sus propias reglas sin que se produzca una intervención estatal. Esta vuelta a la «mano invisible del mercado» de ADAM SMITH supone la eliminación del papel del Estado como prestador y procurador de servicios y bienes esenciales, puesto que, en opinión de los argumentos neoliberales, la pervivencia de grupos industriales públicos impide la creación de nuevos espacios económicos o mercados para la actividad económica privada. De este modo, la actividad del Estado debería limitarse a velar por la prosperidad de la empresa privada y dedicarse a reducir al máximo las obligaciones o cargas empresariales.

Estos procesos de liberalización han provocado una redefinición de las modalidades de intervención administrativa, sustituyendo los tradicionales mecanismos de control previo (autorizaciones, permisos y licencias) por otros que permiten que dichas actividades se realicen con una mayor prontitud, como las declaraciones responsables, las comunicaciones previas o las obligaciones de información, al mismo tiempo que se ha fomentado el control a posteriori frente a los mecanismos de control previo[121].

En paralelo a estos procesos puede identificarse la conocida como «autorregulación regulada», consistente en «la ordenación de aspectos básicos del funcionamiento del mercado a través de decisiones que excluyen a los poderes públicos, que éstos toleran, pero con el objeto de servirse luego de ellas para cumplir fines públicos»[122]. De este modo, el Estado renuncia a regular por sí mismo determinadas materias, especialmente aquellas de

121 *Vid.* BENJAMÍN MARCHECO ACUÑA, *Los desafíos de la ciencia del Derecho administrativo ante la globalización*, cit.

122 *Vid.* SANTIAGO MUÑOZ MACHADO, *Tratado de Derecho Administrativo y Derecho Público General, tomo I*, Civitas, Madrid, 2004, p. 1.249.
También cabe destacar que JOSÉ ESTEVE PARDO precisa el significado del concepto autorregulación distinguiendo dentro de estas normas que los agentes económicos se dan a si mismos tres categorías: en primer lugar, pautas normativas con cierto grado de abstracción (normas técnicas, protocolos o códigos de conducta); en segundo lugar, acuerdos o decisiones singulares; y en tercer lugar, vías de solución de conflictos, generalmente el arbitraje o la mediación (*vid. Autorregulación. Génesis y efectos, Aranzadi*, Navarra, 2002, p. 15).
Finalmente, *vid*. MARÍA MERCÈ DARNACULLETA GARDELLA, quien analiza las materias que suelen ser objeto de autorregulación y señala que suele tratarse de la disciplina de cuestiones altamente especializadas en lo que respecta al manejo de conocimientos o de técnicas. La autorregulación consiste, pues, en la «actividad privada de producción y control de normas bajo la responsabilidad de quienes las elaboran, aplican o controlan», y una de sus características fundamentales es que se inspira en la *lex artis*, esto es, en «las pautas de conducta adecuadas en el quehacer cotidiano de una actividad que requiere la aplicación de ciertos conocimientos científicos, técnicos o éticos, o, cuanto menos, de un cierto

elevada complejidad técnica, pero determina al mismo tiempo cuál es el contenido mínimo de la regulación a desarrollar por los operadores privados, los órganos que deben ser los encargados de elaborarlas o los efectos públicos que tendrán. Se trata de una técnica particularmente utilizada en ámbitos como los productos industriales o el control de contaminación y sustancias peligrosas.

MARCILLA CÓRDOBA señala que este proceso de autorregulación regulada no debe verse como un fenómeno negativo que pretende el desmantelamiento del Estado social, sino que se basa en razones de eficacia y eficiencia para poder conseguir precisamente dichos objetivos, reduciendo así las tareas del Estado en relación con la gran cantidad de tareas que tienen asignadas y, especialmente, en determinados sectores que requieren una alta especialización de la que, en ocasiones, carece el propio Estado[123]. Desde esta perspectiva, se produce una evolución desde el Estado social tradicional hasta un Estado garante o regulador.

Este nuevo Estado regulador pretende eliminar algunos de los problemas que se presentan al Estado Social, particularmente aquellos que se refieren al aumento de la eficacia y eficiencia, así como el creciente carácter transnacional de determinados procesos que desbordan la esfera de actuación tradicional del Estado-nación. En este nuevo panorama transnacional y global surge la alternativa del Estado regulador que, como señala LAPORTA, «sin ser protagonista de la economía es un actor privilegiado en la articulación de las condiciones de posibilidad del mercado: en la corrección de los fallos del mercado»[124].

Además de los motivos mencionados anteriormente, SANTIAGO MUÑOZ MACHADO vincula el proceso de desregulación a razones de legitimidad del Estado ante la sociedad civil, de manera que no se produce una fractura entre el Estado y la sociedad, sino tan solo la confluencia de intereses públicos y privados[125]. En sus propias palabras, «el Estado retrocede y abre nuevos

---

grado de especialización», (*vid. El Derecho administrativo y la autorregulación: la autorregulación regulada*, Tesis Doctorals en Xarxa, Universidad de Girona, 2003, pp. 417 y 474)

123 *Vid.* GEMMA MARCILLA CÓRDOBA, «Desregulación, Estado Social y proceso de globalización», *Cuadernos de Filosofía del Derecho, Universidad de Castilla-La Mancha*, n.º 28, 2005, p. 249-251.

124 El Estado gestor se identifica con «un nuevo tipo de Estado que, sin ser incompatible con la seguridad jurídica que proporciona el Estado garante y sin renunciar a muchas de las dimensiones redistributivas y de integración social del Estado protector, evite sin embargo los obstáculos internos y los frenos burocráticos que caracterizan a este último». *Vid.* FRANCISCO LAPORTA, «Teoría y realidad de la legislación: una introducción general», en la obra colectiva *La proliferación legislativa: un desafío para el Estado de Derecho*, dirigida por AURELIO MENÉNDEZ MENÉNDEZ, Thomson-Civitas, Madrid, 2004, pp. 44.

125 *Vid.* SANTIAGO MUÑOZ MACHADO, *Tratado de Derecho Administrativo y Derecho Público General*, *op. cit.*, p. 1.253.

espacios a la actuación de las organizaciones de base privada. Lo hace, sin embargo, procurando que esta acción privada sea complementaria y, desde luego, conducida hacia objetivos de interés público, aunque al mismo tiempo satisfagan aspiraciones legítimas relativas al mejor desarrollo de actividades privadas». Por otra parte, tal y como señala DARNACULLETA GARDELLA, la autorregulación regulada «permite a los poderes públicos reequilibrar su poder frente al creciente poder de la sociedad, legitimar su actuación utilizando los propios argumentos de legitimación de la sociedad y estructurar las relaciones sociales con una intensidad desconocida históricamente»[126].

Algunos ejemplos que muestran la transformación de la Administración pública tradicional pueden encontrarse, en primer lugar, en la renovada atención que ha recibido tanto la organización como la potestad organizatoria. Estas facetas fueron durante largo tiempo relegadas por la doctrina, pero poseen una relevancia fundamental para el Derecho administrativo. Esto se explica por la indudable vinculación que presentan a la realización del interés general, al ser el presupuesto de actuación de los poderes públicos, lo que ha provocado que en épocas recientes haya ocupado un lugar central en la sistemática actual de este Derecho[127].

En segundo lugar, se ha producido asimismo una configuración del propio concepto de acto administrativo en todos aquellos casos en los que el ejercicio de funciones públicas es realizado por sujetos privados. Particularmente en la doctrina española sigue abierto el debate sobre la opción de un concepto amplio o estricto de acto administrativo; una discusión de especial trascendencia para el régimen jurídico[128]. Por otra parte, tal y como señala CARRO FERNÁNDEZ-VALMAYOR, el significado y alcance de los conocidos como actos administrativos transnacionales o transterritoriales es una cuestión que en la actualidad precisa de una mayor clarificación[129].

En tercer lugar, otra de las transformaciones del Derecho administrativo que evidencian la evolución hacia una Administración garante o reguladora sería lo que la doctrina ha denominado actividad informal de la Administración en sus variadas manifestaciones[130]. Sin embargo, el mandato formalizador del Estado de derecho no puede significar que la Administración pública

126 *Vid.* MARÍA MERCÈ DARNACULLETA GARDELLA, *Derecho administrativo y autorregulación: la autorregulación regulada*, Universidad de Girona, p. 27.

127 *Vid.* LUCIANO PAREJO ALFONSO, Transformación y ¿reforma? del Derecho administrativo en España, *Instituto Nacional de Administración Pública-Editorial Derecho Global*, Madrid-Sevilla, 2012, pp. 58-59.

128 *Vid.* SANTIAGO MUÑOZ MACHADO, *Tratado de Derecho Administrativo y Derecho Público General*, *op. cit.*, p. 23.

129 *Vid.* JOSÉ LUIS CARRO FERNÁNDEZ-VALMAYOR, *Reflexiones sobre las transformaciones actuales del Derecho público, en especial del Derecho administrativo*, cit., p. 36-37.

130 *Ibidem.* p. 37.

se encuentre liberada, en ningún caso, de sus vínculos constitucionales y de su mandato de realizar una correcta ejecución de lo establecido en la ley[131].

El aumento de entes particulares que participan en la gestión de lo público hace indispensable el mantenimiento y la garantía del interés general, que se constituye como fundamento básico de toda la actividad estatal, lo que justifica la intervención o regulación por parte de los poderes públicos. Como señala ESTEVE PARDO, «es un hecho, tan cierto como relevante, que muchas funciones y cometidos del Estado fluyen hacia una sociedad en la que se encuentra hoy el conocimiento científico, los medios técnicos, los capitales económicos o la eficacia gestora, pero esa sociedad es incapaz de mantener la perspectiva de los intereses generales y ofrecer una racionalidad alternativa a la del Estado»[132].

B. La multiplicación de las autoridades administrativas independientes

Uno de los cambios más importantes ocurridos en Europa directamente relacionado con la incidencia de la globalización en el Derecho administrativo es la proliferación de autoridades administrativas independientes. De origen estadounidense, se trata de un modelo que se ha consolidado en el Derecho comunitario europeo, así como en el ordenamiento jurídico español. Tal y como describe CHEVALLIER en su obra *El Estado posmoderno*, se ha producido un cambio desde la Administración burocrática clásica, basada en los principios de centralización y jerarquía del poder, a una nueva Administración donde coexiste una serie de entidades administrativas con mayor libertad, autonomía o independencia. De este modo, frente a las tradicionales relaciones verticales y rígidas, se produce una mayor horizontalidad e interdependencia. Así, la estructura en «red» sustituye la organización «piramidal» como forma de organización administrativa[133].

LUCIANO PAREJO ALFONSO señala sobre las autoridades administrativas independientes que se trata de una «peculiar y novedosa forma de fragmentación del poder público administrativo»[134], ante una forma original de descentralización funcional, que sitúa a la organización segregada en una

---

131 *Vid.* JORGE AGUDO GONZÁLEZ, «Actuación material e informalidad. El ejemplo de la concertación con la Administración», *Revista Aragonesa de Administración Pública*, n.° 41-42, 2013, pp. 123 y ss.

132 *Vid.* JOSÉ ESTEVE PARDO, «La extensión del derecho público. Una reacción necesaria», *Revista de Administración Pública*, n.° 18, 2012, p. 18.

133 *Vid.* JACQUES CHEVALLIER; DANIELE LOSCHKA, «La ciencia administrativa. La exploración del campo científico», *Instituto Nacional de Administración Pública*, París, 2011, pp. 145-146.

134 *Vid.* ANDRÉS BETANCOR RODRÍGUEZ, *Las Administraciones independientes: un reto para el Estado Social y Democrático de Derecho*, Tecnos, 1994, p. 16.

posición diferenciada respecto del poder ejecutivo, aunque sin llegar a un punto de ruptura, porque subsiste una relación de dirección, una relación de dependencia de baja intensidad[135].

La Administración pública carece por sí misma de legitimidad propia y, por lo mismo, de libertad de actuación: su funcionalidad radica, como pone de relieve SANTAMARÍA PASTOR, en su carácter vicarial, servicial, respecto de las instituciones representativas de la comunidad política; en suma, en su naturaleza de instrumento operativo concebido para llevar a la práctica las directrices y decisiones políticas que emanan de aquellas con arreglo a unos principios constitucionales[136].

C. El declive de la legislación parlamentaria y el debilitamiento de las normas administrativas

Junto al proceso descrito anteriormente de proliferación de autoridades administrativas independientes como agentes neutrales o independientes de los órganos del Estado, se ha producido una correlativa pérdida de la centralidad de la ley como eje central en el régimen jurídico-administrativo. De esta manera, el proceso de producción normativa se caracteriza por el progresivo declive de la regulación parlamentaria, provocando una quiebra en las bases del Estado de derecho, tradicionalmente basado en la primacía de la representación política y en la centralidad de la ley[137].

Así pues, se produce un aumento del protagonismo de la actividad y las disposiciones administrativas sobre la producción legislativa, con el consiguiente aumento del poder del Ejecutivo y la pérdida de relevancia del Parlamento como institución central de las democracias representativas. Igualmente, el papel de la Administración pública se ve fortalecido a consecuencia de su mayor capacidad de dar respuesta a los problemas cambiantes y complejos en el ámbito social que el legislador, normalmente caracterizado por un tiempo de tramitación más prolongado[138]. En este sentido, señala MARCOS KAPLAN que, como resultado de la complejidad de la economía y la sociedad, la diversificación de actores sociales y la proliferación de determinadas áreas problemáticas (como la defensa o la seguridad), «se produce una centraliza-

135 *Vid.* JUAN MARÍA BILBAO UBILLOS, «Las agencias independientes: un análisis desde la perspectiva jurídico-constitucional», *Anuario de la Facultad de Derecho de la Universidad Autónoma de Madrid*, n.º 3, 1999, pp. 166 y ss.

136 *Vid.* JUAN ALFONSO SANTAMARÍA PASTOR, *Principios de Derecho administrativo general, tomo I*, Iustel, 4.ª ed., Madrid, 2009, p. 82.

137 *Vid.* LUIGI FERRAJOLI, «La crisis de la democracia en la era de la globalización», *Anales de la Cátedra Francisco Suárez*, n.º 39, 2005, p. 40.

138 *Vid.* BENJAMÍN MARCHECO ACUÑA, *Los desafíos de la ciencia del Derecho administrativo ante la globalización*, cit.

ción creciente de las decisiones políticas en las cúpulas de la rama ejecutiva del Gobierno. Así, el Parlamento deja de ser la sede y el foro para la formulación, articulación y defensa de los intereses particulares y la garantía de la continuidad pasa cada vez más del Parlamento al Ejecutivo»[139].

Este aumento de la centralidad de las disposiciones administrativas frente a las parlamentarias conlleva asimismo el debilitamiento de las cualidades tradicionales de dicha regulación. De este modo, se produce en determinadas ocasiones «una relativización de la generalidad de las normas administrativas, avanzando hacia un Derecho administrativo particular, producto de la imprecisión de la norma que hace que el proceso de concreción recuerde a una negociación *inter partes* para que ambas concluyan ventajas. No es que desaparezca el principio de inderogabilidad singular de los reglamentos, sino que la norma reglamentaria es tan dúctil que permite una aplicación a la carta del Derecho en función de la capacidad de negociación de cada uno de los operadores»[140].

Este proceso conlleva evidentes riesgos para el principio de seguridad jurídica, puesto que las normas jurídico-administrativas se multiplican exponencialmente, en muchas ocasiones sin un orden definido y de manera asistemática, haciendo que la tarea de comprensión se convierta en una labor sumamente compleja, con los peligros que ello entraña en su aplicación práctica[141]. Esta producción incesante tiene en el ordenamiento jurídico español manifestaciones fundamentales como la utilización de las denominadas Leyes de acompañamiento y las Leyes ómnibus. En el caso de las primeras se trata de la aprobación de Leyes de medidas fiscales, administrativas y del orden social que venían acompañando años atrás a la Ley de Presupuestos Generales del Estado[142], donde se ha producido un progresivo

---

139 *Vid.* MARCOS KAPLAN: «Estado y globalización», *Instituto de Investigaciones Jurídicas, UNAM*, 1.ª reimp. 2008, pp. 333- 334

140 *Vid.* JULIO GONZÁLEZ GARCÍA, «Globalización económica, Administraciones públicas y Derecho administrativo: Presupuestos de una relación», *Revista de Administración Pública*, n.º 164, 2004, p. 30

141 *Vid.* JOSÉ BERMEJO VERA, *El declive de la seguridad jurídica en el ordenamiento plural*, Civitas, Madrid, 2005, pp. 74-117.

142 *Vid.* ISABEL GIMÉNEZ SÁNCHEZ, «Las leyes de acompañamiento y el problema de las "Leyes ómnibus"», *Teoría y realidad constitucional*, UNED, n.º 22, 2008, pp. 525-565. El Tribunal Constitucional se ha pronunciado al respecto en la STC 174/1998, de 23 de julio (FJ 6.º): «Como viene insistiendo este Tribunal (por todas, SSTC 76/1992 y 195/1994) dos son los requisitos necesarios para que la regulación por Ley de Presupuestos de una materia que no forma parte de su contenido necesario sea constitucionalmente legítima: de una parte, es preciso que la materia guarde relación directa con los ingresos y gastos que integran el Presupuesto y que su inclusión esté justificada por ser un complemento de los criterios de política económica de la que ese Presupuesto es el instrumento; y de otra, que sea un complemento necesario para la mayor inteligencia y para la mejor ejecución del Presupuesto y, en general, de la política económica del Gobierno» (SSTC 76/1992 y 195/1994).

incremento de contenido. Idéntico proceso se ha producido en relación con las denominadas leyes ómnibus, mediante las cuales se introducen múltiples modificaciones al ordenamiento jurídico dentro de un mismo texto normativo de contenido heterogéneo.

Por otra parte, también conviene aludir al uso abusivo del Decreto-ley como forma «ordinaria» de regulación; un proceso agudizado en los últimos años, tanto por parte del legislador estatal como de los legisladores autonómicos, así como la flexibilidad en la interpretación de los principios constitucionales que habilitan su aprobación[143]. Pero el problema del aumento de la legislación no se manifiesta exclusivamente en el aspecto cuantitativo, sino asimismo desde la perspectiva de la calidad, tanto formal (claridad, coherencia, unidad) como material, es decir, con el estándar de calidad para que la norma sea capaz de cumplir los propósitos o servir a los fines para los que efectivamente fue aprobada. Santamaría Pastor se ha expresado en este sentido al afirmar que «es una evidencia que la producción normativa española constituye un desastre sin paliativos de desorden inestabilidad, incoherencia, improvisación y de falta de claridad, de necesidad y de proporcionalidad», así como que «lo más grave es que dicha forma de actuar es una práctica secular, con raíces muy hondas en la cultura política y administrativa que va a ser muy difícil, sino imposible, erradicar en un plazo breve»[144].

5. Las fortalezas de la creación de un Derecho administrativo global

A pesar de los problemas que puede plantear la configuración de un Derecho administrativo global, la mayor parte de la doctrina señala que las ventajas derivadas de su creación son mucho mayores que las objeciones planteadas por algunos autores. En este sentido, la consolidación de un Derecho administrativo global, como señala Darnaculleta Gardella, puede suponer mejoras en áreas como la democratización, la racionalidad, la transparencia, la rendición de cuentas y el control de las nuevas formas de autoridad pública que operan más allá del Estado. Sin embargo, si el objetivo es lograr la consolidación del Derecho administrativo global resulta indispensable que se produzca un diálogo entre diversas tradiciones y culturas jurídicas, así como de disciplinas diversas, con el fin de hacer posible la emergencia de

143 *Vid.* Estanislao Arana García, «Uso y abuso del Decreto-Ley», *Revista de Administración Pública*, n.º 191, 2013, pp. 337-365 y Luis Martín Rebollo, «Uso y abuso del Decreto-Ley (un análisis empírico)», *Revista Española de Derecho Administrativo*, n.º 174, 2015 pp. 23-93.

144 *Vid.* Juan Alfonso Santamaría Pastor, «Un nuevo modelo de ejercicio de las potestades administrativas», *Revista Española de Derecho Administrativo*, n.º 175, enero-marzo 2016, p. 36.

una comunidad científica capaz de alcanzar acuerdos metodológicos y conceptuales mínimos donde actualmente ahora mismo no existen[145].

Como señala MARCHECO ACUÑA, «la renovación a la que se abocan los fundamentos teóricos del Derecho administrativo y en los que hoy se centran todos los esfuerzos doctrinales parte, en primer lugar, de sus propios rasgos identitarios como un sistema cerrado de normas y principios propios "del poder y para el poder"»[146], con el objetivo de extender su influencia hacia otros dominios con proyección exterior o en el ámbito del Derecho privado[147]. Al mismo tiempo, se precisa un cambio de perspectiva y de método en la articulación de las relaciones entre los poderes del Estado y los órganos administrativos, en los mecanismos de intervención y actuación de la Administración, así como en los parámetros y métodos de control y en el sistema de fuentes.

En definitiva, como defiende SCHMIDT-ASSMANN, «la nueva ciencia del Derecho administrativo necesitar ser concebida como una ciencia de dirección, de manera que se ponga el acento en la eficacia de la gestión administrativa que el Derecho pretende disciplinar»[148]. En este sentido, se podría producir una pérdida de relevancia de las instituciones tradicionales del Derecho administrativo puesto que, mediante la interacción con los nuevos modelos que la ciencia del Derecho administrativo global alumbre, habrán de formar un conjunto normativo mucho más complejo y poliédrico[149].

A. La apertura de un nuevo campo de investigación y la creación de una nueva comunidad científica

Desde el tradicional desarrollo del Derecho administrativo global a través de los proyectos del *Global Administrative Law* (GAL), actualmente pueden

---

145 *Vid.* MARÍA MERCÈ DARNACULLETA GARDELLA, *El Derecho administrativo global. ¿Un nuevo concepto clave del Derecho administrativo?*, cit., p. 43.

146 *Vid.* BENJAMÍN MARCHECO ACUÑA, *Los desafíos de la ciencia del Derecho administrativo ante la globalización*, cit.

147 *Ibidem.*

148 El concepto de dirección desde las ciencias sociales —explica el propio autor—, «hace referencia a un marco teórico que permite analizar los factores determinantes de los procesos sociales e indagar cuáles son sus dinámicas y sus condiciones ambientales; para conocer, en consecuencia, también los fundamentos o parámetros de identificación acerca de cómo influye el Derecho en la sociedad, cómo despliega su eficacia en la realidad. Esta teoría se ha estructurado en torno a cuatro elementos básicos y en recíproca interrelación: los sujetos, el objeto, los medios y los instrumentos al servicio de la dirección». *Vid.* EBERHARD SCHMIDT-ASSMANN, *Cuestiones fundamentales sobre la reforma de la teoría general del Derecho administrativo. Necesidad de la innovación y presupuestos metodológicos*, cit., pp. 45- 50.

149 *Ibidem.* pp. 44- 48.

sumarse las aportaciones de sus posteriores desarrollos. Sin embargo, este campo de investigación resulta excesivamente amplio y, en ocasiones, no tiene en cuenta tan solo las aportaciones del Derecho administrativo a las cuestiones que se plantean en el orden global. Tal y como ha defendido la Asociación Alemana de Profesores de Derecho Público, «se impone una apertura del método del Derecho administrativo como consecuencia de la internacionalización, y a su vez, esta apertura no puede prescindir de la interdisciplinariedad»[150].

Este proceso de apertura y de creación del Derecho administrativo global requiere tanto de la profundización del estudio de otras disciplinas como de identificar cuáles son las fortalezas del Derecho administrativo, así como de sus límites. En este sentido, deben ponerse en valor las nuevas cuestiones y aportaciones novedosas con respecto al panorama doctrinal existente, conceptual y metodológicamente. De esta manera, se podrían establecer nuevas aportaciones en determinados ámbitos que no se encuentran especialmente desarrollados en otras disciplinas, al mismo tiempo que se enriquezcan. Algunos de estos ámbitos que podrían beneficiarse particularmente del desarrollo de un Derecho administrativo global son las Administraciones públicas independientes y su participación en las redes transnacionales de regulación.

Al mismo tiempo, tal y como señala DARNACULLETA GARDELLA, resulta necesario tener en cuenta que la entrada de los juristas y de los administrativistas en el debate sobre la globalización se ha producido con retraso, en comparación con la atención que viene recibiendo este fenómeno por parte de otras disciplinas, como la Economía, la Sociología, la Ciencia Política o el Derecho Internacional Público[151]. Precisamente por esta razón resulta indispensable que se produzca un diálogo interdisciplinar dentro del Derecho Público de manera que se consolide, en cierto modo, una armonización entre las aportaciones provenientes del Derecho Internacional Público, del Derecho Constitucional y del Derecho Administrativo. Este esfuerzo, además, debería incluir un diálogo entre culturas jurídicas que fuese capaz de destilar lo que resulta esencial para el Derecho Administrativo global, es decir: la búsqueda de mecanismos de legitimación y control el ejercicio de poder y de autoridad pública más allá del Estado[152].

Puesto que no resulta posible para el Derecho administrativo elaborar y desarrollar todos los parámetros de evaluación y control de la función administrativa, sí que le es posible su creación a través de la implemen-

150 *Vid.* las aportaciones de HANS CHRISTIAN RÖHL y ANDREAS VON ARNAULD, «Öffnung der öffentlich- rechtlichen Methode durch Internationalität und Interdisziplinarität: Erscheinungsformen, Chancen, Grenzen», *VVDStRL*, 74, 2015, pp. 7-37 y 39-87, respectivamente.

151 *Vid.* MARÍA MERCÈ DARNACULLETA GARDELLA, *El Derecho administrativo global. ¿Un nuevo concepto clave del Derecho administrativo?*, cit., p. 44.

152 *Ibidem.* p. 44.

tación e interacción de todos los parámetros necesarios mediante la concurrencia de otras ciencias a las que corresponde la comprensión y análisis de dichos aspectos[153]. Por tanto, tal y como señala MARCHECO ACUÑA, mediante las relaciones interdisciplinares se permitiría la consolidación de las nuevas categorías conceptuales y metodológicas, lo que crearía a su vez una ciencia del Derecho administrativo mucho más amplia, que no se ocuparía exclusivamente de los aspectos puramente legales de la actuación administrativa o de la defensa de los administrados frente a intromisiones de la Administración, sino que también tendría en cuenta otros efectos y consecuencias desde los paradigmas de la eficiencia, la calidad y las garantías de los resultados.

Se produce así la confluencia entre el espíritu tradicional del Derecho administrativo, cuya preocupación radica en el respeto a los límites de la acción administrativa derivados del ordenamiento jurídico, con otras nuevas concepciones relacionadas con el principio de buena administración; es decir, con el buen hacer en la gestión de lo público, de manera que puedan alcanzarse los mejores resultados en la satisfacción del interés general[154]. Así, como defiende BARNÉS VÁZQUEZ, «se trata entonces de desarrollar una teoría de los parámetros o criterios —a modo de directrices para la Administración—, que permita incentivar la excelencia en el cumplimiento de los encargos que se le encomiendan, la satisfacción de los fines o garantías de resultado, una mejor instrumentación de las funciones de implementación, desarrollo, evaluación o revisión»[155].

153 *Vid.* BENJAMÍN MARCHECO ACUÑA, *Los desafíos de la ciencia del Derecho administrativo ante la globalización*, cit.

154 La buena administración es un concepto que, desde el plano jurídico, se revela con una triple finalidad como señala BENJAMÍN MARCHECO ACUÑA: «como principio aplicable a la actividad administrativa, como deber de los poderes públicos de crear las condiciones para que la libertad y la igualdad de la persona y de los grupos en que se integra sean reales y efectivas, removiendo los obstáculos que impidan su cumplimiento y facilitando la participación social y como derecho fundamental de la persona, consagrado en el art. 41 de la Carta de Derechos Fundamentales de Niza». En el ámbito iberoamericano se encuentra igualmente consagrado en la Carta Iberoamericana de los Derechos y Deberes del Ciudadano en Relación con la Administración Pública. Así, como afirma MATILLA, «la cuestión jurídica de la buena administración no involucra sino preocupación por la calidad en la organización y en el funcionamiento administrativos, de manera que se constituyen como motor de impulso y medida también de la búsqueda de esos estándares de calidad en la actuación, de los procederes de la Administración Pública, para el cumplimiento pleno y cabal de los fines administrativos». *Vid.* ANDRY MATILLA CORREA, «Cinco principios jurídico-administrativos en clave teórica de buena administración: eficacia, eficiencia, objetividad, economía o economicidad y celeridad», en la obra colectiva *Tendencias actuales del Derecho administrativo. Homenaje al profesor Dr. Héctor J. Garcini Guerra*, dirigida POR ANDRY MATILLA CORREA, La Habana, Unijuris, 2017, p. 37.

155 *Vid.* JAVIER BARNÉS VÁZQUEZ, *Transformaciones (científicas) del Derecho administrativo. Historia y retos del Derecho administrativo contemporáneo*, *op. cit.*, p. 60.

De lo expuesto hasta el momento no cabe duda de que muchas de las técnicas e instituciones tradicionales del Derecho administrativo precisarán de una revisión dogmática con el objetivo de que todas las novedades del Derecho administrativo global sean incluidas en su nueva sistemática. Como señala CARRO FERNÁNDEZ-VALMAYOR, «la gran tarea del administrativista de nuestro tiempo sería la de preservar, mediante las necesarias adaptaciones, la función ordenadora y sistematizadora que debe cumplir la llamada Parte General del Derecho administrativo para hacer frente a unas realidades sociales cada vez más complejas y cambiantes, cuya presencia se viene manifestando en numerosos sectores de la Parte Especial del mismo, considerados por muchos como "sectores de referencia" para la construcción dogmática del entero Ordenamiento jurídico-administrativo»[156].

No se trataría, en definitiva, de construir una «nueva ciencia del Derecho administrativo» *per se*, de manera que se produzca una ruptura con el Derecho administrativo tradicional, sino que se trataría de profundizar en el estudio del nuevo significado y alcance de las técnicas existentes y analizar al mismo tiempo las que han ido surgiendo durante los últimos tiempos. En este sentido, la doctrina alemana ha señalado, muy acertadamente en opinión de CARRO FERNÁNDEZ-VALMAYOR, que, en la construcción de la ciencia jurídico-administrativa, solo juntos, progreso y tradición, pueden tener un futuro[157].

Por encima de la creación de una nueva ciencia del Derecho administrativo se impone una «nueva orientación metodológica», que supere la tradicional concepción de la ciencia jurídico-administrativa desde la exclusiva óptica de la protección frente a la actuación de las Administraciones públicas, y que sea capaz de dar respuesta a las importantes cuestiones derivadas de las profundas transformaciones que ha experimentado el Derecho administrativo. Esta nueva orientación metodológica debería basarse en un diálogo multidisciplinar, a través de la adecuada interacción entre el Derecho público y el Derecho privado, así como en la efectividad y la eficacia de la actuación administrativa. Mientras que la metodología y la dogmática precisan de una readaptación a los nuevos postulados del Derecho administrativo global, la función del Derecho administrativo debe permanecer; es decir, se mantendría su capacidad de «proporcionar criterios explicativos y ordenadores a la masa heterogénea de normas y técnicas administrativas y, en general, en hacer frente a la rápida evolución que se viene operando en los distintos sectores materiales de la actividad de los poderes públicos»[158].

156 *Vid.* JOSÉ LUIS CARRO FERNÁNDEZ-VALMAYOR, *Reflexiones sobre las transformaciones actuales del Derecho público, en especial del Derecho administrativo*, cit., p. 38.

157 *Ibidem.* p. 39.

158 *Vid.* LUCIANO PAREJO ALFONSO, «La idea de la reforma del Derecho administrativo general. Su planteamiento en España», en la obra colectiva *Innovación y Reforma en el Derecho administrativo*, dirigida por JAVIER BARNÉS VÁZQUEZ, Global Law Press, Sevilla, 2006, pp. 179 y ss.

Este cambio en la metodología de la ciencia del Derecho administrativo ya se advierte, al menos, desde el último tercio del siglo XX, puesto que desde este momento «se ha producido un Derecho administrativo más centrado en los parámetros que ha de seguir la actuación de las Administraciones públicas que en el exclusivo análisis de su control; una renovación del Derecho administrativo que se preocupa cada vez más de la posición propia que puede ocupar la Administración pública por medio de su legitimación constitucional basada en la dirección gubernamental y, finalmente, un Derecho administrativo que ha seguido profundizando en el alcance de la responsabilidad prestacional que incumbe a las Administraciones públicas y en las garantías de su ejercicio»[159], como demuestra, por ejemplo, el establecimiento de la responsabilidad del Estado legislador.

Señala CARRO FERNÁNDEZ-VALMAYOR que, en este contexto, resultan interesantes las propuestas procedentes de la doctrina alemana, a pesar de que ninguno de estos enfoques metodológicos haya alcanzado resultados que puedan calificarse de definitivos. Así, se encuentra el análisis sistemático del Derecho administrativo a partir de «conceptos clave *(Schlüsselbegriffe)*» o de «conceptos jurídicos elementales» y, desde una perspectiva más general, a su consideración como «idea ordenadora *(Ordnungsidee)*» o sistematizadora basada en dichos conceptos clave y a su construcción, desde presupuestos sociológicos, como «ciencia de la dirección *(Steuerungswissenschaft)*», que «aspira a dirigir los procesos sociales poniendo fundamentalmente el acento en los resultados de la actuación administrativa»[160]. Todos estos nuevos conceptos pueden definirse como parámetros que, en todo caso, deben respetar el interés general.

Dicho replanteamiento del Derecho administrativo global ha producido una ampliación de la perspectiva metodológica, de manera que mediante la interacción con otras disciplinas se han superado las tradicionales insuficiencias de la ciencia jurídico-administrativa mediante el método estrictamente jurídico para explicar las nuevas realidades económicas y sociales surgidas de las evidentes transformaciones experimentadas durante los últimos años. Se trata, por tanto, desde otra perspectiva, de una evolución natural del contenido del Derecho administrativo para adaptarse a las nuevas necesidades que son consecuencia de dichas transformaciones. En este sentido, como defiende CARRO FERNÁNDEZ-VALMAYOR, «el Derecho administrativo, construido a partir de factores muy diversos, ha de ser siempre expresión de un orden material de valores que encuentra su fundamento en la Constitución y, en este sentido, constituye, en cuanto Derecho referido a un gran cúmulo de tareas de muy diverso contenido, un instrumento imprescindible de reforma social»[161].

---

159 *Vid.* JOSÉ LUIS CARRO FERNÁNDEZ-VALMAYOR, *Reflexiones sobre las transformaciones actuales del Derecho público, en especial del Derecho administrativo*, cit., p. 40.

160 *Ibidem.* pp. 40 y ss.

161 *Vid.* JOSÉ LUIS CARRO FERNÁNDEZ-VALMAYOR, *Reflexiones sobre las transformaciones actuales del Derecho público, en especial del Derecho administrativo*, cit., p. 41.

Las transformaciones a las que se enfrenta el Derecho administrativo global constituyen desafíos de indudable trascendencia tanto en el plano de la ciencia administrativa como en el propio plano social. Enfrentarse a ellos es, en todo caso, el destino histórico del Derecho administrativo, puesto que en su propia naturaleza se encuentra su carácter adaptativo que, sin suponer en ningún caso rupturas radicales, ha puesto siempre de manifiesto su permanente vitalidad.

B. Nuevas transformaciones que se operan sobre la Administración pública

a. Nuevos mecanismos de legitimación y control del ejercicio de autoridad pública más allá del Estado

A través del proceso de globalización del Derecho administrativo se produce una pérdida progresiva de centralidad de los parlamentos nacionales y, al mismo tiempo, de la democracia parlamentaria. Como contrapartida, y ante la pérdida de legitimidad, la doctrina ha propuesto democratizar el régimen de funcionamiento de las organizaciones internacionales[162], aportar nuevas concepciones a la democracia que sean compatibles con la esfera global[163] o, incluso, buscar sustitutos de la misma como argumento de legitimación de los nuevos poderes globales[164]. En este sentido, los autores que vienen ocupándose del Derecho administrativo global no pretenden limitarse a ofrecer un nuevo marco de legitimación de las estructuras de poder internacionales, sino que pretenden la creación explícita de soluciones normativas, organizativas y procedimentales con el objetivo de extender en lo posible a la esfera global los valores y principios propios de un Estado de derecho[165].

Así, uno de los objetivos fundamentales del nuevo Derecho administrativo global es mejorar la calidad democrática mediante la transformación de los mecanismos de toma de decisiones en el ámbito supranacional, a través de conceptos como la transparencia y la rendición de cuentas en los procesos de adopción de decisiones por los nuevos reguladores y organismos interna-

162 *Vid.* GRAÍNNE BÚRCA, «Developing Democracy beyond the State», *Columbia Journal of Transnational Law*, n.°. 46, 2008, pp. 103-157

163 En esta línea, una parte de la doctrina alemana busca compensar el déficit de la democracia representativa proponiendo modelos de democracia deliberativa de corte habermasiano, como señalan autores como ARMIN VON BOGDANDY e INGO VENZKE, «In whose name? A Public Law theory of international adjudication», *Oxford University Press*, 2014, pp. 95 y ss.

164 Especialmente crítico al respecto ha sido JOSÉ ESTÉVEZ ARAUJO, «Que no te den gobernanza por democracia», *Mientras Tanto*, n.° 108-109, 2009, pp. 33-49.

165 *Vid.* MARÍA MERCÈ DARNACULLETA GARDELLA, *El Derecho administrativo global. ¿Un nuevo concepto clave del Derecho administrativo?*, cit., p. 45.

cionales, así como el aumento de la participación ciudadana que se encuentra directamente afectada por las disposiciones adoptadas en la comunidad internacional[166].

b. El cambio de paradigma en la organización administrativa y el sistema de fuentes: la interacción del Derecho público y el Derecho privado

Mediante la nueva ciencia del Derecho administrativo global se podría producir la superación de los métodos de análisis tradicionales del Derecho administrativo, centrados tradicionalmente en el ámbito nacional. En cuanto a la organización administrativa, pensada durante largo tiempo como una unidad orgánica cerrada y estructurada mediante el principio de jerarquización y de estructuración burocrática, esta deberá articularse mediante una multiplicidad de fórmulas organizativas que actúen en distintos ámbitos. De este modo, las reglas tradicionales de interacción entre órganos y unidades administrativas deben transformarse en lo relativo a la adecuación de los principios, mecanismos y fórmulas de relación, en cuanto al reparto de competencias y los límites y en relación con las características de transversalidad o sectorialidad de las estructuras.

Este cambio en el paradigma de la estructura burocrática conlleva asimismo la transformación del sistema de fuentes del Derecho. Como se ha señalado anteriormente, la aparición de nuevos entes con capacidades normativas, a pesar de no tener siempre carácter vinculante, tiene una incidencia notable en la práctica administrativa, así como en el marco jurídico a través del cual se desenvuelve la Administración. En este sentido, la nueva ciencia del Derecho administrativo global requiere un nuevo planteamiento de los aspectos teóricos del sistema de fuentes mediante los cuales se pueda dar cabida a las distintas fórmulas jurídicas que regulan el marco de las relaciones administrativas, más allá de las tradicionales como la Constitución, la ley o el reglamento[167].

A consecuencia de los fenómenos expuestos anteriormente de privatización, externalización y huida del Derecho administrativo, resulta necesario reconfigurar las relaciones que se producen entre el Derecho público y privado. Los nuevos ámbitos de confluencia entre ambos exigen una readaptación de las instituciones e instrumentos puesto que el fin esencial del Dere-

---

166 *Vid.* Saskia Sassen, «The participation of States and Citizens in Global Governance», *Indiana Journal of Global Legal Studies*, 10-5, 2005, pp. 5-28, y Richard Stewart, «Addressing problems of disregard in global regulatory governance: accountability, participation and responsiveness», *IILJ Working Paper 2014/2, Global Administrative Law Series*, 2014, pp. 38-51.

167 *Vid.* Benjamín Marcheco Acuña, *Los desafíos de la ciencia del Derecho administrativo ante la globalización*, cit.

cho administrativo es la regulación de todo lo que gira en torno a la vida pública. La solución a esta nueva situación no puede articularse mediante la imposición de las reglas clásicas del Derecho público en todas las actividades privadas que persigan fines de interés general, sino que resulta necesaria una adaptación a la nueva realidad, de modo que se permita la incorporación de las dinámicas procedentes del Derecho privado al nuevo Derecho administrativo global.

En este sentido se pronuncia SCHMIDT-ASSMANN, al defender que «en esa suerte de circuito paralelo de interés públicos y privados, es necesario dejar que cada subsistema o esfera aporte su propia dinámica y capacidad de actuación. El estado y la sociedad cuentan con su propia racionalidad [...] las leyes que configuran este específico modelo de Administración y de Derecho administrativo han de poner el acento en medidas y actuaciones de carácter estructural y de corte finalista. No obstante, a este nuevo Derecho administrativo le interesan tanto los medios y técnicas típicas del derecho público (procedimientos administrativos; organizaciones administrativas), como privados (procedimientos y organizaciones de derecho privado). Habrán de inocularse en esas instituciones del derecho los equivalentes funcionales de las garantías propias del Derecho administrativo clásico»[168].

Al mismo tiempo, señala una serie de cuestiones que es necesario que la dogmática y la nueva ciencia del Derecho administrativo sistematicen y resuelvan: «el establecimiento de instrumentos que aseguren la calidad y los resultados en la prestación privada de los servicios; la creación de procedimientos para la selección de los socios privados más cualificados que hayan de colaborar con la Administración; la tutela de los intereses de terceros: competidores, usuarios y consumidores; el diseño de mecanismos que garanticen la necesaria evaluación de los servicios y la acumulación de experiencias y de aprendizaje y la posibilidad de que el Estado pueda establecer otras fórmulas alternativas»[169].

En esta misma línea, KINGSBURY, KRISCH y STEWART señalan que «las fuentes formales del Derecho administrativo global incluyen tanto las fuentes clásicas del Derecho internacional público (los tratados, la costumbre y los principios generales del Derecho), pero resulta poco probable que estas fuentes sean suficientes para justificar los orígenes y autoridad de la práctica normativa que ya existe en el campo»[170]. En primer lugar, los Tratados internacionales rara vez se refieren a cuestiones de Derecho administrativo, y, en cuanto

168 *Vid.* EBERHARD SCHMIDT-ASSMANN, *Cuestiones fundamentales sobre la reforma de la teoría general del Derecho administrativo. Necesidad de la innovación y presupuestos metodológicos*, cit., pp. 107- 108.

169 *Ibidem.* pp. 107-108.

170 *Vid.* BENEDICT KINGSBURY, RICHARD STEWART y NICO KRISCH *El surgimiento del Derecho administrativo global*, cit., p. 18.

tratan en ocasiones aspectos relativos al procedimiento administrativo, los mismos resultan tradicionalmente vinculantes tan solo para los Estados, no para las instituciones internacionales o redes intergubernamentales.

Por otra parte, el Derecho consuetudinario internacional se ha formado tradicionalmente a través de la práctica reiterada realizada por los actores tradicionales de las relaciones internacionales, es decir, los Estados. Por tanto, los nuevos actores de la escena internacional como los actores no estatales o los órganos administrativos globales no han visto incorporada aún su práctica a los principios de Derecho consuetudinario[171]. Finalmente, el concepto de los «principios generales del Derecho» ha expresado tradicionalmente cuestiones sobre las que existe cierto consenso de carácter internacional, pero al mismo tiempo han requerido de largos períodos de tiempo para que se produzca su adaptación global, de manera que resulta improbable que pueda extender el nuevo paradigma del Derecho administrativo global.

Frente a esta tradicional concepción, KINGSBURY, KRISCH y STEWART defienden que «un mejor reflejo de las fuentes legales de las prácticas normativas existentes en la administración global podría basarse en una versión revitalizada del *ius gentium* que englobaría normas que emergen entre una gran variedad de actores y en escenarios muy diversos, en lugar de depender de un *ius inter gentes* construido sobre acuerdos entre Estados»[172]. De esta manera, el nuevo enfoque del Derecho administrativo global incorporaría nuevos procedimientos de redacción de normas más allá de los tradicionalmente provenientes del Estado.

Sin embargo, tal y como señalan los propios autores, la posibilidad de que el nuevo Derecho administrativo global pueda sustentarse sobre la base del *ius gentium* resulta dudoso en el estadio de desarrollo en el que se encuentra. Este concepto de *ius gentium* se enfrenta precisamente al mismo problema que se predica respecto de los principios generales del Derecho, es decir, el alto grado de adhesión que resulta necesario para que una determinada práctica pueda ser considerada como integrante de dichos principios.

Algunas soluciones novedosas que podrían articularse de manera que el sistema de fuentes tradicional permitiera el desarrollo del Derecho administrativo global podrían encontrarse en la práctica desarrollada por el Tribunal Europeo de Derechos Humanos en relación con la Convención Europea de Derechos Humanos, que no vinculaba formalmente a las organizaciones internacionales o a la Unión Europea, a pesar de que la adhesión de esta organización se encontraba prevista en los tratados. El Tribunal exigió a los Estados miembros que aseguraran que las instituciones de Derecho interno que tenían atribuida la competencia en dicha materia deberían proveer un nivel de protección equivalente a la protección otorgada por la propia Convención.

171 *Ibidem.* p. 18-20.

172 *Ibidem.* p. 18.

Mediante la aplicación de dicho enfoque se podría proporcionar una serie de estándares básicos para los órganos administrativos globales, aunque no se resolverían «los problemas acerca de cómo adaptar conjuntos complejos de normas domésticas a las instituciones transnacionales o interestatales, y menos aún el problema de cómo aplicar dichos principios a los órganos que presentan características tanto del Derecho público como del Derecho privado e incluso a los puramente privados»[173].

Finalmente, asimismo el Derecho doméstico puede contribuir a la consolidación del Derecho administrativo global mediante la implementación de los mecanismos de rendición de cuentas, de manera que permitan reflejar los compromisos normativos variados de cada sociedad nacional y preservar la diversidad. Sin embargo, esta participación por medio de los organismos locales no puede sustituir la necesidad de lograr un grado de uniformidad que resulta indispensable para asegurar la pervivencia del Derecho administrativo global. Al mismo tiempo, la existencia de una multiplicidad de controles domésticos puede suponer un obstáculo a la contribución por parte de los reguladores domésticos en el momento de participar en la adopción de decisiones globales regulatorias.

En definitiva, «puesto que la separación dualista tradicional entre lo doméstico y lo internacional no puede mantener en el espacio administrativo global integrado, la relación entre éstos requiere tanto un reajuste pragmático continuo como una reteorización más profunda»[174]. La consolidación de un Derecho administrativo global en lo que a fuentes del Derecho se refiere se enfrenta al obstáculo fundamental de la dificultad de articular un cuerpo de normas y principios definitivos y detallados que pueda gobernarlo. En la actualidad, los instrumentos intergubernamentales escritos se encuentran dispersos, las prácticas administrativas de los órganos administrativos fragmentadas y las normas formales domésticas varían de un lugar a otro, a pesar de que es posible la identificación de determinados patrones entre Estados. Asimismo, «resulta inevitable el desacuerdo sobre las prácticas de quiénes tener en cuenta o no para el surgimiento de una determinada norma y sobre cuál es el grado de consistencia que debería adquirir determinada práctica para generar una fuerte adhesión»[175].

c. La vinculación de la Administración a la ley y el control de la gestión administrativa

SÁNCHEZ MORÓN defiende que, particularmente en lo que se refiere a los principios estructurales de la función pública, a consecuencia de la vigencia de los fenómenos de desregulación, fragmentación, indeterminación y flexibilidad de las normas administrativas, resulta necesario replantear la relación

173 *Ibidem.* p. 18

174 *Ibidem.* pp. 19-20.

175 *Ibidem.* pp. 19-20.

que se produce entre la Administración y la legalidad, de manera que se produzca una relativización del principio de la vinculación positiva por el de una vinculación «estratégica» o negativa en determinados supuestos[176], lo que trae de vuelta el tradicional debate acerca del equilibrio de la relación poder-ciudadano.

En este sentido, SCHMIDT-ASSMANN señala que ha de partirse de un modelo de aplicación del Derecho más evolucionado y matizado respecto el clásico modelo de aplicación de la ley y la relación tipificación-subsunción, «con el que se pueda dar respuesta adecuada a los distintos escenarios y situaciones en los que la Administración deba resolver en virtud de diversas formas de dirigir que la ley presenta: conceptos legales abiertos y presupuestos de hecho abiertos; cláusulas y mandatos de ponderación de los bienes y valores en presencia, características del planeamiento territorial; el establecimiento de los fines y objetivos, garantías de resultado y habilitaciones legales por las que se le atribuyen a la Administración márgenes de apreciación y de valoración, como en el Derecho ambiental y el de la seguridad técnica»[177].

En definitiva, de lo que se trata es de avanzar en cuanto a la actualización de los métodos y parámetros de evaluación de la gestión administrativa, entendidos tradicionalmente mediante el concepto estricto de legalidad, concebido como el respeto a los límites exigidos por la ley. En este sentido, la nueva ciencia del Derecho administrativo global debe aspirar a la construcción de parámetros jurídicos mediante los cuales sea posible evaluar la eficiencia y la calidad de la gestión administrativa, o la razonabilidad y corrección de la planificación o la toma de decisiones.

Esto supone, al mismo tiempo, la superación de la concepción tradicional del control estrictamente judicial de la actuación administrativa, que debe acompañarse asimismo de otro tipo de controles para verificar la multiplicidad de factores que intervienen en la toma de decisiones, la variedad de intereses en juego y el nuevo contexto en el que se ubican. En este sentido, se amplían los márgenes de discrecionalidad de la Administración pública, de manera que no solo cuenta ésta con un papel relevante en el ámbito de la ejecución, sino asimismo en el de la formulación de políticas propias. Así, a pesar de que el control judicial de la actuación administrativa seguirá teniendo un papel relevante, resultará necesario reforzarlo mediante la eva-

---

176 *Vid.* MIGUEL SÁNCHEZ MORÓN, «Siete tesis sobre el control judicial de la discrecionalidad administrativa», en la obra colectiva *Estudios de derecho público en homenaje a Juan José Ruiz-Rico*, Madrid, Tecnos, 1997, pp. 1.321-1.330, y, del mismo autor, Manual de Derecho administrativo, Madrid, Tecnos, 6.ª ed., 2010, p. 91.

177 *Vid.* EBERHARD SCHMIDT-ASSMANN, «Cuestiones fundamentales sobre la reforma de la teoría general del Derecho administrativo. Necesidad de la innovación y presupuestos metodológicos», en la obra colectiva *Innovación y reforma en el Derecho administrativo*, dirigida por JAVIER BARNÉS VÁZQUEZ, *op. cit.*, pp. 98-99.

luación de otros aspectos como la eficiencia, los presupuestos, o el balance coste-beneficio, de manera que se incluyan elementos de racionalización además de los estrictamente jurídicos[178].

6. El caso particular de la globalización del Derecho español: las cláusulas de apertura de la Constitución y el fin del nacionalismo jurídico

Tal y como señala Enrique Linde Paniagua, mediante la Constitución española de 1978 se inició en España un proceso de globalización del Derecho, radicalmente opuesto a la tendencia al nacionalismo jurídico que se encuentra presente en el resto de Estados occidentales[179]. Es decir, si previamente a la aprobación de la Constitución existía tan solo un ordenamiento jurídico, emanado de un poder centralizado y de un sistema centralizado de tribunales, tras su aprobación se han producido dos fenómenos paralelos: por una parte, la descentralización territorial, que ha provocado al mismo tiempo un proceso de descentralización interna de los poderes Ejecutivo y Legislativo entre el Estado central y las Comunidades Autónomas y, por otra parte, la incorporación al ordenamiento jurídico interno español de otros subordenamientos producidos por organizaciones o instituciones de la comunidad internacional en los cuales participa España.

La Constitución española puede calificarse como una constitución abierta, resultado de la existencia de siete cláusulas conocidas como cláusulas de apertura: la cláusula de remisión a la ley, que puede encontrarse a lo largo de todo el articulado del texto constitucional; la cláusula de transformación incluida en el artículo 9.2 CE; la cláusula de apertura al Derecho de tratados, en el artículo 96 CE; la cláusula de interpretación de los derechos fundamentales de conformidad con el Derecho internacional, en el artículo 10.2 CE; la cláusula de transferencia de competencias soberanas a organizaciones internacionales, en el artículo 93 CE; la cláusula autonómica del título VIII CE y, finalmente, la cláusula de reforma constitucional del título X CE[180]. El con-

178 *Vid.* Benjamín Marcheco Acuña, *Los desafíos de la ciencia del Derecho administrativo ante la globalización*, cit.

179 *Vid.* Enrique Linde Paniagua, «La globalización del derecho español a través de las cláusulas de apertura de la Constitución. El fin del nacionalismo jurídico» en la obra *Las transformaciones del Derecho Público de nuestro tiempo*, UNED Ediciones Académicas, 2016, p. 87.

180 Estas cláusulas son enumeradas por Enrique Linde Paniagua en su obra *Las transformaciones del Derecho Público de nuestro tiempo*, pero ya aparecían previamente en otra de sus obras: *Constitución abierta*, Linde Editores, 1991.

junto de dichas cláusulas pone de manifiesto el carácter abierto de la Constitución, frente a la concepción cerrada y aislada del nacionalismo jurídico.

Esta multiplicidad de ordenamientos jurídicos ha generado que la cláusula de jerarquía que tradicionalmente explica las relaciones que se producen entre distintos subsistemas no resulte suficiente para ordenar el sistema de fuentes dentro del ordenamiento jurídico español. Una de las primeras manifestaciones de que precisamente este principio no era capaz de explicar la totalidad de interacciones entre las normas del nuevo ordenamiento jurídico se puso de manifiesto por medio de las leyes orgánicas. En un primer momento, éstas se relacionaban con el resto del ordenamiento por medio del principio de jerarquía, proponiendo en un primer momento la doctrina que éstas gozaban de una posición jerárquica superior a las demás leyes, ocupando un lugar intermedio entre la Constitución y las leyes ordinarias[181].

En contra de esta opinión mayoritaria se manifestaba SANTAMARÍA PASTOR, que postulaba, para comprender este nuevo tipo de leyes, la utilización del principio de competencia[182]. Esta sería la doctrina asimismo adoptada por el Tribunal Constitucional en su sentencia de 13 de febrero de 1981[183] para clarificar la relación existente entre las leyes orgánicas y las ordinarias. Y esta misma solución, por medio del principio de competencia, será la igualmente adoptada para explicar las relaciones que se producen entre las normas emanadas del Estado y las de las Comunidades Autónomas.

Por otra parte, el principio de jerarquía sigue explicando las relaciones entre la ley y el reglamento en el Derecho interno, pero ya no sirve para articular la mayoría de las relaciones entre normas, que tradicionalmente se entendía que derivaban de la posición jerárquica que ocupaban los operadores jurídicos en un determinado sistema[184]. Esta transformación del principio de jerarquía supone poner en cuestión las concepciones kelsenianas acerca de la caracterización piramidal del Derecho, que ya no resulta compatible con el sistema democrático que se instaura tras la aprobación de la Constitución de 1978. Sin embargo, en el orden doméstico, la vigencia del principio de competencia no supone en ningún caso el cuestionamiento de la supre-

181 Entre otros, *vid*. FERNANDO GARRIDO FALLA en *Estudios sobre el proyecto de Constitución, CEC*, Madrid, 1978, p. 538, y LUIS DÍEZ-PICAZO, «Constitución y fuentes de Derecho», *Revista Española de Derecho Administrativo*, n.° 21, 1979, p. 194.

182 *Vid.* JUAN ALFONSO SANTAMARÍA PASTOR, «Las leyes orgánicas. Notas en torno a su naturaleza y procedimiento de elaboración», *Revista del Departamento de Derecho Político*, n.° 4, otoño 1979, p. 41. Esta tesis es asimismo defendida por ENRIQUE LINDE PANIAGUA en su obra *Lecturas sobre la Constitución española, tomo I*, UNED, Madrid, 1978, p. 257.

183 STC de 13 de febrero de 1981, que resuelve el recurso de inconstitucionalidad interpuesto contra varios preceptos de la Ley Orgánica 5/1980, de 19 de junio, por la que se regula el Estatuto de centros escolares (BOE número 47, de 24 de febrero).

184 *Vid.* JUAN ALFONSO SANTAMARÍA PASTOR, *Las leyes orgánicas. Notas en torno a su naturaleza y procedimiento de elaboración*, cit., p. 41.

macía jurídica de la Constitución sobre el resto de ordenamientos jurídicos de las instituciones centrales del Estado y de las Comunidades Autónomas.

En lo que se refiere a la aplicación del principio de competencia para regular las relaciones que se producen entre el Derecho interno y el Derecho internacional, en este caso se producen mayores dificultades teóricas y prácticas a raíz de la consideración de la Constitución como norma suprema del ordenamiento jurídico sobre los Tratados internacionales. La Constitución española se caracteriza por contener tres cláusulas de apertura a los Tratados internacionales: los artículos 10.2, 93 y 96, que la configuran como una constitución abierta[185]. Esto significa que para explicar las relaciones entre la Constitución y los Tratados internacionales se eliminaban las concepciones imperantes en la materia que variaba entre el monismo externo y el monismo interno[186], excluido asimismo el dualismo[187]. Los primeros consideran que el Derecho internacional ocupa una posición jerárquicamente superior a la Constitución y al resto del ordenamiento jurídico, mientras que para los segundos es la Constitución la que ocupa esa posición superior. Por otra parte, las posiciones dualistas conciben el Derecho interno y el Derecho internacional como órdenes jurídicos separados e incomunicados.

Comenzando por el artículo 10.2 de la Constitución, en primer lugar, puede señalarse que no existe un artículo análogo en el resto de constituciones europeas. Este artículo «abre una puerta a que los valores del hombre que vayan siendo consagrados por los tratados internacionales sirvan de criterio interpretativo extensivo de nuestras normas relativas a Derechos fundamentales y libertades»[188]. De este modo, el Tribunal Constitucional asume el concepto de estándar mínimo de presentación y recibe la jurisprudencia del Tribunal Europeo de Derechos Humanos desde las sentencias de 13 de febrero y 10 de abril de 1981[189], debiendo señalarse que este Tribunal en su

185 Esta denominación ha sido establecida por Enrique Linde Paniagua desde 1980 en su capítulo «Estado social y democrático de Derecho y cláusula de transformación: marco y objetivos del intervencionismo público en la economía», *Derecho administrativo económico*, UNED, Madrid, 1980, p. 293 y, posteriormente, también, en *Constitución abierta*, Linde Editores, 1991.

186 Esta teoría se debe a Hans Kelsen, que rebate la tesis dualista de Triepel. Kelsen considera igualmente aceptables el monismo interno y el monismo externo, aunque posteriormente se inclinaría por el monismo externo.

187 El dualismo fue defendido por Triepel, pero pueden aportarse otras explicaciones (menos exitosas) para la explicación de las relaciones entre el derecho internacional y el derecho interno a través de las obras de otros autores como Adolfo Miaja de la Muela, *Introducción al Derecho internacional público*, Madrid, 1974, pp. 231 y ss.

188 *Vid.* Oscar Alzaga Villamil, *La constitución española de 1978 (comentario sistemático)*, Madrid, 1978, p. 156.

189 STC 5/1981, de 13 de febrero, recurso de inconstitucionalidad 189/80 (BOE número 47, de 24 de febrero de 1981) y STC 12/1981, 10 de abril, recurso de amparo 96/80 (BOE 99, de 25 de abril de 1981).

sentencia 132/1989 abrirá incluso la posibilidad de tomar en consideración el antiguo artículo 7 del TCE y la jurisprudencia del Tribunal de Luxemburgo como pauta interpretativa del artículo 14 de la Constitución[190].

Así, tal y como señala ENRIQUE LINDE PANIAGUA, el Tribunal Constitucional, al acoger la tesis de la aplicación de la jurisprudencia del Tribunal de Estrasburgo a la interpretación de los derechos fundamentales y las libertades públicas consagrados en la Constitución española, estaba revolucionando profundamente las concepciones imperantes en lo relativo a la relaciones entre el Derecho internacional y el Derecho interno; concepción revolucionaria que, sin embargo, no ha sido aceptada pacíficamente entre la doctrina[191]. De acuerdo con parte de la doctrina, no se trata de que el Tribunal Constitucional interprete los derechos fundamentales a la luz de los Tratados internacionales ratificados por España en la materia, sino que va más allá asumiendo la aplicación de la interpretación de un tribunal internacional a los derechos fundamentales y libertades públicas consagrados en el texto constitucional español que coinciden con aquellos recogidos en el Convenio de Roma de 1950. De este modo, el principio de competencia comienza a desplegar sus efectos para regular las relaciones que se producen entre el Derecho interno de los Estados miembros y el Derecho comunitario.

La segunda de las cláusulas de apertura se encuentra en el artículo 96 de la Constitución. A pesar de que el texto constitucional afirma la supremacía de los tratados internacionales sobre las leyes, introduce el principio de competencia en la relación de los tratados con la Constitución. Así, los tratados internacionales forman parte del ordenamiento jurídico español una vez han sido publicados en el Boletín Oficial del Estado, pero su posición no se explica desde la jerarquía que supondría una posición de supremacía jurídica de la Constitución, o viceversa. De este modo, la Constitución ha creado un espacio normativo propio, dentro de nuestro sistema jurídico, cuyo contenido debe ajustarse a lo establecido en el propio texto constitucional, pero sin subordinarse ni a este ni a su Derecho derivado. Este hecho tan solo puede explicarse a través del principio de competencia; lo que determina que los tratados se apliquen de modo preferente a cualquier otra norma de Derecho interno y se exija que su inaplicación, derogación, modificación o

---

190 Sobre esta sentencia ha escrito JUAN RAMÓN FERNÁNDEZ TORRES, «El control del derecho interno que infrinja el derecho comunitario europeo y el alcance del artículo 10.2 en la jurisprudencia del tribunal constitucional», *Revista Española de Derecho Administrativo*, n.° 72, octubre-diciembre 1991, pp. 573 y ss. La planificación de la jurisprudencia del tribunal de justicia de la Unión Europea no necesita de ningún modo la vía del artículo 10.2 de la Constitución, llevándose a cabo a través del artículo 93 CE. cuestión diferente es la posibilidad de que por la vía del artículo 10.2 la jurisprudencia del citado tribunal surta efectos en ámbitos materiales ajenos al derecho de la unión europea.

191 *Vid.* ENRIQUE LINDE PANIAGUA, *Las transformaciones del Derecho Público de nuestro tiempo*, UNED Ediciones Académicas, cit., p. 97.

suspensión solo puede tener lugar de acuerdo con lo previsto en los propios tratados, y, subsidiariamente, de acuerdo con lo previsto en las normas generales del Derecho internacional.

Finalmente, el artículo 93 de la Constitución establece que mediante ley orgánica se puede autorizar la celebración de tratados por los que se atribuya a una organización o institución internacional el ejercicio de competencias derivadas de la Constitución. Este artículo refuerza el principio de competencia al admitir dicha transferencia del ejercicio (no así la titularidad, como ha recalcado el Tribunal Constitucional) de competencias derivadas de la Constitución[192]. En directa relación con el artículo 93 se encuentra asimismo el artículo 95, que exige que la ratificación de tratados que contengan disposiciones contrarias a la CE deba someterse previamente a un procedimiento de revisión constitucional, lo que supone en definitiva que la ratificación de determinados tratados no resultará posible en tanto no se realice una reforma constitucional.

De este modo, no es posible que existan contradicciones entre las disposiciones constitucionales y las de los tratados internacionales ratificados con posterioridad a su entrada en vigor, doctrina que el TC ha denominado «defensa jurisdiccional anticipada». Así, la Constitución asegura, a través de un procedimiento preventivo, que no existan contradicciones entre los Tratados internacionales y el texto constitucional e incorpora aquellos al ordenamiento como órdenes separados y conformes en la cúspide del ordenamiento jurídico; órdenes que se caracterizan por estar entrelazados en su aplicación; situados al mismo nivel y ajenos a la idea de subordinación[193].

Al estipular la Constitución española la integración de los tratados en el ordenamiento interno lo que provoca es el rechazo a la concepción imperante del principio de jerarquía sostenido por las tesis monistas, que tradicionalmente sitúan los tratados bien con carácter superior o inferior a la Constitución. Así, la Constitución española ha previsto que los tratados no se encuentren subordinados a ella, aunque si exija que sean conformes a la misma, para que integren el ordenamiento jurídico español[194].

Tan solo resta destacar algunas manifestaciones prácticas sobre la globalización del Derecho español. Tanto el Tribunal Supremo como el Tribunal Constitucional pueden ser corregidos por el Tribunal Europeo de Derechos

192 *Vid.* Enrique Linde Paniagua, *Las transformaciones del Derecho Público de nuestro tiempo*, UNED Ediciones Académicas, cit., p. 97-100.

193 Esta idea ha sido expresada por Enrique Linde Paniagua, *Las transformaciones del Derecho Público de nuestro tiempo*, UNED Ediciones Académicas, cit. De esta idea participa asimismo Eduardo García de Enterría, en lo referido al Derecho de la Unión Europea en su obra «Locke y la Constitución europea», *Revista Española de Derecho Europeo*, n.º 13, enero-marzo, 2005, p. 7.

194 *Vid.* Enrique Linde Paniagua, *Las transformaciones del Derecho Público de nuestro tiempo*, UNED Ediciones Académicas, *op. cit.*, p. 104.

Humanos, al mismo tiempo que el único órgano competente para dirimir la confrontación entre el Derecho interno y el Derecho de la Unión Europea es el Tribunal de Justicia de la Unión Europea. Al propio tiempo, existen otros intérpretes del Derecho como el Tribunal Internacional de la Haya o el Tribunal Penal Internacional que pueden dictar resoluciones vinculantes, además del control difuso que puede ser ejercido por el resto de Estados en función del principio de justicia universal. Aún más allá, determinados consejos y comités de la Organización de las Naciones Unidas pueden adoptar acuerdos, dictámenes o resoluciones que, a pesar de no poder caracterizarse como resoluciones judiciales, tienen la pretensión de producir efectos vinculantes en el ordenamiento jurídico español.

En este sentido, cabe destacar la decisión del Comité de Naciones Unidas para la Eliminación de la Discriminación contra la Mujer (CEDAW), que en 2014 declaró que España no otorgó la protección adecuada a una mujer, víctima de violencia de género, para evitar el asesinato de su hija en 2003. Diez años después, se ha encontrado una reparación parcial en un organismo de las Naciones Unidas. Esta decisión pone de manifiesto que las deficiencias del sistema de garantías español pueden ser subsanadas mediante el sistema de justicia globalizado. Sin embargo, el legislador español no debe limitarse a cumplir la decisión del Comité, sino asimismo a implementar la reforma del ordenamiento jurídico más allá de la Ley contra la violencia de género del año 2004[195].

Asimismo, el Tribunal Supremo ha ofrecido muestras sobre el fenómeno globalizador del Derecho español al considerar que la reforma llevada cabo por las Cortes Generales en el ámbito de la justicia universal no resulta de aplicación frente a los Tratados internacionales suscritos por España en todas aquellas materias relativas a la prosecución del tráfico de drogas[196]. Igualmente resultan de particular interés las sentencias del TJUE relativas a los derechos fundamentales que influyen en los ordenamientos jurídicos internos de los Estados miembros, especialmente en el ámbito de la pro-

195 Este asunto daría lugar al recurso de casación del Tribunal Supremo n.º 1002/2017, de 17 de julio de 2018 (ponente ANTONIO JESÚS FONSECA-HERRERO RAIMUNDO) que concluyó que «la Administración vulneró derechos fundamentales de la recurrente, concretamente sus derechos a la igualdad y a no ser discriminada por razón de sexo, a la integridad física y moral, y a la tutela judicial efectiva, y ello por no asumir la demanda de reclamación de responsabilidad patrimonial y poner fin a los efectos de una declaración de lesión de derechos de la mujer por haber sufrido un acto de discriminación derivado de una situación de violencia sobre la mujer, que le vinculaba en los términos de La Convención y El Protocolo Facultativo».

196 Sentencia del Tribunal Supremo, Sala de lo Penal, de 24 de julio de 2014, recurso de casación n.º 1205/2014 (ponente: JULIÁN SÁNCHEZ MELGAR). Los tratados internacionales que se tuvieron en consideración fueron la Convención de Naciones Unidas sobre el Derecho del Mar, de 10 de diciembre de 1982 y la Convención de Naciones Unidas contra el tráfico ilícito de estupefacientes, de 20 de diciembre de 1988.

tección de los consumidores y usuarios[197]. Tal y como señala ENRIQUE LINDE PANIAGUA, «la circunstancia de que todos los humanos, sin excepción, seamos consumidores de productos y usuarios de servicios, ha ido exigiendo cada vez más el manto protector del Estado frente a los abusos de los ofertantes de productos y servicios. Y ese manto protector del Estado se hace más necesario en la medida en que en un mundo globalizado los ofertantes de productos y servicios no son susceptibles del control social que podía producirse en sociedades cerradas que nos han precedido»[198].

197 En particular, sobre el derecho a la libre circulación en el derecho interno de los Estados miembros. Sobre este tema, vid. ENRIQUE LINDE PANIAGUA, «La libertad de circulación de los ciudadanos europeos: los nuevos retos más allá de la supresión de los controles fronterizos», *Teoría y realidad constitucional*, UNED, n.º 32, 2013, pp. 159-178.

198 *Vid.* ENRIQUE LINDE PANIAGUA, *Las transformaciones del Derecho Público de nuestro tiempo*, UNED Ediciones Académicas, *op. cit.*, p. 122.

CAPÍTULO III

EUROPEIZACIÓN DEL DERECHO ADMINISTRATIVO

1. La creación de un Derecho administrativo europeo

SCHMIDT-ASSMANN define el proceso de europeización del Derecho administrativo como «el influjo, completud y transformación de los ordenamientos nacionales a resultas del impacto que producen los actos y las acciones jurídico-comunitarias»[199]. Se trata de una transformación que viene produciéndose de manera progresiva durante los últimos años y que se ha visto fomentada por la creciente interacción económica, social, técnica, cultural y administrativa entre los pueblos y Estados. Como señala CARRO FERNÁNDEZ-VALMAYOR, la doctrina alemana ha apodado a esta transformación como «la segunda fase del Derecho público», por tratarse de un proceso más intenso que el de la globalización descrito anteriormente. Esto explica que la doctrina haya establecido una distinción nítida entre ambos, a los que en determinados casos algunos autores han añadido una tercera variante: la de la internacionalización[200].

El proceso de europeización del Derecho administrativo viene provocado por la creciente asunción de competencias y materias por parte de la Unión

---

199 *Vid.* EBERHARD SMICHDT-ASSMANN, «Sistema y sistematización en el Derecho administrativo», en la obra *La teoría general del Derecho administrativo como sistema. Objetos y fundamentos de la construcción sistemática*, Marcial Pons, 2003, pp. 1-3. y 40-50.

200 *Vid.* EBERHARD SMICHDT-ASSMANN, «La ciencia del Derecho administrativo ante el reto de la internacionalización de las relaciones Administrativas», *Revista de Administración Pública*, n.° 171, 2006, p. 10.

Europea, lo que ha creado un cuerpo de principios generales comunes, así como una tendencia hacia la convergencia jurídica entre los ordenamientos nacionales. Al mismo tiempo, las estructuras organizativas y de la actividad administrativa de los Estados miembros han sufrido evidentes transformaciones a consecuencia del proceso de europeización; entre las más destacadas puede recordarse la circunstancia de todas aquellas materias que hayan sido cedidas a la competencia exclusiva de la Unión Europea. Tanto el legislador estatal como la Administración pública se han convertido en meros ejecutores de las decisiones adoptadas en instancias comunitarias y se ha condicionado directamente la libertad de configuración del legislador estatal[201]. En este sentido, CARRO FERNÁNDEZ-VALMAYOR defiende que el Derecho comunitario europeo «ha disputado a la ley parlamentaria una parte de las posibilidades de dirección de las que había gozado hasta ahora»[202].

De esta manera, los ordenamientos administrativos nacionales tan solo son comprensibles en la actualidad a partir de su integración en el Derecho de la Unión Europea, donde los antiguos Estados-nación adquieren la condición de Estados miembros, pasando a formar parte en una estructura de carácter vertical y supranacional donde impera el principio de primacía del Derecho de la Unión. Frente al concepto de recepción jurídica que tradicionalmente explicó los inicios del proceso de europeización, se ha producido una rápida evolución mediante el desarrollo del Derecho administrativo europeo, hacia un concepto de verdadera integración jurídica, lo que asimismo explica que este proceso de integración se haya visto sometido por determinadas jurisdicciones nacionales a nivel constitucional a una serie de condicionamientos.

La consecuencia fundamental de la creación de un Derecho administrativo europeo es el desarrollo de lo que la doctrina alemana ha denominado una «unión administrativa europea (*Europäischer Verwaltungsverbund*)»[203], es decir, un complejo y denso entramado, cuya estructura no ha sido hasta el momento claramente definida ni sistematizada, pero donde se advierten claramente formas de entrecruzamiento entre formas organizativas y procedimentales entre las distintas Administraciones de los Estados miembros y la Administración de la Unión Europea[204]. Así, PUIGPELAT señala que «a medida en que se expanden los mecanismos de interacción, se reducen los ámbitos

201 *Vid.* LUCIANO PAREJO ALFONSO, *Transformación y ¿reforma? del Derecho administrativo en España*, cit., pp. 126-135.

202 *Vid.* JOSÉ LUIS CARRO FERNÁNDEZ-VALMAYOR, *Reflexiones sobre las transformaciones actuales del Derecho público, en especial del Derecho administrativo*, cit., p. 20.

203 *Ibidem.*, p. 20.

204 *Vid.* JENS-PETER SCHNEIDER, «Estructuras de la unión administrativa europea. Observaciones introductorias» y MATTHIAS RUFFERT, «De la europeización del Derecho administrativo a la unión administrativa europea», ambos en la obra colectiva *La unión administrativa europea*, dirigida por FRANCISCO VELASCO CABALLERO y JENS-PETER SCHNEIDER, Marcial Pons, Madrid, 2008, pp. 25 y ss. y 87 y ss.

en que la Administración comunitaria y las Administraciones nacionales ejecutan de forma autárquica y sin injerencia ajenas las normas comunitarias, emergiendo con fuerza una zona intermedia, de ejecución conjunta del Derecho comunitario. Es tal pujanza de esta nueva forma de ejecución, que son muchos ya quienes creen, con razón, que la UE no es solo una unión constitucional, sino que constituye también una unión administrativa»[205].

En opinión de FUENTES I GASÓ, este nuevo concepto de unión administrativa resulta particularmente interesante por dos órdenes de cuestiones. El primero tiene que ver con la creación de una cultura administrativa; así, según SCHMIDT-ASSMANN, la unión administrativa representa «una idea teórica sistematizadora, que debe elaborar el entrelazamiento necesario de los principios organizativos de jerarquía y cooperación»[206]. De este modo, las estructuras de carácter federal de la Unión Europea encuentran en la unión administrativa una adecuada denominación y descripción, dentro de las cuales el desarrollo de un Derecho administrativo europeo se presenta como un pilar fundamental en el futuro de la construcción del sistema jurídico-administrativo.

La segunda cuestión supone la aplicación de la formación de una nueva cultura administrativa europea. Mediante la superación de la tradicional distinción entre la administración directa e indirecta, mediante la creación de una unión administrativa europea, se describen «los desarrollos institucionales más novedosos de la Administración, que actúa en el espacio administrativo europeo, tanto en su conjunto como de forma individual. Entre estas nuevas fórmulas destacan especialmente aquellas que se encuentran en ámbitos caracterizados de forma muy intensa por la presencia de elementos de unión, interconexión o integración entre distintas administraciones»[207].

En definitiva, tal y como señala ALMEIDA CERREDA, «el Derecho de la Unión Europea está siendo el vehículo de formación de un Derecho administrativo europeo común, en la medida en que ha contribuido a la homogeneización de las diferentes normativas nacionales»[208]. En este sentido se expresa

205 *Vid.* ORIOL MIR PUIGPELAT, «La codificación del procedimiento administrativo en la Unión administrativa europea», en la obra colectiva *La unión administrativa europea*, *op. cit.*, pp. 54 y ss.

206 *Vid.* JENS-PETER SCHNEIDER, «Estructuras de la unión administrativa europea. Observaciones introductorias», en la obra colectiva *La unión administrativa europea*, *op. cit.*, p. 29.

207 *Vid.* MATTHIAS RUFFERT, «De la europeización del Derecho administrativo a la unión administrativa europea», cit., en la obra colectiva La unión administrativa europea, *op. cit.*, p. 107 y JOSEP RAMÓN FUENTES I GASÓ, «El desarrollo de una cultura administrativa europea», en AA.VV., *Les administracions en perspectiva europea*, Escuela de Administración Pública de Cataluña, Barcelona, 2012, pp. 76 y ss.

208 *Vid.* MARCOS ALMEIDA CERREDA, «Una breve aproximación al proceso de construcción de un Derecho administrativo común europeo», en la obra colectiva *La europeización del Derecho administrativo. Una evaluación desde el ordenamiento español*, dirigida por ISAAC MARTIN DELGADO; MARCOS ALMEIDA CERREDA; FRANCESCA DI LASCIO, ANDAVIRA, Santiago de Compostela, 2017, pp. 21-22.

asimismo Moreno Molina al determinar que el Derecho comunitario se ha convertido en «un formidable vehículo de homogeneización de las diferentes normativas nacionales, a través de un proceso constante de carácter recíproco, de asunción por parte del Derecho comunitario de principios e institutos jurídicos ya existentes en algunos Estados miembros, de un lado y de influencia del Derecho administrativo comunitario en los ordenamientos de los distintos países de la Comunidad, de otro»[209].

De este modo, el conjunto de Derechos nacionales genera y contribuye en la construcción de unos principios europeos que posteriormente influyen asimismo en los ordenamientos nacionales, alterando precisamente los elementos internos que sirvieron de base a su construcción. Se trata de un «efecto boomerang»[210], tal y como lo ha descrito Alonso García, de manera que se produce un intercambio e influencia recíproca entre ambos ordenamientos jurídicos. Jorge Agudo González señala una influencia que se manifiesta en un sentido bidireccional: por una parte, la influencia que se produce *top-down*, es decir, la manifestada por el Derecho Europeo en relación con los ordenamientos nacionales mediante una relación vertical y, por otra, la influencia *bottom-up*, que es aquella que ejercen los ordenamientos jurídicos nacionales sobre el propio Derecho europeo[211].

La europeización del Derecho administrativo se produce, por tanto, a través de un proceso de retroalimentación, donde tanto el ordenamiento comunitario como los ordenamientos nacionales se nutren de las influencias recíprocas que se generan entre ambos, cuyo resultado y aspiración final es la convergencia entre los distintos sistemas jurídicos y la creación de un espacio administrativo europeo común. Este fenómeno de convergencia supone «la atenuación de las principales diferencias entre instituciones jurídicas y la consiguiente evolución hacia soluciones comunes: no afecta únicamente a problemas concretos sino también a los ordenamientos en su conjunto», como ha puesto de manifiesto CHITI[212]. De este modo, «el Derecho comunitario ejerce, pues, una vis atractiva, que hace converger hacia sí a derechos divergentes, produciendo un efecto de homogeneización»[213].

---

209 *Vid.* José Antonio Moreno Molina, «La Administración Pública comunitaria y el proceso hacia la formación de un Derecho Administrativo Europeo», *Revista de Administración Pública*, n.º 148, enero-abril 1999, p. 345 y ss.

210 *Vid.* Ricardo Alonso García, *Derecho Comunitario, Derechos nacionales y Derecho común europeo*, Civitas, Madrid, 1989, p. 261.

211 *Vid.* Jorge Agudo González, «Sobre la europeización del Derecho y la evolución de la teoría del procedimiento administrativo», *Revista de Derecho Europeo*, n.º 45, enero-marzo, 2013, pp. 61 y ss.

212 *Vid.* Mario Chiti, «¿Existe un Derecho público europeo? Una pregunta retórica», *Revista Catalana de Derecho Público*, n.º 41, 2010, p. 3.

213 *Vid.* José Antonio Moreno Molina, *La Administración Pública comunitaria y el proceso hacia la formación de un Derecho Administrativo Europeo*, cit., pp. 345 y ss.

Frente a este proceso de convergencia que se genera en línea vertical, ya sea desde los ordenamientos jurídicos de los Estados miembros hacia la Unión Europea o viceversa, se produce al mismo tiempo otro en sentido horizontal, de manera que el proceso de retroalimentación se produce asimismo entre los distintos sistemas nacionales, ya que frente a problemas similares a los que han tenido que enfrentarse los distintos Estados miembros se han aplicado soluciones similares. Este proceso ha sido denominado por AUBY como «*cross-fertilisation*», y uno de los mayores ejemplos puede encontrarse en la creación de un sistema de autoridades administrativas independientes creadas por todos los Estados miembros de la Unión Europea para regular sectores económicos privatizados.

Para SCHMIDT-ASSMANN el elemento fundamental del proceso de europeización radica en la situación de la Administración en la Unión Europea, de manera que la expresión «europeización» del Derecho administrativo alude al «influjo, complitud y transformación de los ordenamientos nacionales a resultas del impacto que producen los actos y las acciones jurídico-comunitarias»[214]. El papel asignado al nuevo Derecho administrativo europeo radica, según el autor, en dos finalidades esenciales: ya sea mediante la modificación del Derecho nacional mediante normas armonizadoras o mediante la adopción de medidas necesarias para que la ejecución del Derecho europeo sea adecuada, efectiva y unitaria.

Otros autores como RUFFERT señalan que la unión administrativa europea constituye un paradigma distinto del de europeización de manera que si se proyecta el concepto de unión administrativa sobre el conjunto de la ejecución del Derecho administrativo europeo, aquel viene a ser «el correlato de la unión constitucional —en el sentido de una federalización administrativa— [...] La unión administrativa de este modo viene a ser una forma administrativa específica de la Unión Europea»[215].

La cultura administrativa generada por esta «federalización administrativa», expresión acuñada por THOMAS GROSS, es el resultado del enlace en red de estructuras reguladoras y se basa en la flexibilidad, la especialización, la independencia y la adaptación. Sin embargo, y como se señalará posteriormente, se ha puesto de manifiesto que la superación de las formas organizativas tradicionales genera problemas de legitimación. De este modo, resulta indispensable la promoción de los principios de transparencia procedimental, decisoria y la participación de los interesados. En definitiva, tal y como señala VON BOGDANY, la legitimidad de la integración europea se funda en el cumplimiento de determinados procedimientos asistidos por exi-

214 *Vid.* EBERHARD SMICHDT-ASSMANN, *Sistema y sistematización en el Derecho administrativo*, cit., p. 40.

215 *Vid.* MATTHIAS RUFFERT, «De la europeización del Derecho administrativo a la unión administrativa europea», cit., en la obra colectiva *La Unión Administrativa europea*, *op. cit.*, pp. 106-107.

gencias de imparcialidad, corrección, celeridad, acceso, motivación, etc. Así que, en definitiva, «las interconexiones de la unión administrativa europea deben encajar en las estructuras de legitimación de la unión constitucional europea»[216].

2. Principales etapas de desarrollo del Derecho administrativo europeo y la unión administrativa europea

Esta construcción de un Derecho común europeo se ha llevado a cabo mediante dos estadios decisivos, dentro de los cuales se pueden agrupar diversas etapas. Así, el primero de los estadios sería el normativo, es decir, mediante la unificación del Derecho de los Estados miembros, y el segundo vendría protagonizando por una etapa donde dominan los principios jurisprudenciales. En este sentido se pronuncia Alonso García al señalar que «la primera vía de unificación fue la normativa, realizada a través de los Tratados constitutivos y de una abundante legislación derivada, para llegar al segundo estadio de unificación, que resulta de la jurisprudencia de los Tribunales Europeos»[217].

Sin embargo, cabe señalar que más de setenta años desde que entrara en vigor del primer Tratado de la Comunidad, la actual Unión Europea no tiene en su haber un conjunto completo de normas codificadas de Derecho administrativo[218]. A consecuencia de la alta fragmentación del Derecho escrito, dentro de la Unión Europea el papel que ha adquirido la jurisprudencia ha sido especialmente relevante, y más aún dentro del ámbito del Derecho administrativo. De este modo, «el Derecho administrativo europeo se ha creado y desarrollado sobre la base de una serie de principios generales no escritos que son compartidos por las distintas tradiciones constitucionales de los Estados miembros»[219].

Esta práctica judicial del Tribunal de Justicia de la Unión Europea asentada sobre principios del Derecho encuentra su punto de partida en el

216 *Ibidem.* p. 107.

217 *Vid.* Ricardo Alonso García, *Derecho Comunitario, Derechos nacionales y Derecho común europeo*, *op. cit.*, p. 229.

218 *Vid.* Jürgen Schwarze, *El Derecho administrativo europeo a la luz del Tratado de Lisboa: observaciones preliminares*, Dirección General de Políticas interiores, Departamento temático C: Derechos de los ciudadanos y asuntos constitucionales (PE 432.777), p. 7.

219 *Ibidem.* p. 7.

asunto Algera, donde el Tribunal reconocerá que «si no quiere incurrir en denegación de justicia, tiene la obligación de resolver el problema haciendo referencia a las normas reconocidas por la legislación, la doctrina y la jurisprudencia de los Estados miembros»[220]. De este modo, mediante lo que se conoce como «Derecho comparado evaluativo», los principios generales del Derecho comunes a todas las tradiciones constitucionales de los Estados son utilizados para colmar lagunas en la legislación y como criterio de interpretación. Específicamente dentro del Derecho administrativo, el Tribunal de Justicia ha reconocido el principio de legalidad, así como los de proporcionalidad, seguridad jurídica, protección de expectativas legítimas, no discriminación, proceso administrativo justo y recurso judicial efectivo. Este resulta el punto de partida y primer estado de la creación de un Derecho administrativo europeo.

Esta idea ha sido puesta de manifiesto por SANTIAGO MUÑOZ MACHADO al señalar que «los pilares del incipiente Derecho administrativo comunitario se establecieron sobre la base de los principios generales del procedimiento administrativo aceptados por la jurisprudencia del Tribunal de Justicia»[221]. Tal y como señala SCHWARZE, si bien en un primer momento fue la tradición jurídica francesa la que aportó una influencia más decisiva en la conformación de dichos principios, posteriormente ha sido asimismo indudable la importancia del Derecho británico (particularmente en el ámbito de las garantías procesales) o del Derecho alemán (mediante el reconocimiento del principio de proporcionalidad). Junto a ellos, los importantes conceptos sobre transparencia y derecho de acceso a la información pública y documentos se han incorporado al Derecho administrativo europeo gracias a las tradiciones jurídicas de los países escandinavos[222].

Otra parte de los principios generales del Derecho administrativo ha sido creada por la jurisprudencia selectiva del Tribunal de Justicia, en cuanto que se han configurado como principios esenciales de determinados ordenamientos jurídicos de los Estados miembros, como puede ser el principio de proporcionalidad o el principio de confianza legítima, ambos de procedencia alemana. Ha sido este último el que ha adquirido una importancia fundamental, puesto que exige que las actuaciones se realicen de buena fe, de manera que puede ser invocado por todo particular al que una institución europea

---

220 TJUE, asuntos acumulados 7/56 y 3-7/57, Dineke Algera *et. al.*/Asamblea Común, Rec. 1957, p. 83 y ss.

221 *Vid.* SANTIAGO MUÑOZ MACHADO, La Unión Europea y las mutaciones del Estado, Madrid, Alianza Editorial, 1993, pp. 121 y ss.

222 *Vid.* JÜRGEN SCHWARZE, *El Derecho administrativo europeo a la luz del Tratado de Lisboa: observaciones preliminares*, cit., pp. 8-9.

haya hecho albergar esperanzas fundadas[223]. Asimismo, se manifiesta como corolario del principio de seguridad jurídica[224].

La influencia puede advertirse asimismo en el marco del procedimiento administrativo, donde es posible extraer una serie de principios generales por parte de la jurisprudencia, particularmente relevantes en lo relativo a la garantía de los derechos individuales y la limitación de las potestades discrecionales de la administración europea[225]. En este sentido, la *Research Network on EU Administrative Law*, ha elaborado un Código de Procedimiento Administrativo de la Unión Europea, que realiza una tarea de aplicación de los valores constitucionales de la Unión en normas sobre procedimiento administrativo relativas a la ejecución no legislativa del Derecho y de las políticas de la Unión Europea[226].

Barnés Vázquez señala que la influencia del Derecho administrativo nacional sobre el Derecho europeo tiene múltiples manifestaciones en cuanto que constituyen el punto de referencia fundamental de los principios generales del Derecho administrativo europeo. No obstante, la recepción interna de dichos principios generales de la Unión Europea está al servicio de los fines y objetivos de la Unión, siempre que no se opongan a principios irrenunciables del resto de los ordenamientos nacionales[227].

---

223 Sobre la exigencia de buena fe como requisito de la confianza legítima se ha pronunciado el TJUE en su sentencia de 12 de mayo de 1998 (asunto C-366/95), acerca de una controversia sobre ayudas comunitarias indebidamente pagadas, al establecer que «el Derecho comunitario no puede supeditar la posibilidad de que un exportador alegue su buena fe, en lo relativo a la conformidad de la mercancía con la descripción que hizo de la misma en la declaración presentada para lograr una restitución a la exportación, a la práctica de un control del procedimiento de fabricación o de las materias primas utilizadas por su tercer proveedor, con el fin de verificar la calidad de la citada mercancía, a menos que no haya razones especiales para dudar de que el contenido de la declaración se ajusta a la realidad o a las circunstancias particulares, como es el caso de unos precios anormalmente bajos o la importancia del margen de beneficio de las empresas exportadoras» (F.J. 25).

224 Señala Moreno Molina que las primeras sentencias del Tribunal Supremo que acogieron el principio de confianza legítima datan de la década de los años 90 (STS de 1 de febrero de 1990, 13 de febrero de 1992, 17 de febrero, 5 de junio y 28 de julio de 1997), y normativamente fue consagrado por vez primera en la Ley 30/1992, de 26 de noviembre, de Régimen Jurídico de las Administraciones Públicas y del Procedimiento Administrativo Común, mediante la modificación producida por la Ley 4/1999. *Vid.* «Derecho administrativo europeo y jurisprudencia del Tribunal de Justicia de la Unión Europea», *Revista de la Facultad de Derecho de México*, tomo LXVII, n.° 269, septiembre-diciembre 2017, pp. 682- 688.

225 *Vid.* Isaac Martin Delgado, «El procedimiento administrativo en el Derecho de la Unión Europea», *Revista de Derecho de la Unión Europea*, n.° 19, 2010, p. 107.

226 El código ReNUAL están orientados a reforzar los principios generales del Derecho de la UE y a identificar, sobre la base de un estudio comparado, las mejores prácticas en políticas concretas de la Unión. Incluye un resumen de los principios que guían la actuación administrativa y la interpretación de todas las normas posteriores.

227 *Vid.* Javier Barnés Vázquez, «Introducción hacia el Derecho europeo», en la obra *El procedimiento administrativo en el Derecho comparado*, dirigida por Javier Barnés Vazquez, Cívitas, Madrid, 1993, pp. 54-55.

Una segunda etapa en la conformación de este Derecho ha estado protagonizada por la creciente interacción que se ha producido entre los ordenamientos administrativos de los Estados miembros y el ordenamiento comunitario. Es decir, desde un proceso de comparación inicial, el Derecho europeo comienza a reflejarse en el Derecho nacional, ejerciendo una influencia decisiva sobre él y provocando importantes transformaciones. En opinión de SCHWARZE, esta evolución tuvo lugar en tres ámbitos distintos: en primer lugar, la legislación europea ha provocado modificaciones del Derecho administrativo nacional; en segundo lugar, este mismo proceso se ha producido en relación con las resoluciones del TJUE y, en tercer lugar, mediante la introducción voluntaria de normas europeas en el Derecho administrativo nacional en su ámbito de aplicación autónomo[228].

La siguiente etapa se encuentra en la aprobación del Tratado de Lisboa, que introduce una serie de cambios en las normas de la Administración europea. Así, el Tratado de Funcionamiento de la Unión Europea ha introducido un nuevo título sobre cooperación administrativa, cuyo artículo 197 particularmente reconoce que «la aplicación efectiva del Derecho de la Unión por los Estados miembros [...] se considerará asunto de interés común», de manera que todos los Estados miembros deben esforzarse por mejorar su capacidad administrativa para aplicar el Derecho de la Unión. Asimismo, el nuevo artículo 298 TFUE obliga a la Administración de la Unión Europea a aplicar los principios de apertura, eficacia e independencia, basados en el principio de «buena administración», consagrado específicamente en el artículo 41 de la Carta de los Derechos Fundamentales de la Unión Europea.

Es precisamente este documento el que contiene los principales esfuerzos en el ámbito europeo en aras de asegurar que el espacio y el Derecho administrativo europeo se fundamenten en el Estado de derecho, a través de dos principios esenciales recogidos en la Carta. En primer lugar, el mencionado principio del derecho a una buena administración, recogido en el artículo 41 de la Carta de Derechos Fundamentales, derivado parcialmente de la jurisprudencia del TJUE. Se trata de la creación de un derecho individual según el cual todos los procedimientos llevados a cabo en la Unión Europea deben someterse al Estado de Derecho, es decir, que los asuntos de todos los ciudadanos deben tratarse imparcial y equitativamente y dentro de un plazo razonable. Este derecho a una buena administración incluye tanto el derecho a ser oído, el derecho de acceso a los documentos, a recibir una decisión motivada, el derecho a la reparación de daños causados por las instituciones comunitarias o sus funcionarios y a comunicarse con las instituciones en la lengua oficial de la Unión Europea de su elección.

---

228 *Vid.* JÜRGEN SCHWARZE, «El Derecho administrativo europeo a la luz del Tratado de Lisboa: observaciones preliminares», cit., p. 8

Por otra parte, el artículo 42 de la Carta reconoce el derecho de acceso a los documentos a todos los ciudadanos de la Unión Europea, así como a cualquier persona física o jurídica que resida o que tenga su domicilio social en un Estado miembro. Como señaló en 2003 el Abogado General Léger, a diferencia de lo que ha sucedido con el derecho a una buena administración, cuya consolidación e incorporación a los ordenamientos nacionales se produjo en una etapa más temprana, el derecho de acceso a los documentos e información ha sido recientemente incorporado a las tradiciones constitucionales comunes de los Estados miembros[229].

La tradicional resistencia presentada por el Derecho administrativo a la permeabilidad del Derecho comparado se explica, en gran parte, porque cuestiones como la posición legal del personal administrativo, la relación entre la Administración y el ciudadano, el nivel de centralización y en general la configuración administrativa son «en gran parte expresión de peculiaridades nacionales»[230]. Sin embargo, frente a este carácter marcadamente nacional, el Derecho administrativo tan solo podrá encarar los retos del futuro si la conservación de dichas peculiaridades nacionales no impide resolver los nuevos problemas que únicamente pueden enfrentarse mediante la innovación y el cambio.

3. Situación actual del Derecho administrativo europeo

El punto de partida lo constituye la constatación de que durante las últimas décadas ha surgido un nuevo conjunto de normas y razonamientos legales que la doctrina ha denominado Derecho administrativo europeo. Este nuevo Derecho se desarrolla fundamentalmente mediante dos formas, pero entre ambas se produce una superposición que difumina sus perfiles. Por una parte, el Derecho administrativo europeo regula la aplicación directa e indirecta de la legislación de la Unión Europea, pero, además, en un sentido más amplio, comprende igualmente el proceso de armonización de las normas legales para la acción administrativa entre los ordenamientos jurídicos nacionales y el ordenamiento jurídico de la Unión. Este Derecho administrativo se encuentra en constante evolución, a lo que asimismo contribuye la doctrina y pronunciamientos del Tribunal de Justicia de la Unión Europea, que además durante los últimos años se ha visto acompañada de una mayor proliferación de normas escritas.

229 Apreciación del Abogado General Léger, asunto C-41/00 P, Intercorp, Rec. 2003, I-2125, apartado 80.

230 *Vid.* Jürgen Schwarze, *El Derecho administrativo europeo a la luz del Tratado de Lisboa: observaciones preliminares*, cit., p. 10.

Esta positivización del Derecho debe ser interpretada como una expresión de búsqueda de mayor transparencia y seguridad jurídica[231]. De este modo, el Derecho escrito no debe entenderse siempre como novedoso, sino que en la mayor parte de las ocasiones tan solo plasma aquellos principios generales del Derecho reconocidos esencialmente por la jurisprudencia del Tribunal en una progresiva codificación de las normas.

Uno de los mayores problemas que se suscitan en la actualidad es sobre cómo garantizar la uniformidad de la aplicación de la legislación europea en materia administrativa, particularmente durante los últimos años donde se han producido sucesivas ampliaciones de la Unión Europea. En este sentido, la Unión precisa de un acervo comunitario coherente en el ámbito del Derecho administrativo. Este acervo se sustenta sobre la base común de derechos y obligaciones que vincula al conjunto de los países de la Unión como miembros de esta organización, de manera que los países candidatos deben aceptarlo antes de adherirse a la UE y a las exenciones al mismo son escasas y de alcance limitado. Los países candidatos deben incorporar el acervo en su ordenamiento jurídico nacional como máximo el día que se produzca su adhesión a la UE y están obligados a aplicarlo a partir de esa fecha.

4. Ámbitos de influencia del Derecho de la Unión Europea

La armonización de las disposiciones nacionales no se ha producido con la misma intensidad en todos los sectores de la actuación administrativa. De este modo, algunos ámbitos como el Derecho de la competencia o el Derecho ambiental, así como el Derecho de extranjería, se han visto claramente influidos por el proceso de armonización de las disposiciones nacionales por el Derecho Europeo. De esta manera se pone de manifiesto, como señala SIEGEL, que en la actualidad el Derecho europeo y los ordenamientos jurídicos nacionales «están entrelazados de forma casi inseparable»[232].

A. Europeización del Derecho ambiental

Comenzando por el Derecho ambiental, este ha experimentado una evidente transformación como consecuencia de la aprobación de diversas disposiciones por parte del ordenamiento comunitario mediante diversas Directivas, particularmente aquellas referidas a las técnicas de evaluación

231 *Ibidem.* p. 10.

232 *Vid.* THORSTEN SIEGEL, *Europeización del Derecho Público. Marco de condiciones y puntos de interacción entre el Derecho europeo y el Derecho (administrativo)nacional*, Marcial Pons, Madrid, 2016, p. 25.

de impacto ambiental, la evaluación ambiental estratégica, autorización ambiental integrada o los principios de responsabilidad medioambiental. Asimismo, los reglamentos, como el relativo a la auditoría ambiental, responden a «un nuevo modelo que se basa en una opinión pública informada y en la idea de autorregulación»[233]. A través de estos instrumentos la mayor parte de los países pertenecientes a la Unión Europea deben la gran mayoría de su legislación ambiental al cumplimiento de las políticas de la Unión.

A pesar de que ninguno de los tres Tratados Constitutivos de las Comunidades Europeas contenía disposición alguna que otorgara una competencia a las instituciones de la Unión en materia medioambiental, desde el momento en el que se advirtieron problemas relativos a la libre competencia y los intercambios comerciales a mediados de los años 80 afectando al mercado interior, se consolida el papel de la antigua Comunidad Europea en la protección del medio ambiente. Sin embargo, en sus orígenes se tratará de un conjunto de acciones fragmentarias para la solución de determinados problemas ambientales derivados de una clara vertiente económica[234].

De esta manera, tras un proceso de cambio normativo de los tratados provocado por el desarrollo de una creciente concienciación ambiental se generará una intensa actividad comunitaria, hasta que la aprobación del Acta Única Europea en 1986 incluye un título específico que otorga competencia a la Comunidad Europea en esta materia, y mediante el cual se fijaron los objetivos, principios y las condiciones de actuación de la Comunidad en materia medioambiental, convirtiéndose así en Derecho originario.

Los consecutivos Tratados de Maastricht en 1992 y Ámsterdam en 1999 reforzaron notablemente el lugar que ocupaba la protección del medio ambiente, de manera que desde los años 90 se configura como uno de los objetivos fundamentales de la Unión y uno de sus más básicos principios. En la actualidad, la Unión Europea cuenta con numerosa legislación en materia ambiental y los estándares más altos del mundo en reciclado de residuos, tratamiento de aguas o emisiones limpias, entre otros. La creación de un Derecho ambiental europeo no supone solo la obligatoriedad de que sus disposiciones resulten coherentes y eficaces para el cumplimiento de los fines, sino que requiere asimismo de la colaboración de los Estados miembros para implementar dicha legislación y evitar prácticas dañinas contra el medio ambiente.

Dos de los principios esenciales que el Derecho ambiental comunitario ha aportado a los ordenamientos jurídicos de los Estados miembros son principios rectores relativos a la cautela y acción preventiva: el principio de correc-

---

233 *Vid.* Eberhard Smichdt-Assmann, *La teoría general del Derecho administrativo como sistema. Objetos y fundamentos de la construcción sistemática*, *op. cit.*, p. 43.

234 *Vid.* Cristina Sirvent Alonso, «La eclosión del Derecho ambiental en la Unión Europea: especial referencia a España», *Revista Eletrônica Direito e Política*, Itajaí, vol. 3, 1.° cuatrimestre de 2008, pp. 57-58.

ción en la fuente de los atentados al medio ambiente y el principio de quien contamina paga. Los dos primeros suponen que la Unión Europea ha de adoptar medidas de protección del medio ambiente aun antes de que haya producido una lesión efectiva al mismo, sin que pueda existir un peligro. De este modo, se acentúa la vertiente preventiva frente al componente de reparación, precisamente por el carácter irreparable, en determinadas ocasiones, de los daños al medio ambiente.

El principio de corrección en la fuente es el reconocimiento expreso realizado por el Tribunal de Justicia de la Unión Europea en materia de residuos. En este sentido, supone que «deben gestionarse lo más cerca posible del lugar de producción, a fin de limitar al máximo su traslado»[235]. Finalmente, el reconocimiento del principio «quien contamina paga» se afirmó en el Primer Programa de Acción Ambiental Comunitario (1973-1976) y supone que aquel agente responsable de haber causado un deterioro al medio ambiente adopte los costes de las medidas necesarias para eliminar el daño causado. Este principio guarda una relación directa con el régimen de responsabilidad por los daños provocados al entorno, y se sirve fundamentalmente de instrumentos económicos y fiscales para generar incentivos basados en el mercado o un comportamiento respetuoso con el medio ambiente[236].

Por último, resulta indispensable aludir al principio de integración de la consideración ambiental en el resto de políticas llevadas a cabo por la Unión Europea debido al carácter transversal de los riesgos medioambientales. Así lo reconoce el artículo 11 del TFUE (antiguo artículo 6 TCE) al establecer que «las exigencias de la protección del medio ambiente deberán integrarse en la definición y en la realización de las políticas y acciones de la Unión, en particular con objeto de fomentar un desarrollo sostenible». Sin embargo, en la práctica este principio plantea dificultades fundamentales, puesto que en muchos casos las políticas y acciones comunitarias resultan difícilmente conciliables con la preservación del medio ambiente[237].

Este Derecho ambiental europeo no se ha formado como un corpus abstracto y ajeno a las particularidades de los Estados miembros, sino que, tal y como dispone el artículo 191 TFUE, debe tener presente la diversidad de situaciones existentes en las distintas regiones de la Unión. En este sentido, en la elaboración de la política medioambiental deben tenerse en cuenta cua-

235 Asunto 2/90, Comisión v. Reino de Bélgica, de 9 de julio de 1992 (tratamiento y eliminación de residuos por la Región Valona).

236 El establecimiento del régimen comunitario de responsabilidad ambiental, a pesar de haber sido reconocido con anterioridad, se codifica mediante la Directiva 2004/35/CE sobre responsabilidad ambiental en relación con la prevención y reparación de daños ambientales.

237 La sentencia de 13 de marzo de 2001, en el asunto C-379/78 PreussenElektra (sobre la interpretación conforme al principio de integración de las disposiciones del Tratado sobre libre circulación de mercancías).

tro elementos fundamentales: los datos científicos y técnicos disponibles; las condiciones del medio ambiente en las diversas regiones de la Unión; las ventajas y cargas que puedan resultar de la acción o de la falta de acción y el desarrollo económico y social de la Unión Europea en su conjunto y el desarrollo equilibrado de sus regiones.

Tal y como señala Enrique Alonso García, al tener en cuenta las condiciones del medio ambiente en las diversas regiones de la Unión Europea, así como el desarrollo económico y social de la Unión en su conjunto y de sus regiones, se permite que las normas ambientales no sean completamente uniformes, dada la existencia de diferencias entre Estados miembros. Al mismo tiempo, se legitiman las compensaciones económicas mediante los Fondos Estructurales o los Fondos de Cohesión a las regiones cuyo desarrollo pueda verse frenado por la política ambiental desarrollada en el marco de la Unión Europea[238].

B. Europeización de la teoría de los servicios públicos

El impacto del Derecho comunitario sobre la construcción dogmática de la noción de servicio público ha sido muy importante. Puesto que el objetivo fundamental y originario de la Unión Europea era crear un espacio económico integrado entre los distintos Estados miembros, el proceso de liberalización que ha acompañado dicha integración ha supuesto la creación de reglas comunes en materia de competencia, desde el convencimiento de que el mercado puede garantizar las prestaciones propias de estos servicios públicos[239]. La construcción del mercado único europeo se fundamenta de manera indisoluble sobre el principio de libre competencia, que a su vez se proyecta en la libertad de establecimiento y en la libertad de prestación de servicios, tal y como se establece en el artículo 49 TFUE (prohibiciones a la libertad de establecimiento); o el 56 (restricciones a la libre prestación de servicios). De esta manera, se ha impulsado la liberalización de determinados sectores como la telefonía, servicios postales o la televisión.

A pesar de que estos principios relativos a la libertad de establecimiento y libre prestación de servicios quedaban inicialmente referidos en el TFUE a las relaciones transnacionales, progresivamente tales libertades se han generalizado de forma que operan asimismo en el ámbito interno de los Estados miembros, tal y como ha reconocido la jurisprudencia del TJUE en su senten-

238 *Vid.* Enrique Alonso García, «Ayudas económicas para la protección del medio ambiente» en la obra colectiva *Diccionario de Derecho Ambiental*, dirigida por Enrique Alonso García y Blanca Lozano Cutanda, Iustel, 2006, p. 146.

239 *Vid*. Joaquín Tornos Mas, «El concepto de servicio público a la luz del Derecho Comunitario», *Revista de Administración Pública* n.º 200, 2016, p. 202.

cia de 20 de febrero de 2001, n.º. C-205/1999[240]. En este sentido, uno de los ejemplos fundamentales se puede encontrar en la Directiva de Servicios de 2006, en la que no se establece una protección exclusiva a los prestadores de servicios a nivel transnacional, sino al conjunto completo de operadores económicos, ya tengan una dimensión interna o externa. Esta directiva ha implicado, entre otros aspectos, un cambio significativo en los modos de intervención administrativa (generalización y reforzamiento de la libertad de prestación de servicios y carácter excepciones de los sistemas basados en la autorización)[241].

Sin embargo, un problema particular lo presentaban todos aquellos servicios de carácter personal y cuya principal finalidad era asegurar la cohesión social, puesto que tradicionalmente éstos no se prestaban en régimen de monopolio, no se identificaban con servicios de contenido económico y, además, no formaban parte de las competencias tradicionales de las instituciones comunitarias. Gracias a la creación de un Derecho europeo administrativo se construye la noción de servicio económico de interés general para agrupar todas aquellas actividades económicas de carácter prestaciones que poseen un fin de interés general.

De este modo, las instituciones europeas o nacionales garantizan que los ciudadanos puedan acceder en condiciones de igualdad y asequibilidad a servicios de interés general. Así se encuentra expresado en el artículo 106 TFUE: «las empresas encargadas de la gestión de servicios de interés económico general o que tengan el carácter de monopolio fiscal quedarán sometidas a las normas de los Tratados, en especial a las normas sobre competencia, en la medida en que la aplicación de dichas normas no impida, de hecho o de derecho, el cumplimiento de la misión específica a ella confiada».

Asimismo, el artículo 14 TFUE dispone que «a la vista del lugar que los servicios de interés económico general ocupan entre los valores comunes de la Unión, así como de su papel en la promoción de la cohesión social y territorial, la UE y los Estados miembros, con arreglo a sus competencias respectivas y en el ámbito de aplicación de los Tratados, velarán porque dichos servicios actúen con arreglo a principios y condiciones, en particular económicas y financieras, que les permitan cumplir su cometido». De esta manera, es a través de estos dos preceptos fundamentales como la Unión Europea introduce la noción de servicio económico de interés general, con el objetivo de salvaguardar el principio de competencia salvo en aquellos casos en los

240 *Vid.* Eduardo Paricio Rallo, «El concepto europeo de servicio de interés general y los servicios municipales», *Cuadernos de Derecho Local (QDL) Fundación Democracia y Gobierno Local*; n.º 32, junio de 2013, p. 109.

241 *Vid.* Tomás Ramón Fernández Rodríguez, «Un nuevo Derecho administrativo para el mercado interior europeo», *Revista Española de Derecho Europeo*, número 22, 2007, pp. 189-197.

que sea imprescindible excepcionarlo para que puedan alcanzarse los fines de interés general que precisamente persiguen dichos servicios.

Entre dichas excepciones pueden encontrarse distintas ayudas públicas que supongan una alteración de las reglas de competencia o la imposición de obligaciones de servicio público o de servicio universal. Las primeras se orientan fundamentalmente a lograr la realización de principios como la eficiencia o la seguridad en la prestación de los servicios, mientras que las segundas se orientan hacia el logro de los fines de cohesión social y territorial. De este modo, la misma existencia de obligaciones de servicio público se convierte tanto en elemento que sirve de base para admitir la concesión de ayudas públicas estatales como para justificar introducir excepciones al régimen de libre competencia[242].

Por otra parte, tal y como señala TORNOS MAS[243], si DUGUIT vio en la prestación de servicios públicos el fundamento de los Estados modernos, en la actualidad puede decirse que Europa no carece solamente de soberanía, sino asimismo de la capacidad de vertebrar la Unión Europea mediante la garantía de los servicios públicos. Sin embargo, y en directa conexión con el principio que inspira la Unión de alcanzar un verdadero espacio de libertad, seguridad y justicia, al tiempo que se crea una serie de derechos fundamentales comunes, sí que se manifiesta la preocupación por alcanzar unos niveles de prestación de servicios personales homogéneos dentro de Europa. Es esta aspiración precisamente la que ha provocado la creación de una nueva categoría de servicios públicos que ha ido progresivamente siendo asimilada por los ordenamientos jurídicos internos: los servicios de interés general, dentro de los cuales pueden ubicarse los anteriormente mencionados servicios de interés económico general.

Dichos servicios de interés general pueden definirse en función de la aportación realizada por la Comisión Europea sobre los servicios de interés general en Europa, en diciembre del año 2000, como aquellos que «abarcan los servicios de mercado y no de merado que las autoridades públicas consideran de interés y a los que imponen determinadas obligaciones de servicio público»[244]. Posteriormente, el *Libro Verde* sobre servicios de interés general determinará que se trata de aquellos que «las autoridades públicas consideran de interés general y que están sometidos a obligaciones específicas de servicio público», añadiendo asimismo que «abarcan un amplio espectro de actividades de diverso tipo (desde actividades propias de las grandes industrias en redes como la energía, postales, transporte y telecomunicaciones hasta la sanidad,

242 *Vid.* JOAQUÍN TORNOS MAS, *El concepto de servicio público a la luz del Derecho Comunitario*, cit., p. 203.

243 *Ibidem.* pp. 204-205.

244 Comunicación de la Comisión sobre los servicios de interés general en Europa, diciembre de 2000 (DO C17 de 19 de enero de 2001).

la educación y los servicios sociales) de dimensiones diversas, unas de ámbito europeo, incluso mundial, tras de ámbito simplemente local (y de diferente naturaleza, sometidas o no a la disciplina de mercado)»[245].

Así, además de los servicios económicos mencionados anteriormente que, en principio, deben liberalizarse, se contempla otra nueva categoría de servicios que no se organizan exclusiva y prioritariamente como actividades económicas puesto que su objetivo fundamental es asegurar la cohesión social. De este modo, dentro de la categoría general construida por el Derecho de la Unión Europea de los servicios de interés general pueden agruparse tanto los servicios de interés económico general como los servicios de interés general no económicos. Sin embargo, en cuanto a estos últimos, y como pone de manifiesto Joaquín Tornos Mas, no se puede afirmar que exista en Europa, al igual que sí ocurre en el caso español, una asunción de responsabilidad en la prestación de los servicios por parte de las instituciones europeas, puesto que su prestación se encuentra confiada a los Estados miembros[246]. Estos servicios no se encuentran sometidos a las reglas de competencia al no estar regidos de manera exclusiva por un carácter económico.

Además de la creación de estas nuevas categorías, el Derecho europeo ha determinado asimismo cuáles son los principios por los que deben estar regidos tanto los servicios de interés económico general como los servicios de interés general no económico. Así, el protocolo número 26 al TFUE dispone que los valores comunes al conjunto de la Unión Europea respecto de los servicios de interés económico general son el papel esencial y la amplia capacidad de discreción de las autoridades nacionales, regionales y locales para prestar, encargar y organizar servicios de interés económico general lo más cercanos posible a las necesidades de los usuarios; la diversidad de los servicios de interés económico general y la disparidad de las necesidades y preferencias de los usuarios; un alto nivel de calidad, seguridad y accesibilidad económica, así como la igualdad de trato y la promoción del acceso universal y de los derechos de los usuarios. En contrapartida, respecto de los servicios de interés general de carácter no económico queda dispuesto que se trata de una competencia de los Estados miembros el prestar, encargar y organizar dichos servicios sin que puedan afectarles las diversas disposiciones de los tratados.

Uno de los problemas fundamentales que se manifiesta a la hora de aplicar ambas categorías en los ordenamientos jurídicos de los Estados miembros reside en la dificultad de determinar si la categorización de los servicios públicos nacionales en uno u otro debe corresponder a las autoridades de la Unión Europea o si se trata más bien de una competencia exclusiva de los Estados miem-

245 *Libro Verde sobre servicios de interés general*, COM (2003) 270 final.

246 *Vid.* Joaquín Tornos Mas, «El concepto de servicio público a la luz del Derecho comunitario», cit., p. 207.

bros. La jurisprudencia comunitaria ha reconocido en este sentido una amplia discrecionalidad a los ordenamientos nacionales para determinar cuándo existen fines de interés general vinculados a una determinada prestación, así como para determinar cuándo el mercado no es suficiente por sí mismo para asegurar y garantizar el cumplimiento de las finalidades que se persiguen.

Sin embargo, esta amplia discrecionalidad en ningún caso supone que pueda interpretarse como una absoluta libertad, puesto que la Comisión ha declarado que sus competencias «se limitan a comprobar si el Estado miembro ha incurrido en error manifiesto al definir el servicio como SIEG y al evaluar la ayuda estatal contenida en la compensación». Al mismo tiempo, considera que «no sería adecuado vincular obligaciones específicas de servicio público a una actividad que ya efectúan o pueden efectuar satisfactoriamente y en condiciones, tales como el precio, las características de calidad objetivas, la continuidad y el acceso al servicio acordes con el interés público, definido por el Estado, empresas que operan en condiciones normales de mercado»[247].

En definitiva, partiendo de los caracteres comunes que presenta la idea de servicio público en los ordenamientos jurídicos europeos como plasmación del Estado social, el Derecho comunitario, además de partir de dicha base común, ha pretendido su reelaboración para que llegue a ser compatible con los principios económicos de la Unión Europea. Al mismo tiempo que ha extraído y conservado determinados principios de las diversas tradiciones jurídicas del continente, ha suprimido una de las características más tradicionales de su régimen: la exclusividad regalística sobre la actividad. Es decir, la europeización del concepto de servicio público ha supuesto el abandono de la creencia de que la única manera de asegurar los principios fundamentales de los servicios (continuidad, asequibilidad, accesibilidad y calidad) es mediante su prestación directa por parte de la Administración, de modo que ha revocado en ciertas medidas las reservas tradicionales sobre determinados sectores, sin que en todo caso esto suponga renunciar a la consecución de los intereses públicos.

C. Europeización de los procedimientos administrativos nacionales

Los ordenamientos jurídicos nacionales han experimentado asimismo una influencia notable del Derecho administrativo europeo en sus conceptos de acto administrativo y del procedimiento administrativo; dos de las piezas angulares en la construcción de la Parte General de este Derecho[248]. El principio mencio-

247 Comunicación de la Comisión UE C 8/02, punto 46.

248 *Vid.* Francisco Velasco Caballero, «Procedimiento administrativo español para la aplicación del Derecho comunitario», *Revista Española de Derecho Europeo*, n.º 28, 2008; Xavier Arzoz Santisteban, «El acto administrativo en el Derecho de la Unión Europea», Revista de Derecho de la Unión Europea, n.º 19, 2010; y Jorge Agudo González, «Sobre

nado anteriormente contenido en la Carta de Derechos Fundamentales que recoge el derecho a una buena administración ha supuesto la transformación de los estándares de conducta administrativos, que desde el reconocimiento de dicho principio deben ajustarse a una correcta práctica administrativa. Este principio posee una doble vertiente: «de un lado, una vertiente objetiva, en la que la buena administración es uno de los objetivos que debe perseguir la Administración y constituye la garantía de un deber de resultado en beneficio de toda la colectividad; de otro, una vertiente subjetiva, por la que la buena administración queda consagrada como derecho fundamental del ciudadano y garantía de la adopción de una decisión equitativa e imparcial en el caso concreto. Es, así, el más "administrativo", esto es, el más significativo en la relación entre Administración y ciudadano, y el más procedimental de los derechos fundamentales»[249].

Uno de los ejemplos fundamentales que muestran la influencia de dicho principio en los ordenamientos jurídicos nacionales puede encontrarse en la incorporación del principio de servicio de los ciudadanos que actualmente se contiene en el artículo 3.1 de la Ley 40/2015, de 1 de octubre, del Régimen Jurídico del Sector Público. De esta manera, como ha señalado Sánchez Morón, se trata, por una parte, de garantizar los derechos de los ciudadanos con la Administración, pero también supone «la mejora continua de los procedimientos, servicios y prestaciones conforme a estándares objetivos y compromisos públicos de calidad»[250].

En cuanto al procedimiento administrativo, durante las últimas décadas se ha visto afectado por una serie de procesos de convergencia entre el Derecho de la Unión y el Derecho de los distintos Estados miembros. Tal y como defiende Jorge Agudo González, el mencionado proceso de convergencia se explica a través de tres vías principales. En primer lugar, mediante el establecimiento de soluciones jurídicas comúnmente aceptadas por los distintos ordenamientos jurídicos nacionales identificando principios y reglas compatibles con los diferentes sistemas jurídicos, lo que se conoce como convergencia negativa (y cuyo ejemplo puede encontrarse en el reconocimiento de las garantías procesales propias de un Estado de derecho).

La segunda vía la constituye la salvaguarda de la coherencia interna de los ordenamientos jurídicos, evitando así diferencias estructurales que pudieran surgir de la distinta aplicación del Derecho europeo y el de los Estados miembros. Se trataría en este caso de una convergencia indirecta a través, por ejemplo, de principios como el de buena administración, mencionado anteriormente.

---

la europeización del Derecho y la evolución de la teoría del procedimiento administrativo», *Revista Española de Derecho Europeo*, n.º 45, 2013, pp. 61-111.

249 *Vid.* Isaac Martin Delgado, *El procedimiento administrativo en el Derecho de la Unión Europea*, cit., p. 117.

250 *Vid.* Miguel Sánchez Morón, *Manual de Derecho administrativo*, *op. cit.*, p. 64.

Finalmente, la tercera vía está constituida por las medidas de armonización, lo que se conoce como mecanismos de convergencia positiva, como ha ocurrido con las directivas medioambientales[251]. En el caso de que la convergencia positiva y ponderada no sea posible, siempre que los objetivos comunes puedan ser alcanzados por medios diversos, no se realizará una armonización procedimental, sino que se procederá al establecimiento de una programación finalista y abierta (una convergencia finalista)[252].

5. El caso particular español de la europeización del Derecho administrativo

Partiendo del carácter abierto de la Constitución española, examinado anteriormente, y a pesar de que el texto constitucional contempla expresamente el régimen de las relaciones del mismo con los tratados internacionales, se produce un problema en cuanto a las relaciones que se entablan entre el Derecho derivado de los tratados suscritos en virtud del artículo 93 CE y el Derecho interno.

Los Tratados de la Unión Europea y de Funcionamiento de la Unión Europea suponen ir un paso más allá en relación con la Constitución española. El legislador ordinario, de modo excepcional, ha transferido a la Unión Europea competencias materiales, formales, institucionales y jurisdiccionales. Frente al resto de ordenamientos jurídicos internacionales, el Derecho de la Unión Europea plantea una peculiaridad, que es su carácter como orden jurídico autónomo. Así, conforme a la Constitución, el TUE y el TFUE tienen esa condición de autonomía en virtud de lo previsto en el artículo 96 de la Constitución española.

De este modo, mediante la aplicación del Derecho derivado, el Derecho de la Unión se convierte en un orden jurídico que aparece indisolublemente unido al Derecho interno en cuanto a su aplicación. Es decir, el Derecho de la Unión es perfectamente separable de los Tratados internacionales convencionales, que tan solo se relacionan de manera esporádica con el Derecho interno, mientras que el Derecho europeo se interrelaciona constantemente con el Derecho interno, siendo así que resulta difícil entender este último sin el papel del primero. Sin embargo, esta relación no solo produce ámbitos de confluencia, sino que genera tensiones, cuya resolución resulta necesario enfrentar.

El Tribunal Constitucional ha señalado de manera reiterada que todos aquellos conflictos de los que ha tratado en relación con la confluencia entre el Derecho interno y el Derecho derivado son conflictos infraconstitucionales. De este modo, el Tribunal Constitucional ha descartado la confrontación

---

251 *Vid.* Jorge Agudo González, *Sobre la europeización del Derecho y la evolución de la teoría del procedimiento administrativo*, cit., pp. 61-111

252 *Ibidem.* p. 76.

entre el Derecho derivado de la Unión Europea con la Constitución española. Para argumentar esta posición, el Tribunal Constitucional va situado a la Constitución en un plano superior[253].

En opinión de LINDE PANIAGUA, la negativa por parte del Tribunal Constitucional a confrontar la Constitución española con el Derecho de la Unión es correcta, a pesar de que la calificación del conflicto no lo sea. Es decir, como manifiesta este autor, el conflicto entre el Derecho de la Unión y el Derecho interno no puede calificarse de infraconstitucional, sino que en todo caso se trataría de un conflicto extraconstitucional[254].

En este sentido, el Consejo de Estado ha señalado en el informe evacuado a solicitud del Gobierno, del que trae causa la Declaración 1/2004 del Tribunal Constitucional, a propósito del artículo I-6 de la Constitución Europea que: «el tratado eleva a norma de la Constitución para Europa la primacía del Derecho Comunitario. Dicho principio, que se ha calificado como una exigencia existencial de tal Derecho, como se sabe, es fruto de la construcción jurisprudencial del Tribunal de Justicia de las Comunidades Europeas, a partir de la sentencia de 15 de julio de 1964 (Costa c. ENEL) y desarrollado en pronunciamientos posteriores: así, las sentencias de 14 de diciembre de 1971 (Politi), 13 de julio de 1972 (comisión contra Italia), de 9 de marzo de 1978 (Simmental), entre otras muchas, que significa que cualquier norma de Derecho comunitario, no solo del primario, sino también el derivado, prevalecen sobre las de derecho interno, cualquiera que sea el rango de estas, incluido el constitucional. Opera, pues, contra cualquier fuente, ya sea anterior o posterior al Derecho comunitario y respecto tanto de los órganos jurisdiccionales, del resto de los órganos del Estado»[255].

De este modo, se podría concluir que la Constitución española no se sitúa en una posición de supremacía en relación con los tratados, ni viceversa. El conflicto entre ambos órdenes jurídicos sería de carácter extraconstitucional[256]. Es decir, el parámetro para determinar en caso de conflicto entre

---

253 Esta calificación se produce por la sentencia del Tribunal Constitucional 28/1991, de 14 de febrero, en recurso de inconstitucionalidad 852/87 y desde entonces sin solución de continuidad como señala LINDE PANIAGUA en Las transformaciones del Derecho Público de nuestro tiempo, *op. cit.*, pp. 106-107, hasta la sentencia 58/2004, de 19 de abril recurso de amparo 4979/99 o la sentencia 173/2005, de 23 de junio, en recurso de inconstitucionalidad 453/1996.

254 *Vid.* ENRIQUE LINDE PANIAGUA, *Las transformaciones del Derecho Público de nuestro tiempo*, *op. cit.*, pp. 106-107.

255 STC 1/2004, de 13 de diciembre de 2004 (ponente: VICENTE CONDE MARTÍN DE HIJAS), Requerimiento 6603-2004. Formulado por el Gobierno de la Nación, acerca de la constitucionalidad de los artículos I-6, II-111 y II-112 del Tratado por el que se establece una Constitución para Europa, firmado en Roma el 29 de octubre de 2004.

256 *Vid.* ENRIQUE LINDE PANIAGUA, *Las transformaciones del Derecho Público de nuestro tiempo*, *op. cit.*, pp. 107-108.

dos ordenamientos jurídicos cuál sería la solución, no viene aportado por el propio texto constitucional. Ello es así porque la competencia para resolver los conflictos que se generan entre el Derecho interno y el Derecho de la Unión Europea solo puede ser asumida por el Tribunal de Justicia de la Unión Europea, como última instancia. Esa es precisamente, además, una de las características más singulares respecto a la transferencia de competencias operadas en virtud del artículo 93 de la Constitución.

CAPÍTULO IV

CONCEPTO DE SERVICIO PÚBLICO, JUSTIFICACIÓN DE LA INTERVENCIÓN ESTATAL EN LA PRESTACIÓN DE SERVICIOS PÚBLICOS Y PROCESO DE LIBERALIZACIÓN

1. Debate doctrinal

Partiendo de la base de que no existe una definición generalizada y aceptada acerca de la noción de servicio público, RAMÓN PARADA[257] defiende que hay tantas definiciones como autores y que esa multiplicidad de acepciones ha terminado por convertir el concepto en una «expresión equívoca, con la que se arriesga a engendrar las peores confusiones» *(Couzinet)*, y que no tiene más valor que el de una simple etiqueta *(Waline)*.

El concepto de servicio público como eje central del Derecho administrativo, tal y como señala GARRIDO FALLA[258], es una construcción típicamente francesa y desde ese Derecho francés fue importada a España. La doctrina española, a pesar de haber seguido las grandes líneas establecidas por la francesa, sin embargo, tiene unos rasgos propios. Estas características propias son consecuencia, en primer lugar, «de que el Derecho administrativo español, a diferencia del francés, no es una construcción doctrinal cerrada en su propio ordenamiento jurídico positivo (aparte de la francesa, las influencias de la doctrinas italiana y alemana son notorias)»[259].

---

257 *Vid.* JOSÉ RAMÓN PARADA VÁZQUEZ, *Derecho administrativo, vol. I*, Parte General, Madrid, 1994, p. 434.

258 *Vid.* FERNANDO GARRIDO FALLA, *Tratado de Derecho administrativo, vol. II*, Tecnos, Madrid, 2002, p. 400.

259 *Ibidem.*

A pesar de que la expresión servicio público comienza a utilizarse en el siglo XVIII, no será hasta el siglo siguiente cuando se extienda su uso de manera generalizada. Una de las primeras definiciones acerca del concepto se debe a LEÓN DUGUIT, quien propone una noción amplia del servicio público mediante su ya clásica definición: «es servicio público toda actividad cuyo cumplimiento debe ser regulado, asegurado y controlado por los gobernantes porque es indispensable para la realización y desarrollo de la interdependencia social y porque es de tal naturaleza que no puede ser asegurar completamente más que por la intervención de la fuerza gobernante»[260].

En su obra *Les transformations du droit public*, el autor reemplaza la tradicional noción del Derecho administrativo de la soberanía por el de servicio público, de manera que, desde el mismo momento en que se produce una separación entre administradores y administrados, surge el concepto de Derecho público, puesto que el concepto de soberanía ya no resulta congruente. De este modo, toda actuación administrativa se convierte así en una actuación de servicio público[261]. A través de la teoría de DUGUIT, la noción de servicio público se convierte en un componente esencial del Derecho público.

Para DUGUIT, «la superioridad de la gestión pública se manifiesta cuando nos encontramos ante servicios de los que pueden predicarse, esencialmente, dos características»[262]. En primer lugar, que la realización de dichas actividades sea indispensable para asegurar la cohesión e interdependencia social y, en segundo lugar, que se trate de actividades cuya propia naturaleza exija que tan solo puedan llevarse a cabo mediante un régimen de intervención estatal. Estos dos elementos son los que justifican tradicionalmente la intervención del sector público en la actividad económica.

En cuanto a la trascendencia social de ciertas actividades, el carácter indispensable que se predica de las mismas es fundamental para la propia existencia social y para que su influencia en las condiciones de vida de los ciudadanos y la propia organización de la convivencia no pase desapercibida para el Derecho. Sin embargo, se trata de una cuestión de márgenes manifiestamente imprecisos, tal y como ya puso de manifiesto LECLERQ al expresar que «¿acaso no concurren todas las actividades privadas, en mayor o menor medida a la realización de fines de interés general?, ¿acaso no es posible considerar que el carnicero contribuye al aprovisionamiento de la población en materia de víveres cumple una misión de interés general, de servicio público?»[263].

---

260 *Vid.* LEÓN DUGUIT, *Les transformations du droit public*, Paris Armand Colin, París, 1913.

261 *Vid.* FERNANDO GARRIDO FALLA, *Tratado de Derecho administrativo*, vol. II, *op. cit.*, p. 400.

262 *Ibidem.*

263 *Vid.* CARLES LECLERQ, «La misión de service public», *Recueil Dalloz Sirey*, 3er cuaderno, 1966, p. 11.

Por otra parte, la lógica económica que postula la intervención estatal en una determinada actividad económica, al mismo tiempo que se restringe la iniciativa privada, requiere de un elemento justificativo adicional. El criterio tradicionalmente esgrimido por DUGUIT es la constatación del fracaso del mercado a la hora de gestionar importantes sectores en los que resulta necesario asegurar la interdependencia y la cohesión social. En todo caso, los factores que se tienen en cuenta para justificar la intervención pública en determinadas actividades son más fácticas que jurídicas y, en ocasiones, difíciles de aprehender.

Se han considerado suficientes como para habilitar la reserva al sector público consideraciones de naturaleza muy diversa: en ocasiones se ha destacado el carácter altamente técnico de las prestaciones; en otras, la simple estructura económica de un determinado sector y, a veces también, el carácter básico y la importancia social de la actividad, así como la relevancia política e incluso las implicaciones militares.

La obra de DUGUIT y los continuadores de la escuela realista proporcionaron en un primer momento consistencia a uno de los significados de la expresión, el más general, que el Consejo de Estado francés venía utilizando desde el *arrêt* Blanco, de 1873, como criterio de deslinde entre la jurisdicción contencioso-administrativa y los tribunales ordinarios. Al mismo tiempo, según TOMÁS RAMÓN FERNÁNDEZ, oscureció otro de los sentidos, más modesto y concreto, más técnico también, con el que la legislación administrativa lo venía utilizando a lo largo del siglo XIX para designar un cierto tipo de actividad de la Administración «consistente en la prestación directa al público (o en el aseguramiento de su prestación por terceros) de ciertos servicios técnicos cuyo funcionamiento regular y continuo se consideraba indispensable para satisfacer determinadas necesidades colectivas»[264].

La continuación de esta línea de pensamiento realista se produce con JEZÉ, que pondrá especial énfasis en el procedimiento mediante el cual se gestionan los servicios públicos. De acuerdo con este autor, la expresión de servicio público debe ser reservada tan solo a aquellas necesidades de carácter general cuya satisfacción se proporcione con sujeción a un régimen jurídico especial, es decir, un régimen de Derecho público y, en particular, un régimen de Derecho administrativo[265]. Mediante esta teoría, en definitiva, JEZÉ subordina los intereses privados al interés general.

264 *Vid.* TOMÁS RAMÓN FERNÁNDEZ, «Del servicio público a la liberalización desde 1950 hasta hoy», *Revista de Administración Pública*, n.° 150, septiembre-diciembre 1999, pp. 57-58.

265 Según *Jezé*, «decir que en determinadas ocasiones existe el servicio público equivale a afirmar que los agentes públicos, para dar satisfacción regular y continua a cierta categoría de necesidades de interés general, pueden aplicar los procedimientos del Derecho público, es decir, un régimen jurídico especial, y que las leyes y reglamentos pueden modificar en cualquier momento la organización del servicio, sin que pueda oponerse a ello ningún obstáculo insuperable de orden jurídico».

En directa contraposición a las tesis de la Escuela realista, HAURIOU defenderá la tesis acerca del servicio público que ha perdurado durante más tiempo. Para el autor, el servicio público es «un servicio técnico prestado al público de manera regular y continua para la satisfacción de una necesidad pública y por una organización pública»[266]. A partir de esta definición comienza a surgir una corriente en la que se encuentran autores de importancia fundamental para la doctrina del servicio público como BIELSA, FLEINER o GARCÍA OVIEDO. De esta manera, surge así el servicio público como justificación teleológica del poder lo que, desde la perspectiva de su legitimación, no deja de tener una importancia clave[267].

De este modo, la doctrina española de los años cincuenta refleja la misma confusión que se produce en la doctrina francesa. VILLAR PALASÍ, siguiendo la línea de la concepción estricta de servicio público iniciada por HAURIOU, lo define como «actividad administrativa de prestación positiva, a través de un servicio técnico, regular y continuo, realizado para y frente al público por una organización pública nomine proprio o por delegación»[268], la actividad de la Administración dirigida a la producción de bienes materiales, a la dación de bienes al mercado.

Frente a estas concepciones amplias del servicio público, parte de la doctrina aborda el problema desde una definición estricta del término. Desde esta perspectiva, autores como DE VALLÉS centran su atención en la caracterización como «público» del término servicio, de manera que el énfasis de su teoría no recae ya sobre la calidad del ente que realiza la actividad, sino del destinatario del servicio, es decir, de una colectividad indeterminada. Además, tan solo pueden considerarse como servicio público en sentido propio y jurídico aquellos que son públicos también desde una perspectiva subjetiva, es decir, los que se gestionan por entes públicos.

Dentro de esta noción estricta se enmarca asimismo JORDANA DE POZAS, que establece que existen tres tipos de actuación administrativa: policía, fomento y servicio público. De esta manera, mediante estos tres tipos se satisfacen las necesidades públicas puesto que «el servicio público es una modalidad de la acción administrativa que consiste en satisfacer por la propia Administración y con exclusión o concurrencia de los particulares»[269].

---

266 *Vid.* MAURICE HAURIOU, *Précis de Droit Administratif et droit public*, Dalloz Sirey, París, 1919, p. 44.

267 *Vid.* FERNANDO GARRIDO FALLA, *Tratado de Derecho administrativo*, vol. II, *op. cit.*, p. 402.

268 *Vid.* JOSÉ LUIS VILLAR PALASÍ, «La actividad industrial del Estado en el Derecho Administrativo», *Revista de Administración Pública*, n.° 3, septiembre- diciembre de 1950, Madrid, p. 20.

269 *Vid.* LUIS JORDANA DE POZAS, «Ensayo sobre una teoría del fomento en Derecho administrativo», *Revista de Estudios Políticos*, n.° 48, 1948, p. 44.

Por tanto, la doctrina que considera la noción de servicio público desde una perspectiva estricta, dispone que, puesto que el objetivo del servicio público es satisfacer una necesidad específica, debe dotarse de un régimen exorbitante que asegure la uniformidad en su prestación, la continuidad en la satisfacción de un interés social, garantizar determinados actos ante la confianza del público y, finalmente, hacer posible su gratuidad[270].

Sin embargo, a partir de la segunda mitad del siglo XX, como consecuencia de una serie de transformaciones que han supuesto la reconfiguración del Derecho administrativo clásico, se ha cuestionado la vigencia de la noción de servicio público, debido principalmente a la privatización y externalización de los mismos. De este modo, las tradicionales nociones tanto en sentido amplio como estricto sobre el servicio público ya no son capaces de ofrecer una explicación completa, lo que obligará a la doctrina a explorar nuevas definiciones.

En este sentido, MUÑOZ MACHADO defiende que «existe un acuerdo general sobre la ideología del servicio público, es decir, la institución de prestaciones por la Administración en atención a los ciudadanos»[271]. En esta misma línea, otros autores como DE LA CUÉTARA han destacado las ventajas que aporta sustituir el habitual concepto subjetivo de servicio público por un concepto objetivo del mismo. Es decir, la transformación desde una actividad prestada de manera exclusiva por parte del sector público a un concepto que indique que se trata de actividades sujetas a intervención pública[272].

Otros autores como GÓMEZ-FERRER MORANT[273] introducirán la noción de servicio público objetivo, mediante el cual tratan de explicar la presencia de servicios públicos de interés general sin reserva formal por parte del Estado. Esta teoría, sin embargo, ha perdido vigencia en la actualidad como consecuencia de la generalización del término «servicios de interés económico general», nacida en el seno de la Unión Europea. Además, este concepto de servicio público objetivo se encuentra sometido a un intenso control por parte del Estado, frente a la tendencia hacia la desregulación que se advierte en la actualidad y que postula, por tanto, una intervención estatal mínima[274].

---

270 *Vid.* CARLOS GARCÍA OVIEDO, *Derecho administrativo*, Ediciones Iberoamericanas, Madrid, 1957, pp. 327 y ss.

271 *Vid.* SANTIAGO MUÑOZ MACHADO, *Servicio público y mercado*, Civitas, Madrid, 1997, pp. 99 y ss.

272 *Vid.* JUAN MIGUEL DE LA CUÉTARA MARTÍNEZ, *El nuevo servicio público*, Marcial Pons, Madrid, 1997, pp. 57 y ss.

273 *Vid.* RAFAEL GÓMEZ-FERRER MORANT, «La Unión Europea y el Estado Social», *Revista de Administración Pública*, n.º 200, 2016, pp. 63-81.

274 *Vid.* RAFAEL CABALLERO SÁNCHEZ, *Infraestructuras en red y liberalización de servicios públicos*, Instituto Nacional de Administración Pública, Madrid, 2003, pp. 60 y ss.

2. El servicio público en la Constitución española de 1978

A. Antecedentes históricos

Tras la II Guerra Mundial (1939-1945), la mayoría de Estados europeos decidieron intervenir de forma progresiva en actividades como la prestación de servicios públicos. En esta línea expansiva, España no sería una excepción, ya que el proceso iniciado ya en el siglo XIX tomará un mayor protagonismo tras la Guerra Civil (1936-1939) con el impulso que propició el recién instaurado régimen autárquico.

El nacimiento Instituto Nacional de Industria[275] en 1941 tendría lugar en esta coyuntura histórica del siglo XX y en la tendencia política industrial del momento. Tras sucesivos repliegues causados por cuestiones de diversa índole política y económica y varios impulsos a favor del sector público, una corriente de nacionalizaciones tendrá lugar entre los años 1977 y 1982, período en el que la crisis del petróleo se hizo sentir provocando una coyuntura económica difícil de gestionar.

A principios de los años 90 sectores industriales como el de la energía, el transporte terrestre por ferrocarril o por carretera o las telecomunicaciones son controlados por el Estado (Repsol, Renfe, Enatcar o el Grupo Telefónica con ejemplos de ello). La mayoría de ellos han estado hasta hace bien poco reservados al sector público, a pesar de que su gestión no haya sido directa en todo caso (como tradicionalmente ha ocurrido con el mercado de telecomunicaciones) ni necesariamente haya sido llevada a cabo de forma exclusiva por el Estado como el supuesto del transporte por carretera.

De tal evolución se dará cuenta en su debido momento, en el tercer epígrafe del presente trabajo, sirviendo el examen actual para acotar la voluntad de las Cortes constituyentes a la hora de recoger el servicio público en el texto constitucional.

B. Regulación constitucional del servicio público

Una de las aportaciones destacables de la Constitución es la generosa regulación de los derechos fundamentales[276], a los que quedan vinculados

275 Dicho Instituto se creó como respuesta a la necesidad de reconstruir y desarrollar la economía productiva española dos años después del final de la guerra civil española. El INI tuvo que asumir el volumen de inversiones que la iniciativa privada no podía acometer sobre la base de una economía autárquica. A tales efectos contaría en su inicio en una dotación de 50 millones de pesetas. https://www.libremercado.com/2018-10-27/el-crecimiento-economico-en-la-espana-franquista-una-verdad-que-incomoda-a-la-izquierda-1276627170/

276 *Vid.* JEAN RIVERO («Le conseil constitutionel et les libertés», *Revue française de science politique*, París, 1987, pp. 179-80), quien declara que «hasta un período reciente la noción

los poderes públicos y cuyo contenido esencial debe ser respetado por el legislador (artículo 53.1 CE), recibiendo así la Constitución española una clara influencia alemana de la ley fundamental de Bonn[277].

La Constitución española no recoge un concepto de servicio público como tal, así que es necesario deducirlo de un conjunto de preceptos que se encuentran dispersos por todo su articulado. En primer lugar, conviene traer a colación uno de los artículos en los que se basa la actual economía de mercado -más concretamente el artículo 38 CE-, que se refiere a la «libertad de empresa en el marco de la economía de mercado», lo cual presume una reducción del ámbito de actuación del servicio público[278].

Por otro lado, la Constitución se refiere al concepto «servicios esenciales a la comunidad»[279] en varios incisos a lo largo de su articulado. Así lo hacen los artículos 28 y 37 al regular los derechos de huelga y el de los trabajadores y empresarios a adoptar medidas en caso de conflicto colectivo, reconociendo unas garantías suficientes para el mantenimiento o funcionamiento de citados servicios. El artículo 128 CE, parte esencial de la denominada Constitu-

de derechos fundamentales era totalmente ignorada del conjunto de nuestros derechos positivos» y lo mismo se puede hacer extensible a estudios de licenciatura.

277 *Vid.* José Luis Meilán Gil, «El servicio público como categoría jurídica», en *Cuadernos de Derecho Público*, n.° 2, 1997, pp. 75 y ss.

278 Según Cándido Paz-Ares Rodríguez y Jesús Alfaro Águila-Real, «Artículo 38», en la obra colectiva *Comentarios a la Constitución española*, dirigida por Miguel Rodríguez-Piñero y Bravo Ferrer y María Emilia Casas Baamonde, Fundación Wolters Kluwer, Boletín Oficial del Estado, Tribunal Constitucional y Ministerio de Justicia, Madrid, 2018, p. 1.236, «la libertad de empresa encuentra su fundamento último en idénticas valoraciones a las que subyacen y sustentan el resto de los derechos fundamentales que tienen la estructura de libertades: asegurar a los individuos una esfera de actuación libre de injerencias estatales. Su función específica es —junto a las restantes libertades económicas— garantizar la independencia o autonomía de los ciudadanos permitiéndoles "ganarse la vida" y desplegar su potencial creativo en el ámbito económico de forma autónoma respecto del Estado y hacerlo de la forma menos regulada posible».

279 Las SSTC 183, 184, 191 y 193/2006 han acotado el derecho de huelga y, con ello, el concepto de servicios esenciales. En particular, dice esta última que «antes que a determinadas actividades industriales y mercantiles de las que derivarían prestaciones vitales y necesarias para la vida de la comunidad, la noción de servicios esenciales hace referencia a la naturaleza de los intereses a cuya satisfacción la prestación se dirige, conectándose con los derechos fundamentales, las libertades públicas y los bienes constitucionalmente protegidos. Esta última óptica, que pone el acento en los bienes e intereses de la persona, y no la primera, que se mantiene en la superficie de la necesidad de las organizaciones dedicadas a llevar a cabo las actividades, es la que mejor concuerda con los principios que inspiran nuestra Constitución. Con la consecuencia de que, a priori, no existe ningún tipo de actividad productiva que, en sí misma, pueda ser considerada como esencial. Solo lo será en aquellos casos en que la satisfacción de los mencionados bienes o intereses exija el mantenimiento del servicio, y en la medida y con la intensidad que lo exija, puesto que los servicios esenciales no quedan lesionados o puestos en peligro por cualquier situación de huelga, siendo necesario examinar en cada caso las circunstancias concurrentes en la misma».

ción económica[280], abre el título VI «Economía y Hacienda», haciendo mención a los «servicios esenciales». Más concretamente, su apartado segundo señala lo que sigue: «Se reconoce la iniciativa pública en la actividad económica. Mediante ley se podrá reservar al sector público recursos o servicios esenciales, especialmente en caso de monopolio».

Respecto al citado precepto conviene realizar una serie de puntualizaciones. En primer lugar, no se trata de una novedad absoluta en nuestro constitucionalismo español, ya que la Constitución española de 1931 declaraba en su artículo 44 que «los servicios públicos y explotaciones que afecten al interés común pueden ser nacionalizados en los casos en que la necesidad social así lo exija», siendo también un referente el artículo 43 de la Constitución italiana.

Sin embargo, cada uno de estos preceptos cuenta con peculiaridades en su redacción. Mientras que en la Constitución española de 1931 se trata la nacionalización de los servicios, en la Constitución italiana se recoge una reserva originaria o transmisión mediante expropiación. Pero el definitivo artículo 128 de la Constitución vigente no encaja completamente en tales fórmulas puesto que la reserva es considerada como una atribución de titularidad sobre un servicio esencial.

Esta concepción quedaría recogida en los debates parlamentarios, afirmando que no es necesaria la reserva al sector público de todos los servicios que tienen esa naturaleza, porque «precisamente es su titularidad por cualquiera de las Administraciones Públicas lo que dota del carácter de público al servicio»[281].

En línea con lo anterior, conviene tener en cuenta que el reconocimiento constitucional de iniciativa económica al Estado carecería de sentido si reservar al sector público determinadas actividades no implicara «la titularidad en exclusiva del Estado y sin la competencia con actividades paralelas de los particulares»[282]. Junto a la doctrina, la jurisprudencia y la legislación también se han pronunciado en este sentido. Un ejemplo lo ofrece el artículo 69 de la Ley 16/1987, de ordenación de los transportes terrestres, que dice que «los trasportes públicos regulares permanentes de viajeros de uso general (...) tienen el carácter de servicios públicos de titularidad de la Administración».

280 El Tribunal Constitucional en su STC 1/1982, de 28 de enero, se refiere al concepto de Constitución económica, declarando que "en la Constitución Española de 1978, a diferencia de lo que solía ocurrir con las Constituciones liberales del siglo XIX y de forma semejante a lo que sucede en más recientes Constituciones europeas, existen varias normas destinadas a proporcionar el marco jurídico fundamental para la estructura y funcionamiento de la actividad económica; el conjunto de todas ellas compone lo que suele denominarse la Constitución Económica (...)".

281 *Vid.* Mercedes Herrero De Padura y Fernando Sainz Moreno, Constitución española, Trabajos parlamentarios, II, Cortes Generales, p. 2.326.

282 *Vid.* José Luis Meilán Gil, «El servicio público en el contexto constitucional y comunitario», Anuario da Facultade de Dereito da Universidade da Coruña, n.º 9, 2005, p. 531.

Finalizando con el acotamiento constitucional de la nota de «esencialidad»[283] de los servicios públicos, es precisamente a consecuencia de la misma que la Administración pública «no podrá abdicar de la responsabilidad de garantizar el servicio, aunque sí pueda encomendar su gestión a los particulares»[284], mediante los diferentes instrumentos que prevé el ordenamiento jurídico como la concesión o cualquier otra fórmula similar.

Por otro lado, de la regulación prevista en la Constitución española también se puede deducir el contenido de los servicios públicos. De la ubicación sistemática del artículo 128 CE se deduce su naturaleza económica preferentemente. En efecto, no se trata de una localización fruto del arbitrio, sino todo lo contrario, ya que la clasificación o diferenciación entre sector público y sector privado es esencialmente económica.

Además, la actividad económica del Estado que pueda desarrollar de forma paralela a la realizada por el sector privado no supone reserva alguna sino una iniciativa pública legitimada constitucionalmente, amparada por el primer párrafo del artículo 128 CE, sin más limitaciones que el respeto al contenido esencial de la economía de mercado.

Todo ello invita a tratar los aspectos formales que condicionan la atribución de los servicios esenciales al Estado. La reserva ha de hacerse por ley. No es suficiente con que la declaración del servicio público se realice por una disposición normativa reglamentaria emanada de la Administración pública. Pero también conviene advertir que la experiencia histórica práctica muestra que la Administración ha utilizado, con relativa frecuencia, la declaración de servicio público de una actividad sin habilitación legal expresa[285].

---

283 Al respecto, DUGUIT afirma la dificultad de predeterminar aquellas actividades que en cada momento la sociedad pueda considerar esenciales. Así, declara que «hay ahí algo esencialmente variable, evolutivo, desde luego; es hasta difícil fijar el sentido general de esta evolución» (LÉON DUGUIT, *Las transformaciones del derecho público y privado*, Comares, Granada, 2007, pp. 34-35).

284 JOSÉ LUIS MEILÁN GIL afirma que un servicio público es esencial cuando se trate de «una actividad económica de prestación, regular y continua» (vid. «El servicio público en el contexto constitucional y comunitario», Anuario da Facultade de Dereito da Universidade da Coruña, n.º 9, 2005, p. 532).

285 La jurisprudencia ha defendido la tesis subjetiva, aunque de manera menos contundente, reconociendo igualmente la tesis objetiva o la posibilidad respecto a actividades concretas sobre las que no existe publicatio que podrían calificadas como servicios públicos en los casos que respondan a fines de interés general o son competencia propia de los entes locales.
Respecto a la primera de las posturas mencionadas destaca la STS 2 de marzo de 1979, RJ 1979/1175. Más adelante cambia su posición sobre esta materia en sentencias como las de 6 de mayo de 1999, recurso de casación 2298/1993, en la que advierte que «[...] el motivo no puede prosperar, pues el concepto restrictivo de servicio público sobre el que gira su argumentación, coincidente con la acepción especial de servicio público esencial, esto es, de sectores de actividad reservados en principio, con o sin monopolio, a la iniciativa y gestión de la entidad pública (véase el art. 128.2 CE), no se compadece con el

Para poner fin a la exposición de la regulación constitucional de los servicios públicos conviene destacar el papel que juega la protección reforzada que la propia Constitución ofrece a los derechos fundamentales. La misma constituye en sí misma un límite para la iniciativa pública en materia económica y, por ende, para la declaración de una actividad como servicio público tal como afirman PIERRE DELVOLVÉ[286] o GASPAR ARIÑO[287].

En esta línea, en un Estado social y democrático de Derecho existen ciertos servicios denominados asistenciales o servicios públicos objetivos por la doctrina y la legislación. Los mismos comprenden actividades realizadas por entes públicos sin necesidad de calificarlas como servicio público en el sentido específico que se viene exponiendo, el cual, a su vez, fue entendido en la inicial formulación jurídica de la categoría, no siendo desmentido por la vigente Constitución de 1978.

En ciertas ocasiones, esa asunción puede ser considerada como una función del Estado, como sucede con la Seguridad Social del artículo 41 de la Carta Magna, superando así los arcaicos planteamientos vinculados a conceptos tales como la beneficencia o la asistencia social. No obstante, no está de más recordar que no se trata de una titularidad exclusiva, la cual sería incompatible con el reconocimiento de los derechos y, por lo tanto, no existe en puridad concesión (aunque sí autorización) para que servicios como el sanitario o el educativo puedan ser prestados por particulares. En consecuencia, son más bien actividades reguladas por el Estado, de acuerdo con estándares mínimos determinados por el mismo. Por ello, parte de la doctrina como GÓMEZ-FERRER[288] y PAREJO[289] consideran que no es ni siquiera necesario acudir a la teoría del «servicio público objetivo»[290].

---

concepto legal del artículo 85.1 de la Ley 7/1985, de 2 de abril, Reguladora de las Bases del Régimen Local, según el cual "son servicios públicos locales cuantos tienden a la consecución de los fines señalados como de la competencia de las Entidades locales", siendo de destacar la clara conexión que mantiene el servicio de aparcamiento público con la competencia sobre "la ordenación del tráfico de vehículos y personas en las vías urbanas", que el artículo 25.2 b) de la misma Ley atribuye a los municipios».

286 *Vid.* PIERRE DELVOLVÉ, «Service publique et libertés publiques», *Revue francaise de Droit administratif*, n.º 1, Francia, 1985, pp. 1 y ss.

287 *Vid.* GASPAR ARIÑO ORTIZ, «Servicio público y libertades públicas», en *Actualidad y Perspectivas del Derecho Público a fines del siglo xx. Homenaje al profesor Garrido Falla*, Madrid, 1984, pp. 1.315 y ss.

288 *Vid.* RAFAEL GÓMEZ-FERRER MORANT, «El régimen general de los centros privados de enseñanza», *Revista de Administración Pública*, n.º 70, 1973, p. 377.

289 *Vid.* LUCIANO JOSÉ PAREJO ALFONSO, «Servicios públicos y servicios de interés general: La renovada actualidad de los primeros», *Revista de Derecho de la Unión Europea*, n.º 7, 2004, pp. 64 y ss.

290 Si se quiere profundizar en la línea contraria a estar afirmación se puede consultar la obra de José MANUEL SALA ARQUER, «Las concesiones de servicio público en un contexto liberalizado», *Revista Andaluza de Administración Pública*, n.º 56, 2004.

3. Factores político-económicos

A. Monopolios naturales y economías en red

Son numerosas las actividades que justifican la intervención estatal debido a la estructura de monopolios naturales en algunos mercados, así como la magnitud de las inversiones, que en ocasiones impiden el acceso por parte de la iniciativa privada.

En este ámbito de los monopolios naturales conviene centrar la atención por su larga tradición en España. Durante mucho tiempo, ciertos sectores han implicado costes unitarios decrecientes en comparación con el tamaño del mercado en el que se encuentran inmersos. Esto implica que, teniendo en cuenta el nivel de demanda, resulta que una única empresa es capaz de proveer un servicio a un menor coste. Así, la existencia de una sola empresa regulada por las autoridades públicas ha venido permitiendo una asignación más eficiente de los recursos.

Un monopolio natural destacable es el de los servicios de telecomunicaciones, a los que se suma, junto a las anteriores motivaciones de intervención pública[291], la circunstancia de que los altos costes fijos que conllevan sean, al menos parcialmente, irrecuperables[292].

Estos monopolios naturales provocan una estructura en red, según WOLF[293], de suerte que la concentración de los medios de producción desaconseja permitir la iniciativa privada para su desarrollo. Junto a esto, el coste del servicio se reduce proporcionalmente a medida que la distancia recorrida empleando la red es mayor. «Incluso en ciertos servicios los costes pueden llegar a ser independientes de la distancia, tal y como ocurre en las telecomunicaciones que emplean satélites, cuyo coste es exactamente el mismo con independencia de la distancia a la que se encuentren los interlocutores»[294].

291 *Vid.* JORDI GUAL SOLÉ, «El Estado y la prestación de servicios públicos: el caso de las telecomunicaciones», *Documento de investigación n.º 332 IESE*, Navarra, 1997, p. 5.

292 Tales costes también son denominados «costes hundidos», es decir, inversiones que no pueden ser rentabilizadas, salvo que se desarrolle la actividad para la que han sido concebidos, de manera que su posible enajenación está restringida a competidores, pues a nadie más sirven.

293 *Vid.* DIETER WOLF, «La réforme des services publics en Allemagne», en la obra colectiva *L'idée de service public est-elle encore soutenable?*, dirigida por JEAN-MARIE CHEVALIER, MARIE-ANNE FRISON-ROCHE y IVAR EKELAND, P.U.F., Paris, 1999, p. 14.

294 *Vid.* JORDI GUAL SOLÉ, *El Estado y la prestación de servicios públicos: el caso de las telecomunicaciones*, *op. cit.*, p. 5.

B. Bienes públicos

Conectado a todo lo anterior se encuentra otra causa justificativa de la intervención del sector público en la prestación de servicios públicos: la incapacidad que muestra el sector privado en su gestión. Se trata de una situación fáctica difícil de observar en ocasiones y cuyo fundamento tiene un contenido variado que abarca desde la estructura económica del sector, pasando por la relevancia política e incluso las implicaciones militares de la actividad en cuestión, hasta el contenido considerablemente técnico de las prestaciones.

Se hace referencia en este caso al suministro de bienes públicos tales como las carreteras o el servicio militar. Se trata de bienes no rentables que el sector privado no puede ofrecer de forma suficiente pero que, sin embargo, sí puede gestionar el sector público a través de los poderes y recursos que en un régimen político como la democracia le son ofrecidos.

En este contexto, el Estado dispone de tres vías para el adecuado suministro de bienes y servicios públicos: mediante producción propia como es el caso de la justicia o la policía, a través de su ofrecimiento a empresas privadas para distribuirlos con posterioridad gratuitamente entre la población, como puentes y carreteras y, finalmente, por medio de la subvención parcial de su adquisición, como el caso de la sanidad y las viviendas sociales.

C. Posiciones dominantes

Una de las causas clásicas que justifica la intervención del Estado en la prestación de servicios públicos es la existencia de posiciones dominantes que ostentan el control de un determinado mercado. La Comisión Nacional de los Mercados y la Competencia considera que, a pesar de los beneficios derivados para el conjunto de la sociedad del funcionamiento competitivo de los mercados, en determinadas ocasiones «los intereses particulares de algunos agentes económicos pueden no coincidir con los principios inspiradores de la libre competencia, de tal forma que los incentivos para llevar a cabo prácticas restrictivas de la misma pueden ser superiores a los que obtendrían con el libre funcionamiento de la ley de la oferta y la demanda»[295].

D. Continuidad, mutabilidad e igualdad

Dentro de los factores político-económicos es necesario incluir características del servicio público que, además de ser especiales en los mismos, también son reflejo de las garantías que se buscan en la sustracción de estas actividades en favor del sector público, así como de los objetivos que se persiguen a través de ellos.

295 https://www.cnmc.es/sobre-la-cnmc/que-es-la-cnmc

En primer lugar, se encuentra la continuidad, inexcusable al tratarse de actividades que suponen el soporte básico para ciertos aspectos de la vida social o individual, así como para la realización de otras actividades económicas. Piénsese en las consecuencias que tendría la paralización de la sanidad para la salud e integridad física y mental de los ciudadanos o la intermitencia en la construcción de puertos o aeropuertos, esenciales para el desarrollo de la actividad turística, tan importante en la economía española.

En estos casos se habla tradicionalmente de «necesidad imperiosa», puesto que la provisión de un servicio no es suficiente, sino que ésta ha de darse sin solución de continuidad.

Por otro lado, la mutabilidad obliga a que los servicios públicos se adapten a la vertiginosa evolución social, económica y tecnológica de la era de la globalización. De esta forma, la obsolescencia o inadaptación que podría ocasionar la falta de incentivos en el sector privado no va a tener lugar en aras de lograr la oportuna cantidad y calidad de servicio público correspondiente, adaptado a la realidad de cada momento.

Finalmente, justifica la intervención del sector público la garantía del principio de igualdad reconocido constitucionalmente, que ayudará a conectar con el siguiente conjunto de factores: los sociales.

4. Factores sociales: igualdad y cohesión social

Tal como se ha adelantado anteriormente, otros factores son de origen social, de manera que la aparición de nuevas necesidades que requieren una satisfacción rápida y de manera igualitaria para todos, coincide con la aparición de clases sociales que reclaman el acceso a determinados servicios en condiciones de igualdad y precio justo, que tan solo puede proporcionarse mediante la intervención estatal.

CHEVALIER declara que el Estado es «agente de redistribución, que debe contribuir a reducir la amplitud de las desigualdades sociales: tiene por función poner un cierto número de bienes (sociales, culturales, económicos) al alcance de todos; su acción se dirige principalmente a los más disminuidos, a aquellos que quedan excluidos de los mecanismos de reparto y distribución resultantes del mercado»[296].

En un Estado del bienestar como el español, el Estado tiene el deber de ofrecer unas condiciones de vida mínimas a todos sus ciudadanos independientemente de su nivel de renta o estrato social. A tal efecto, los servicios públicos son la herramienta perfecta para hacer efectivo el papel de agente de redistribución que asume el Estado, tal como declaraba CHEVALIER.

296 *Vid.* JACQUES CHEVALIER, *Le service public*, P.U.F., París, 1997, p. 68.

Las políticas relativas a la igualdad de oportunidades exigen la intervención del Estado para lograrla compensando desigualdades previas. Pero esta labor también suscita problemas, como el de situar los límites y criterios de la intervención; qué nivelar y cómo hacerlo[297]. Como escribe SARTORI, «toda redistribución basada en una determinada característica perjudicará a las distribuciones que resultarían de otras características (...). Un exceso de tratamientos desiguales lleva más fácilmente a una guerra de todos contra todos, de privilegios contra privilegios, y no a la satisfacción de demandas igualitarias. Si toda igualdad se consigue generando otras desigualdades (...), entonces estamos desembocando en un círculo vicioso»[298].

Junto al principio de igualdad en sentido estricto, la intervención estatal también ha venido justificándose en la satisfacción de la cohesión social y territorial, pues ésta sigue siendo un reto actual en toda Europa occidental y, en concreto, en la Unión Europea y en la mayoría de sus Estados miembros. CASTELLS recuerda que el caso de España, a pesar de no ocupar las primeras posiciones en cuanto a diferencias regionales se refiere, todavía muestra ciertas deficiencias en materia de cohesión social y territorial[299]. Por ello, llega hasta nuestros días la necesidad de que los Estados actúen para atajar las desviaciones en materia de cohesión social y territorial con todos los instrumentos que tienen a su disposición, entre ellos, los servicios públicos.

A pesar de que la cohesión ya fue mencionada en el Tratado de Roma de 1957, no será hasta 1993 cuando la Unión Europea convierta la cohesión económica y social en un objetivo prioritario de la misma a través de la aprobación del Tratado de Maastricht. Pero un antecedente a esta situación sería la reforma de los fondos estructurales operada en 1988, que serían de nuevo modificados y ampliados en 1993.

Tras varios años de andadura, la política de cohesión de la Unión Europea ha logrado avances en lo referido a la reducción de las desigualdades entre los Estados más pobres y los más ricos de la misma. Con todo, permanece una importante fractura en infraestructuras concretas, cuyo déficit sigue siendo óbice para el desarrollo de ciertas regiones. No hay más que contrastar la situación de los países comunitarios menos avanzados en lo referente a las infraestructuras ferroviarias o de telecomunicaciones y las consecuencias perjudiciales que todo ello supone en la productividad y el crecimiento económico de estos territorios.

---

297 *Vid.* RICARDO MONTORO ROMERO, *La reforma del Estado del Bienestar: derechos, deberes e igualdad de oportunidades, proyecto financiado por la Comisión Interministerial de Ciencia y Tecnología*, Plan Nacional de I + D, Madrid, 1997, p. 34.

298 *Vid.* GIOVANNI SARTORI, *Elementos de teoría política, Madrid*, Alianza, 1992.

299 *Vid.* ANTONI CASTELLS y NURIA BOSCH, *Desequilibrios territoriales en España y Europa*, Ariel, Barcelona, 1999, p. 8.

5. Delimitación del concepto «liberalización» y diferenciación respecto a figuras afines: privatización y desregulación

Antes de proceder al análisis del proceso de liberalización de servicios públicos es necesario diferenciar los tres conceptos que frecuentemente se confunden o utilizan indistintamente, fruto de la rápida evolución política, económica y social[300], y que en el ámbito europeo producen una cierta confusión que costará resolver. La liberalización, la privatización y la desregulación son tres caminos distintos cuyo denominador común es su objeto: los servicios públicos[301]. Se ha dicho, en este sentido, que «los tres fenómenos responden a un movimiento global (...) de cuestionamiento general de la amplitud de las funciones del Estado y todos ellos van en efecto en la misma línea: la reducción del peso y capacidad de incidencia en la economía de la Administración Pública»[302].

Comenzando por la liberalización, la misma puede ser definida como el proceso que pretende pasar de un mercado en el que hay un único suministrador a un mercado en el que son varios los que suministran bienes y servicios y, por lo tanto, compiten entre sí. En otras palabras, la liberalización implica el paso de un régimen monopolístico al de libre competencia, independientemente de la propiedad del que suministra el servicio.

A través de la renuncia del Estado a reservarse servicios concretos tiene lugar una mutación jurídica, puesto que todo el régimen que regula la gestión de estos servicios cambia de óptica. VILLAR PALASÍ ofrece una clave para entender el cambio a través del estudio de las características jurídicas de la concesión administrativa[303]. Así, las notas del carácter excluyente y privativo del servicio público tradicional desaparecen con la liberalización. No obstante lo cual, la liberalización no supone que el Estado deje de tener capacidad de regular ciertos sectores económicos, como ya se ha explicado a la hora de analizar la regulación constitucional de los servicios públicos. Sucede que a partir de la liberalización esta actividad será realizada desde otra óptica, lo cual tiene una enorme trascendencia.

300 *Vid.* JOSÉ LUIS MARTÍNEZ LÓPEZ-MUÑIZ, «Nuevo sistema conceptual» en GASPAR ARIÑO ORTIZ, *Privatización y liberalización de servicios*, UAM-BOE, Madrid, 1999, pp. 135-140.

301 https://www.uoc.edu/web/esp/art/uoc/majo0402/majo0402.html (conferencia de JUAN MAJÓ CRUZATE, *La liberalización de los servicios públicos*).

302 *Vid.* ANDRÉS BOIX PALOP, *Cohesión social y liberalización de servicios públicos*, Trabajo de investigación de la Universidad de Valencia, 2001, p. 35.

303 *Vid.* JOSÉ LUIS VILLAR PALASÍ, «Voz concesiones administrativas», en *Nueva Enciclopedia Jurídica, Francisco Seix editor*, Barcelona, 1952, p. 697.

Por otro lado, se encuentra la privatización. A través de este fenómeno, la empresa que prestaba un servicio era de naturaleza pública, pero posteriormente será privada. Todo ello conlleva importantes repercusiones, teniendo en cuenta los fines de las organizaciones de una y otra naturaleza. Así, la obligación de una empresa pública es prestar un servicio y satisfacer las necesidades del ciudadano mientras que la vocación principal de una empresa privada es el enriquecimiento.

Según García De Enterría y Fernández Rodríguez la confusión terminológica se agrava por el uso incorrecto de este mismo término «privatización» con el fin de aplicarlo a un fenómeno distinto[304] que será analizado, más adelante: el empleo del Derecho privado por las Administraciones públicas para el ejercicio de ciertas actividades; fenómeno que se ha calificado como «la huida del Derecho administrativo al Derecho privado».

En cualquier caso, la privatización cuenta con importantes límites en el ordenamiento jurídico español, en concreto, dos: la configuración de un Estado social y democrático de Derecho por la Constitución española y el reconocimiento de derechos fundamentales, tal como señala Carazo Liébana[305].

Respecto al primero de los límites apuntados destaca la cláusula de Estado social del artículos 9.2 CE, que obliga a los poderes públicos a «promover las condiciones para que la libertad y la igualdad (...) sean reales y efectivas» y a «remover los obstáculos que impidan (...) su plenitud», junto a la creación de las condiciones favorables previstas en el artículo 40.1 CE para el progreso social y económico, para una distribución de la renta regional y personal más equitativa, y especialmente para alcanzar el pleno empleo. Junto a su dimensión social, el Estado de derecho también supone un importante límite. En este sentido, mientras que la privatización puede favorecer la libertad de empresa del artículo 38 CE y el derecho de propiedad del artículo 33.1 CE, también ofrece obstáculos, como que la «privatización es o debe ser una decisión legal, o por lo menos, no prohibida por la ley. En nuestro ordenamiento no existe ninguna prohibición legal expresa a la privatización (como sí ocurre en el caso alemán) con tareas municipales obligatorias»[306].

---

304 *Vid.* Eduardo García de Enterría y Tomás Ramón Fernández Rodríguez, *Curso de Derecho Administrativo*, vol. 1, *op. cit.*, p. 445.

305 *Vid.* María José Carazo Liébana, «Algunos apuntes sobre la constitucionalidad de la privatización de los servicios públicos», *Cuadernos de Derecho Local*, n.° 27, 2011, pp. 51-62.

306 *Ibidem.*

Por otro lado, el reconocimiento de ciertos derechos fundamentales por la Constitución supone ciertos límites, puesto que la privación de servicios públicos puede conllevar una merma de la cantidad o calidad en el ejercicio de dichos derechos.

En tercer lugar, se encuentra el fenómeno de la desregulación, dotado de independencia respecto a los dos anteriores conceptos, si bien, en cierto modo, los complementa. A diferencia de lo que ha sucedido en Estados Unidos, donde la desregulación es un fenómeno no vinculado necesariamente a privatizaciones por la imposibilidad de privatizar las inexistentes empresas públicas, en Europa la desregulación ha estado acompañada por la privatización de algunas esferas de la actividad pública.

De la Serna Bilbao ha estudiado con profundidad este fenómeno[307]. Siguiendo a esta autora, la desregulación está conformada por un abanico de medidas cuyo fin es la «reducción tanto del volumen como de la importancia de las normas jurídicas reguladoras de una determinada actividad»[308]. En consecuencia, la reglamentación de las mismas es menor, pero esta medida estará acompañada de una retracción de la actividad de control de las Administraciones públicas.

No obstante, la posición doctrinal no es única. De este modo, Sala Arquer no comparte la anterior postura, considerando que liberalización debe emplearse simple y llanamente cuando se elimina un privilegio en exclusiva[309].

Llegados a este punto se puede concluir que toda liberalización de servicios públicos puede ser considerada como una desregulación en su amplia acepción. Sin embargo, la liberalización de servicios será en cualquier caso una variedad con sustantividad propia que haga factible tratar a la misma como categoría, mientras que, además, puede haber desregulaciones que no supongan liberalizaciones.

Como se ha podido ver, las diferencias entre liberalización, privación y desregulación son significativas a pesar de su confusión frecuente por parte de la doctrina[310]. Una vez resuelto este punto, habrá de examinarse la liberación, sus fines y proceso.

---

307 *Vid.* María Nieves de la Serna Bilbao, *La Privatización en España. Fundamentos constitucionales y comunitarios*, Aranzadi, Pamplona, 1995, p. 66.

308 *Ibidem.*

309 *Vid.* José Manuel Sala Arquer, *La liberalización del monopolio de petróleos en España*, Marcial Pons, Madrid, 1995, pp. 23 y ss.

310 Para profundizar en la materia, vid. Gaspar Ariño Ortiz, *Privatización y liberalización de servicios*, *op. cit.*, p. 27.

6. Origen del proceso de liberalización: críticas al intervencionismo estatal tradicional

A. Ineficiencia en la gestión de los servicios por el sector público

Siguiendo a ARIÑO ORTIZ[311] y DONGES[312], los problemas más habituales que han dado pie al cuestionamiento del modelo son tanto de naturaleza económica como social. En primer lugar, no han sido pocas las ocasiones donde las empresas públicas se han visto utilizadas como un instrumento político en la persecución de objetivos ajenos a las funciones propias del servicio público. Pero no se trata en este caso de actuaciones de naturaleza política exclusivamente, puesto que el hecho de que persigan fines nobles no justifica algunas actuaciones por desviarse de la razón de ser del servicio público como instrumento que garantiza ciertas condiciones en favor de los ciudadanos.

Como consecuencia de lo anterior se puede decir que los servicios públicos pueden ser poderosos instrumentos de política económica debido a la incidencia en los precios en las tendencias inflacionistas, en el empleo por su amplia capacidad de contratación o en la estimulación de la demanda agregada por ser capaz de realizar fuertes inversiones.

Por otro lado, la inexistencia de un contexto competitivo en el que entren en juego las leyes del mercado o incentivos como la obtención de importantes beneficios económicos hace que el sector público sea ineficiente y ofrezca una escasa productividad. Además, las posibilidades de quiebra son, por regla general, poco realistas y, en consecuencia, poco estimulantes para la mejor prestación del servicio público.

Junto a lo anterior, se podría añadir que la falta de beneficios ha sido una constante en las empresas públicas de la Unión Europea, lo que ha conducido en no pocas ocasiones a un gran endeudamiento y la necesidad subsiguiente de conceder subvenciones y ayudas de otra naturaleza para que tales empresas puedan sanar sus cuentas y subsistir.

Pero como se ha podido adelantar, la ineficacia del sector público en la prestación de servicios no tiene únicamente un carácter económico, sino también social. Así, en concreto, la consecución de sus fines igualadores no

311 *Vid.* GASPAR ARIÑO ORTIZ, *Principios de Derecho público económico*, Comares, Granada, 1999, pp. 391 y ss.

312 *Vid.* JUERGEN DONGES, «Desregulación y dinámica económica» en *La necesaria liberalización de los servicios en España, Revista del Instituto de Estudios Económicos*, n.° 3, 1994, p. 15.

alcanza los parámetros deseados en todo momento. HIRSCHMAN explica este fenómeno a través de la «tesis de la perversidad»[313] donde denuncia los efectos nocivos sobre los fines de naturaleza social que busca la labor cohesionadora de los poderes públicos. La conclusión en la que culminan los estudios de dicho autor muestra un resultado contradictorio, pues las desigualdades no solo no se reducen, sino que se ven impulsadas gracias a la prestación de servicios públicos por parte del sector público. Pero HIRSCHMAN no será el único que defienda esta posición. Así, CHEVALIER considera que la igualdad pretendida pero no lograda por los servicios públicos da lugar a una «igualdad de fachada»[314] donde las desigualdades en plano social y cultural ocasionan brechas en el uso de los servicios públicos entre diferentes grupos de población. Por ello, CHEVALIER insiste en que la desigualdad se incrementa de manera que el servicio público es un instrumento de «contra-redistribución social»[315].

En la línea anterior, PEACOCK[316] añade que entre los grupos sociales existe una tendencia insalvable hacia la racionalidad económica, de manera que en el desempeño de sus actividades se hallan en la búsqueda constante de mayores beneficios en favor del grupo social correspondiente. Este comportamiento desencadena una situación paradójica, puesto que los grupos sociales se comportan de una manera racional en la búsqueda de ventajas particulares a través de los servicios públicos, pero ello, a su vez, provocará el fracaso de la labor de estos últimos.

Estos servicios públicos se encuentran bajo el control político y las decisiones que repercuten en los mismos se hallan vinculadas a la importancia de sus empleados por contar con un volumen superior al de otros sectores. Una combinación de estas características conduce a una presión para que el gasto público se incremente de forma independiente a la necesidad real financiera en la medida en que el aumento en sí permite a ambos grupos incrementar su poder.

Junto a esto, PEACOCK defiende que la necesidad de captar los votantes de los sistemas políticos democráticos produce una desviación de los beneficios sociales de la gestión pública hacia la clase media, dado que es mayoritaria y, por ello, tiene el poder de decidir los resultados de los comicios[317].

---

313 *Vid.* ALBERT HIRSCHMAN, *Retóricas de la intransigencia, Fondo de Cultura Económica*, 1991, México.

314 *Vid.* JEAN-MARIE CHEVALIER, MARIE-ANNE FRISON-ROCHE y IVAR EKELAND, *L'idée de service public est-elle encore soutenable?, op. cit.*, p. 14.

315 *Ibidem.* p. 14.

316 *Vid.* ALAN PEACOCK, *Elección pública: una perspectiva histórica*, Alianza, Madrid, 1995, p. 5.

317 *Vid.* ALAN PEACOCK, *Elección pública: una perspectiva histórica*, *op. cit.*, p. 5.

B. Fin de la mitificación de la intervención pública

La ineficiencia en la gestión de los servicios públicos no será la única crítica vertida sobre el intervencionismo estatal tradicional, puesto que las críticas a las que se hará alusión en la presente monografía se incardinan en el seno de un proceso global de deslegitimación de la gestión pública. En la actualidad, la concepción de la misma como paradigma de la eficacia parece haber llegado a su fin. Así, la Administración pública como modelo organizativo dotado de privilegios que desconocía de las carencias estructurales privadas parece haber dado lugar a un momento en el que la desmitificación está expandiéndose. Pero todo ello no es óbice para recordar que el Estado y la Administración pública podían beneficiarse de la extensión y calidad de sus recursos para lograr una gestión conjunta que permitiera un resultado eficiente y sin despilfarros.

Tradicionalmente, el hecho de que el Estado gestor no tuviera que alcanzar una rentabilidad económica a corto plazo, a diferencia de lo que sucede en el sector público, era la llave para considerar que la gestión de servicios públicos en sus manos era la más adecuada para satisfacer el interés general. Sin embargo, la percepción actual es bien diferente. El gigantismo estructural de la Administración pública que conlleva una distorsión de la responsabilidad de los gestores y una escasa rentabilidad de los medios de que dispone, conduce a producir resultados menos brillantes que los que la gestión privada en un ámbito concreto comparado. Todo ello engloba una deslegitimización de carácter ideológico que cuestiona, asimismo, la conveniencia de que ciertos servicios sean gestionados por el sector público desde el prisma del trato con el ciudadano.

C. Críticas al monopolio natural desde un prisma económico

Finalmente, ciertos cambios acontecidos en el ámbito social y tecnológico han provocado que la práctica monopolística tradicional sea cuestionada. Todo ello se resume de la siguiente manera: ni la función de costes ni la curva de la demanda son inmutables. En consecuencia, la demanda de servicios públicos puede verse incrementada incorporando más partícipes, como también puede suceder que los costes se vean reducidos, provocando el mismo efecto. Este fenómeno, gracias a aspectos de diversa naturaleza, se ha venido produciendo en los últimos años.

La transformación tecnológica de las últimas décadas que ha dado lugar a la Cuarta Revolución Industrial ha provocado que en sectores como el de las telecomunicaciones se haya producido una reducción de los costes y un incremento de la demanda de tales servicios. En consecuencia, son diversos los argumentos que han abogado por un desmantelamiento del sector público en su concepción tradicional, que se basa en la idea de que ciertos mercados, para ser eficaces, no deben seguir monopolizados.

7. Fines perseguidos con la liberalización

A partir de lo expuesto anteriormente, las críticas provocarían que tanto en España como en otros países europeos se optara por liberalizar los servicios públicos ante el incumplimiento de las expectativas depositadas en los poderes públicos. Por ello, medidas que adoptaron tiempo atrás para solucionar problemas coyunturales en la materia, dejarían paso a una nueva forma de gestionar los servicios a los ciudadanos.

La idea que abanderó el proceso liberalizador en España es aquella que considera la propia liberalización como instrumento que permite alcanzar efectos beneficiosos para la economía nacional y que, a su vez, desplegará importantes consecuencias para la ciudadanía en su conjunto. Los fines perseguidos por la liberalización de servicios públicos serán diversos, abarcando desde la potenciación de las empresas españolas a una distribución más equitativa de la riqueza.

En primer lugar, son las empresas españolas las primeras que empezaron a disfrutar de tales beneficios, viéndose afectados, positivamente, tanto su tamaño como su competitividad[318]. Este cambio conseguido a través de la liberalización tiene una incidencia directa en la estructura de costes, ya que se producirá un aumento de la renta real de los ciudadanos, quienes podrán dedicar mayores cantidades al consumo de bienes y servicios a resultas del abaratamiento en la prestación de los servicios.

En segundo lugar, no solo la microeconomía saldrá bien parada, sino que la liberalización genera, igualmente, efectos macroeconómicos favorables, tal como han apuntado distintas experiencias comparadas, así como el propio caso español. En un entorno especialmente competitivo, la mejora de la productividad y el crecimiento económico deben intentar posicionarse por encima de la media de los países de nuestro entorno, siendo una herramienta especialmente atractiva a tal efecto la desregulación[319]. Además, las inversiones necesarias para poner en marcha nuevas empresas en los sectores abiertos a la competencia repercutirán favorablemente en la economía y, en consecuencia, en el empleo.

---

318 *Vid.* Gaspar Ariño Ortiz, *Principios de Derecho público económico*, *op. cit.* pp. 44-46.

319 *Ibidem.* pp. 44-46.

En tercer y último lugar, la liberalización es concebida como mecanismo que permite una distribución más justa de la renta. Los servicios más asequibles permitirán el acceso a los mismos de capas más amplias de la población[320].

Teniendo en cuenta todas estas motivaciones, tomará impulso un proceso que va desposeyendo de forma progresiva al sector público de las reservas de servicio público que existían en numerosos países europeos, entre ellos, España. Será la Comisión Europea la que tome las más trascendentes para el inicio de este proceso, logrando un cambio en el resto de instituciones comunitarias y desplegando su influencia en el resto de países de la Unión Europea que tienen motivaciones semejantes. Pero este hito histórico ha ido más allá de Europa, puesto que incluso en Estados Unidos se iniciaría un período de desregulaciones de sus mercados.

8. Líneas comunes a todo proceso liberalizador

A pesar de que cualquier proceso liberalizador cuenta con peculiaridades propias en cada país, Muñoz Machado[321] recuerda que todo parte de un cambio de concepción del papel del Estado. La sociedad actual dista de ser la propia de hace apenas cuatro décadas y, por tanto, las bases del Derecho administrativo actual no pueden seguir siendo las mismas. Más concretamente, las formas de actuación de la Administración pública en sus relaciones con los ciudadanos deben experimentar adaptaciones a la realidad a la que se dirigen. Sin embargo, no se puede perder de vista la esencia de la gestión pública como punto de partida inexcusable.

Se pueden observar notables diferencias entre la concepción de Estado actual y la propia del siglo XX. Comenzando por esta última, se trata de un Estado que se preocupaba por ser el principal gestor de empresas y de prestar los servicios de cualquier clase de forma directa. Un Estado sustancialmente diferente sería el actual, al potenciar que sea la propia sociedad quien asuma la satisfacción de sus necesidades y organice, a tales efectos, los mercados, de manera que se puedan conjugar a la perfección los intereses públicos y privados.

Pero Muñoz Machado recuerda que estas categorías dogmáticas han de ser consideradas por encima de cualquier intento clasificatorio. «Si el tiempo presente es, (...) el del retraimiento del Estado y potenciación de la socie-

320 *Ibidem.* pp. 44-46.

321 *Vid.* Santiago Muñoz Machado, *Tratado de Derecho Administrativo y Derecho Público General*, Agencia Estatal Boletín Oficial del Estado, Tomo XIV, Madrid, 2015, p. 17.

dad, las instituciones privadas y las empresas, es necesario también explicar la acción del Estado conforme a categorías que se correspondan con esta nueva ideología»[322]. El Estado regulador y garante es el concepto capaz de resumir el nuevo orden de relaciones entre el Estado y la sociedad[323].

9. Especial referencia a España

A. Inicio de la liberación de los servicios públicos

Todo inicio del proceso de liberalización de servicios públicos nace, como ya se ha comentado, de la crisis de los servicios públicos o, al menos, de la concepción tradicional de los mismos. DE LA SERNA[324] añade a lo anterior que el desarrollo económico alcanzando por el país que camina hacia la liberalización no es un factor determinante, puesto que, por experiencia, la voluntad de los agentes políticos y sociales hacia una mejor gestión y satisfacción de las necesidades ciudadanas es lo verdaderamente importante a tales efectos.

Los inicios de la liberalización en España fueron fruto de una reflexión global, tal como se ha expuesto, sobre el papel del Estado. La liberalización de servicios públicos y la consecuente pérdida de protagonismo público en Reino Unido, país pionero en Europa, conformaría una clara motivación para el Estado español en el mismo sentido. En tal caso concreto, el cambio de mentalidad política vendría de la mano de Margaret Tatcher como líder del gobierno ultraconservador. Motivada por postulados tanto ideológicos como económicos, Tatcher decidió impulsar una oleada de división y privatización de servicios públicos que se encontraban monopolizados hasta ese momento.

Al margen de entrar a valorar el éxito o no que pudiera tener la política privatizadora en el Reino Unido, parece claro que, al menos, tal experiencia permitió entender que la simple transmisión de la titularidad en favor del sector privado no sería suficiente para obtener los beneficios que en un primer momento se esperaban. Por ello, se empezó a plantear que, quizás, la libera-

---

322 *Ibidem.* p. 18.

323 *Vid.* JOSÉ ESTEVE PARDO, «La regulación de la economía desde el Estado garante», en la obra colectiva *La autonomía municipal, administración y regulación económica, títulos académicos y profesionales*, Actas del II Congreso de la Asociación Española de Profesores de Derecho Administrativo, Santander, 2-3 de febrero de 2007, Aranzadi, Pamplona, 2007, p. 15.

324 *Vid.* MARÍA NIEVES DE LA SERNA BILBAO, *La privatización en España. Fundamentos constitucionales y comunitarios*, *op. cit.*, 1995, p. 37.

lización podría ofrecer mejores resultados en el mercado que la privatización. No obstante, esto no resta mérito a la experiencia británica relativa al adelgazamiento del sector público como fenómeno embrionario de la tendencia que posteriormente se propagaría a lo largo y ancho de la Unión Europea con ciertas excepciones, como Alemania o, de modo relativo, Italia.

Teniendo en cuenta todo lo anterior, el proceso hacia la privatización y liberalización de servicios públicos se inicia en España con los gobiernos socialistas (1983-1996), aunque será una tendencia continuada por los siguientes gobiernos desde 1996. En el primero de los períodos mencionados no existía un programa en el que se recogiera expresamente un catálogo de privatizaciones, pero las mismas se produjeron, dando lugar a lo que MODERNE califica como «privatizaciones silenciosas»[325]. En cualquier caso, el pragmatismo es la guía de estas primeras privatizaciones en la búsqueda de una rentabilidad para el sector público y también para el privado. En este último caso, FERNÁNDEZ RODRÍGUEZ añade que el Estado abandona la concepción que en tiempos anteriores pudiera tener como cementerios de empresas privadas en dificultades[326].

Si en el caso británico las privatizaciones fueron propiciadas por motivos ideológicos y económicos, en el caso de España los mismos fueron esencialmente financieros. En este sentido se pueden destacar casos como los de Repsol o Endesa, ya que el Estado enajenaría paquetes de acciones de las empresas públicas correspondientes. En no pocas ocasiones, sin embargo, este cambio no iba de la mano de una pérdida del ámbito influencia del sector público en la gestión de los servicios.

Pero un cambio considerable se produjo a partir de 1986 con la entrada de España en las Comunidades Europeas (hoy, Unión Europea), suponiendo un impulso hacia el protagonismo del sector privado, si bien en este caso la privatización quedaría a un lado para abrir paso a la liberalización. Las exigencias comunitarias y el conservadurismo presente en los próximos años conformarían la combinación perfecta para ofrecer el impulso definitivo que la liberalización necesitaba. Así, esta ideología política, que aboga por unos mayores beneficios de la gestión privada y la ampliación de los límites de la economía de mercado, facilitaría la reducción del entramado público.

El Real Decreto-ley de 16 de junio de 1995 recogió en su preámbulo la voluntad de crear determinadas entidades reguladas por el Derecho público. Según FERNÁNDEZ RODRÍGUEZ, la empresa pública española estuvo llamada a desaparecer en ese momento a consecuencia de ese cambio de óptica, que busca un sector público más eficiente «porque un sector público rentable

325 *Vid.* FABIEN MODERNE, «Les privatisations en Espagne», en *Annuaire européen d'Administration publique*, CNRS, 1988, p. 92.

326 *Vid.* TOMÁS RAMÓN FERNÁNDEZ RODRÍGUEZ, «Empresa pública y servicio público: el final de una época», *Revista Española de Derecho Administrativo*, n.º 89, 1996, p. 37.

económicamente, también lo es socialmente. Y la rentabilidad social de la empresa pública exige adoptar cuantas medidas favorezcan el aumento de su eficiencia y competitividad»[327].

La anterior normativa iría acompañada de un Plan de Privatizaciones de 1996 aprobado a través del Acuerdo del Consejo de Ministros de 28 de junio de aquel año, dando lugar a resultados poco homogéneos teniendo en cuenta las diferencias obtenidas en los distintos sectores de actividad económica.

Al producirse esta transformación en servicios esenciales como el de las telecomunicaciones, los poderes públicos se vieron obligados a poner en marcha una nueva regulación con el fin de proteger la esfera de control que permanecía en manos de los poderes públicos para el ejercicio de sus funciones.

Por último, MUÑOZ MACHADO destaca que la modificación de las reglas del juego relativas al servicio público «toca el centro de la organización de la convivencia»[328], pues afecta a las mismas funciones del Estado moderno y a su configuración estructural.

Llegados a este punto, las siguientes etapas de la evolución de la liberalización de los servicios públicos en España han seguido el camino que la Unión Europea ha ido trazando. Por tanto, es necesario hacer una especial referencia a este ordenamiento jurídico y a sus consecuencias en el Derecho administrativo español en lo referente a la gestión de servicios públicos.

B. El impacto del Derecho comunitario

Por su pertenencia a la Unión Europea desde 1986, el ordenamiento jurídico español, en especial el Derecho administrativo[329], se verá afectado por

---

327 *Vid.* TOMÁS RAMÓN FERNÁNDEZ RODRÍGUEZ, *Empresa pública y servicio público: el final de una época*, cit., p. 37.

328 *Vid.* SANTIAGO MUÑOZ MACHADO, *Servicio público y mercado I. Los fundamentos*, Civitas, Madrid, 1998, p. 17.

329 El profesor JÜRGEN SCHWARZE, *Droit Administratif Europeen*, Office des Publications oficielles des Communautés Europeénnes, Bruylant, Buselas, 1994, p. 8, ha señalado que en la Comunidad Europea (hoy, Unión Europea) el concepto «comunidad de Derecho» que utilizara el Tribunal de Justicia de las Comunidades Europeas (hoy, Tribunal de Justicia de la Unión Europea) es una «comunidad de Derecho administrativo».
En esta misma línea se pronuncia, MARIO CHITTI, *Derecho administrativo europeo*, Civitas, Madrid, 2002, p. 98, afirmando que la definición más apropiada de la Comunidad Europea es la que entiende que es una «comunidad de Derecho administrativo», y, por ello, tiene que ser el Derecho administrativo el que más profundas transformaciones experimentara.

el Derecho comunitario. El proceso de liberación de los servicios públicos no es una excepción, pues se trata de un *meeting point* de ordenamientos diferentes, donde la categoría de servicio público bien tenía un papel dominante o, en sentido contrario, su desconocimiento condujo a la búsqueda de soluciones de compromiso, exteriorizadas de diferente manera, que reflejan, a su vez, las coyunturas políticas[330] de aquel momento.

Para tener en cuenta el impacto del Derecho comunitario en relación con los servicios públicos y su liberalización conviene hacer una breve referencia al concepto que en sede comunitaria se ofrece de tales servicios[331].

La Comisión Europea emitió una Comunicación sobre los servicios de interés general en Europa en diciembre de 2000 (DO C17 de 19 de enero de 2001), en la que se recogía que los servicios de interés general «abarcan los servicios de mercado y no de mercado que las autoridades públicas consideran de interés y a los que imponen determinadas obligaciones de servicio público».

Pero esta formulación sería precisada más adelante por el *Libro Verde* sobre servicios de interés general (2003), el cual insiste en que los servicios de interés general son servicios que «las autoridades públicas consideran de interés general y están sometidos a obligaciones específicas de servicio público». Esta breve definición es ampliada a continuación, añadiendo el *Libro Verde* que los servicios públicos de interés general «abarcan un amplio espectro de actividades de diverso tipo: desde actividades propias de las grandes industrias de redes (energía, postales, transporte y telecomunicaciones) hasta la sanidad, la educación y los servicios sociales —de dimensiones diversas, unas de ámbito europeo, incuso mundial, otras de ámbito simplemente local— y de diferente naturaleza, sometidas o no a la disciplina de mercado».

Las preocupaciones de la Unión Europea han evolucionado a lo largo del tiempo. En un principio, la liberalización de los servicios públicos estatales en régimen de monopolio ocuparía los mayores esfuerzos comunitarios, con el fin de alcanzar un mercado único de servicios. Pero este no sería el único objetivo.

330 *Vid.* MIGUEL ÁNGEL SENDÍN GARCÍA, *Hacia un servicio público europeo. El nuevo derecho de los servicios públicos*, Comares, Granada, 2003.

331 Teniendo en cuenta que los impulsos liberalizadores de la Comisión comenzaron en los años 90, JUAN DE LA CRUZ FERRER destaca que «la dinámica para completar el Mercado Interior Europeo, impulsada por la Comisión en los años 90, supone una fuerte presión sobre los Estados miembros para liberalizar sus economías, derribando las barreras que protegen el último gran reducto de los monopolios: el sector de los servicios públicos —energía, telecomunicaciones, transportes- soportados en infraestructuras cuyas redes permanecen acantonadas dentro del territorio de cada país» (vid. *Principios de regulación económica en la Unión Europea*, Instituto de Estudios Económicos, Madrid, 2002, p. 201).

Tal como apunta TORNOS MAS, la Unión Europea pretendía «mejorar la eficacia de estas actividades económicas y permitir la creación de grandes compañías europeas de servicios que pudieran competir en un mundo globalizado»[332]. Una vez superada esta fase, la Unión Europea se ocupó de corregir las deficiencias del mercado a través de la figura de los servicios de interés económico general y las obligaciones que el servicio público tendría que asumir. En último lugar, la Unión Europea apreciaría la existencia de otro conjunto de servicios públicos denominados servicios de interés general no económicos, relativos a los servicios solidarios, que permiten articular la sociedad europea conforme a sus valores más íntimos y responden, a su vez, a la idiosincrasia de los diferentes Estados miembros.

Respecto a esta última categoría de servicios reconocidos por la Unión Europea, como son la sanidad, educación o servicios sociales, no existe una verdadera asunción de responsabilidad de la prestación de los mismos por parte de las instituciones europeas, debido a que son los Estados miembros los que tienen reservada esta responsabilidad. Al no presentar estos servicios un carácter económico, su ordenación no está sujeta a las reglas de la competencia. No obstante, tal afirmación no puede entenderse en términos absolutos, puesto que en el caso de los servicios sanitarios o sociales de cierta naturaleza económica su gestión se desenvuelve en concurrencia con el mercado.

Para finalizar con la concepción del servicio público comunitario basta con destacar que el alcance competencial de la Unión Europea en el tratamiento de los servicios de interés económico general y los servicios de interés general no económico es diferente, como así queda reflejado en el protocolo n.° 26 al Tratado de Funcionamiento de la Unión Europea.

a. La Directiva 2006/123/CE del Parlamento Europeo y del Consejo, de 12 de diciembre de 2006, relativa a los servicios en el mercado interior

La Directiva 2006/123/UE, más conocida como la Directiva *Bolkestein*, se adoptó en el marco de la estrategia de Lisboa[333] con el fin de configurar un régimen jurídico de las actividades de servicios más transparentes. Además, tuvo como premisa «la supresión de barreras y requisitos que dificultan e

332 *Vid.* JOAQUÍN TORNOS MAS, «El concepto del servicio público a la luz del Derecho comunitario», *Revista de Administración Pública*, n.° 200, 2016, p. 207.

333 La Estrategia de Lisboa nace a través de las conclusiones del Consejo Europeo celebrado en Lisboa los días 23 y 24 de marzo de 2000, siendo considerada un instrumento necesario para hacer frente a los cambios y desafíos que provoca la mundialización y la nueva economía de la sociedad del conocimiento.

incluso llegaban a obstaculizar las libertades de establecimiento y circulación de servicios»[334], consagradas en los artículos 43[335] y 49[336] del Tratado constitutivo de la Comunidad Europea[337].

Siguiendo a DE ALBA BASTARRECHEA[338], la Directiva *Bolkestein* cuenta con una serie de objetivos. En primer lugar, esta norma tiene como fin prioritario lo recogido en sus considerandos 33 y 35: facilitar la libertad de establecimiento y de prestación de servicios en el seno de la Unión Europea a través de un amplio ámbito de aplicación que abarque todos los servicios prestados que perciban una remuneración, sin perjuicio de la existencia de sectores concretos excluidos y actividades dejadas al margen por su especificidad.

Así, «sin ánimo de exhaustividad, pueden mencionarse como ejemplos contemplados en la Directiva los siguientes: las actividades de la mayoría de las profesiones reguladas (como asesores jurídicos y fiscales, arquitectos, ingenieros, contables, peritos), los servicios de los artesanos, los servicios a empresas (como los de mantenimiento de oficinas, consultoría de gestión, organización de eventos, cobro de deudas, publicidad y selección de personal), las tareas de distribución (incluido el comercio minorista y mayorista de bienes y servicios), los servicios en

---

334 *Vid.* ESTHER DE ALBA BASTARRECHEA, «La Ley de liberalización de servicios y sus repercusiones en el procedimiento administrativo», *Revista Parlamentaria de la Asamblea de Madrid*, n.° 23, diciembre 2010, p. 11.

335 El artículo 43 declara lo que sigue: «En el marco de las disposiciones siguientes, quedarán prohibidas las restricciones a la libertad de establecimiento de los nacionales de un Estado miembro en el territorio de otro Estado miembro. Dicha prohibición se extenderá igualmente a las restricciones relativas a la apertura de agencias, sucursales o filiales por los nacionales de un Estado miembro establecidos en el territorio de otro Estado miembro. La libertad de establecimiento comprenderá el acceso a las actividades no asalariadas y su ejercicio, así como la constitución y gestión de empresas y, especialmente, de sociedades, tal como se definen en el segundo párrafo del artículo 48, en las condiciones fijadas por la legislación del país de establecimiento para sus propios nacionales, sin perjuicio de las disposiciones del capítulo relativo a los capitales».

336 Por su parte, el artículo 49 señala lo siguiente: «En el marco de las disposiciones siguientes, quedarán prohibidas las restricciones a la libre prestación de servicios dentro de la Comunidad para los nacionales de los Estados miembros establecidos en un país de la Comunidad que no sea el del destinatario de la prestación.
El Consejo, por mayoría cualificada y a propuesta de la Comisión, podrá extender el beneficio de las disposiciones del presente capítulo a los prestadores de servicios que sean nacionales de un tercer Estado y se hallen establecidos dentro de la Comunidad».

337 La Directiva de Servicios se consideró en su origen como remedio para las deficiencias del mercado interior de servicios, tal como declara DANIEL ENTRENA RUIZ, «La génesis de la Directiva sobre Liberalización de Servicios», en *El mercado interior de servicios en la Unión Europea. Estudios sobre la Directiva 2006/123/CE relativa a los servicios en el mercado interior*, dirigida por TOMÁS QUADRA-SALCEDO FERNÁNDEZ DEL CASTILLO, Marcial Pons, Madrid, 2008, pp. 41-82.

338 *Vid.* ESTHER DE ALBA BASTARRECHEA, *La Ley de liberalización de servicios y sus repercusiones en el procedimiento administrativo*, cit., pp. 12-13.

el campo del turismo (como los que prestan las agencias de viaje), los servicios de ocio (como los que prestan los centros deportivos y parques de atracciones), los servicios de construcción, instalación y mantenimiento de equipos, los servicios de información (como portales de Internet, agencias de noticias, editoriales, actividades de programación informática), los servicios de alojamiento y restauración (como los que prestan hoteles, restaurantes, empresas de comidas a domicilio), los servicios en el área de la formación y la educación, los servicios de alquiler (incluido el alquiler de automóviles) y de leasing, los servicios inmobiliarios, los de certificación y verificación, los servicios domésticos (como los de limpieza, cuidadores de menores y jardinería), etc.»[339].

Pero ese principio global no se puede lograr sin poner en marcha los medios para alcanzar a su vez otros objetivos intermedios como son la simplificación de trámites y la agilización de los procedimientos, impulsando una ventanilla única para la tramitación electrónica, así como el fomento de la calidad de los servicios.

Teniendo todo lo anterior en cuenta también es preciso aclarar que el ordenamiento jurídico comunitario no queda únicamente circunscrito a la creación de un mercado único a través de la liberalización de servicios que permite la concurrencia competitiva y la admisión de forma excepcional de algunas reglas que rompan la libre competencia en defensa de fines de interés general[340]. La Unión Europea es también un espacio de libertad, seguridad y justicia, que tiene como finalidad promover la paz, sus valores y el bienestar de sus pueblos.

Tal como señala el artículo 2 del Tratado de la Unión Europea, «la Unión se fundamenta en los valores de respeto de la dignidad humana, libertad, democracia, igualdad, Estado de derecho y respeto de los derechos humanos, incluidos los derechos de las personas pertenecientes a minorías. Estos valores son comunes a los Estados miembros en una sociedad caracterizada por el pluralismo, la no discriminación, la tolerancia, la justicia, la solidaridad y la igualdad entre mujeres y hombres».

b. Transposición al ordenamiento jurídico español

De acuerdo con el mecanismo de transposición recogido en la propia Directiva, los Estados miembros tuvieron que abordar una revisión global de sus respectivos ordenamientos jurídicos para identificar todas las disposiciones normativas que pudieran repercutir en la libre circulación de servicios,

339 *Vid.* Dirección General del Mercado Interior y Servicios de la Comisión Europea, Manual para la transposición de la Directiva de Servicios, Oficina de publicaciones de las Comunidades Europeas, Luxemburgo, 2007.

340 *Vid.* Joaquín Tornos Mas, *El concepto de servicio público a la luz del Derecho comunitario*, cit., p. 205.

evaluando su compatibilidad con el contenido de la propia Directiva para proceder, en caso contrario, a su modificación. Pero junto a todo lo anterior, la Comisión Europea ha mostrado su apoyo para la adopción por los Estados miembros de otro conjunto de medidas organizativas, procedimentales o prácticas necesarias para introducir los nuevos mecanismos previstos en la Directiva, impulsando, en consecuencia, la libertad de establecimiento y de prestación de servicios[341].

Aprovechando tal oportunidad, los Estados miembros han abordado una reforma más amplia del sector servicios, aprobando leyes nacionales equivalentes a la Directiva de Servicios, complementadas por otras tantas modificaciones legales de carácter transversal y también específico. En el caso de España, hablamos en concreto de las conocidas como Ley Paraguas y Ley Ómnibus, respectivamente.

Respecto a la primera de las citadas, la Ley 17/2009, de 23 de noviembre, sobre el libre acceso a las actividades de servicios y su ejercicio, se trata de un trasunto del contenido de la Directiva, si bien adaptado a las particularidades de la organización territorial del Estado de las autonomías y de nuestro sistema administrativo. Esta norma marco ha sido completada con la llamada Ley Ómnibus o Ley 25/2009, de 22 de diciembre, de modificación de diversas leyes para su adaptación a la Ley sobre el libre acceso a las actividades de servicios y su ejercicio que modifica un conjunto de leyes para adaptarlas a las exigencias de la Directiva.

También se han tenido que llevar a cabo otras tantas modificaciones legislativas de forma específica, como la reguladora del comercio por sus especiales implicaciones, al igual que ha sucedido con numerosos reglamentos. Este proceso ha sido seguido por las comunidades autónomas en el ámbito de sus propias competencias sobre los servicios e igualmente en el ámbito local.

C. Procesos liberalizadores concretos

a. La liberalización del sector de las telecomunicaciones

Uno de los procesos de liberalización más destacables por su trascendencia al ser considerado como servicio de interés general es el de las telecomunicaciones, impulsado por las autoridades comunitarias, que siguieron los ejemplos iniciados en Estados Unidos y Japón. Junto a esta influencia, el camino que ha seguido la liberalización dicho sector en España entre los años 1987 y 2005 ha estado marcado por tres objetivos de la política interna económica: «la universalización de la telefonía básica; la contención de la

341 *Vid.* José Vida Fernández, «La transformación de los mercados de servicios en Europa», *Cuadernos de Derecho transnacional*, n.º 1, marzo de 2010, p. 272.

inflación para cumplir los criterios del Tratado de Maastricht y la entrada en el euro; y la modernización de la economía para mejorar su competitividad»[342].

Los inicios de la liberalización de las telecomunicaciones tendrían lugar entre los años 1987 y 1993, donde una oleada de innovaciones en el ámbito tecnológico cambió profundamente los modelos de negocios de las telecomunicaciones estadounidenses. Las nuevas tecnologías propiciaron la llegada de servicios sofisticados como la telefonía inalámbrica, al mismo tiempo que tuvieron lugar importantes reducciones de «costes que permitieron la aparición de numerosos operadores que trabajan en una escala reducida»[343]. Todos estos sucesos dieron pie a postulados que ya no se inclinaban favor de la existencia de un monopolio natural como forma fundamental de prestación de los servicios de telecomunicaciones. En consecuencia, la libre competencia empezó a verse como una forma más eficaz de provisión[344].

El desafío que Estados Unidos lanzó al mundo ejerció una presión importante sobre el Parlamento Europeo y el Consejo de Ministros de la Unión Europea, la cual emprendió medidas como una Recomendación en 1987, que instó a trece países a crear antes de 1991 una red paneuropea de telefonía móvil GSM, o la Directiva Marco ONP de 1990 y la armonización subsiguiente de las condiciones de acceso y uso abierto de las redes.

Posteriormente, el objetivo de convergencia en precios comunitarios hizo surgir en España un interés político en el que la liberalización que controlara las tensiones inflacionistas españolas sería clave para acceder a la Unión Económica y Monetaria. En un momento en que la cuestión liberalizadora era en cierto modo desconocida, un informe elaborado por el Tribunal de Defensa de la Competencia en 1993 expresó un alegato a favor de la liberalización de los servicios, en particular de las telecomunicaciones; un postulado al que se sumaría el Banco de España y el Ministerio de Economía.

En el año 1996 la liberalización de las telecomunicaciones experimentó un nuevo impulso a través de medidas como la aprobación del Real-Decreto Ley de 1996 de liberalización de las telecomunicaciones, que dio pie a la entrada en enero de 1998 al segundo operador (Retevisión) y posibilitó la liberalización completamente el mercado en noviembre del mismo año.

Las medidas irían más allá, de manera que se elaboró un reglamento del cable que permitió a ciertos operadores la comercialización de sus servicios en 1998. Otros hitos serían la privatización completa de Telefónica en 1997 y la aprobación de la Ley General de Telecomunicaciones de 1998, que esta-

342 *Vid.* Joan Calzada y Antón Costas, *La liberalización de las telecomunicaciones en España: control de la inflación y universalización del servicio, documento de trabajo de la Universidad de Barcelona*, 2013, p. 2.

343 *Ibidem.* p. 5.

344 *Ibidem.* p. 5.

bleció el modelo regulatorio para el nuevo mercado liberalizado. Todo este impulso liberalizador se mantendría hasta finales de la década de los noventa; momento en el que España se convertiría en uno de los primeros países europeos en incorporar varias reformas en favor de la competencia del mercado, como «la desagregación del bucle de abonado y la introducción de la tercera generación de telefonía móvil»[345]. Desde un punto de vista institucional, en el 2000 se creó un departamento ministerial cuyo objetivo estaría ocupado principalmente por las telecomunicaciones: el Ministerio de Ciencia y Tecnología.

b. La liberalización de los servicios postales

Junto al anterior proceso, el Derecho comunitario también ha tenido una influencia destacable en la liberalización de los servicios postales. El mercado postal en España ha pasado por un largo camino hasta alcanzar la libre competencia del mercado. El comienzo de este proceso tuvo lugar con la elaboración en la Unión Europea del *Libro Verde* sobre el desarrollo del mercado único de los servicios postales en el año 1992.

Posteriormente, el avance en España llegaría con la transposición de tres directivas fundamentalmente: la primera fue la Directa 97/67/CE, de 15 de diciembre de 1997, incorporada al ordenamiento jurídico español por la Ley 24/1998, de 13 de julio, del Servicio Postal Universal y de Liberalización de los Servicios Postales, poniendo en marcha formalmente el proceso de liberalización. Entre sus propósitos destaca la necesidad de prestar un servicio postal universal en la Unión Europea. Para ello se diferencia entre categorías de productos (reservados y no reservados) y se crea la figura de la «autoridad nacional de reglamentación», que en España dio lugar a la Comisión Nacional del Sector Postal en 2007. La Sociedad Estatal de Correos y Telégrafos, S.A., con capital público en su totalidad, ha sido la que ha ejercido el monopolio en el mercado postal con la prestación de esos productos reservados.

A continuación, la Directiva Postal 2002/39/CE, de 10 de junio de 2002, continuó el camino iniciado, reduciendo el volumen de servicios reservados y estableciendo un calendario de liberalización del mercado.

Finalmente, la Directiva 2008/6/CE, de 20 de febrero de 2008, consiguió la plena liberalización del mercado postal, imponiendo a 16 Estados miembros, incluida España, la fecha límite para la apertura total del 31 de diciembre de 2010. La transposición de esta Directiva se materializó en la Ley 43/2010, de 30 de diciembre, del servicio postal universal, de los derechos de los usuarios, y del mercado postal, que entró en vigor el 1 de enero de 2011.

Actualmente, una vez superado el proceso formal de liberalización en España, podemos hablar de dos segmentos en el mercado postal, tal como declara la Comisión Nacional de los Mercados y la Competencia, que presen-

345 *Ibidem.* p. 3.

tan grandes diferencias de competencia y funcionamiento: el sector postal tradicional y las actividades de paquetería y mensajería industrial y comercial[346].

c. La liberalización del transporte ferroviario

Finalmente, la liberalización del transporte ferroviario impulsada por la Unión Europea no tuvo un comienzo fácil. Este sector no se ha desarrollado por las mismas vías en los distintos países ni tampoco a la misma velocidad. Un ejemplo lo muestra el informe *Rail Liberalization Index* del año 2007, en el que España destacaba por solo haber puesto en marcha el marco jurídico en el que la liberalización se desenvolvería, reflejando así un claro retraso respecto a la Unión Europea de los 27 Estados miembros.

En este caso, la transformación del sector es de carácter eminentemente social y la búsqueda de respuestas en la privatización y liberalización se debe a la percepción de que, a través de ellas, la rentabilización de la gestión será mayor.

La Directiva 991/440/ de 29 de julio de 1991 supone en punto de inflexión en la materia, declarando que su objetivo fundamental es lograr un mercado único ferroviario. Parte de que el mercado europeo del ferrocarril está fragmentado ante la existencia de monopolios nacionales vinculados a empresas tecnológicas del país. Además, en el caso de España, tales monopolios también poseen una infraestructura distinta, así que la apertura del mercado pasaría de forma inexcusable por una liberalización que permita romper estas sinergias nacionales. A través del impulso del sector del ferrocarril, la libre competencia traería consigo una mejora de la calidad de los servicios y una bajada de precios.

Pero cualquier esfuerzo en esta línea en sede comunitaria debe tener en cuenta lo previsto por la Comunicación de la Comisión Europea sobre los servicios de interés general en Europa de 20 de septiembre de 2000, la cual declara que la liberalización del transporte por ferrocarril debe garantizar el servicio en las rutas no rentables económicamente hablando. A tal efecto, la comunicación ofrece dos fórmulas: la subvención directa sin que medie discriminación a todos los transportistas que operen la ruta, así como la concesión de derechos exclusivos de explotación de un servicio; y, en segundo lugar, la garantía de unos niveles mínimos permanentes de servicio en cualquier trayecto para que la reducción de costes no repercuta en la calidad y frecuencia del servicio ofrecido.

El camino seguido en sede comunitaria para alcanzar la liberalización del transporte del ferrocarril se inspira en la experiencia seguida en Estados concretos. Tales son los casos de Suecia en 1998, la reforma británica de 1993 con la aprobación del *Railway Act*, la integración en Alemania de la *Deutsche Reichsbahn* en la *Deutsche Bundesbah* o, finalmente, la transformación en Italia en 1992 los *Ferrovie dello Stato* en sociedad anónima.

346 https://blog.cnmc.es/2014/02/24/el-mercado-postal-en-espana-i-mucho-mas-que-cartas/

CAPÍTULO V

HUIDA Y RETORNO DEL DERECHO ADMINISTRATIVO

1. Huida del Derecho administrativo

A. Orígenes y evolución del fenómeno de huida del Derecho administrativo

De entre las polémicas sobre el Derecho administrativo desencadenadas a finales del pasado siglo XX, merece particular atención la tesis acerca de la huida de la Administración del Derecho administrativo[347]. Hacia 1962, el profesor CLAVERO ARÉVALO ya advertía de este proceso como «huida», «evasión» o «emancipación», que suponía la creación de entes instrumentos sujetos a un régimen jurídico de Derecho privado en detrimento del Derecho administrativo, que constituye el Derecho estatutario propio de las Administraciones públicas[348]. Este fenómeno alcanzaría su máximo desarrollo durante los años 90, y se ha relacionado fundamentalmente con la aparición y multiplicación de una serie de entes públicos sometidos en gran medida al Derecho privado. Sin embargo, no se trata de un fenómeno exclusivo de estos entes, puesto que puede predicarse asimismo de las Administraciones públicas territoriales.

---

347 *Vid.* JUAN JOSÉ GONZÁLEZ LÓPEZ, *La «huida del Derecho administrativo» como factor criminógeno*, *Revista de Derecho penal y criminología*, 3.ª Época, n.° 16, julio 2016, p. 376.

348 *Vid.* MANUEL CLAVERO ARÉVALO, «Personalidad jurídica, derecho general y derecho singular de las Administraciones autónomas», *Documentación Administrativa*, n.° 58, 1962, pp. 13-36.

La explicación de tal huida estaría particularmente en «la búsqueda de una mayor agilidad y flexibilidad en la gestión económica y en la actividad jurídica de tales entidades»[349]. Sin embargo, tal y como ya señalaba el profesor Clavero Arévalo, la cuestión fundamental radicaba en el amplio espacio que se abría a la discrecionalidad y a la inseguridad jurídica, por lo que proponía aplicar a dichas entidades, supletoriamente, el Derecho administrativo general[350].

Tal y como señala Linde Paniagua, este proceso de huida del Derecho administrativo acredita que este se caracteriza por ser un Derecho instrumental; que es, a juicio del autor, el presupuesto para la comprensión del conjunto de causas de las transformaciones del Derecho administrativo[351]. En opinión de este autor, «el Derecho administrativo tiene como principal peculiaridad el tratase de una categoría histórica, es decir, el conjunto de técnicas jurídicas y organizativas que han ido fraguando, acumulándose, transformándose y desechándose a lo largo del tiempo como resultado del ejercicio de poderes privilegiados en el marco del Poder Ejecutivo para la realización de intereses de diferente naturaleza dependiendo de quien detente el poder».

Este carácter instrumental que se predica del Derecho administrativo exige que este se rija por una serie de valores y principios, que en el caso del Derecho administrativo español se encuentran recogidos en la Constitución española. Sin embargo, dichos valores y principios no son principios autónomos, endógenos, sino exógenos, es decir, principios que se imponen, que impulsan, que orientan y que limitan el ejercicio del poder. De este modo, dependiendo del momento histórico en el que nos encontremos, se determinará la aplicación de un conjunto de técnicas jurídicas y organizaciones privilegiadas para la Administración y de derechos y garantías para los ciudadanos.

Estos derechos y garantías y técnicas jurídicas de la Administración no pueden determinarse de manera apriorística, puesto que dependerán del momento temporal en el que se fragüen. En todo caso, tan solo puede afirmarse que dichas organizaciones, potestades y técnicas son necesarias en cuanto se exige la realización de las misiones de los poderes públicos, que deberán construirse de acuerdo con los valores y principios que integran el ordenamiento jurídico en cada momento determinado. Específicamente, el ordenamiento jurídico español exige el respeto al contenido esencial de los derechos fundamentales y libertades públicas, así como el sistema de separación de poderes y competencias establecidos a nivel constitucional.

---

349 *Vid.* Miguel Sánchez Morón, «El retorno del Derecho administrativo», *Revista de Administración Pública*, 206, 2018, p. 39.

350 *Vid.* Manuel Clavero Arévalo, *Personalidad jurídica, derecho general y derecho singular de las Administraciones autónomas*, cit., pp. 13-36.

351 *Vid.* Enrique Linde Paniagua, *Las transformaciones del Derecho Público de nuestro tiempo*, UNED Ediciones Académicas, 2016, pp. 22-23.

La expresión «huida del Derecho administrativo» adquirió, tal y como señala SÁNCHEZ MORÓN, otro significado a finales de siglo, cuando se constató «no solo que sectores importantes de la organización administrativa se habían ido separando del tronco de las Administraciones generales o territoriales, sino que muchas de las nuevas entidades resultantes habían pasado a regirse en su actividad (y otras también en su organización interna) por el Derecho privado, en mayor o menor medida y al menos de manera supletoria, excluyendo así la aplicación del sistema de garantías propio del Derecho administrativo: la vinculación positiva a la ley, los límites de la discrecionalidad, la igualdad de los ciudadanos ante el poder público, procedimiento administrativo y los recursos administrativos y contenciosos, etc.»[352].

Estos problemas han sido señalados asimismo por el resto de la doctrina. Así, GARRIDO FALLA en su obra *Privatización y reprivatización*[353], MARTÍN-RETORILLO en *Las Empresas públicas: reflexiones del momento presente*[354] o SALA ARQUER en *Huida al Derecho privado y huida del Derecho*[355]. Para este último, particularmente, el proceso de huida del Derecho administrativo es en realidad un proceso de huida del Derecho en general, una tesis que ha sido compartida asimismo por BORRAJO INIESTA[356]. Desde entonces, la cuestión de la huida del Derecho administrativo ha ocupado un papel muy relevante en el estudio de las transformaciones de dicha disciplina.

La utilización del Derecho privado por parte de la Administración pública en sus relaciones con terceros se encuentra en el origen mismo del régimen administrativo, tal y como señala SÁNCHEZ MORÓN, cuando se distinguen los actos de autoridad de los actos de gestión[357]. Mediante los primeros, la Administración manifiesta su condición de poder público; se trata de actos unilaterales y vinculantes que se regulan por el Derecho administrativo, mientras que los segundos tan solo aparecen regulados por este cuando la ley así lo prevé[358]. No será hasta

352 *Vid.* MIGUEL SÁNCHEZ MORÓN, *El retorno del Derecho administrativo*, cit., p. 40.

353 *Vid.* FERNANDO GARRIDO FALLA, «Privatización y reprivatización», *Revista de Administración Pública*, 126, 1991, pp. 7-26.

354 *Vid.* SEBASTIÁN MARTÍN-RETORTILLO, *Las Empresas Públicas: reflexiones del momento presente*, *Revista de Administración Pública*, 126, 1991, pp. 63-132.

355 *Vid.* JOSÉ MANUEL SALA ARQUER, «Huida al Derecho privado y huida del Derecho», *Revista Española de Derecho Administrativo*, 75, 1992, pp. 399-413.

356 *Vid.* IGNACIO BORRAJO INIESTA, «El intento de huir del Derecho administrativo», *Revista Española de Derecho Administrativo*, 78, 1993, pp. 233-249.

357 *Vid.* MIGUEL SÁNCHEZ MORÓN, *El retorno del Derecho administrativo*, cit., pp. 40-41.

358 Sobre la distinción entre actos de autoridad y actos de gestión, que se debe a los primeros tratadistas franceses de Derecho administrativo (Aucoc, Laferrière...), se refiere SANTIAGO MUÑOZ MACHADO en su *Tratado de Derecho administrativo y Derecho público General*, I, 4.ª edición, 2015, BOE, pp. 44-49. Esta misma cuestión ha sido tratada por DOLORS CANALS I AMETLLER, *El ejercicio por particulares de funciones de autoridad. Control, inspección y certificación*, Granada, Comares, 2003, pp. 255-263.

la aparición y consolidación de la Escuela del Servicio Público cuando comience a considerarse que igualmente dichos actos de gestión deben quedar sometidos al régimen del Derecho administrativo, puesto que en su base se encuentra igualmente la realización de una función pública, y sometidos asimismo a un régimen exorbitante para garantizar su correcto ejercicio.

A pesar de esta doctrina, la Administración pública siguió sometiendo al Derecho privado determinados tipos de relaciones jurídicas relacionadas, por ejemplo, con la gestión de sus bienes patrimoniales (al margen quedan la adquisición y enajenación de dichos bienes y determinados privilegios) y en aquellos supuestos en los que se producía la contratación de personal en régimen laboral. En los restantes casos, la Administración mantuvo la potestad de intervenir en el tráfico jurídico privado bajo la premisa de corregir los fallos del mercado o la defensa de los intereses nacionales. Sin embargo, este conjunto de actividades mercantiles e industriales quedaban sometidas en todo caso al Derecho privado con el objetivo de evitar que se produjera un falseamiento de la competencia derivado de privilegios o situaciones de ventaja distintas entre empresas públicas y privadas[359].

Además de la participación de la Administración pública en el tráfico jurídico privado, se produce al mismo tiempo la extensión de las fórmulas de personificación propias del Derecho privado (sociedades mercantiles, fundaciones y, en menor medida, asociaciones), que comienzan a actuar en el ejercicio de funciones públicas que hasta este momento habían quedado sometidas al Derecho administrativo, y que, a partir de este momento, aceptaría el legislador que pudieran quedar sometidas al Derecho privado. Así se desprende de la Ley General Presupuestaria de 1977 al diferenciar dentro de los organismos autónomos los de carácter administrativo y los de carácter comercial, industrial, financiero o análogos, así como al equiparar el régimen económico-financiero de las entidades de derecho público que hubieran de ajustar sus actividades al Derecho privado al de las sociedades mercantiles estatales[360].

Será en este contexto durante los años 90 cuando se generaliza la utilización de dichas formas de personificación privada. Algunos ejemplos pueden encontrarse en la creación del Holding Olímpico S.A. (HOLSA) y la Sociedad EXPO92 a las que se transfirieron numerosos recursos por parte del Estado puesto que, por medio de ellas, conseguían eludir las disposiciones más estrictas en materia de contratación de obras públicas y servicios. Esta vía fue rápidamente utilizada por el resto de Administraciones públicas territoriales, como fue el caso de la Generalidad de Cataluña para la contratación de algunas obras relacionadas con los Juegos Olímpicos de 1992.

359 Este principio relativo al mantenimiento de la competencia y el libre juego de las fuerzas de mercado ha adquirido una importancia fundamental en el seno de la Unión Europea, donde se encuentra consagrado en la actualidad en el artículo 107 del Tratado de Funcionamiento de la Unión Europea.

360 *Vid.* Miguel Sánchez Morón, *El retorno del Derecho administrativo*, cit., pp. 40-42.

Incluso cuando comienza a plantearse la necesidad de mantener dentro de ciertos límites el déficit y la deuda pública dentro de la Unión Económica y Monetaria, algunos gobiernos entendieron que dichos límites legales establecidos por disposiciones comunitarias podían ser sorteados mediante la creación de sociedades mercantiles de capital público[361].

Otra de las vías utilizadas para manifestar dicha huida del Derecho administrativo será la creación de fundaciones del sector público, que permitieron organizar determinados servicios dentro del sector cultural y social.

Finalmente, este fenómeno se desprende asimismo de la creación de consorcios entre distintas Administraciones públicas; en ocasiones también con participación de entidades privadas.

Este conjunto de procesos se desarrolló al mismo tiempo que se producía una mayor descentralización hacia los entes territoriales, de manera que tanto la Administración autonómica como la local han utilizado dichas fórmulas de huida del Derecho administrativo de manera reiterada.

B. Consecuencias de la huida del Derecho administrativo

El fenómeno de la huida del Derecho administrativo se relaciona directamente con la doctrina del *new public management*, que significaba una crítica del sistema burocrático administrativo. En particular, señalaba las deficiencias en cuanto a la lentitud de los procedimientos de decisión, la ineficacia de la acción burocrática y los controles administrativos previos, además de la rigidez del régimen funcionarial. Las teorías del *new public management* pretendían la sustitución de dichas formulas rígidas por otras más flexibles, similares a las utilizadas en la empresa privada; particularmente en lo referente a los actos de gestión.

En estos casos, como señala SÁNCHEZ MORÓN, «lo procedente era reconocer a los gestores públicos un margen de autonomía o capacidad de decisión propia en el ejercicio de su competencia y en el empleo de los recursos a su disposición; sustituir los controles preventivos de legalidad y del gasto por otros a posteriori; y agilizar al máximo los procedimientos decisionales. Nada mejor para ello que utilizar el derecho propio de las empresas, esto es, el derecho privado, tanto en las relaciones con los "clientes" (en realidad los usuarios de los servicios y los ciudadanos destinatarios de la acción pública) como con los "proveedores" (es decir, los contratistas) y también en el ámbito de las relaciones de empleo»[362].

361 *Vid.* MIGUEL SÁNCHEZ MORÓN, *El retorno del Derecho administrativo*, cit., p. 42.

362 *Ibidem.* p. 46.

La legislación de la época reflejó dichos cambios. Así, la LOFAGE, en su disposición adicional 12.ª, se refería a las sociedades mercantiles estatales en cuanto a su sujeción integra al Derecho privado (salvo en lo referente a la normativa presupuestaria, contable, patrimonial, de control financiero y de contratación), con la excepción de no poder disponer dichas entidades de facultades inherentes al «ejercicio de autoridad». Igualmente, esta prohibición de predicaba de las fundaciones, tal y como disponía la Ley de Fundaciones de 2002 y otra serie de disposiciones de la Ley de Contratos de las Administraciones Públicas de 1994, la Ley del Patrimonio de las Administraciones Públicas o la Ley General de Subvenciones. La jurisprudencia, asimismo, reconoció «un amplio margen de libertad de las distintas Administraciones y de los legisladores para elegir las formas de organización de los servicios y funciones de su competencia»[363].

En consecuencia, el proceso de «huida del Derecho administrativo» ha tenido como efecto fundamental la agilización de los trámites de contratación, la selección y despido del personal, el otorgamiento de ayudas y subvenciones. Ha permitido sortear el estricto control ex ante del gasto. Asimismo, la negociación de las condiciones de empleo de los trabajadores y directivos sin el sometimiento a las restricciones presupuestarias derivadas del régimen retributivo de los funcionarios públicos y la mayor facilidad de la inversión de recursos en valores financieros.

Otra de las causas determinantes de la multiplicación de dichas entidades ha sido el aumento de los ámbitos de decisión en el marco de una Administración creciente[364], así como el aumento de la flexibilidad o la eficiencia[365]. En definitiva, se enmarca en la persecución de la «calidad» del servicio público a través de la incorporación de técnicas propias del sector privado[366]. Ade-

363 Así lo ejemplifica la STS de 16 de abril de 2001, n.º 508/1998), que resuelve el recurso contra acuerdo del Consejo de Ministros por el que se crea la Sociedad «Aguas del Júcar, S.A.». Declara el Tribunal Supremo en ella que se trata de «una decisión de política económica que compete exclusivamente al Consejo de Ministros»; que «la decisión es autónoma como lo es la que se toma por los particulares en la constitución de una sociedad civil o mercantil»; y que «es, por tanto, enteramente discrecional su potestad y libre la facultad de crear por sí una sociedad [...] como legítimo hubiera sido acudir a cualquier otro medio de gestión directa para la ejecución de obras hidráulicas, de entre las varias que le proporciona el Ordenamiento».

364 *Vid.* Sebastián Martín-Retortillo, «Las empresas públicas: reflexiones del momento presente», *Revista de Administración Pública*, n.º 126, septiembre-diciembre 1991, p. 70.

365 Así, José María Gimeno Feliú, «El principio de eficiencia», en la obra colectiva *Los principios jurídicos del Derecho Administrativo*, dirigida por Juan Alfonso Santamaría Pastor, La Ley, Madrid 2010, p. 1261, señala que «por supuesto, este principio de e ciencia —más que el de eficacia— ha servido de justificación a la hora de optar por la descentralización funcional a n de crear entes instrumentales, preferentemente con personalidad jurídica privada».

366 *Vid.* María Cruz Díaz y Díaz, *El empleado público ante el procedimiento administrativo: deberes y obligaciones de buena administración*, La Ley, Madrid, 2011, p. 24.

más, «en la práctica suponía una especie de desdoblamiento de la personalidad de las administraciones generales para poder actuar con mayor libertad, máxime si se tiene en cuenta que los miembros de los órganos de gobierno o consejos de administración o de dirección de sociedades y consorcios y de los patronatos de las fundaciones públicas son en gran medida personas que ostentan un alto cargo en los gobiernos y administraciones de que dependen o bien otras libremente nombradas (y destituibles) por ellas»[367].

Junto a las mencionadas consecuencias que podrían encuadrarse dentro de una categoría de efectos positivos, el proceso de huida del Derecho administrativo ha generado asimismo una serie de problemas. Entre ellos, cabe señalar el mayor descontrol del gasto, el favoritismo en cuanto a la adjudicación de contratos, en el reclutamiento de personal o el otorgamiento de subvenciones. En muchas ocasiones, además, estos comportamientos han degenerado en episodios de corrupción, que se han visto favorecidos por la opacidad de la gestión, la ausencia de controles internos de legalidad y la debilidad de los controles externos existentes.

Chinchilla Marín señala asimismo una serie de problemas derivados del proceso de huida del Derecho administrativo. En primer lugar, el hecho de que determinados entes se rijan por el Derecho privado equivale, en ocasiones, a regirse por el principio de la autonomía de la voluntad de las partes y del principio de legalidad, en su significado de vinculación negativa a la ley, principios ambos según la autora que encajan mal cuando se trata de realizar actividades públicas. En segundo lugar, porque la huida del Derecho público lleva a un terreno aún menos seguro que el de la aplicación del Derecho privado[368].

Otros autores como Calvo Charro señalan que la pretendida mayor eficacia de la Administración cuando actúa bajo fórmulas de Derecho privado es, cuando menos, relativa[369]. Al respecto, Martín-Retorillo califica de «enfermedad» tal tendencia privatizadora y niega radicalmente que la utilización de la misma favorezca en absoluto la eficacia[370]. En esta línea, Troncoso señala que esta confusión respecto al concepto de eficacia deriva de la confusión que se produce entre la mayor eficacia de la empresa privada sobre el sector público con la mayor eficacia de la Administración sometida al Derecho privado. La eficacia que la empresa privada obtiene respecto de su gestión

---

367 *Vid.* Miguel Sánchez Morón, *El retorno del Derecho administrativo*, cit., p. 47.

368 *Vid.* Carmen Chinchilla Marín, «El Derecho de la UE como freno a la huida del Derecho administrativo», *Revista de Administración Pública*, n.° 200, mayo-agosto 2016, pp. 364-365.

369 *Vid.* María Calvo Charro, «La Administración institucional. Los organismos autónomos y las entidades públicas empresariales», en la obra colectiva *Gobierno y Administración del Estado, comentarios a la Ley de Organización y Funcionamiento de la Administración General del Estado (LOFAGE)*, Asamblea de Madrid; (Madrid, 2004), p. 396.

370 *Vid.* Sebastián Martín-Retortillo Baquer, «Las empresas públicas; reflexiones en el momento presente», *Revista de Administración Pública*, n.° 126, 1991, pp. 63-132.

empresarial proviene de que ésta repercute en los haberes del empresario, de manera que este realizará un control más estricto de la gestión. Sin embargo, la Administración, al actuar en régimen de Derecho privado «no está condicionada por el riesgo empresarial, porque también en estos casos dispara con pólvora el rey, que es, por definición, ilimitada»[371].

Además de tal desmitificación del uso del Derecho privado, resulta indispensable reconocer, en palabras de GARRIDO FALLA, la «apostasía del Derecho administrativo», es decir, la crisis que se produce en el seno de las instituciones administrativas y en el propio Derecho administrativo, que no es capaz de ofrecer una respuesta adecuada a las demandas y necesidades de la vida social en el siglo XXI. Por tanto, la huida al Derecho privado puede interpretarse, en opinión de CALVO CHARRO, como una muestra de la ineficacia actual de la Administración pública, lo que no significa en absoluto identificar tal huida con la solución ideal[372].

El Derecho administrativo, caracterizado esencialmente por ser Derecho público, es el resultado de la continua lucha por juridificar el ejercicio del poder y, por lo tanto, la fiscalización de sus actos, tal y como señaló GARCÍA DE ENTERRÍA[373] . De este modo, el fenómeno de huida del Derecho administrativo supondría la vuelta al pasado, es decir, el olvido de la lucha contra las inmunidades del poder. Esto no significa que el Derecho administrativo sea un Derecho público inamovible e inmutable, sino que se deberán llevar a cabo aquellas modificaciones y adaptaciones que permitan flexibilizarlo y adaptarlo a las necesidades actuales y futuras, pero, en ningún caso, como afirma MARTÍN-RETORILLO, relegar al «cuarto de los trastos viejos» al Derecho administrativo[374].

Sin embargo, no puede generalizarse la constatación de dichas situaciones, puesto que en determinados casos la creación de entidades instrumentales sometidas al Derecho privado puede tener sentido y justificación, como señala SÁNCHEZ MORÓN, «en particular tratándose de entidades que ofrecen servicios al mercado mediante precios o tarifas —por ejemplo, RENFE— o

---

371 *Vid.* SILVIA DEL SAZ CORDERO, «Desarrollo y crisis del Derecho administrativo: su reserva constitucional», en la obra colectiva *Nuevas perspectivas del Derecho administrativo*, dirigida por CARMEN CHINCHILLA, BLANCA LOZANO y SILVIA DEL SAZ CORDERO, Tres estudios, Madrid, Civitas, 1992, p. 177 y ANTONIO TRONCOSO REIGADA, *Privatización, empresa pública y Constitución*, Marcial Pons, Madrid, 1997, p. 49.

372 *Vid.* MARÍA CALVO CHARRO, *La Administración institucional. Los organismos autónomos y las entidades públicas empresariales*, cit., p. 397.

373 *Vid.* EDUARDO GARCÍA DE ENTERRÍA, *La lucha contra las inmunidades del poder en el Derecho Administrativo,* Conferencia pronunciada por el autor en la Facultad de Derecho de la Universidad de Barcelona el día 2 de marzo de 1962, dentro del curso El poder y el Derecho, organizado por la «Promoción Manuel Ballbé» de 1962.

374 *Vid.* SEBASTIÁN MARTIN-RETORTILLO, «Reflexiones sobre la huida del Derecho administrativo», *Revista de Administración Pública*, n.° 140, mayo-agosto de 1996, p. 38.

que deben gestionar servicios en un entorno de competencia —la Sociedad Correos y Telégrafos podría ser una de ellas— o bien cuando se precisa una cierta flexibilidad en la contratación y gestión de personal —por ejemplo, los directores y profesores de una orquesta pública, los directivos, conservadores y restauradores de un museo, la formación de grupos de investigación atractivos para científicos eminentes, etc.»[375].

En este sentido se expresa asimismo CHINCHILLA MARÍN, señalando que no se trata de un problema irresoluble. Sin embargo, pone de manifiesto que el fenómeno de huida del Derecho administrativo no se agota simplemente en un problema de inseguridad jurídica y de dificultad de definir en cada caso concreto cuál es el Derecho exactamente aplicable, sino que tiene una trascendencia práctica que trastoca, cuando no erosiona, los pilares del Estado social y democrático de derecho[376].

En esta línea crítica con el proceso de huida del Derecho administrativo se sitúan otros autores como SALA ARQUER, que considera que la posición garantizadora que otorga el Derecho administrativo no se encuentra en el ámbito del Derecho privado. No nos encontramos, pues, ante una huida hacia el Derecho privado, sino ante una huida del Derecho[377]. En este mismo sentido, MARTÍN-RETORILLO señala que «los postulados de flexibilidad y eficiencia son tan solo cortinas de humo con las que se intenta ocultar el verdadero objeto de la huida del Derecho administrativo, esto es, eludir las garantías y controles de dicho Derecho y, por tanto, eludir el propio Derecho constitucional»[378]. Finalmente, el profesor TRONCOSO relaciona la huida del Derecho administrativo con el nepotismo, es decir, «se huye del Derecho administrativo con el objetivo de poder llevar a cabo la práctica del clientelismo, de atender a intereses particulares y de aumentar la ya considerable inmunidad del poder»[379].

Al margen de las críticas a la utilización del Derecho privado por parte de la Administración pública, cabe señalar asimismo la cuestión acerca de la constitucionalidad de este fenómeno. Por una parte, un sector de la doctrina entiende que la Constitución española no hace una reserva general del Derecho administrativo. Así lo entiende BORRAJO INIESTA, al defender que «la Constitución otorga al legislador prácticamente una plena potestad para determinar la actuación y modo de organización de la Administración

375 *Vid.* MIGUEL SÁNCHEZ MORÓN, *El retorno del Derecho administrativo*, cit., p. 48.

376 *Vid.* CARMEN CHINCHILLA MARÍN, *El Derecho de la UE como freno a la huida del Derecho administrativo*, cit., p. 366.

377 *Vid.* JOSÉ MANUEL SALA ARQUER, *Huida al Derecho privado y huida del Derecho*, cit., pp. 399-406

378 *Vid.* SEBASTIÁN MARTIN-RETORTILLO, *Reflexiones sobre la huida del Derecho administrativo*, cit., p. 215.

379 *Vid.* ANTONIO TRONCOSO REIGADA, *Privatización, empresa pública y Constitución*, *op. cit.*, p. 56.

Pública, de manera que a ésta se le permite, si así lo considera necesario, establecer técnicas jurídicas novedosas si cree que las actuales no cumplen con los objetivos establecidos»[380].

Este autor no considera que a través del fenómeno de huida del Derecho administrativo se produzca una desaparición de las garantías y los controles propios de la Administración, puesto que el propio Derecho privado impone una serie de controles a la actuación de la Administración en sus ramas civil, laboral y mercantil, de manera que la expresión «huida» no resulta real en tanto en cuanto siguen existiendo dichas garantías y controles. Otro de los aspectos señalados por BORRAJO INIESTA es el hecho de que la actuación de la Administración pública se encuentra sujeta a las normas que provienen del Derecho comunitario y a la Constitución, es decir, que el Derecho privado no podrá serle de aplicación en el mismo sentido que resulta de su utilización respecto a empresas. De este modo, se requiere que los Tribunales deben crear un Derecho adaptado a las peculiaridades de la Administración pública a través del recurso a la jurisprudencia[381].

En sentido contrario, otro sector de la doctrina entiende que efectivamente sí que existe una reserva general del Derecho administrativo en la Constitución, de manera que el fenómeno de huida del Derecho administrativo debe reputarse inconstitucional. En esta línea de opinión se expresa el profesor PARADA, que considera inaceptable que la Administración pública utilice el Derecho privado, puesto que existe una consagración de un régimen administrativo en el seno de la Constitución, estando el mismo investido de una garantía institucional, además del establecimiento de una jurisdicción propia como es la jurisdicción contencioso-administrativa encargada de aplicar el Derecho público[382].

Otra autora que defiende la reserva general constitucional de Derecho administrativo es la profesora DEL SAZ, quien considera que la referencia que realiza el artículo 103.1 a la sujeción a la ley y al derecho se refiere específicamente al Derecho administrativo, lo que asimismo se ve apoyado por el hecho de que la Constitución realiza una mención expresa en su artículo 153.c) a la jurisdicción contencioso-administrativa como instancia de control de la actividad de los órganos de las Comunidades autónomas en lo referente a la administración autónoma y sus normas reglamentarias[383]. De esta manera, al igual que señala PARADA, «de la conjunción entre el régimen jurí-

380 *Vid.* IGNACIO BORRAJO INIESTA, *El intento de huir del Derecho administrativo*, cit., p. 235.

381 *Ibidem.* p. 242.

382 Según RAMÓN PARADA VÁZQUEZ, «la imposibilidad de escapar del régimen de Derecho Administrativo derivaría de esa correlación constitucionalmente establecida entre administraciones públicas y sometimiento a la justicia administrativa» (*vid. Concepto y fuentes del Derecho administrativo*, Marcial Pons, Madrid, 2008, p. 25).

383 *Vid.* SILVIA DEL SAZ CORDERO, «Desarrollo y crisis del Derecho administrativo: su reserva constitucional», cit., p. 174.

dico administrativo, la jurisdicción contencioso-administrativa y la actividad de la Administración Pública se desprende la inconstitucionalidad de la huida del Derecho administrativo»[384].

Junto a esta reserva constitucional, DEL SAZ señala una serie de desventajas de aplicar el Derecho privado a la Administración pública. En primer lugar, el Derecho privado no puede garantizar el sometimiento a los principios constitucionales puesto que no dispone de procedimientos a posteriori que otorguen legitimidad a la actuación administrativa, tanto en ámbitos como la selección del personal laboral o los contratistas. Al mismo tiempo, el Derecho mercantil tampoco ofrece garantías de que la Administración pública quede sujeta a los principios constitucionales, ya que el Derecho de competencia solo entiende de relaciones entre empresas productoras o distribuidoras dentro del mercado[385].

Por otra parte, pueden encontrarse en la doctrina igualmente corrientes de pensamiento que se enmarcan en una posición intermedia. Así, DESDENTADO DAROCA observa reservas parciales de Derecho administrativo en el texto constitucional «que se traducen en límites y principios que toda actuación administrativa debe respetar, puesto que en caso contrario podría incurrirse en inconstitucionalidad»[386]. Señala que «estos principios son: la igualdad ante la ley y los poderes públicos, la garantía de audiencia del interesado en los procedimientos administrativos, los principios de imparcialidad y objetividad, el principio de mérito y capacidad en la selección del personal al servicio de la Administración pública y el respeto a la interdicción de la arbitrariedad, así como a los derechos fundamentales»[387].

En esta línea se expresa asimismo CARAZO, quien observa que la reserva constitucional de la Administración pública se desprende particularmente de su actividad de policía, de manera que «la función de garantizar la seguridad ciudadana y la misión de proteger el ejercicio de los derechos y libertades es competencia exclusiva de la Fuerzas y Cuerpos de Seguridad del Estado»[388]. Esta atribución de funciones se realiza mediante el artículo 104 de la Constitución y el artículo 1.1 de la Ley Orgánica 2/1986, de 13 de marzo, de Fuerzas y Cuerpo de Seguridad y se presenta como consecuencia del Estado democrático de Derecho.

---

384 *Ibidem.* pp. 174-186.

385 *Vid.* SILVIA DEL SAZ CORDERO, «La huida del Derecho Administrativo: últimas manifestaciones. Aplausos y críticas», *Revista de Administración Pública*, n.°133, 1994, p. 69-84.

386 *Vid.* EVA DESDENTADO DAROCA, *La crisis de identidad del Derecho Administrativo. Privatización, huida de la regulación pública y administraciones independientes*, Tirant lo Blanch, 1999, p. 117

387 *Ibidem*, p. 117

388 *Vid.* MARÍA JOSÉ CARAZO LIÉBANA, «Algunos apuntes sobre la constitucionalidad de la privatización de los servicios públicos», *Cuadernos de Derecho Local, Fundación Democracia y Gobierno Local*, n.° 27, 2011, p. 54

En el caso del ordenamiento jurídico español cabe destacar la constante expansión de entidades al margen de las Administraciones públicas territoriales que han ido proliferando; entre ellas como señala DEL SAZ CORDERO, «organismos autónomos, entidades públicas empresariales, sociedades mercantiles estatales, consorcios o fundaciones del sector público, entre otras, todas ellas dotadas de personalidad jurídica propia»[389]. Junto a esta miríada de entidades creadas en el ámbito de la Administración General del Estado, cabe añadir todas aquellas que se han creado en el ámbito autonómico y local. Ha sido tan importante dicha proliferación que ha resultado necesario prever el registro de las entidades en un Inventario de Entidades del Sector Público Estatal, Autonómico y Local (tal y como dispone el artículo 82 de la Ley 40/2015, de 1 de octubre, de Régimen Jurídico del Sector Público), destinado tal y como señala la propia ley a garantizar «la información pública y la ordenación de todas las entidades integrantes del sector público institucional cualquiera que sea su naturaleza jurídica».

En definitiva, la aparición y multiplicación de dichos entes ha venido acompañada sin excepción por la aplicación, en mayor o menor grado, de normas de Derecho privado, causa por la cual se ha considerado como la vía principal de la huida del Derecho administrativo[390]. Se ha aseverado, en relación con ello, que «en efecto, no cabe desconocer el recurso cada vez más frecuente a entes instrumentales sometidos al derecho privado a los que se encomienda la realización de actividades materialmente administrativas o el traslado al sector privado de la realización de infraestructuras y servicios públicos que tradicionalmente se ha efectuado directamente por órganos de la Administración»[391]. Además de las consecuencias de carácter general que se han

389 Un recorrido por la evolución histórica de este tipo de entidades puede encontrarse en la obra de SILVIA DEL SAZ CORDERO, *La huida del Derecho Administrativo: últimas manifestaciones. Aplausos y críticas*, cit., pp. 63 y ss.; JUAN MANUEL ÁLVAREZ-CIENFUEGOS SUÁREZ, «Las entidades públicas empresariales y el derecho administrativo: perspectivas de futuro», *Diario La Ley*, n.° 1, 1999, pp. 1-9, y MOISÉS BARRIO ANDRÉS, «La huida del Derecho Administrativo y sus nefastas consecuencias para las Administraciones Públicas», *Diario La Ley*, n.° 7664, 2011, pp. 1-3, en las que se advierte de la intensificación cuantitativa y cualitativa del fenómeno.

390 Al respecto, afirma FERNANDO GARRIDO FALLA, *Privatización y reprivatización*, cit., p. 18, que «Invocando el principio de eficacia se termina por enfrentarlo con el sistema mismo del Derecho administrativo; pues lo que ahora se quiere no es un régimen jurídico-administrativo singular, sino un sometimiento casi total al Derecho privado. Resulta ocioso añadir que ahora no estamos hablando de actividades empresariales en manos de los servicios burocráticos del Estado». En el mismo sentido, *vid.* EVA DESDENTADO DAROCA, *La crisis de identidad del Derecho Administrativo. Privatización, huida de la regulación pública y administraciones independientes*, *op. cit.*, p. 96, quien afirma que «La técnica de la personificación y, concretamente, la creación de entidades públicas empresariales o de entes apátridas ha servido para huir del Derecho Administrativo común y crear regímenes administrativos especiales o, lo que es más inquietante, para el arrumbamiento completo del Derecho Público y la aplicación del Derecho Privado (civil, mercantil, laboral)».

391 *Vid.* JOSÉ PASCUAL GARCÍA, «La huida del Derecho Administrativo, del Presupuesto y de los controles financieros por los nuevos entes del sector público», *Presupuesto y gasto público*,

señalado anteriormente, el fenómeno de la huida del Derecho administrativo se manifiesta en todos aquellos ámbitos que se encuentran vinculados a la Administración[392]:

a) Personal

Las Administraciones públicas, para el ejercicio de sus funciones, se sirven de un tipo especial de empleados denominados «funcionarios», cuya relación con la Administración en la cual se encuadran no es una relación laboral sino de servicio. De este modo el Derecho que resulta de aplicación será el Derecho administrativo y no el Derecho laboral[393]. A pesar de este hecho, durante los últimos años se advierte la tendencia al aumento de la presencia del personal laboral en la Administración. Este fenómeno alcanzó tal difusión que la Ley 7/2007, de 12 de abril, del Estatuto Básico del Empleado Público (derogada por el TREBEP) no pudo sino hacerse eco de la coyuntura[394].

Esto supone que dentro de las Administraciones públicas conviven tanto un régimen funcionarial como un régimen laboral; este último regido por la legislación laboral y demás normas convencionalmente aplicables, tal y como dispone el artículo 7 TREBEP. La presencia de personal laboral varía dependiendo del tipo de entidad del sector público en que nos encontremos; así, en el caso de las Administraciones públicas territoriales su presencia,

n.º 60, 2010, pp. 117 y 118. Se manifiesta en este sentido también EVA DESDENTADO DAROCA, *La crisis de identidad del Derecho Administrativo. Privatización, huida de la regulación pública y administraciones independientes*, *op. cit.*, p. 88. Así lo señala también SILVIA DEL SAZ CORDERO, *La huida del Derecho Administrativo: últimas manifestaciones. Aplausos y críticas*, cit., p. 63. La aplicación del Derecho privado a las actividades industriales y mercantiles se analiza en FERNANDO GARRIDO FALLA, *Privatización y reprivatización*, cit.

392 Personal y contratos públicos se identifican como principales manifestaciones en MOISÉS BARRIO ANDRÉS, *La huida del Derecho Administrativo y sus nefastas consecuencias para las Administraciones Públicas*, cit., pp. 4 y ss.

393 De ahí que el art. 9.1 del Real Decreto Legislativo 5/2015, de 30 de octubre, por el que se aprueba el texto refundido de la Ley del Estatuto Básico del Empleado Público (TREBEP, en adelante), defina a los «funcionarios de carrera» como «quienes, en virtud de nombramiento legal, están vinculados a una Administración Pública por una relación estatutaria regulada por el Derecho Administrativo para el desempeño de servicios profesionales retribuidos de carácter permanente».

394 Señala su Exposición de Motivos que «Si bien por imperativo constitucional no puede ser este el régimen general del empleo público en nuestro país, ni existen razones que justifiquen hoy una extensión relevante de la contratación laboral en el sector público, no debe desconocerse que un porcentaje significativo de los empleados públicos tienen la condición de personal laboral, conforme a la legislación vigente. La exigibilidad que este régimen legal introduce en el empleo público y su mayor proximidad a los criterios de gestión de la empresa privada explican la preferencia por él en determinadas áreas de la Administración». En este sentido afirma SILVIA DEL SAZ CORDERO, *La huida del Derecho Administrativo: últimas manifestaciones. Aplausos y críticas*, cit., p. 94 que «el régimen de función pública ha ido perdiendo progresivamente terreno a favor del régimen laboral».

a pesar de poder considerarse minoritaria, no debe tomarse a la ligera[395]. En el caso del resto de entidades del sector público la presencia de personal laboral dependerá del tipo de organismo público. Comenzando por los organismos autónomos, el personal puede ser indistintamente funcionario o laboral (teniendo presente la reserva del ejercicio de potestades públicas a los funcionarios que establece el artículo 9.2 TREBEP, y tal y como dispone el artículo 100.1 LRJSP); y preferentemente laboral en las entidades públicas empresariales (artículo 106.1 LRJSP)[396].

En cuanto a los consorcios, el personal igualmente podrá ser funcionario o laboral, tal y como dispone el artículo 121 LRJSP y, finalmente, en cuanto a las Universidades Públicas, su personal puede ser funcionario o laboral según la Ley Orgánica 6/2001, de 21 de diciembre, de Universidades, considerando el colectivo de personal docente e investigador y el de administración y servicios[397]. Adentrándonos en las entidades reguladas por el Derecho privado, su personal es laboral, tal y como establece la normativa. Así sucede en el caso de las sociedades mercantiles estatales (artículo 117.4 LRJSP) y las fundaciones del sector público estatal (artículo 132.3 LRJSP).

De acuerdo con esta clasificación, pueden señalarse en opinión de González López tres vías principales de «laboralización»[398] de la función pública española: en primer lugar, la incorporación de personal laboral en las Administraciones públicas territoriales; en segundo lugar, la proliferación de entes instrumentales que se rigen por el Derecho privado y, finalmente, la introducción en el ámbito funcionarial de instituciones propias del Derecho del trabajo como los planes de empleo o la negociación colectiva[399]. Ciertamente la Ley 7/2007 reaccionó ante la creciente presencia de personal laboral mediante la articulación del concepto de «empleado público» como categoría común a partir de la cual establecer un régimen común y mínimo que incluyera a personal funcionarial y laboral[400].

---

395 16,37% en el caso de la Administración General del Estado, 9,48% en el de las Comunidades Autónomas, y 54,59 en el de las Entidades Locales (superior al porcentaje de funcionarios). Fuente: Boletín Estadístico del Personal al Servicio de las Administraciones Publicas, julio 2018.

396 La regulación es coincidente, en este punto, en las Comunidades Autónomas y Entidades Locales en relación con sus organismos autónomos y entidades equiparables a las entidades públicas empresariales.

397 51,91% frente a 42,57. Fuente: Boletín Estadístico del Personal al Servicio de las Administraciones Públicas, julio 2018.

398 *Vid.* Juan José González López, *La «huida del Derecho administrativo» como factor criminógeno*, cit., pp. 379-381.

399 *Vid.* Josefa Cantero Martínez, «Ámbito de aplicación y clases de personal al servicio de las Administraciones Públicas», en la obra colectiva *Estatuto básico del empleado público*, dirigida por Luis Ortega Álvarez, La Ley, Madrid 2007, p. 46.

400 *Ibidem.* p. 49.

Sin embargo, la regulación contenida en el Estatuto Básico del Empleado Público, a pesar de las recomendaciones de extender a todo el conjunto del personal al servicio de entes del sector público su regulación, no se ha materializado ni en el EBEP ni en el TREBEP. Y aunque las entidades de Derecho público se encuentran sometidas al TREBEP, las entidades de Derecho privado (aquellas entidades del sector público no incluidas en el artículo 2 LRJSP) tan solo se someten en cuanto a la regulación de determinados aspectos; entre ellos, los deberes de los empleados públicos y los códigos de conducta (artículo 52 TREBEP), los principios éticos (artículo 53), los principios de conducta (artículo 54), la adquisición de la relación de servicios en el acceso al empleo público (artículo 55) y, finalmente, las disposiciones aplicables a personas con discapacidad (artículo 59)[401].

Esta aplicación limitada supone que los principios de mérito y capacidad que se configuran como elementos cardinales del régimen del empleo público no resultan de aplicación al ámbito de las entidades de Derecho privado vinculadas o dependientes de las Administraciones públicas, puesto que el acceso a su empleo no se encuentra regido por los procedimientos de selección de acceso al empleo público. Este hecho se suma a otros problemas asociados al régimen laboral, como son los «indefinidos no fijos» y los contratos de alta dirección[402]. En relación con ello, si bien se ha producido una progresiva restricción de la libertad de la Administración en lo referente al recurso al personal laboral, también se ha afirmado por CANTERO MARTÍNEZ que «esta laboralización o huida del Derecho administrativo se ha realizado con la intención de esquivar la rigidez de las normas reguladoras de la función pública, sobre todo las relativas al régimen de acceso, retribuciones, asignación de tareas, carrera o movilidad»[403].

b) Patrimonio

La principal norma en materia de patrimonios públicos es la Ley 33/2003, de 3 de noviembre, del Patrimonio de las Administraciones Públicas (LPAP), que tal y como dispone su artículo 2 resulta aplicable a la Administración

---

401 El artículo 2.d) TREBEP enuncia entre las Administraciones Públicas que se encuentran sometidas al TREBEP a los organismos públicos, agencias y demás entidades de derecho público con personalidad jurídica propia, vinculadas o dependientes de cualquiera de las Administraciones Públicas.

402 Acerca del «indefinido no fijo» cabe destacar la obra de JORDI AGUSTÍ JULIÀ, «La evolución —procelosa e inacabada— de la jurisprudencia en la extinción contractual del trabajador indefinido no fijo», *Revista Jurídica de Castilla y León*, n.º 37, septiembre 2015, pp. 1-26. En cuanto a los contratos de alta dirección, se ha afirmado que «han venido a reemplazar en la Administración, en parte a los cargos políticos de nombramiento y cese discrecional, y en parte a los funcionarios del nivel directivo» (*vid*. SILVIA DEL SAZ CORDERO, *La huida del Derecho Administrativo: últimas manifestaciones. Aplausos y críticas*, cit., p. 95).

403 *Vid.* JOSEFA CANTERO MARTÍNEZ, «Ámbito de aplicación y clases de personal al servicio de las Administraciones Públicas», cit., p. 53.

General del Estado y sus organismos públicos dependientes o vinculados a ella y, parcialmente, a las comunidades autónomas y entidades locales. Igualmente se encuentran sometidas a sus disposiciones las sociedades mercantiles estatales (artículo 113 LPAP y título VII).

Sin embargo, el artículo 167.2, tal y como ha sido modificado por la Ley 40/2015 de 1 de octubre, de Régimen Jurídico del Sector Público, ha dispuesto que: «Las entidades a que se refieren los párrafos c) [sociedades mercantiles estatales] y d) [sociedades mercantiles integradas en un grupo de sociedades respecto de la Administración General del Estado o sus organismos públicos] del apartado 1 del art. anterior ajustarán la gestión de su patrimonio al Derecho privado sin perjuicio de las disposiciones de esta ley que les resulten expresamente de aplicación»[404]. En cuanto a las fundaciones, el régimen de su patrimonio es el propio del Derecho privado, por ausencia de previsión de aplicación de la LPAP[405].

De este modo, cabe señalar que, a pesar de que la Ley del Patrimonio de las Administraciones Públicas es una norma perteneciente al Derecho administrativo, son múltiples las remisiones que realiza al ordenamiento privado, particularmente aquellas referidas a los modos de adquisición de bienes (regulados en su título I) y respecto de la enajenación (artículo 132 LPAP).

c) Organización y gestión

González López alude a dicha categoría de organización y gestión en referencia al empleo de tipos de personas jurídicas propias del Derecho privado como son las sociedades mercantiles y las fundaciones. A diferencia de los entes de Derecho público, creados desde la óptica del Derecho administrativo, y de la previsión de la aplicación de normas de Derecho privado en determinados supuestos, en el caso de los entes de Derecho privado su fórmula originaria es de naturaleza privada (ya sea civil o mercantil) y es su adscripción al sector público lo que los cualifica[406]. A pesar de que el resultado final en ambos casos es la aplicación de una mezcla de Derecho público y privado, su origen es distinto[407].

---

404 También a las agencias estatales, en virtud del art. 17.2 de la Ley 28/2006.

405 Se ha señalado por parte de la doctrina que la utilización de entes instrumentales supone un peligro para los bienes públicos (*vid.* Silvia del Saz Cordero, *La huida del Derecho Administrativo: últimas manifestaciones. Aplausos y críticas*, cit., p. 72). Esto se manifiesta en la no sujeción de la enajenación y gravamen de los bienes de las entidades de Derecho privado al régimen previsto para la Administración General del Estado y sus organismos públicos (Título V del Título III LPAP).

406 *Vid.* Juan José González López, *La «huida del Derecho administrativo» como factor criminógeno*, cit., pp. 384-388.

407 *Vid.* Sebastián Martín-Retortillo, *Las Empresas Públicas: reflexiones del momento presente*, cit., p. 82.

En opinión de GONZÁLEZ LÓPEZ, este fenómeno es particularmente significativo porque la forma societaria tradicionalmente se reservaba a las actividades mercantiles e industriales[408], pero se ha producido de manera progresiva una desnaturalización hasta el punto de confluir en su marco de actuación con las entidades de Derecho público instrumentales[409]. Este proceso de confluencia se advierte asimismo en la Ley de Régimen Jurídico del Sector Público, que ha previsto el ejercicio de potestades administrativas por parte de las sociedades mercantiles estatales (artículo 113).

Por otra parte, a pesar de que las fórmulas de gestión indirecta de los servicios públicos no pueden considerarse sensu stricto como enmarcados en el fenómeno de huida del Derecho administrativo[410], puesto que no se trata de situaciones en las que la Administración pretende sortear la aplicación del régimen administrativo, existen determinadas actividades que desempeñan un papel fundamental en el correcto funcionamiento de la Administración. Es decir, no puede considerarse propiamente como un proceso de huida del Derecho administrativo, pero resulta de particular importancia puesto que se produce en ámbitos especialmente sensibles para la Administración[411].

d) Presupuesto

Además de las ya mencionadas consecuencias en los ámbitos señalados anteriormente, puede advertirse como fenómeno paralelo a la huida del Derecho administrativo la conocida como huida del control presupuestario[412], como fenómeno no exclusivamente circunscrito al ámbito de las entidades

---

408 *Vid.* JUAN JOSÉ GONZÁLEZ LÓPEZ, *La «huida del Derecho administrativo» como factor criminógeno*, cit., pp. 384-388.

409 De este modo, como afirma SEBASTIÁN MARTÍN-RETORTILLO, se reconducirían a la unidad las dos categorías de empresas públicas que se señalan en su obra (*vid. Las Empresas Públicas: reflexiones del momento presente*, cit., p. 81), en la que distingue entre los entes institucionales de carácter público cuya gestión se realiza con fórmulas jurídicas de Derecho privado y las organizaciones con forma de sociedad mercantil con capital público.

410 *Vid.* ALBERTO J. GIL IBÁÑEZ, «Administración, Gestión Pública y Derecho: el Derecho administrativo como obstáculo o como facilitador en un contexto de innovación y complejidad», *Actualidad Administrativa*, n.° 1, semana del 30 de diciembre al 5 de enero de 2003, pp. 2 y 3. Distingue entre la «privatización de instrumentos jurídicos» y la «privatización de la gestión».

411 También en ocasiones sustituyendo al personal funcionario de carrera por el eventual. *Vid. Fundación ¿Hay Derecho?*, «Corrupción institucional y controles administrativos preventivos», p. 11. Asimismo, *vid.* ANTONIO SERRANO PASCUAL, «El empleo público en la Ley de racionalización y sostenibilidad de la Administración Local: claroscuros y falta de apuesta firme por la modernización y por un modelo funcionarial de lucha contra la corrupción», *El Consultor de los Ayuntamientos*, n.° 5, quincena del 15 al 29 de marzo de 2014, p. 7.

412 *Vid.* JOSÉ PASCUAL GARCÍA, *La huida del Derecho Adminstrativo, del Presupuesto y de los controles financieros por los nuevos entes del sector público*, cit., p. 110, quien opta por la expresión «huida del Derecho administrativo, del Presupuesto y de los controles financieros».

instrumentales, pero que se advierte con particular fuerza en su regulación. Además, tal y como señala PASCUAL GARCÍA, no se caracteriza tanto por un fenómeno de huida como de atenuación de los controles públicos[413].

A grandes rasgos, la función interventora, que se realiza con carácter ex ante, se reserva a la Administración General del Estado, sus organismos autónomos y las entidades gestoras y servicios comunes de la Seguridad Social (es decir, entes con presupuesto limitativo)[414]. Para el resto de entidades del sector público, las modalidades de control son ex post (control financiero permanente o auditoría pública)[415]. Al mismo tiempo, además, las sociedades mercantiles estatales, entidades públicas empresariales y fundaciones del sector público estatal están sujetas a la elaboración de presupuestos de explotación y capital, tal y como dispone el artículo 64 LGP, sin límite de gasto y cuyas dotaciones tienen carácter meramente estimativo.

Es igualmente divergente la aplicación del régimen de contabilidad, que será público y privado, respectivamente, así como el régimen de los recursos financieros, puesto que los de las entidades cuyos recursos no se integran en el Tesoro Público se someterán únicamente a la responsabilidad contable, mientras que en los demás extremos la gestión y protección de los recursos se enmarca en el Derecho privado[416].

Del análisis expuesto se desprende que la aplicación del Derecho privado se sigue proyectando principalmente sobre la actividad medial o logística de la Administración (aquella que comprende el control del gasto, la enajenación de bienes patrimoniales, contratos y empleados), que es precisamente la que tiene un mayor peso en el gasto público[417]. La cuestión, por

413 *Ibidem.* p. 111.

414 Este control financiero puede sustituirse motivadamente por el control financiero permanente por acuerdo del Consejo de Ministros (tal y como dispone el artículo 149.2 LGP). Señala JOSÉ PASCUAL GARCÍA, en *La huida del Derecho Administrativo, del Presupuesto y de los controles financieros por los nuevos entes del sector público*, cit., p. 114, que la modalidad de control que ofrece mayores garantías, al mismo tiempo que presenta la mayor rigidez, es la función interventora, que en la actualidad va siendo desplazada por las otras dos modalidades.

415 *Vid.* TERESA MOREO MARROIG, «La función interventora en los contratos», *Contratación Administrativa Práctica*, n.º 133, septiembre-octubre 2014, pp. 4 y 5.

416 *Vid.* JOSÉ PASCUAL GARCÍA, *La huida del Derecho Administrativo, del Presupuesto y de los controles financieros por los nuevos entes del sector público*, cit., pp. 113 y 114. El art. 90 LGP define el «Tesoro Público» como «todos los recursos financieros, sean dinero, valores o créditos de la Administración General del Estado, sus organismos autónomos, las agencias estatales y el resto de entidades del sector público administrativo estatal con exclusión de los sujetos contemplados en el art. 2.1.d) y h) y 2.3, tanto por operaciones presupuestarias como no presupuestarias».

417 *Vid.* JUAN JOSÉ GONZÁLEZ LÓPEZ, *La «huida del Derecho administrativo» como factor criminógeno*, cit., p. 387. Así se apuntó también en SILVIA DEL SAZ CORDERO, *La huida del Derecho Administrativo: últimas manifestaciones. Aplausos y críticas*, cit., pp. 59 y 60.

tanto, como señala GONZÁLEZ LÓPEZ, «no reside en la aplicación del Derecho privado *per se*, sino en que se sometan a Derecho privado determinados servicios públicos no prestados en régimen de gestión indirecta o funciones públicas, puesto que de esta manera se desnaturaliza el régimen propio y característico de los entes públicos, el Derecho administrativo, y se introduce una fórmula de gestión mixta»[418] que se desvía de los presupuestos de la gestión indirecta previstos por el propio ordenamiento jurídico[419].

e) Contratación y disposiciones dinerarias sin contraprestación

En el ámbito de la contratación, la tendencia de la huida del Derecho administrativo puede advertirse hasta la aprobación de la Ley 9/2017, de Contratos del Sector Público, que, tal y como han señalado autores como SÁNCHEZ MORÓN o GAMERO CASADO, ha producido exactamente la tendencia contraria, es decir, el retorno hacia el Derecho administrativo.

Teniendo en cuenta la legislación anterior, el Texto Refundido de la Ley de Contratos del Sector Público, su artículo 20.1 establecía el régimen aplicable a los contratos privados como «los celebrados por los entes, organismos y entidades del sector público que no reúnan la condición de Administraciones Públicas» y los «celebrados por una Administración Pública que tengan por objeto servicios comprendidos en la categoría 6 del Anexo II, la creación e interpretación artística y literaria o espectáculos comprendidos en la categoría 26 del mismo Anexo, y la suscripción a revistas, publicaciones periódicas y bases de datos, así como cualesquiera otros contratos distintos de los contemplados en el apartado 1 del artículo anterior».

La articulación anterior de los sujetos que tienen potestad para formalizar contratos del sector público en tres círculos (sector público, poderes adjudicadores y Administraciones públicas), fue objeto de reproche durante largo tiempo como señala BARRIO ANDRÉS «por las inseguridades y dudas que generaba y por no haber puesto fin a la práctica de eludir controles y fiscalización por los entes públicos»[420].

A este hecho se sumaba asimismo la problemática generada por las encomiendas de gestión a entidades instrumentales. Según el TRLCSP, los contratos celebrados por medios propios en ejecución del encargo no eran considerados contratos administrativos, sino privados y adjudicados por un poder

418 *Ibidem*, pp. 387-388.

419 *Ibidem*. pp. 387-388.

420 *Vid.* MOISÉS BARRIO ANDRÉS, *La huida del Derecho Administrativo y sus nefastas consecuencias para las Administraciones Públicas*, cit., p. 5.

adjudicador, con las particularidades que ello implicaba y a pesar de que el destinatario final de las actuaciones era la Administración que realizaba la encomienda de gestión[421].

2. Inversión de la tendencia. Regreso al Derecho administrativo

A. La influencia del Derecho europeo

Autores como SÁNCHEZ MORÓN defienden que el fenómeno de la huida del Derecho administrativo se encuentra en un proceso de transformación, hasta el punto de que podría hablarse de un cierto «retorno del Derecho administrativo»; sin excluir, en todo caso, toda aplicación del Derecho privado por las entidades del sector público y, por otra parte, porque no resulta posible determinar si nos encontramos ante un cambio irreversible[422]. Uno de los cambios que muestran dicha tendencia de retorno al Derecho administrativo es consecuencia de la aplicación del Derecho comunitario, al mismo tiempo que otro de los cambios ha sido originado por las medidas de reacción frente a la crisis económica y la necesidad de respetar los principios de estabilidad presupuestaria y sostenibilidad financiera[423].

Repasando de manera breve la evolución histórica de las reacciones frente a la huida del Derecho administrativo, los primeros indicios pueden encontrarse en las directivas europeas en el ámbito de la contratación pública de 1992 y 1993, que definían «los organismos de Derecho público como todos aquellos entes u organismos dotados de personalidad jurídicas y creados para satisfacer necesidades de interés general que no tengan carácter industrial o mercantil, cuya actividad este mayoritariamente financiada por una Administración u otro organismo público, o bien estén sometidos a supervisión de una u otro, o bien tengan órganos de administración, supervisión o

421 *Vid.* JOSÉ PASCUAL GARCÍA, *La huida del Derecho Administrativo, del Presupuesto y de los controles financieros por los nuevos entes del sector público*, cit., p. 122. Así, la disposición adicional vigésimo quinta TRLCSP disponía que «Las relaciones de las sociedades del grupo TRAGSA con los poderes adjudicadores de los que son medios propios instrumentales y servicios técnicos tienen naturaleza instrumental y no contractual, articulándose a través de encomiendas de gestión de las previstas en el art. 24.6 de esta Ley, por lo que, a todos los efectos, son de carácter interno, dependiente y subordinado» y posteriormente que «A los efectos de la aplicación de la presente Ley, las sociedades integradas en el grupo TRAGSA tendrán la consideración de poderes ad- judicadores de los previstos en el art. 3.3».

422 *Vid.* MIGUEL SÁNCHEZ MORÓN, *El retorno del Derecho administrativo*, cit., p. 48.

423 A estas dos causas se ha referido CARMEN CHINCHILLA MARÍN, *El Derecho de la UE como freno a la huida del Derecho administrativo*, cit., pp. 361- 383.

dirección cuyos miembros sean nombrados en su mayoría por el Estado, una administración territorial u otro organismo público»[424].

A consecuencia de la falta de adecuación entre las disposiciones de Derecho comunitario y la legislación española en materia de contratos de 1995, el Tribunal de Justicia de la Unión Europea dictó varias sentencias contra España declarando tal incumplimiento (así, la SSTJUE de 15 de marzo de 2003, Comisión/España (C-214/00), de 16 de octubre de 2003, Comisión/España (C-283/00, sobre adjudicación de contratos por la sociedad estatal SIEPSA) y 13 de enero de 2005, Comisión/España (C-84/03)). A consecuencia de dichas sentencias, habría de modificarse la Ley de Contratos de las Administraciones Públicas de manera sucesiva en 2003 y 2005 para incluir como poderes adjudicadores de contratos públicos sujetos a aquella ley también a las entidades consideradas como organismos de Derecho público por las directivas, aunque se tratara de sociedades mercantiles, entidades púbicas empresariales u otras sometidas a derecho privado[425].

Posteriormente, la Ley 30/2007, de 30 de octubre, de Contratos del Sector Público, incluiría en su ámbito de aplicación la consideración como «poderes adjudicadores» de contratos públicos a todos aquellos entes que cumplieran los requisitos establecidos por las directivas incluso aun en el caso de que no tuvieran la condición de Administraciones públicas o de entes u organismos públicos conforme al Derecho interno. Sin embargo, la regulación se limitaba, al igual que la anterior, a los procedimientos de adjudicación de los contratos sujetos a regulación armonizada que superaran determinados umbrales económicos. Para el resto de los casos, la Ley tan solo exigía que sometieran su actividad a los principios de publicidad, concurrencia, transparencia, confidencialidad, igualdad y no discriminación y a la aprobación de instrucciones internas sobre el procedimiento de contratación para garantizar tales principios.

La Ley 30/2007, además, mediante la introducción del recurso especial en materia de contratación, supuso el reconocimiento de la interposición de un recurso administrativo contra decisiones adoptadas por sociedades mercantiles de capital público y fundaciones públicas. De este modo, y mediante la posible impugnación de las resoluciones de los tribunales administrativos de recursos contractuales, la jurisdicción contencioso-administrativa podía controlar también, de manera indirecta, una parte de la actuación de aquellas sociedades y fundaciones[426].

---

424 Directiva 92/50/CEE, sobre adjudicación de los contratos públicos de servicios, Directiva 93/36/CEE, sobre adjudicación de los contratos públicos de suministros, y Directiva 93/37/CEE, sobre adjudicación de los contratos públicos de obras.

425 *Vid.* MIGUEL SÁNCHEZ MORÓN, *El retorno del Derecho administrativo*, cit., pp. 49-50.

426 La LJCA de 1998 disponía en su art. 2.b) la extensión del orden jurisdiccional contencioso-administrativo al conocimiento de las cuestiones relacionadas con «los actos de preparación y adjudicación de los demás contratos [no administrativos] sujetos a la legislación de contratación de las Administraciones Públicas». Además permitía enjuiciar en vía con

Este retorno al Derecho administrativo, como señala SÁNCHEZ MORÓN, puede predicarse igualmente de la regulación del sistema europeo de cuentas nacionales y regionales (SEC-2010), aprobado por el Reglamento (UE) 549/2013, del Parlamento Europeo y del Consejo, de 21 de mayo de 2013. Mediante su aprobación, se deduce implícitamente que tan solo puede justificarse la regulación mediante disposiciones de Derecho privado en relación con aquellas actividades que consisten en la producción de bienes y servicios para el mercado, pero no en lo que se refiere a la prestación de servicios públicos, el ejercicio de potestades públicas o la realización de cualesquiera funciones materialmente públicas y financiadas total o mayoritariamente con recursos públicos[427].

Finalmente, dicha influencia del Derecho de la Unión Europea puede advertirse asimismo en la legislación sobre transparencia y acceso a la información pública. La ley 19/2013, de 9 de diciembre (LTBG), integra en su ámbito de aplicación a las sociedades mercantiles con más del 50 por cierto de su capital público, a las fundaciones del sector público y a las asociaciones constituidas por administradores, organismos y entidades públicas. Este conjunto de entidades dispone de obligaciones de publicidad activa establecidas en la ley y son sujetos pasivos del derecho de acceso a la información.

B. Principales manifestaciones del retorno al Derecho administrativo

Por otra parte, tal y como señala SÁNCHEZ MORÓN, la crisis económica y la subsiguiente aprobación de los principios de sostenibilidad financiera y estabilidad presupuestaria han repercutido asimismo en el retorno hacia el Derecho administrativo. Además del proceso de supresión, fusión y transformación de entidades del sector público en los distintos niveles territoriales como consecuencia de la crisis económica, igualmente la nueva legislación ha dispuesto que se evite la creación de nuevas entidades y, particularmente, de preferencia por las formas de organización y de gestión de los servicios basados en el Derecho administrativo[428]. Este proceso, en opinión del autor, resulta lógico, puesto que una de las mayores dificultades de la huida del Derecho administrativo radica precisamente en el control del gasto público.

Esta tendencia se manifiesta en la legislación aprobada durante los últimos años. Así, la Ley 27/2013, de 27 de diciembre, de racionalización y sostenibilidad de la Administración Local (LRSAL), que ha modificado la Ley de

tenciosa los actos de los concesionarios de servicios públicos que supusieran el ejercicio de potestades administrativas, dejando la concreción de esta posibilidad en manos de la legislación sectorial correspondiente, que no ha desarrollado este supuesto.

427 *Vid.* MIGUEL SÁNCHEZ MORÓN, *El retorno del Derecho administrativo*, cit., p. 52.

428 *Ibidem.* p. 54

Bases de Régimen Local, cuyo artículo 85 tan solo permite hacer uso de la gestión de servicios públicos locales mediante entidades públicas empresariales locales o de sociedades mercantiles locales «cuando quede acreditado mediante memoria justificativa elaborada al efecto que resultan formas más sostenibles y eficientes», siendo la gestión directa por la propia entidad local o por un organismo autónomo dependiente de ella, «para lo que deberá tenerse en cuenta los criterios de rentabilidad económica y recuperación de la inversión».

Igualmente, la Ley 40/2015 expresa esta misma preferencia por las formas de gestión de Derecho administrativo. Así se desprende del artículo 87.4, que establece requisitos específicos para el caso de que un organismo autónomo se pretenda transformar en una entidad pública empresarial o sociedad mercantil o cuando una entidad pública empresarial se quiera transformar en sociedad. Al mismo tiempo, el artículo 114.1 impone, en el caso de creación de una sociedad mercantil estatal, que se justifique «que la forma jurídica propuesta resulta más eficiente frente a la creación de un organismo público u otras alternativas de organización». En el caso de las fundaciones, resulta necesario determinar cuáles son los recursos económicos de los que dispondrá. De este modo, la Ley 40/2015 dispone de una serie de obstáculos que serán de aplicación a las nuevas creaciones de entes del sector público estatal bajo forma privada.

Finalmente, resulta importante señalar que también las comunidades autónomas han aprobado su propia legislación de reordenación o reestructuración del sector público, predominando asimismo las medidas de disolución o extinción de entidades privadas del sector público o su transformación en otro tipo de entidades, así como el establecimiento de los limites jurídicos a que deben atenerse en materia presupuestaria y de control, de personal y de contratación, entre otras.

Por otra parte, además de las consecuencias derivadas de las disposiciones comunitarias y de las aprobadas a consecuencia de la crisis económica, también ha existido una voluntad por parte del legislador que provoca el retorno al Derecho administrativo. Así se demuestra de la regulación establecida sobre la «responsabilidad de Derecho privado», contenida en el artículo 35 LRJSP, que determina que «cuando las Administraciones públicas actúen, directamente o a través de una entidad de derecho privado, en relaciones de esa naturaleza, su responsabilidad se exigirá directamente a la entidad de derecho privado a través de la cual actúa la Administración o a la entidad que cubra su responsabilidad». Es decir, la LRJSP determina que será de aplicación el régimen de responsabilidad patrimonial de Derecho administrativo cundo la Administración actúe a través de una entidad de Derecho privado, aun cuando la responsabilidad pueda exigirse directamente de esta[429].

429 La jurisprudencia contencioso-administrativa ya había reconocido este principio. Puede verse en la STS, 3a, de 8 de marzo de 2011 (recurso n.° 1306/2010), que reconoce la competencia del orden jurisdiccional contencioso-administrativo y la aplicación del régimen

Finalmente, otro de los ejemplos puede encontrarse en la modificación de la disposición adicional 16.ª de la Ley General de Subvenciones, que opera la disposición final 7.ª de la LRJSP. Desde su aprobación, las fundaciones del sector público estatal tan solo pueden conceder subvenciones cuando así lo haya autorizado de manera expresa el Ministerio y órgano al que se adscriben. Al mismo tiempo, corresponde a la Administración que la financie en mayor medida el establecimiento de las bases reguladoras de la subvención, de modo que a las fundaciones tan solo les restan las funciones de gestión respecto a las subvenciones.

Tal y como señala Gamero Casado, este proceso de retorno al Derecho administrativo puede advertirse igualmente en la Ley 39/2015, de 1 de octubre, del Procedimiento Administrativo Común de las Administraciones Públicas. Así se desprende, en primer lugar, de su artículo 2.2.b), que declara sujetas al ámbito de aplicación de la ley a las entidades de Derecho privado vinculadas o dependientes de las Administraciones públicas cuando ejerzan potestades administrativas. Es decir, mediante esta disposición se ha producido una extensión del alcance del Derecho administrativo sobre un criterio funcional, de manera que será aplicable cuando los entes privados ejerzan algún tipo de función identificada como jurídica-administrativa[430].

Como señala el autor, parte de la doctrina ha considerado este precepto como negativo al permitir a entidades privadas el ejercicio de potestades administrativas. Sin embargo, Gamero Casado señala que se trata de una innovación que debe celebrarse al menos por tres razones: la primera porque supone que debe establecerse una adecuada delimitación previa del concepto de potestad administrativa, como concepto dentro del Derecho administrativo español que tradicionalmente ha gozado de gran indefinición. La nota intrínseca de la potestad es su ejecutividad, es decir, su capacidad para desplegar efectos unilateralmente, pero no su ejecutoriedad, de manera que no se exige necesariamente que sea desfavorable o que se encuentre el ciudadano en una posición de sujeción[431]. Como presupuesto básico para la realización del precepto contenido en el artículo 9.2 LPAC, en opinión de Gamero Casado resulta necesario distinguir entre las potestades que suponen el ejercicio de autoridad o *imperium* y las que no, al igual que ya se produce dicha distinción en el TREBEP respecto de las funciones que pueden ser desempeñadas por funcionarios públicos y personal laboral.

---

de responsabilidad patrimonial de Derecho administrativo a la Sociedad Estatal Correos y Telégrafos. Otros ejemplos pueden encontrarse en Encarnación Montoya Martín, *Las empresas públicas sometidas a derecho privado*, Marcial Pons, Madrid, 1996, pp. 541-553.

430 *Vid.* Eduardo Gamero Casado, «¿El "retorno" al Derecho administrativo?: manifestaciones en las leyes de procedimiento, régimen jurídico y contratos del sector público», *Revista Española de Derecho Administrativo*, n.º 189, enero-marzo 2018, pp. 14-17.

431 *Ibidem.* pp. 14-17.

En segundo lugar, existen desde hace largo tiempo ejemplos en el ordenamiento jurídico español de transferencias del ejercicio de potestades administrativas por parte de la Administración a sus medios propios, incluso cuando se trata de personificaciones jurídico-privadas, siempre que su ejercicio se siga sometiendo al Derecho administrativo. Así se desprende asimismo de la revisión de dichos actos de aplicación ante el orden jurisdiccional contencioso-administrativo, tal y como dispone el artículo 2.d) de la Ley 29/1998, reguladora de la jurisdicción contencioso-administrativa. Finalmente, cabe señalar este precepto como positivo puesto que, frente a las tradicionales clasificaciones de orden subjetivo que han pretendido la adecuación entre la forma de personificación y el régimen jurídico de las entidades, se ha demostrado que el único criterio posible para realizar dicha clasificación es el funcional, es decir, atendiendo a la naturaleza de la actividad desempeñada para atribuirle el régimen jurídico que le es propio.

Además de estas características positivas, cabe señalar asimismo algunas deficiencias que se advierten en la LPAC. En primer lugar, la regulación hace necesaria la identificación clara de las potestades administrativas existentes; es decir, la elaboración de un catálogo o listado de potestades administrativas con el que se pueda identificar adecuadamente cuándo se trata de una potestad administrativa y, por tanto, debe quedar sometida al Derecho administrativo. En opinión de Gamero Casado, esta labor se puede ver facilitada por los catálogos de procedimientos administrativos, elaborados a partir de la obligación de publicar la relación de procedimientos administrativos que establecía ya la Ley 30/1992 y que se encuentra recogido actualmente en el artículo 21.4 LPAC[432].

En segundo lugar, la verificación del cumplimiento del artículo 2.2.b) LPAC debe corresponder en todo caso a la jurisdicción contencioso-administrativa. Este es uno de los grandes defectos de que adolece la ley en opinión del autor, pues considera que el orden civil no puede ser competente para conocer la impugnación de los actos, ya que este no ha sido concebido para controlar el respeto de los principios que presiden la actuación de los poderes públicos ni las normas del procedimiento administrativo común[433].

Finalmente, el texto que mejor representa el fenómeno de retorno al Derecho administrativo es la Ley de Contratos del Sector Público. El artículo 3 de dicha ley determina cuál será el ámbito subjetivo de aplicación, estableciendo que tienen la consideración de Administraciones públicas los consorcios, así como otras entidades públicas que, reuniendo las condiciones para ser considerados poder adjudicador, no se financien mayoritariamente con

432 *Vid.* Eduardo Gamero Casado, *¿El «retorno» al Derecho administrativo?: manifestaciones en las leyes de procedimiento, régimen jurídico y contratos del sector público*, cit., pp. 17-22.

433 *Ibidem.* pp. 17-22.

ingresos de mercado, es decir, que no tengan la consideración de productor de mercado conforme al Sistema Europeo de Cuentas. Es decir, que aquellos contratos formalizados por consorcios u otras entidades públicas y que se encuentren regulados por la Ley de Contratos del Sector Público serán contratos administrativos. Igualmente se predica este hecho respecto de las fundaciones que se consideran poderes adjudicadores.

Por otra parte, el artículo 26 LCSP agrupa los contratos privados del sector público en cuatro categorías distintas, a cada uno de los cuales será de aplicación un régimen jurídico diferenciado. Pueden encontrarse así los siguientes tipos de contratos:

- Contratos privados que celebren las Administraciones públicas (artículo 26.1 LCSP), es decir, los que no son contratos administrativos. Estos contratos se regirán, en primer lugar, por sus normas específicas; a continuación, por las reglas de preparación y adjudicación contenidas en el libro II y, supletoriamente, por el resto de normas de Derecho administrativo o, en su caso, de Derecho privado según corresponda por razón del sujeto o entidad contratante.
- Dentro de los anteriores, tal y como dispone el artículo 26.2, en su párrafo segundo, los concretos contratos privados relacionados en los números 1 y 2 del artículo 25.1.a), cuyos actos separables se someten al libro I.
- Los contratos privados que celebren los poderes adjudicadores que no son Administraciones públicas (PANAP). Tal y como dispone el artículo 26.3 LCSP, estos contratos se rigen por lo dispuesto en el artículo 318, que diferencia el régimen jurídico en función del objeto y de la cuantía, pero sometiéndose en todo caso a reglas públicas de contratación.
- Los contratos que celebre el resto de entidades del sector público (inclusive las fundaciones, fondos sin personalidad jurídica y sociedades mercantiles), es decir, todos aquellos sujetos del sector público que no son poderes adjudicadores. En este caso se trata de contratos estrictamente privados, no sujetos a regulación armonizada, que se rigen por lo dispuesto en los artículos 321 y 322 LCSP. Dentro de esta categoría se incluyen todos aquellos contratos formalizados por sociedades mercantiles del sector público que no tengan la condición de poderes adjudicadores, un conjunto de sujetos que gestiona un elevado volumen de contratación.

Por otra parte, el diseño de los medios de revisión y control de los actos separables de los contratos privados del sector público demuestra asimismo este fenómeno de retorno al Derecho administrativo. Tal y como dispone el artículo 41 LCSP, los actos separables de todos los contratos privados del sector público, sea cual sea la forma de personificación de la entidad que actúa, son susceptibles de revisión de oficio mediante los procedimientos que se encuentran establecidos en los artículos 106 y siguientes de la LPAC; es decir, declaración de nulidad o declaración de lesividad. Lo novedoso es que incluye en el ámbito de los actos separables todos aquellos dictados por entidades del sector público que tengan forma de personificación jurídico-privada[434].

Al mismo tiempo, el mismo artículo 41 en su apartado segundo califica como actos administrativos los actos separables de los contratos privados de todas las entidades del sector público, sea cual sea su forma de personificación. En opinión de GAMERO CASADO, se trata de una previsión que asombra, puesto que rompe (o cuando menos, resquebraja), el elemento conceptual del acto administrativo que lo vincula necesariamente con una Administración pública. En cualquier caso, se trata de una vía de control importante por parte de las entidades matrices sobre el conjunto de entidades que de ella dependan, de manera que se han incrementado las posibilidades de fiscalización y tutela[435].

Este retorno al Derecho administrativo se aprecia asimismo en el régimen de recursos en vía administrativa diseñado para los actos separables de todos los contratos del sector público, incluso los adoptados mediante formas de personificación jurídico-privadas, en su tráfico puramente industrial o mercantil, tal y como dispone el artículo 44.6 LCSP. Su párrafo primero determina la vía de impugnación de los contratos privados de las Administraciones públicas, de manera que en función del órgano administrativo que dicte el acto separable cabrá el recurso de reposición o recurso de alzada. En el caso de que se trate de contratos formalizados por poderes adjudicadores que no sean Administración pública, el párrafo segundo dispone lo que la doctrina ha denominado recurso de alzada impropio, como medio de control que se articula con carácter general en el Derecho administrativo en supuestos de ejercicio de potestades o funciones públicas por entidades instrumentales o por particulares ejercientes de funciones públicas.

En tercer lugar, en el caso de que se trate de contratos privados que celebre el resto de sujetos del sector público, tal y como dispone el artículo 321.5 LCSP, se articula igualmente un recurso de alzada impropio. En opinión de GAMERO CASADO, esto constituye una innovación absolutamente revolucionaria en el contexto del Derecho administrativo contemporáneo. Finalmente, el artículo 27.1 ha producido una unificación jurisdiccional de los actos separables de los contratos privados de todo el sector público en el orden contencioso-administrativo, de manera que ha proporcionado mayor seguridad jurídica[436].

---

434 *Vid.* EDUARDO GAMERO CASADO, *¿El «retorno» al Derecho administrativo?: manifestaciones en las leyes de procedimiento, régimen jurídico y contratos del sector público*, cit., p. 21.

435 *Ibidem.* pp. 21-22.

436 *Vid.* EDUARDO GAMERO CASADO, *¿El «retorno» al Derecho administrativo?: manifestaciones en las leyes de procedimiento, régimen jurídico y contratos del sector público*, cit., p. 21.

De este conjunto de innovaciones legislativas se desprende la convicción de que el sector público ha de someterse a reglas y principios propios de actuación, con independencia del tipo de personificación bajo la que actúa para intervenir en el tráfico jurídico y económico. Así lo ejemplifica asimismo la sustitución del término «Administración pública» de manera progresiva por «sector público». La consecuencia fundamental que se deriva de este conjunto de procesos es la consolidación del fenómeno de retorno al Derecho administrativo, de manera que se ha establecido un punto de inflexión respecto de la tendencia que se venía manifestando en el ordenamiento jurídico español al menos desde la segunda mitad del siglo pasado.

Por otra parte, tal y como señala SÁNCHEZ MORÓN, a raíz de estas transformaciones debe ponderarse si tiene sentido el mantenimiento de la personalidad jurídica privada de determinadas entidades puramente instrumentales. En opinión del autor, quizá sería más lógico «distinguir con toda claridad, incluso a efectos de la organización del sector público u otras entidades, de las actividades de gestión de bienes y de contratos públicos o de prestación de servicios públicos o similares, que son actividades públicas por esencia»[437]. Esta es precisamente la línea de demarcación que parece advertirse en el Derecho europeo.

Debe tenerse en cuenta asimismo la persistencia de una serie de problemas en el seno de las Administraciones públicas, como es el excesivo formalismo de los procedimientos de selección de personal, la inexistencia de un sistema de carrera profesional que se base de manera efectiva en el mérito y la capacidad, la imposibilidad de establecer un sistema retributivo que tenga en cuenta el desempeño de los empleados y la situación económica y financiera de la entidad de que se trate. De este modo, cuando el Derecho administrativo no es capaz de ofrecer respuesta a las importantes transformaciones sociales que se producen, la huida hacia el Derecho privado de la organización es un fenómeno difícil de contener.

El retorno al Derecho administrativo puede definirse como un efecto positivo en cuanto a las garantías de igualdad, transparencia y control de los recursos públicos que demandan cada vez más los ciudadanos. Pero, al mismo tiempo, debe venir acompañado de un conjunto de reformas que mejoren la eficacia de la actuación administrativa.

437 *Vid.* MIGUEL SÁNCHEZ MORÓN, *El retorno del Derecho administrativo*, cit., pp. 65-66.

CAPÍTULO VI

DE LA ADMINISTRACIÓN PRESTADORA DE SERVICIOS A LA ADMINISTRACIÓN GARANTE

La ideología del servicio público produjo la consolidación del Estado proveedor de servicios públicos, de manera que cumple las funciones que el ordenamiento jurídico le asigna mediante los organismos y medios que tiene a su disposición, ya sea de manera directa por la propia Administración o por un conjunto de organismos de ella dependientes, sometidos bien al Derecho público o al Derecho privado, junto a los colaboradores de la Administración pública en forma de arrendatarios o concesionarios, sin perjuicio de que sea ésta quien retenga la titularidad de dichos servicios públicos.

Mientras que la relación tradicional entre la Administración pública y las empresas y particulares se puede enmarcar dentro de lo que el Derecho administrativo tradicional denomino «policía», mediante un complejo aparato administrativo sancionador que asegurara que dichas entidades cumplieran sus fines sociales y económicos, la relación del Estado con la economía ha cambiado radicalmente a partir de las dos últimas décadas del siglo XX. En este contexto, muchas empresas sufrieron un proceso de privatización, al mismo tiempo que se producía la liberalización de determinados servicios públicos.

La consecuencia fundamental de ambos procesos ha sido un cambio radical de modelo en la prestación de servicios públicos, de manera que éstos no dependen ya de manera exclusiva de las decisiones de la Administración pública y sus recursos, sino también del comportamiento de las empresas privadas que en la actualidad desarrollan actividades de utilidad pública[438].

---

438 *Vid.* Santiago Muñoz Machado, *Tratado de Derecho administrativo y Derecho público general, tomo XIV «La actividad regulatoria de la Administración»*, Boletín Oficial del Estado, Madrid, 2015, pp. 23-49.

En este contexto, el Estado debe garantizar que dichas prestaciones se prestan en beneficio de los ciudadanos, a pesar de que no sea el que las proporcione de manera directa. Al mismo tiempo, se exige a los entes privados que prestan servicios públicos no solo que eviten comportamientos que puedan atentar contra el interés general, sino que asimismo se ha impuesto una exigencia positiva de mantener prestaciones que son irrenunciables para la distribución equitativa de los recursos disponibles y el mantenimiento del Estado del bienestar.

De este modo, la evolución de la Administración pública se produce desde una situación en la que se sitúa como prestadora directa de determinados servicios públicos a otra en la que asume una función garante, «vigilante del comportamiento de los mercados para que los operadores respeten la competencia y las regulaciones públicas establecidas en normas, programas o directivas de actuación formuladas por los poderes públicos competentes para asegurar la salvaguardia de los intereses generales y el cumplimiento, en su caso, de las misiones de servicio público que se les confíen», tal y como señala Muñoz Machado[439].

Así, la función reguladora adquiere una importancia fundamental, y ya no es entendida como el poder de dictar normas, sino como la capacidad de la que dispone la Administración de dictar todos los instrumentos que tiene a su servicio para orientar el funcionamiento de los mercados hacia la competencia e imponer obligaciones de servicio público a los operadores, de manera que permita compatibilizar la búsqueda de la rentabilidad y el beneficio por parte de los operadores privados con el mantenimiento del interés general que debe proporcionarse a los ciudadanos. De esta manera, no solamente ha cambiado el paradigma sobre el que funciona la Administración, sino también en lo referido a los instrumentos que ésta va a utilizar.

De este modo, tal y como ha señalado la doctrina alemana, la deriva que ha adoptado el Derecho administrativo de nuestro tiempo se traduce en que alrededor de la idea de regulación pueden ordenarse sistemáticamente todas las instituciones que explican las relaciones de la Administración con los ciudadanos, ya sean económicas y sociales. Asimismo, «el Derecho administrativo debe centrar su foco de atención en el mantenimiento del equilibrio de las relaciones entre el Estado y la sociedad y la delimitación del papel que deben desempeñar los poderes públicos en relación con los derechos de los ciudadanos»[440].

Tal y como señala Muñoz Machado, la evolución desde una Administración pública prestadora directa de servicios hacia una reguladora y garante de los mismos, no implica una mayor despreocupación del Estado respecto al contenido y calidad de las prestaciones que reciben los ciudadanos para

439 *Ibidem.*

440 *Vid.* Santiago Muñoz Machado, *Tratado de Derecho administrativo y Derecho público general, op. cit.*, pp. 23-49.

asegurar la satisfacción de sus necesidades y el nivel de vida[441]. Por el contrario, las actividades de regulación y garantía implican una actividad más intensa por parte de los órganos administrativos en lo que se refiere al establecimiento de normas y al control ejercido sobre todos los operadores, económicos o sociales, que desarrollan actividades de utilidad pública.

Al mismo tiempo, dicho cambio de paradigma tampoco debe entenderse como una eliminación total de los servicios públicos prestados de manera directa por la Administración, puesto que se han mantenido todos aquellos que se encuentran vinculados a las prerrogativas del poder público y aquellos que se sustentan sobre criterios sociales y de solidaridad. En definitiva, el paradigma de la regulación no ha eliminado la intervención y prestación por parte del Estado tradicionalmente articulados, a pesar de que su relevancia sí que se haya reducido.

En opinión de MUÑOZ MACHADO, tampoco puede aceptarse como axioma que el Estado regulador haya desplazado totalmente al Estado gestor. A pesar de que los poderes públicos han abandonado muchas posiciones ganadas como empresarios en diferentes sectores de la economía, en el marco de los procesos de liberalización y privatización acontecidos desde las dos últimas décadas del siglo XX, se ha conservado una importantísima posición como propietario, como gestor de empresas industriales (como aquellas que se encuentran integradas en la SEPI o en la Dirección General del Patrimonio del Estado) y como responsable de prestadores de servicios sociales cuyo peso en la economía nacional es enorme[442].

SELZNICK ofrece una definición acerca del concepto de regulación como «un control prolongado y localizado, ejercitado por una agencia pública, sobre una actividad a la cual una comunidad atribuye relevancia social»[443]. Por tanto, la función regulatoria no se limita en exclusiva a producir disposiciones de regulación, sino que implica una actividad continua de seguimiento a través de la utilización de poderes de distinto signo: algunos de carácter normativo, pero otros con carácter de supervisión, ordenación o de resolución de controversias, así como la utilización de la potestad sancionadora.

1. Justificación de la función reguladora desde una perspectiva económica

En cuanto a las causas que justifican la regulación por parte de las Administraciones públicas, se trata de un ámbito intelectual que ha sido amplia-

441 *Ibidem.* pp. 23-49.

442 *Ibidem.* p. 27.

443 *Vid.* PHILIP SELZNICK, «Focusing Organizational Research on Regulation», en la obra colectiva *Regulatory Policy and the Social Sciences*, dirigida por ROBERT G. NOLL, Berkeley, University of California Press, 1985, p. 363.

mente estudiado por los economistas. Así, en opinión de MUSGRAVE, la intervención del Estado en la economía se justifica puesto que interviene para actuar cuando verifica la incapacidad del mercado para lograr niveles de crecimiento económico y empleo altos y estables o cuando el mercado no puede dar lugar a distribuciones de la renta y la riqueza acordes con los niveles de equidad socialmente deseados, o cuando se producen asignaciones ineficientes de los recursos entre los posibles usos alternativos.

En este sentido, la primera de las razones clásicas esgrimidas por los economistas para explicar dicha intervención reside en que esta es la mejor manera de asegurar el suministro suficiente de bienes públicos. Al mismo tiempo, existen determinados servicios de carácter económico (energía, comunicaciones, educación, o sanidad, entre otros), que se prestan en razón a la demanda y que pueden estar abiertas tanto a la prestación por parte de entidades privadas como a entidades públicas. En el caso de que sean entes privados los que ostenten su titularidad o los gestionen, al tratarse de servicios necesarios para la seguridad, la calidad de vida o la cohesión social, así como encontrarse implicados los intereses públicos en la garantía de su existencia y nivel de prestación, se justifica una regulación intensa de los mismos[444].

Por otra parte, se encuentra el caso de los monopolios naturales, cuya gestión puede estar encomendada a empresas nacionalizadas de manera que se asegure la neutralidad y la transparencia en la prestación de los servicios, o permitir su prestación mediante sujetos privados, pero en todo caso asegurando la utilización de las mismas y la prestación de servicios por parte de los poderes públicos. Asimismo, otra de las teorías clásicas que justifica la intervención es la de la competencia imperfecta frente a la creencia por parte de un sector de la economía que defiende que el mercado puede por sí mismo ordenar los intereses de operadores y consumidores al mismo tiempo que garantiza la competencia. En todo caso, como han señalado la escuela austriaca o la de Chicago, tampoco puede asegurarse de manera fehaciente que la intervención del Gobierno vaya a tener más éxito que el mercado, lo que en todo caso exigiría evaluar los fallos del regulador[445].

Otra serie de argumentos que justifican la intervención por parte de los poderes públicos alude a la eliminación de conductas anticompetitivas, particularmente en aquellos sectores de reciente liberalización, así como el problema de la información asimétrica o los mercados incompletos que no son capaces de suministrar un bien o servicio a pesar de que el coste del suministro sería inferior al que los individuos están dispuestos a pagar. Y, en fin,

---

444 *Vid.* SANTIAGO MUÑOZ MACHADO, *Tratado de Derecho administrativo y Derecho público general*, *op. cit.*, p. 29.

445 *Vid.* ANTONIO ÁVILA DÍAZ, RICARDO TORRES GAITÁN, «La intervención del Estado en la vida económica», *Investigación económica*, vol. 43, n.° 170, 1984, pp. 353-369.

cabe referirse igualmente al problema del riesgo moral, que son todos aquellos supuestos en los que personas aseguradas encuentran incentivos para provocar o dejar que se produzca el hecho cubierto por el seguro.

Una vez analizadas las justificaciones que pueden originar la intervención del Estado en la economía a través de la función de regulación cabe analizar cuáles son los objetivos perseguidos por dicha regulación. El fin tradicionalmente esgrimido y el que más importancia tiene es la garantía de los intereses públicos en beneficio de la colectividad. Sin embargo, el concepto de interés general presenta unos contornos poco precisos, y parte de las teorías economicistas como la Escuela de Chicago han criticado no solamente la existencia de empresas públicas, sino también la amplitud de la regulación, puesto que esta no siempre persigue los intereses generales y su comportamiento se ve motivado por el deseo de permanecer en el poder. En muchas ocasiones, los grupos de interés presionan al poder público para que este adopte una determinada regulación que les beneficie, de manera que en estos casos el objetivo primario no es preservar el interés general.

En opinión de MUÑOZ MACHADO, siguiendo la clasificación realizada por BREYER y STEWART, los problemas que en todo caso la función de regulación ha de resolver son los siguientes:

- La necesidad de controlar el poder de los monopolios por parte del poder público regulador que permita que las infraestructuras sean utilizadas para prestar servicios en competencia por todos aquellos que estén interesados.
- La necesidad de controlar los beneficios inesperados resultantes de cambios súbitos en algunos precios. Esta situación puede beneficiar a operadores privados que cuentan con grandes reservas de determinados productos, como ejemplifica el caso del petróleo, y que en estas situaciones ofrecen a precios desmesurados.
- La corrección del incremento de los costes que se imponen a empresas de manera que sus productos no reflejen el mayor coste en su producción. Así resulta de la fabricación de determinados productos sujetos a las estrictas normas anti-contaminación.
- La compensación de la información inadecuada por parte de los operadores privados en lo relativo a la calidad, garantías frente a productos defectuosos, información sobre precios, etc.
- La necesidad de evitar la competencia desleal entre operadores privados, lo que se produce fundamentalmente en circunstancias en las que un determinado mercado no puede asumir el sostenimiento de un gran número de empresas, de manera que la intervención por parte del poder público debe asegurar la supervivencia del número de empresas idóneo.

2. La definición de la función de regulación

Tal y como señala LAGUNA DE PAZ, «los administrativistas siempre han estado a la búsqueda de un criterio que dé razón del conjunto de la actuación pública»[446]. «La horizontalidad del concepto de regulación es útil, en la medida en que permite trazar una frontera clara respecto a la actividad de ejecución. Sin embargo, tampoco puede desconocerse su carácter puramente subordinado y, por tanto, sujeto a un pleno control de legalidad, como ponen de manifiesto los avances en el control de la discrecionalidad administrativa»[447].

A. El concepto amplio de regulación

Señala MUÑOZ MACHADO que la regulación comprendería «la totalidad de la actuación del Estado en relación con la sociedad, o en aplicaciones más limitadas, referidas a la ordenación y garantía de los derechos económicos y sociales»[448]. Frente a lo que ha ocurrido en el Derecho continental, donde el análisis sobre el cambio de paradigma de la Administración prestadora a garante se ha realizado esencialmente por juristas, en países como Estados Unidos, la racionalización de la intervención pública se ha llevado a cabo más por economistas. Esta diversidad ha provocado que la regulación pueda entenderse como un concepto amplio, de manera que aparece como un «concepto pluridisciplinar y jurídicamente confuso»[449].

Este concepto amplio de regulación existe asimismo en Europa, particularmente referido al ámbito económico, para contraponerlo a las normas generales de defensa de la competencia[450]. Esta concepción amplia de la regulación entendida como el conjunto de normas e intervenciones jurídicas a la que queda sujeta la actividad económica pondera factores tan diversos como el número de normas, la complejidad o reiteración de procedimientos administrativos, el volumen del sector público, etc.[451] Sin embargo, tal y

446 *Vid.* JOSÉ CARLOS LAGUNA DE PAZ, «Regulación, externalización de actividad administrativas y autorregulación», *Revista de Administración Pública*, n.º 185, Madrid, mayo-agosto 2011, p. 93.

447 *Ibidem.* p. 93.

448 SANTIAGO MUÑOZ MACHADO, *Tratado de Derecho Administrativo y Derecho Público General*, vol. IV, Iustel, Madrid, 2011, pág. 500.

449 *Vid.* ANDRÉS BETANCOR, *Regulación: Mito y Derecho*, Thomson Reuters-Civitas, Madrid, 2010, p. 31.

450 *Ibidem.* p. 24.

451 *Vid.* JOSÉ ESTEVE PARDO, «La regulación de la economía desde el Estado garante», en la obra colectiva *La autonomía municipal, administración y regulación económica, títulos académicos y profesionales*, Actas de la Asociación Española de Profesores de Derecho Administrativo. Congreso 2007 (Santander), p. 14.

como señala ESTEVE PARDO, por su propia amplitud es un concepto del todo inoperante para los juristas, pues abarca el conjunto de la actividad e intervención jurídica. Se trata por lo demás de una concepción con una marcada orientación cuantitativa: más o menos regulación, más o menos intervención administrativa.[452]

B. El concepto estricto de regulación

Como señala ESTEVE PARDO, una concepción más precisa y por tanto más operativa de la regulación, es la que circunscribe al tratamiento y corrección de los llamados fallos del mercado. De este modo, «la regulación se proyectaría sobre aquellos sectores y espacios de la actividad económica en los que el mercado no despliega plenamente sus mecanismos y efectos»[453].

Dicha concepción más estricta y operativa de la regulación permite incidir en aquellos aspectos que limitan u obstaculizan el juego del mercado y establecer unas fórmulas de estímulo que activen en lo posible los mecanismos propios del mercado y la libre competencia[454]. Es precisamente este concepto estricto sobre la regulación el que se proyecta sobre los procesos de liberalización que se han producido durante los últimos años.

Otra de las diferencias fundamentales que se produce en el concepto de regulación radica en la concepción que sobre la misma tiene la doctrina dependiendo del área en que nos encontremos. Así, en el caso de los Estados Unidos, su cultura jurídica supone que la regulación tiene un carácter originario, constitutivo y muy amplio, hasta hacer de la regulación esencialmente la base de su Derecho administrativo. Frente a ello, en la Europa continental la regulación se circunscribe a un espacio más o menos determinado, es decir, sobre la pérdida o abandono de la titularidad pública de determinados servicios que hasta ese momento se encontraban gestionados de manera directa por parte de la Administración.

De este modo, la regulación en Europa, tal y como señala ESTEVE PARDO, se configura con tres rasgos que la diferencian de su originaria configuración

452 Esta es la concepción que se mantiene en muchos informes o análisis generales. Uno de ellos, el informe de la OCDE de abril del 2005, «Product Market Regulation in OECD Countries», en el que se recogen todo tipo de indicadores, desde el número de normas hasta las cargas fiscales, pasando por el volumen del sector público. Los resultados se cuantifican y en su caso se comparan.

453 *Vid.* JOSÉ ESTEVE PARDO, *La regulación de la economía desde el Estado garante*, cit., p. 15

454 En ciertos sectores de lo que se trata es de diferenciar las fases, como en el sector de la energía: generación, transporte y distribución en las que el sector se organiza para introducir la competencia y los mecanismos de mercado en las fases en que resulte operativo; en otras fases, se produce el monopolio natural o en las que se producen otros fallos del mercado, será necesaria la intervención de los poderes públicos.

en el sistema norteamericano[455]. En primer lugar, se trata de una regulación sobrevenida, que se añade al acervo ya existente por parte de los poderes públicos, de manera que introduce instrumentos y formulas novedosas. Al mismo tiempo, es una regulación que tiene como objetivo principal la desactivación de un modelo de ordenación económico tradicional en Europa, de manera que puedan separarse las funciones de regulación y las de gestión, quedando atribuidas a instancias distintas. En tercer lugar, además, se proyecta sobre todo la regulación en una serie de sectores y servicios tradicionalmente situados bajo la titularidad pública y que por imperativos inexcusables del Derecho europeo se entregan al mercado en régimen de libre competencia. De este modo, se evoluciona desde servicios públicos a sectores económicos regulados.

3. Las potestades administrativas de regulación

El hecho de que la Administración pública haya dejado de ser la única proveedora de servicios en el marco del Estado social y democrático de Derecho ha provocado que sea necesario el desarrollo de nuevas técnicas que permiten el control de las actividades realizadas por las empresas en la prestación de servicios públicos con el objetivo de garantizar el interés general. Estas nuevas potestades administrativas de regulación pueden consistir bien en disposiciones regulatorias o en decisiones o actos administrativos, de manera que sobre la función de regulación se proyectan todas las clases de potestades que el ordenamiento jurídico reconoce a las Administraciones públicas para la satisfacción de las misiones de interés general que tienen confiadas[456].

Asimismo, las potestades administrativas de regulación presentan una serie de características particulares. La primera de ellas es que el conjunto de organismos que tienen confiada dicha regulación generalmente están dotados de un régimen de especialización e independencia respecto de los órganos de la Administración general. Al mismo tiempo, dentro de esta función de regulación normalmente pueden participar los mismos operadores sobre los que se ejerce dicha regulación. Finalmente, cabe señalar que las potestades de regulación son sumamente amplias y se encuentran concentradas en determinados órganos administrativos. A su vez, éstas se desenvuelven en el marco de una amplia discrecionalidad administrativa, lo que hace especialmente importante asegurar la previsibilidad de las decisiones y de la transparencia de manera que los potenciales afectados puedan contar con garantías suficientes.

---

455 *Vid.* José Esteve Pardo, *La regulación de la economía desde el Estado garante*, cit., p. 26.

456 *Vid.* Santiago Muñoz Machado, *Tratado de Derecho administrativo y Derecho público general*, *op. cit.*, p. 54.

Como ya se ha señalado anteriormente, el hecho de que en la actualidad se pueda reconocer que se ha producido un cambio de paradigma desde una Administración pública prestadora directa de servicios a otra garante no supone que ésta haya abandonado todos los servicios públicos que tradicionalmente proporcionaba, puesto que se siguen manteniendo importantes servicios en las áreas económicas y, especialmente, en el ámbito social por la importancia para el interés general y la cohesión social sobre los que se fundamentan dichos servicios. De este modo, antes de acordar la externalización o la participación privada en la prestación, debe determinarse qué servicios se reservan a la Administración pública.

En el ordenamiento jurídico español, dicha decisión ha de partir de lo dispuesto en el artículo 128.2 de la Constitución, que encomienda esta elección al legislador. De este modo, la regulación de los servicios públicos se refiere, en primer lugar, a la reserva de la titularidad pública de los mismos o a permitir el desarrollo de las actividades de utilidad pública correspondientes por entidades de base privada.

Así, MUÑOZ MACHADO señala que, en el primer caso, las decisiones regulatorias se extienden a la organización y gestión de los servicios de titularidad pública, mientras que en el segundo supuesto se refiere a la ordenación de la actividad privada en términos satisfactorios para los intereses generales y el bienestar de los ciudadanos[457].

Por otra parte, la función de regulación ejercida por la Administración pública pretende mantener o eliminar la posibilidad de que existan derechos sobre algunos bienes o actividades. En virtud del mencionado artículo 128.2 CE, el Tribunal Constitucional ha remarcado en su jurisprudencia que el reconocimiento en la Constitución de los derechos de propiedad y empresa no garantiza también que puedan recaer sobre cualquier actividad u objeto. Estos derechos de los particulares pueden encontrarse sometidos a una serie de limitaciones de manera que, al mismo tiempo, se garanticen los intereses y derechos del resto de la colectividad. Estas limitaciones normalmente vienen impuestas por medio de la autorización administrativa, aunque también existe la posibilidad de que produzcan la total supresión de un determinado derecho, lo que generará consecuencias indemnizatorias a favor de su titular.

Una de las novedades señaladas por MUÑOZ MACHADO en cuanto a la función de regulación es la que se refiere a la resolución de conflictos entre entidades privadas o ciudadanos particulares[458]. Así, autores como PARADA VÁZQUEZ han observado que la legislación sectorial atribuía a órganos administrativos la facultad de arbitrar conflictos entre particulares, lo que ha sido conocido como «actividad arbitral de la Administración». Mediante la función de regulación, dicha actividad arbitral se ha visto reforzada y se ha con-

457 *Ibidem.* p. 55.

458 *Ibidem.* p. 57.

vertido en una manifestación normal de su actividad. Esta extensión de la actividad arbitral ha provocado asimismo lo que se conoce como administrativización de las garantías de los derechos.

A. Potestades de organización administrativa: la independencia de los sujetos reguladores

La función de regulación puede caracterizarse como una función esencialmente administrativa, de manera que aparece separada respecto de la función legislativa y ejecutiva, lo que en opinión de MUÑOZ MACHADO «supone un progreso de las garantías frente a las decisiones del regulador, pues estas pueden ser sometidas a control y revisadas de manera más amplia»[459]. A pesar de que tradicionalmente la función de regulación ha sido ejercida por los órganos ordinarios de la Administración, en el caso particular de sectores económicos, se ha generalizado la fórmula de encomendar dicha tarea a agencias u organismos independientes.

El fundamento de la independencia de dichos organismos radica en que, de no producirse tal separación, los organismos públicos se situarían en una posición de dominio que resulta incompatible con la competencia, de manera que se produciría una situación de desigualdad que discriminaría a los operadores privados. Esta separación entre órganos reguladores y operadores de mercados se advierte particularmente en sectores como el de las telecomunicaciones, así como en el de los ferrocarriles, energía electrónica o servicios postales. Así se encuentra justificado asimismo en el ámbito comunitario, cuyo *Libro Verde* sobre las telecomunicaciones de 1987 lo justifica así: «en un entorno más abierto a la competencia, las administraciones de las telecomunicaciones no pueden, al mismo tiempo, ejercer la potestad reglamentaria y participar en el mercado. Esto es ser al mismo tiempo juez y parte».

B. Transparencia de los procedimientos

Uno de los más directos antecedentes en materia de transparencia de los procedimientos puede encontrarse en la aprobación en Estados Unidos de la *Freedom of Information Act* de 1966, que supuso la apertura de los archivos de las agencias al público y la creación de procedimientos ejecutivos para lograr el acceso. En el ordenamiento jurídico español, dichas obligaciones se encuentran reguladas para el conjunto de las Administraciones públicas, sin que haya particularidades relevantes para el caso de los organismos reguladores.

---

459 *Vid.* SANTIAGO MUÑOZ MACHADO, *Tratado de Derecho administrativo y Derecho público general*, *op. cit.*, p. 60.

Así, el acceso por parte de los ciudadanos a los archivos y registros se encuentra recogido primeramente en la Constitución española, tal y como dispone el artículo 105.b) CE. Sin embargo, ha sido más recientemente cuando se han aprobado disposiciones legislativas en materia de transparencia; así, la Ley 19/2013, de 9 de noviembre, de Transparencia, Acceso a la Información Pública y Buen Gobierno, que refuerza una regulación ya apuntada en la legislación de procedimiento y de régimen jurídico de las Administraciones públicas[460].

El principio de transparencia abarca muy variadas manifestaciones. En primer lugar, supone la publicación en diarios y boletines y otros instrumentos de publicidad de determinadas resoluciones, informes o documentos de acuerdo con lo que establezca la legislación. Por otra parte, además de esta información de carácter general se encuentra el derecho de información particular, que es aquel que se da dentro de un procedimiento administrativo o el relativo al acceso a la información contenida en archivos y registros. En el primero de los casos, la Ley 40/2015 reconoce los derechos de los ciudadanos a conocer en cualquier momento el estado de la tramitación de los procedimientos en los que tengan la condición de interesados y obtener copias de los documentos, así como a identificar a las autoridades y al personal al servicio de las Administraciones bajo cuya responsabilidad se tramiten los procedimientos (artículo 35.a).

Por otra parte, el acceso a los archivos y registros, que se encuentra recogido en el artículo 105.b) CE, se configura como un derecho de los ciudadanos cuyo objeto son los registros y documentos que obren en los archivos administrativos, cualquiera que sea la forma de expresión, grafica o sonora o en imágenes o el tipo de soporte material en el que figuren. Existe en todo caso una serie de excepciones atendiendo al interés general, así como otras con el objetivo de preservar los derechos del resto de los ciudadanos.

Tal y como señala MESTRE DELGADO, el artículo 105.b) constituye «la expresión del principio de transparencia en la actuación de las Administraciones públicas, que sirve, en definitiva, para completar la garantía jurisdiccional del control pleno de la actuación administrativa, fomentando la significación del principio participativo, consustancial con el principio democrático. La consideración del carácter prestaciones de las Administraciones públicas y su dependencia última respecto de los ciudadanos, a quienes debe servir en el Estado Social de Derecho, subrayan el vigor constitucional de aquel principio»[461]. Además, su justificación en nuestro orden constitucional deriva «como consecuencia necesaria del principio de control pleno de la actuación administrativa».[462]

460 *Ibidem.* p. 67.

461 *Vid.* JUAN FRANCISCO MESTRE DELGADO, «Consideración introductoria sobre el derecho de acceso a registros y archivos administrativos», *Revista Crítica de Derecho Inmobiliario*, n.° 653, julio-agosto 1999, pp. 1.435-1.454.

462 *Ibidem.* pp. 1.435-1.454. Así lo ha reconocido el Tribunal Constitucional desde sus inicios, en un principio relacionado con la actividad de las Asambleas Legislativas, si bien sus razonamientos son aplicables al ámbito de la Administración (STC 136/1989, de 19 de julio).

En todo caso, las obligaciones de transparencia e información recogidas en la Ley 19/2013 implican una doble perspectiva; por una parte, la obligación de publicidad activa, que consiste en proporcionar toda la información cuyo conocimiento sea relevante para garantizar la transparencia de la actividad de los organismos obligados y su control[463]. Esta información abarca aquella que sea de relevancia jurídica y económica, las directrices, instrucciones, acuerdos, circulares o respuestas a consultas o los anteproyectos de leyes y reglamentos, entre otros. Además, la Ley ha creado un organismo específico para velar por el cumplimiento de dichos extremos: el Consejo de Transparencia y Buen Gobierno.

C. Instrumentos regulatorios de carácter normativo procedentes del sector privado

a. La normalización

La reglamentación es uno de los instrumentos de los cuales se sirve la función regulatoria para disciplinar un determinado sector. Una de las prácticas más radicalmente innovadoras, tal y como señala MUÑOZ MACHADO, en el ámbito de las Administraciones públicas, es la utilización de normas de origen privado en las que se especifican las características técnicas, de seguridad, calidad, medioambientales y otras a que deben atenerse las empresas y sus productos[464]. Tradicionalmente, este conjunto de reglamentaciones se encontraba encomendado a las propias Administraciones, así como la verificación de que los operadores privados efectivamente las cumplían.

Sin embargo, este cambio de perspectiva supone encomendar a organizaciones privadas no solo la fijación de normas técnicas a las que ha de atenerse cualquier operador, es decir, una función de normalización, así como otras referentes a la homologación, verificación, supervisión o control de que las actividades desarrolladas por los particulares se acomodan a aquellas normas. El cambio fundamental hacia dicho paradigma se producirá en el ordenamiento jurídico español mediante la aprobación de la Ley de Industria de 16 de julio de 1992, cuya exposición de motivos subraya que «en el campo de la seguridad industrial tienen una especial importancia las actividades de normalización, homologación y certificación», al mismo tiempo que reconoce que «el incremento y complejidad de las mismas en todos los países industrializados ha supuesto que estas funciones hayan pasado en gran parte a ser desarrolladas por entidades colaboradoras de las Administraciones públicas y laboratorios privados».

---

463 *Vid.* SANTIAGO MUÑOZ MACHADO, *Tratado de Derecho administrativo y Derecho público general*, *op. cit.*, p. 69.

464 *Ibidem.* p. 70.

Estos organismos de normalización no solamente se han desarrollado en el ámbito nacional, sino que se ha producido asimismo una proliferación de los mismos en el ámbito internacional. Así, por ejemplo, se encuentra la International *Federation of the Standardizing Association*, que es el predecesor de la actual International *Organization por Standardization*. Asimismo, en el ámbito europeo, el problema particular que se pretende superar mediante la normalización por parte de operadores privados son los obstáculos que pueden impedir el comercio intracomunitario, resultado de la existencia de reglamentaciones técnicas dispares aprobadas por cada uno de los Estados miembros. De este modo, no solamente se eliminarán las restricciones cuantitativas a la importación o exportación, sino asimismo las medidas de efecto equivalente definidas en el asunto Dassonville como «toda reglamentación comercial de los Estados miembros susceptible de obstaculizar, directa o indirectamente, actual o potencialmente, el comercio intracomunitario».

Este proceso de normalización en el ámbito de la Unión Europea se ha traducido finalmente en un proceso de armonización, que la sentencia Cassis de Dijon determinó que debía basarse sobre la confianza recíproca entre Estados miembros. De este modo, los pilares sobre los que va a sustentarse la función de normalización en el ámbito europeo son los siguientes: en primer lugar, las exigencias mínimas de seguridad serán determinadas por las instituciones europeas; en segundo lugar, se remiten a las especificaciones técnicas elaboradas por los organismos europeos de normalización bajo mandato de la Comisión.

Tal y como señala MUÑOZ MACHADO, el éxito de esta política de normalización producirá un paso siguiente hasta la consolidación del «enfoque global» que «consiste en una serie de alternativas con las que los empresarios y fabricantes podrán acreditar más fácilmente en lo sucesivo el cumplimiento de las especificaciones obligatorias establecidas en las directivas de nuevo enfoque. Esta acreditación se hará en el marco de procedimientos denominados módulos de certificación de conformidad»[465].

Este procedimiento de normalización ha provocado una conexión entre el reglamento público y la norma privada, que se produce de dos maneras. En primer lugar, ésta puede producirse mediante la remisión que realiza el reglamento público a una concreta norma privada ya existente, que identifica concretamente. Por otra parte, se puede producir asimismo dicha remisión, pero no hacia lo que establezca una norma privada concreta ya dictada, sino a una norma y a sus posibles modificaciones futuras.

Uno de los ámbitos en los que la normalización ha tenido más importancia es en el sector industrial. Si la normalización puede definirse como el proceso destinado a elaborar unos elementos de referencia comunes, para ordenar

465 *Vid.* SANTIAGO MUÑOZ MACHADO, *Tratado de Derecho administrativo y Derecho público general*, *op. cit.*, p. 70.

los diferentes comportamientos o actividades que se presentan de manera repetitiva en las relaciones sociales, tal y como señala ÁLVAREZ GARCÍA, aplicando dicho concepto al mundo industrial, «tendremos que la normalización industrial es el proceso destinado al establecimiento de las normas que rigen la actividad industrial, en tanto que parámetros o criterios que van a tener que ser respetados por los productos o por sus fabricantes para poder ocupar un sitio en el mercado»[466].

Además, «en la medida en que el fomento de la normalización industrial presenta tan importantes efectos para el interés general, trascendente del de los agentes económicos y sociales individualmente considerados, resulta absolutamente lógico que los poderes públicos, en cuanto garantes de dicho interés general, tengan mucho que decir en este tema»[467].

Los principales problemas jurídicos que suscitan estas operaciones han sido examinados por MUÑOZ MACHADO. Así:

- La remisión rígida produce el efecto de que reglas contenidas en una norma privada pasen a una reglamentación pública, con todos los efectos jurídicos que ello comporta. La única objeción de importancia es que no pueden servir para excluir de la tramitación que las leyes imponen al ejercicio por la Administración de la potestad reglamentaria de parte del contenido de un reglamento.
- Las remisiones flexibles pueden considerarse como verdadera cesión del poder reglamentario para entregárselo a un organismo privado, lo que tradicionalmente se ha denominado delegación. La cuestión, por tanto, es la de concretar si estas operaciones son admisibles de acuerdo con la Constitución y las leyes. Tal y como dispone la Ley 40/2015, debe partirse de la base de que la competencia es irrenunciable, y tiene que ser ejercida por los órganos que la tienen atribuida como propia, salvo que las leyes autoricen su delegación o avocación. Este artículo se completa por lo dispuesto en la Ley del Gobierno, que establece que no pueden delegarse las competencias «atribuidas directamente por la Constitución», entre las cuales cabe incluir la potestad reglamentaria.

En todo caso, la atribución legal de potestades normativas a los sujetos privados plantea un problema desde el punto de vista constitucional: determinar si la Constitución permite que pueda encomendarse la potestad de dictar normas vinculantes a los particulares. MUÑOZ MACHADO señala que la

466 *Vid.* VICENTE ÁLVAREZ GARCÍA, «Introducción a los problemas jurídicos de la normalización industrial: normalización industrial y sistema de fuentes», *Revista de Administración Pública*, n.º 147, septiembre-diciembre 1998, pp. 307-316.

467 *Ibidem. Introducción a los problemas jurídicos de la normalización industrial: normalización industrial y sistema de fuentes*, cit., pp. 307-316.

objeción de que los organismos privados, particularmente las agencias independientes, presentan un déficit de legitimación democrática no es argumento suficiente para excluir dicha posibilidad. En este sentido, la Constitución no se opone a que pueda realizarse dicha encomienda a los sujetos privados; así, por ejemplo, el artículo 37.1 CE en relación con los convenios colectivos.

D. Principios jurídicos referidos a las potestades

La regulación se define como una potestad administrativa, de manera que su utilización puede provocar tanto efectos favorables para los ciudadanos como establecer una serie de limitaciones a la actuación de los mismos. En el caso de que la potestad imponga limitaciones, la función de regulación deberá atenerse a los principios constitucionales, así como al respeto de las garantías de los derechos de los ciudadanos. Esto supone, en primer lugar, que cualquier decisión regulatoria de carácter limitativo debe tener un amparo suficiente en la legalidad. Asimismo, la jurisprudencia ha reiterado una serie de principios que deben ser tenidos en cuenta a la hora de ejercer dicha potestad, entre los que se encuentran los de interpretación restrictiva de las normas limitadores, la proporcionalidad[468] y la utilización de medios restrictivos de las libertades tan solo cuando no exista otra medida que suponga menores perjuicios a los particulares.

Uno de los problemas más reiterados es la posibilidad de que las disposiciones regulatorias sean sustituidas, lo que provoca una afectación a los operadores del mercado. En este sentido, la antigua Comisión Nacional de la Competencia publicó en 2008 unas «Recomendaciones a las Administraciones Públicas para una regulación de los mercados más eficiente y favorecedora de la competencia» donde incluía una serie de principios como la necesidad y proporcionalidad, mínima distorsión, eficacia, transparencia y predictibilidad. De acuerdo con estas disposiciones, la función regulatoria debe incluir determinadas prácticas como la concreción de los objetivos que se pretende con una determinada regulación, el sometimiento de los proyectos a consulta pública, la coordinación interadministrativa o el establecimiento de reglas derogatorias claras que aporten seguridad jurídica.

468 Puede verse la STC 37/1981 de 16 de noviembre, donde se establece que «la apreciación de en que medida la ley ha de contemplar situaciones distintas que sea procedente diferenciar y tratar desigualmente o, desde otra perspectiva, que no deben ser tratadas igualmente, queda con carácter general confiada al legislador. Pero tal valoración tiene unos límites, ya que no puede dar lugar a un resultado que vaya contra derechos y libertades reconocidos en la Constitución ni en general contra cualquier precepto o principio de la misma». El desarrollo de estos principios se encuentra en la sentencia del Tribunal de Justicia de la Unión Europea de 13 de mayo de 2003 (Asunto C-463/00), Comisión v. España.

4. Una tendencia particular: la autorregulación regulada

La autorregulación, tal y como señala DARNACULLETA GARDELLA, es un término utilizado «para describir ciertas manifestaciones de la participación, de la negociación entre Administraciones y particulares, y del aumento de la capacidad de decisión y de autoorganización de los sujetos privados que operan en el mercado»[469]. La autorregulación provoca un proceso de publificación del régimen jurídico de subsistemas sociales no integrados en el Estado, es decir, un proceso de administrativización de la sociedad.

En cuanto a las causas que han impulsado este proceso de autorregulación cabe señalar, en primer lugar, la progresiva pérdida de soberanía estatal, entendida como la capacidad de los poderes públicos para adoptar determinadas decisiones. Por otra parte, se ha producido, asimismo, en opinión de DARNACULLETA GARDELLA, un proceso de deslegitimación del Estado social como el único garante y proveedor de la justicia social. De este modo, se ha producido la proliferación de nuevas posiciones como las neoliberales, que propugnan la búsqueda de soluciones alternativas y una tendencia hacia la desreglamentación y la disminución de controles administrativos, lo que crea una situación favorable para que emerja la autorregulación regulada[470]. Finalmente, la autorregulación se explica asimismo por «la pérdida de legitimación de la Administración pública, basada en su autoridad técnica y en el criterio de la racionalidad legal»[471].

El aumento de la capacidad de influencia de determinados sectores sobre los poderes públicos ha provocado la correlativa disminución del poder de éstos. De este modo, se ha producido un aumento tanto cualitativo como cuantitativo del poder social[472]. La proliferación de sujetos, grupos y organizaciones privadas que influyen sobre las decisiones de los poderes públicos ha aumentado, afectando a la soberanía estatal al mismo tiempo que se intensifica su capacidad de influencia sobre el conjunto social.

469 *Vid.* MARÍA MERCÈ DARNACULLETA GARDELLA, *Derecho administrativo y autorregulación: la autorregulación regulada*, Universidad de Girona, 2002, p. 24

470 *Ibidem.* p. 26

471 *Ibidem*, p. 26

472 Este aumento del poder social es manifiesto, tal y como señala JOSÉ ANTONIO MARINA, «La indecencia del poder», en la obra colectiva *Ética de la comunicación audiovisual*, dirigida por ENRIQUE BONETE PERALES, Tecnos, Madrid, 1999, p. 257, donde establece que, «según una encuesta reciente de Le Monde, el 64 por ciento de las personas preguntadas estiman que el mayor poder lo detentan los mercados financieros, que aventajan a los políticos (52 por 100) y a los medios de comunicación (50 por 100). Suponiendo que esto fuera verdad, la situación ofrecería un aspecto bueno y otro malo. El bueno: no hay poderes absolutos. El malo: que los poderes no representativos —economía y medios— están en mayoría».

A este proceso de autorregulación han contribuido de manera especial los fenómenos de globalización y europeización. Particularmente este último, puesto que las principales líneas de regulación y el establecimiento del principio de corresponsabilidad entre la sociedad y el Estado, en cuanto a la satisfacción de los fines públicos, han surgido esencialmente en el marco de las iniciativas de la Unión Europea[473]. Mientras que la globalización y la europeización han afectado al ámbito de la soberanía externa del Estado, se ha producido al mismo tiempo un proceso de neocorporatismo que ha afectado a su soberanía interna. Por este término se entiende «la presencia hegemónica de corporaciones en una sociedad»[474], siendo desarrollado desde el inicio del capitalismo industrial y la transformación de la empresa individual en grandes empresas, así como por la burocratización del Estado.

Tal y como señala DARNACULLETA GARDELLA, de la organización corporativa de la sociedad se establece una relación con las ofertas de participación que ofrecen los poderes públicos a los operadores privados[475]. Estas ofertas de participación, sin embargo, «generan a su vez nuevas demandas y con ello se produce una especie de contaminación entre los intereses públicos y privados, una contractualización de la actividad y de la organización administrativa que comporta muchas veces una difuminación de responsabilidades, una quiebra del principio democrático y un alejamiento de los intereses generales»[476].

473 Las iniciativas de la Unión Europea relacionadas con la autorregulación, que originariamente tenían carácter puntual, finalmente han cristalizado en un conjunto de prácticas globales mediante las cuales se pretende la mejora de la capacidad de regulación de los poderes públicos. Así, ejemplifican esta tendencia el Libro Blanco sobre la Gobernanza Europea [DOCE C 287, de 12 de octubre de 2001, pp. 1 y ss.] y el Dictamen del Comité Económico y Social sobre el tema «Simplificación» [publicada en el DOCE C 48, de 21 de febrero de 2002, pp. 134 y ss.].

474 Según SALVADOR GINER y MANUEL PÉREZ YRUELA, «Sobre el origen, naturaleza y modalidades del corporatismo», en la obra *El corporatismo en España* dirigida por SALVADOR GINER y MANUEL PÉREZ YRUELA, Ariel Sociologia, Barcelona, 1988, pp. 23 y ss., «los rasgos del corporatismo clásico pueden sintetizarse en las siguientes notas: la representación los intereses de la sociedad civil debían canalizarse a través de cámaras, asociaciones o sindicatos funcionalmente especializados, únicos en su ámbito de actuación y coordinados a través de órganos colegiados; en este sistema no existía la libertad de asociación y era obligatoria la pertenencia a las agrupaciones que representaban monopolísticamente los distintos intereses sociales; la composición del Parlamento, cuando existía, solía responder a criterios estamentales, gremiales y corporativos y tenía un papel secundario en el sistema político; los administradores del Estado pertenecían a un partido único o a las asociaciones monopolísticas existentes; finalmente, era destacable el direccionismo estatal de la economía y potenciación del nacionalismo estatal».

475 *Vid.* MARÍA MERCÈ DARNACULLETA GARDELLA, *Derecho administrativo y autorregulación: la autorregulación regulada*, cit., p. 40.

476 Según BERTRAND BADIE y PIERRE BIRNBAUM en «Sociología del Estado: nuevas interpretaciones», *Revista Internacional de Ciencias Sociales*, n.° 140, 1994, p. 195: «el corporatismo instaura en el centro del Estado una gestión casi privada de intereses públicos, una confusión creciente que acompaña la interpenetración cada vez más importante de los ámbitos

Finalmente, el aumento de las demandas sociales a causa de la complejidad de la estructura y del entramado sociopolítico ha generado una mayor complejidad técnica de los ámbitos de intervención estatal. Asimismo, «la especialización que requiere la realización de muchas actividades ha provocado la creación de numerosos subsistemas sociales cada vez más organizados y especializados. De este modo, el Estado se encuentra, así, desbordado por la realidad que le envuelve, por falta de control sobre su entorno, por falta de conocimiento y por la imposibilidad de penetrar en unos subsistemas cada vez más opacos y encapsulados en su propia autorreferencialidad»[477].

A. Sujetos y estructuras de autorregulación

La autorregulación remite, en todas sus manifestaciones, a la sociedad[478]. De este modo, el elemento más significativo de la autorregulación es su remisión a una serie de subsistemas sociales o instituciones privadas que no se integran en el Estado.

a) Estructuras simples o primarias de autorregulación

El primer nivel de autorregulación lo constituyen las organizaciones privadas como empresas y asociaciones que se dotan voluntariamente de códigos de conducta y que controlan su cumplimiento. Estos sujetos tienen una personalidad jurídico-privada. Existe al mismo tiempo una identificación entre los sujetos que aprueban las normas y los que realizan los controles sobre su cumplimiento.

Esta autorregulación de los sujetos privados puede realizarse de muy diversas formas. En primer lugar, adoptando los controles necesarios para minimizar determinados riesgos, mediante la aplicación de buenas prácticas o normas técnicas que les ayuden a conseguir sus objetivos o mediante la adopción de códigos de conducta que regulan los fines, los objetivos y los valores que guían su actividad.

b) Estructuras complejas o secundarias de autorregulación

El segundo nivel de autorregulación lo constituyen las organizaciones profesionales especializadas en la producción y en el control de normas técnicas

públicos y privados que ponen en peligro las fronteras del Estado y su existencia misma, ya que esta imbricación amenaza con reducir su independencia dejando penetrar cada vez más en su seno a los "intrusos" de la sociedad en general».

477 Esta línea explicativa se encuentra desarrollada, entre otros, por Niklas Luhmann, *Teoría política en el Estado de Bienestar*, Alianza Editorial, 1997.

478 *Vid.* María Mercè Darnaculleta Gardella, *Derecho administrativo y autorregulación: la autorregulación regulada*, cit., p. 481.

entre las que se encuentran los organismos de normalización, entidades de certificación, organismos de control, auditores y verificadores. La función que cumplen dichas estructuras puede calificarse de instrumental, en cuanto cumplen una función de soporte a la autorregulación empresarial y, por otra parte, facilitan la regulación y el control público de la autorregulación[479].

Este conjunto de entidades puede actuar «bien como mandatarias de la Administración, pero actuando en nombre de los particulares o bien como delegados de la Administración, ejerciendo en nombre propio competencias cuya responsabilidad o titularidad sigue en manos de la Administración»[480].

c) Estructuras difusas de autorregulación

A la clasificación anterior, añade DARNACULLETA GARDELLA una tercera categoría que denomina «estructuras difusas» para referirse a la autorregulación «que tiene lugar en subsistemas técnicos o en instituciones en las que resulta difícil identificar una estructura organizativa definida y resulta también complejo identificar los concretos destinatarios de la autorregulación»[481]. Este es precisamente el caso que se da en Internet, donde los sujetos que integran la comunidad virtual son los que realizan la autorregulación, de manera que puede hablarse de la creación de un nuevo tipo de sociedad, conocida como «sociedad de la información»[482]. La autora alude a otro ejemplo donde puede

---

479 *Ibidem.* p. 487.

480 Según HEINRICH TRIEPEL, *Delegation und Mandat im öffentlichen Recht*. Eine kritische Studie,W. Kohlhammer Verlag, Stuttgart, Berlín, 1942, pp. 23 y ss., la delegación, desde una perspectiva del Derecho público, es el acto jurídico mediante el cual el titular de una competencia -Estado, municipio o uno de los órganos estatales o locales- transfiere total o parcialmente dicha competencia a otro sujeto. Así, MARÍA MERCÈ DARNACULLETA GARDELLA señala que «en sentido estricto, la delegación comporta una pérdida de la competencia por voluntad de quien la cede y una atribución de la misma a quien la recibe. El delegante, necesariamente, tiene que estar en posesión de la competencia sobre la cual dispone, al tiempo que el delegado pasa a ejercerla como si se tratase de una competencia propia. En consecuencia, la delegación constituye una modificación del ordenamiento competencial establecido por el derecho objetivo y, por tanto, tienen que ser observada como acto de ordenación jurídica. En contraposición a la delegación, que comporta el ejercicio de la función delegada en nombre propio, el mandato significaría el ejercicio de una competencia ajena y, a diferencia de aquella -que exige un acto normativo de atribución-, dependería siempre de un negocio jurídico» (*vid. Derecho administrativo y autorregulación: la autorregulación regulada*, cit., pp. 487 y ss.).

481 *Vid.* MARÍA MERCÈ DARNACULLETA GARDELLA, *Derecho administrativo y autorregulación: la autorregulación regulada*, cit., p. 491.

482 La noción «sociedad de la información» no tiene una definición comúnmente aceptada por la doctrina. Se alude a ella cuando generalmente se hace referencia a las específicas relaciones sociales articuladas en torno a Internet, es decir, la creación de una sociedad virtual en paralelo a la «real». Pero al mismo tiempo, el término es también utilizado para destacar los rasgos de la sociedad actual, caracterizada por la preponderancia de la información y la interconexión, así como la utilización de nuevas tecnologías. Tal y como señala JOAN MAJÓ

encontrarse una estructura de autorregulación difusa, como es la existencia de grupos de interés formados por individuos y empresas que realizan una actividad común. Pero, en todo caso, el grado de autorregulación dependerá el grado de institucionalización de dicho grupo[483].

B. Principales instrumentos de autorregulación

Partiendo de la base de que los instrumentos utilizados para la autorregulación guardan paralelismo con otros que se desarrollan en el ámbito público, se pueden agrupar dichos instrumentos en dos grandes categorías: por una parte, la autorregulación declarativa, que es simular, en determinadas ocasiones, a la actividad autorizatoria y, en otros, a algunas actividades certificantes y de fomento de la Administración. Por otra parte, la autorregulación resolutiva, es decir, la imposición de sanciones disciplinarias y las resoluciones arbitrales, posee la misma esencia que la potestad sancionadora y la actividad arbitral de la Administración[484].

a) Instrumentos normativos

Los instrumentos normativos comprenden normas procedimentales que determinan cuál es la manera correcta de realizar una determinada actividad. Normalmente estas guías se concretan en reglas técnicas que se incluyen en códigos y manuales de buenas prácticas, protocolos y determinados procedimientos normalizados de trabajo. Frente a este conjunto de normas, las reglas éticas expresan los valores y principios asumidos como característicos de una determinada profesión y organización, así como la recopilación de aquellas conductas que se encuentran prescritas. De este modo, se califican como códigos deontológicos.

Estos códigos pueden abarcar desde la simple enumeración de los principios y valores por las que se rige una determinada institución, de manera que las personas que trabajan a su servicio manifiestan su compromiso de actuar de acuerdo con ellos, hasta incluir una relación de sanciones por su

en *Chips, cables y poder*, Planeta, Barcelona, 1997, p. 60, la noción de «sociedad de la información» se refiere tanto a la cantidad como la calidad de la información, así como la manera en que se produce su distribución. Castells también se expresa en este sentido al señalar la creación de una «sociedad red» para calificar la peculiar estructuración social actual, caracterizada por la interconexión múltiple y descentralizada de las diversas unidades o «nudos» que integran el sistema social. *Vid.* MANUEL CASTELLS, *La ciudad informacional. Tecnologías de la información, reestructuración económica y proceso urbano-regional*, Alianza, Madrid, 1995.

483 *Vid.* MARÍA MERCÈ DARNACULLETA GARDELLA, *Derecho administrativo y autorregulación: la autorregulación regulada*, cit., p. 492.

484 *Ibidem.* p. 493.

incumplimiento. En el primero de los casos, se produce una conexión indisoluble entre la ética y el Derecho y puede entenderse como una técnica de remisión a la autorregulación. En el segundo de los casos, el propio código puede contemplar asimismo el establecimiento de un órgano de vigilancia encargado de verificar el correcto cumplimiento de los valores y principios. Generalmente, estos códigos son elaborados por el mismo conjunto de personas que va a ser destinatario de dicha regulación.

Señala Darnaculleta Gardella que no todos los códigos éticos pueden englobarse dentro del concepto de autorregulación, puesto que idénticos fines y contenidos «tienen algunas normas aprobadas por los poderes públicos en el ejercicio de potestades normativas atribuidas por el ordenamiento, como es el caso de las leyes y reglamentos que regulan el estatuto de los profesionales de la Administración o de diversas organizaciones públicas»[485].

Dentro de los instrumentos normativos se encuentran también las normas técnicas aprobadas por un organismo de normalización. Puesto que generalmente este conjunto de disposiciones es aprobado por entes privados, se puede sostener que las normas técnicas son fruto de la autorregulación. Este conjunto de normas engloba una serie de especificaciones técnicas aprobadas mediante el consenso de las partes interesadas por un organismo de normalización. A pesar de que los entes privados que aprueban dichas certificaciones no gozan de potestad normativa, son considerados por la Administración como instrumentos útiles por la presunción de conformidad de las reglas técnicas aprobadas y, en ocasiones, por otorgar carácter vinculante a determinadas disposiciones mediante su integración en reglamentos o leyes administrativas.

Asimismo, dentro de los instrumentos normativos se encuentran también los manuales de buenas prácticas, que son aplicables a determinados profesionales con el objetivo de conseguir determinados fines. Estas disposiciones pueden encontrarse recogidas en códigos o documentos internos de trabajo y aquellos elaborados por las instituciones públicas responden a una acción pública de fomento de la autorregulación. Finalmente, se encuentran los protocolos y procedimientos normalizados de trabajo, que determinan las orientaciones a las que debe ajustarse la conducta de los trabajadores, siendo especialmente relevantes en el ámbito sanitario[486].

b) Instrumentos declarativos

Los instrumentos declarativos de autorregulación comprenden las actividades de certificación de las reglas técnicas o reglas éticas que son fruto de la autorregulación. De este modo, se caracterizan por ser controles de carácter preventivo y ofrecen información de particular interés tanto para el sector

485 *Ibidem.* p. 496.

486 *Ibidem.* pp. 496-500.

público como para el sector privado. Frente del carácter reglado que ofrece la comprobación de las disposiciones técnicas, no se desprende ese carácter de la comprobación del cumplimiento de las normas éticas.

En primer lugar, los instrumentos declarativos comprenden las declaraciones de autorregulación o autocertificación de conformidad a normas. En ambos casos se trata de una certificación voluntaria, pero poseen diverso alcance. En el caso de la autocertificacion de conformidad a normas, la misma posee una particular relevancia en el ámbito de los productos industriales, donde además gozará de una presunción de conformidad. En el caso de las declaraciones de autorregulación, imponen a los organismos la obligación de presentar periódicamente una declaración de la conformidad de la programación o actividad realizada con determinados valores y principios que han sido establecidos de manera previa por la legislación.

Dentro de la actividad declarativa se encuentran comprendidos asimismo los certificados técnicos emitidos por terceros, que permiten a los entes que se adhieren a ella comprobar el grado de cumplimiento de una serie de requisitos establecidos previamente y, al mismo tiempo, puede ofrecer un valor adicional de sus productos en caso de que dicha adhesión sea satisfactoria, particularmente importante por su proyección hacia consumidores y usuarios. A pesar de que la certificación puede ser voluntaria, en muchas ocasiones se impone como obligatoria de manera legal o reglamentaria, como es el caso del sometimiento de empresas industriales a determinadas condiciones técnicas de seguridad o de conformidad al respeto del medio ambiente.

En tercer lugar, se deben mencionar los sellos, etiquetas y marcas identificativas que aportan mayor grado de prestigio o reconocimiento en el mercado a la empresa o producto que la hace[487]. Es habitualmente la comprobación del cumplimiento de normas técnicas aprobadas por organismos de normalización la que comporta la concesión de este tipo de signos distintivos.

c) Instrumentos resolutivos de autorregulación.

La utilización de este tipo de instrumentos puede dar lugar a la imposición de sanciones, así como de resoluciones arbitrales. En el primero de los casos, «el ordenamiento jurídico reconoce la potestad disciplinaria a aquellos sujetos de quienes se presupone el conocimiento sobre las conductas correctas o incorrectas dentro de una organización»[488], ya sea en el ámbito público o en el privado. Merece especial atención la imposición de sanciones en el ámbito de los entes privados puesto que, a pesar de imponerse sobre el incumplimiento de las disposiciones de los códigos de conducta, debido a la inclusión en los mismos del principio de legalidad, acaban aplicando asimismo normas jurídicas.

487 *Ibidem.* p. 504.

488 *Ibidem.* p. 505.

Señala en este ámbito DARNACULLETA GARDELLA la dificultad de distinguir entre estos instrumentos «por el paralelismo existente entre las potestades sancionadoras atribuidas a los empresarios, a las asociaciones privadas de autocontrol, a los Colegios Profesionales y a las Administraciones Independientes, derivado de la especial relación existente entre quien impone la sanción y sobre quien esta recae»[489].

Finalmente cabe referirse a las resoluciones arbitrales como manifestación de la autorregulación regulada. El arbitraje consiste en la sumisión voluntaria de dos sujetos a la resolución de un terminado conflicto por parte de un tercero imparcial, excluyendo por tanto la resolución la vía judicial. Los elementos característicos que aluden a la autorregulación de este tipo de actividad pueden encontrarse en el carácter privado de los sujetos, la existencia previa de un convenio voluntario entre las partes, la formalización de dicho contrato entre partes y árbitro y, finalmente, por la autonomía de la voluntad de las partes. Al mismo tiempo, aquellas características que lo definen como autorregulación regulada son los siguientes: la imposición del respecto a determinados principios constitucionales, la imparcialidad y la resolución mediante laudo arbitral con efectos de cosa juzgada.

C. La relación entre la autorregulación y la regulación pública

Tal y como señala DARNACULLETA GARDELLA, el tránsito hacia el Estado social comporta una extraordinaria proliferación de nuevas formas de intervención directa y no coactiva[490]. De este modo, se produce una menor intervención por parte del Estado en la sociedad y la transformación de la regulación estatal directa e imperativa por otras formas de regulación. En este contexto, el Estado se encuentra en una encrucijada: es decir, «se combinan las teorías neoliberales y las demandas de adelgazamiento del Estado con el mantenimiento de los fines exigidos al Estado, de manera que se hace indispensable el recurso a la colaboración de los agentes sociales»[491].

Los objetivos fundamentales de la regulación pública de la autorregulación pueden sintetizarse en la simplificación y desintervención administrativa, por una parte, de manera que se limite la intervención directa por el Estado y, por otra, en alcanzar un elevado nivel de protección de determinados bienes públicos de particular relevancia como la salud, la seguridad o el medio ambiente. Junto a ello, se impone asimismo la corresponsabilidad de la sociedad en la disminución que ella misma genera. Esta responsabilidad

489 *Ibidem*, p. 506.

490 *Ibidem.* p. 544.

491 *Ibidem.* p. 546.

compartida se articula sobre tres principios fundamentales: en primer lugar, la responsabilidad compartida entre el Estado y sociedad en la protección de determinados bienes; a través de la imposición obligatoria de sistemas de autorregulación; y, finalmente, mediante técnicas de fomento de la autorregulación social, de manera que los particulares asuman su propia responsabilidad.

a) La atribución de efectos públicos a la autorregulación

Señala Darnaculleta Gardella la dificultad de determinar la atribución de efectos públicos a la autorregulación por la variedad de manifestaciones de este aspecto y la existencia de una gradación en su intensidad. De este modo, «en un extremo en ocasiones los efectos públicos de la autorregulación se identifican con aquellos que son propios de determinadas formas de actuación estatal; esto es, los efectos públicos de mayor intensidad que pueden atribuirse a los instrumentos de autorregulación serían equivalentes a los que son propios de un acto administrativo»[492]. Este hecho, a su vez, plantea la cuestión de si resulta necesaria su reconducción a la órbita de lo público al rebasar los límites conceptuales de la autorregulación.

Esteve Pardo, en función de los grados de aceptación de la autorregulación por parte de los poderes públicos, distingue los siguientes tipos de efectos: indiciarios, presuntivos, periciales, integradores, sustitutorios, transformadores y rescisorios[493]. Frente a esta clasificación, Darnaculleta Gardella sostiene que los efectos públicos de la autorregulación son: efectos habilitantes, probatorios (dentro de los cuales se agrupan los indiciarios, periciales y presuntivos), vinculantes y de cosa juzgada.

Los efectos habilitantes se presentan en el caso del régimen de la comunicación previa de actividades y en las actividades de las entidades de acreditación, puesto que habilitan a los particulares. En ocasiones, la acreditación pública o privada no tiene efectos habilitantes por sí misma, sino que para que estos se produzcan es necesaria la intervención por parte de la Administración mediante el otorgamiento de una autorización posterior[494]. Por su parte, los efectos probatorios pueden predicarse de todos los instrumentos de autorregulación. En el caso de los efectos indiciarios, estos se producen cuando un determinado instrumento de autorregulación se puede considerar un indicio para determinados organismos, como ocurre en el caso de certificados o marcas de calidad.

492 *Ibidem.* p. 573.

493 *Vid.* José Esteve Pardo, *Autorregulación: génesis y efectos*, Aranzadi editorial, 2002, pp. 127 y ss.

494 *Vid.* María Mercè Darnaculleta Gardella, *Derecho administrativo y autorregulación: la autorregulación regulada*, cit., p. 578.

En el caso de los efectos periciales, estos vienen constituidos por las normas técnicas, que pueden considerarse como un dictamen pericial anticipado. Al haberse establecido la presunción de validez y de adecuación de los certificados de conformidad a normas técnicas a los requisitos de seguridad establecidos, constituyen el fundamento normativo de la atribución de efectos presuntivos a determinados instrumentos declarativos de autorregulación. Por otra parte, los efectos vinculantes de los instrumentos se producen cuando se obliga a los particulares, ya sea mediante ley o reglamento, a que utilicen determinados instrumentos de autorregulación, como podría ser el caso de las Buenas Prácticas de Laboratorio. Finalmente, regulación pública de la autorregulación puede conllevar asimismo la atribución de efectos de cosa juzgada al laudo arbitral. A pesar de no ser comparable a una sentencia judicial, las remisiones mediante las cuales se atribuyen efectos vinculantes a normas de origen privado constituyen el más elevado grado de publificación de la autorregulación[495].

b) Consecuencias de la regulación pública de la autorregulación

Tal y como señala Darnaculleta Gardella, la regulación pública de la autorregulación posee un doble efecto[496]: sobre los instrumentos de policía, por una parte, y, por otra, sobre los instrumentos de autorregulación. Supone, en primer lugar, una sustitución de los primeros a favor de los segundos y permite advertir una pérdida general del control, por parte de la Administración, del contenido de sus decisiones[497]. En segundo lugar, «tiene como consecuencia una publificación del régimen jurídico de los sujetos y estructuras de autorregulación y de los instrumentos de autorregulación, de manera que se desnaturalizan las estructuras e instrumentos típicos del Derecho público y del Derecho privado»[498].

En el caso de la actividad de policía, la función estatal de garante del orden público o la seguridad ha transformado esta actividad en otra de minimización de los riesgos que pueden afectar a bienes y derechos de interés general. De este modo, la Administración utiliza instrumentos como la potestad reglamentaria, inspectora, autorizatoria y sancionadora. En el caso de

495 *Ibidem.* p. 586.

496 *Ibidem.* p. 593.

497 La pérdida de control de la Administración pública se justifica por la progresiva pérdida de conocimiento en relación con los problemas técnicos y éticos que plantea el rápido desarrollo de las nuevas tecnologías. A pesar de no ser una tendencia nueva, lo preocupante es la intensificación de dicho proceso. Así lo expresa José Esteve Pardo, *Técnica, riesgo y Derecho: tratamiento del riesgo tecnológico en el Derecho ambiental*, Ariel, 1999, pp. 23 y ss.

498 *Vid.* María Mercè Darnaculleta Gardella, *Derecho administrativo y autorregulación: la autorregulación regulada*, cit., p. 593.

los reglamentos, se puede advertir una disminución de la capacidad técnica de la Administración, de manera que se merma asimismo la posibilidad de dominio sobre los contenidos de los reglamentos técnicos, y supone que se produzca la participación de los particulares que sí que cuentan con dichos conocimientos. De este modo, se abre la cuestión sobre cuál es la capacidad real de decisión de la Administración.

Esta situación plantea un problema jurídico, puesto que parece limitar el ejercicio de la potestad reglamentaria en aras de la simplificación, la racionalidad y la claridad a aquellos supuestos en los que no existan normas técnicas armonizadas[499]. De este modo, se manifiesta la idea de «ruptura del carácter unitario del reglamento» y se plantea la necesidad de tomar en consideración las diversas manifestaciones de la potestad reglamentaria que se halla en constante mutación.

Las actuaciones administrativas de inspección y las autorizaciones administrativas han sido prácticamente sustituidas por un conjunto de actuaciones realizadas por sujetos privadas, de manera que en este ámbito específicamente se advierte una tendencia intensa hacia la autorregulación. Así, las inspecciones se realizan en su práctica totalidad por organismos privados, al mismo tiempo que la potestad autorizatoria es sustituida por una potestad de veto de la Administración en los casos en que se prevé un sistema de comunicación previa para iniciar una actividad empresarial[500]. Finalmente, en el ámbito de las sanciones administrativas y disciplinarias, se puede producir una colaboración entre el ámbito público y el privado, de manera que los informes o resoluciones adoptados por los organismos privados que tengan potestades en sancionadora podrán ser utilizados por la Administración para la determinación de los hechos y su posterior resolución.

En cuanto a la segunda de las cuestiones, esto es, la publificación de la autorregulación, este es el procedimiento que ocurre mediante la atribución de efectos públicos a la misma, lo que dificulta el establecimiento de una distinción nítida entre la autorregulación regulada y determinados sujetos o instrumentos de regulación. De este modo, la defensa de los intereses generales que, tal y como dispone el artículo 103.1 de la Constitución, compete defender a la Administración, no se trata de una tarea suya en exclusiva, sino que igualmente se impone a las estructuras de autorregulación. Tendencias como la europeización y la constitucionalización del Derecho administrativo generan problemas jurídicos que es necesario resolver, puesto que implican la aplicación de determinados principios constitucionales por los que se rige la Administración (como los recogidos en el mencionado artículo 103.1 CE) a los sujetos privados.

499 *Ibidem.* p. 597.

500 *Ibidem.* p. 601.

CAPÍTULO VII

LA CUARTA REVOLUCIÓN INDUSTRIAL Y EL DERECHO Y LOS DESAFÍOS PARA EL DERECHO ADMINISTRATIVO

Durante más de cuatro décadas de democracia española, las Administraciones públicas han sido capaces de prestar al ciudadano servicios públicos con calidad y eficiencia considerables. Sin embargo, la preocupación por modernizar las arquitecturas organizativas y de gestión todavía se enfrenta a numerosos retos. Las tecnologías de la información, de la robótica, la inteligencia artificial o la biomedicina provocarán cambios rápidos y sin precedentes. En este contexto, el rol a asumir por la Administración pública será diferente al actual: la sociedad del aprendizaje impondrá que sus modelos organizativos y de prestación de servicios sean flexibles con una ágil adaptación a los cambios.

Pero tales cambios tan esperados no serán fáciles de conseguir. Autores como CARLES RAMIÓ[501] reconocen que las Administraciones públicas siguen con sus inercias, tradiciones y, en ocasiones, con pocas expectativas de romper las pautas culturales, institucionales y organizativas de carácter residual.

1. ¿Qué es la Cuarta Revolución Industrial?

Mucho han cambiado la sociedad, la economía y la política desde que a finales del siglo XVIII y principios del XIX se produjera la Primera Revolución Industrial, pasando de una economía rural cuya base esencial fuera la agricultura y la actividad comercial, a una economía urbana, industrializada y con un alto grado de mecanización, desarrollada paralelamente a la máquina de vapor. En la Segunda, multitud de sectores industriales se alimentaron de

501 https://administracionespublicas.wordpress.com/2018/04/27/un-diagnostico-acertado-sobre-la-actual-situacion-de-las-administraciones-en-espana-carles-ramio-dixit/

electricidad y los combustibles fósiles para dirigirse hacia una mayor tecnificación y dimensión, precipitando la división del trabajo Seguidamente, en la Tercera, la informatización industrial llegaría desembocando en la automatización de procesos desde la década de los setenta hasta la actualidad, en la que millones de ciudadanos en todo el mundo vivimos conectados a través de nuestros teléfonos inteligentes y múltiples dispositivos móviles.

Pero en una sociedad globalizada en constante evolución, el cambio no se frenaría tras estos 200 años: la Cuarta Revolución Industrial ya está aquí basada en la híper-conectividad y los sistemas ciberfísicos agrupados bajo el concepto «el internet de las cosas», o la microfabricación representada por el movimiento *maker*[502], gracias a la popularización de las impresoras 3D y la denominada economía directa, que cuentan con herramientas como plataformas de financiación colectiva *(crowdfunding)*[503], entre las que se encuentra *kickstarter*. En este nuevo contexto, las Tecnologías de la Información y la Comunicación (TIC)[504], serán las auténticas protagonistas.

Acuñaciones como 4RI, digitalización o industria 4.0 reflejan un proceso en constante transformación donde las nuevas tecnologías permiten a las industrias conectar capacidades físicas y digitales para convertirse en industrias

502 *Vid.* Kylie PEPPLER y Sophia Bender, «Maker movement spread innovation one project at a time», en *Kappan*, noviembre 2013, p. 1.
El «movimiento maker», de acuerdo a PEPLER, es una cultura en crecimiento que está redefiniendo la relación de la sociedad y la tecnología y en donde los ciudadanos comparten el qué, cómo y por qué. El objetivo del movimiento es aprender a través de la experiencia. Por ello, a pesar de no rechazar el concepto de «hazlo tú mismo» o «DIY = Do It Yourself», el «movimiento maker» promueve el trabajo en equipo, la obtención y producción de conocimiento en comunidad y el fin del individualismo en favor del hazlo con otros conceptos «DIWO = Do It With Others». Este movimiento busca catapultar la investigación para nuevas aplicaciones de tecnología en computación, diseño, robótica, entre otros ámbitos, y pretende lograr que la interacción entre las personas suceda más allá del plano virtual.

503 Este instrumento destaca por suponer un giro consistente respecto a la vía tradicional de financiación. El crowdfunding puede ser definido como cooperación colectiva, llevada a cabo por personas que realizan una red para conseguir dinero u otros recursos, se suele utilizar Internet para financiar esfuerzos e iniciativas de otras personas u organizaciones.

504 En inglés el acrónimo utilizado es ICT, correspondiente a las siglas de «Information and Communications Technology». Las herramientas que conforman las TIC no son numerus clausus, pues incorporan mecanismos de tratamiento y transmisión de la información disponibles en la actualidad, pero también otros tantos que serán desarrollados en un futuro próximo. En cualquier caso, «se engloban dentro de las TIC tanto las redes (entre las cuales destaca Internet pero también comprende las de telefonía móvil y otras redes telemáticas), como los equipos terminales (como los ordenadores personales, aunque también los smartphones, las tablets o las consolas) y los servicios, entre los que sobresalen la descarga de archivos (directa, mediante redes P2P o su visualización directa en streaming), el comercio electrónico, la banca electrónica, la realización electrónica de actividades relacionadas con la Administración Pública y, cada vez más, las redes sociales». *Vid.* Moisés Barrio Andrés, *Internet de las Cosas*, Reus Editorial, Madrid, 2018, p. 18.

inteligentes[505]. Existen dos escenarios posibles ante esta realidad. En caso de utilizar la coyuntura de transformación que ofrece la Cuarta Revolución Industrial, ésta coadyuvaría al mantenimiento de los sectores más competitivos y activos del tejido industrial, permitiendo, a su vez, una alta calidad en el mercado laboral y el desarrollo de producciones de alto valor añadido. Pero también puede tener lugar un escenario bien diferente, de forma que, ante la Cuarta Revolución Industrial, la supervivencia de los sectores tradicionales peligra (debido al fenómeno de desindustrialización) y enfatiza la brecha entre puestos de trabajo a efectos de estatus y remuneración, ocasionando una polarización laboral, si no se aprovechan los avances tecnológicos que ofrece.

Consecuentemente, las industrias tradicionales se enfrentan al reto de adaptarse al nuevo entorno industrial, mejorando su competitividad, si no quieren verse expulsados de mercados fuertemente globalizados y volátiles.

Por todo ello, la Cuarta Revolución Industrial comenzará su verdadera implantación a través de estrategias y sistemas de transformación. Será el Gobierno en el marco de las Administraciones públicas a quien corresponderá esta tarea y, en el caso del sector privado, a las empresas. No obstante, con frecuencia se da una colaboración entre ambos, tal y como muestran estrategias como *New High-Tech Strategy: Innovation for Germany, UK's Industrial Strategy* o El Piano Nazionale Industria 4.0 de Italia. También conviene recordar que la Unión Europea ha realizado esfuerzos en este sentido. Cuenta desde 2010 con una Estrategia de Política Industrial para la Globalización en la que se fijaba como objetivo que la industria europea aportara el 20% del PIB en 2020, así como una «Unión para la Innovación» desde 2011 mediante la que se ha potenciado la investigación y la innovación con el instrumento financiero conocido como Horizonte 2020.

Descendiendo hasta el territorio español, antecedentes más inmediatos de una estrategia industrial se fechan en 2013, cuando el entonces Ministerio de Industria, Energía y Turismo encargó un «Estudio para el fortalecimiento y desarrollo del sector industrial en España» al *Boston Consulting Group*. A partir de este momento, diferentes proyectos han ido persiguiendo tal vocación, como la Estrategia de Ciencia y Tecnología y de Innovación 2013-2020, desarrollada por varios planes hasta el último Plan Estatal (2021-2027) o iniciativas como la de Industria Conectada 4.0, una nueva colaboración público-privada entre Indra, Telefónica y Santander junto con el Ministerio de Industria, Energía y Turismo.

A través de todas estas estrategias se hace patente el interés por el sector público de adaptar su industria a los mandatos de la Cuarta Revolución Industrial. Pero la propia Administración pública, en su seno, deberá acometer múltiples cambios que abarcan desde la incorporación de herramientas para lograr una mayor transparencia y rendición de cuentas a la simplifica-

505 *Vid.* Félix Arteaga Martín, «La Cuarta Revolución Industrial (4RI): un enfoque de seguridad nacional», en *Documento de Trabajo Real Instituto El Cano*, mayo de 2018, p. 4.

ción de procedimientos administrativos y un nuevo diseño de los perfiles de empleados públicos necesarios para acometer los desafíos digitales.

Este enfoque que encuadra a la Administración pública dentro del fenómeno de la Cuarta Revolución Industrial será objeto de las siguientes páginas, en las que se analizarán aspectos tan relevantes como la importancia del Derecho administrativo como impulsor del cambio, los retos y desafíos de la Administración Pública, las nuevas herramientas de gestión pública y un nuevo enfoque de los recursos humanos públicos.

2. El Derecho administrativo como hoja de ruta de la Administración digital

A pesar de lo que en un principio se pudiera pensar, la Administración digital no es un mero asunto técnico, sino que su trascendencia va más allá y permite lograr alcanzar el paradigma de gobernanza democrática. En esta línea ha sido ampliamente reconocido el papel que el Derecho está llamado a jugar en el desarrollo de la administración digital.

Fueron las Cortes constituyentes las primeras en dar el paso hacia una sociedad avanzada que incorpora los cambios del entorno globalizado. En este sentido, el preámbulo de la Constitución española de 1978 prevé que la Nación española proclama su voluntad de «promover el progreso de la cultura y de la economía para asegurar a todos una digna calidad de vida. Establecer una sociedad democrática avanzada»[506], entre otros aspectos.

Pero tal voluntad no se limitará a una declaración de intenciones preliminar, sino que, a lo largo de todo el articulado, numerosos preceptos incorporarán la referencia a la nueva era digital y a las tecnologías como protagonistas de la misma. Entre ellos destacan los arts. 18.1, 18.3 y 18.4 CE, que reflejan la preocupación latente desde hace ya más de cuatro décadas por las posibles vulneraciones al honor, intimidad y la propia imagen que puede suponer el uso de la informática[507]. Junto a dicho artículo, el art. 44 CE incentiva a los poderes públicos a promover la ciencia y la investigación científica y técnica

506 Valoraciones como la de «establecer una sociedad democrática avanzada», según acredita una interpretación auténtica, es un compromiso apócrifo entre los proponentes de una transformación del modelo de sociedad y quienes preferían conservarlo, donde las tecnologías serían protagonistas, tal como declara Miguel Herrero de Miñón.

507 La STC 110/1984, de 26 de noviembre, declaró en su fundamento jurídico tercero que «el avance de la tecnología actual y el desarrollo de los medios de comunicación de masas ha obligado a extender esa protección más allá del aseguramiento del domicilio como espacio físico en que normalmente se desenvuelve la intimidad y del respeto de la correspondencia, que es o puede ser medio de conocimiento de la vida privada. De ahí el reconocimiento global de un derecho a la intimidad o a la vida privada que abarque las intromisiones que, por cualquier medio, puedan realizarse en ese ámbito reservado de la vida».

en beneficio del interés general; un artículo que, sin lugar a dudas, debe ser recordado continuamente para lograr que la Cuarta Revolución Industrial tenga plena cabida en el Derecho español.

Con estas bases constitucionales, el Derecho ha marcado la hoja de ruta hacia una Administración digital, constituyendo un punto de inflexión la Ley 11/2007, de 22 de junio, de Acceso Electrónico de los Ciudadanos a los Servicios Públicos, actualmente derogada. Su cobertura legal ofreció una considerable seguridad jurídica en la materia y logró incorporar la Administración electrónica en multitud de entidades públicas[508]. Sin embargo, los resultados no fueron los esperados con su promulgación y, en consecuencia, dicha Ley permitió constatar las limitaciones del Derecho para guiar el proceso de transformación de las Administraciones públicas y para articular las condiciones y los instrumentos necesarios para conseguir objetivos propios de este tiempo, como la transparencia o la generalización del uso de medios informáticos en las relaciones interadministrativas y para con los ciudadanos.

Partiendo de tal consideración, el legislador fue consciente del necesario cambio a acometer, siendo necesario un mayor esfuerzo para implantar las tecnologías en el seno del sector público. Así, la Ley 39/2015, de 1 de octubre, de Procedimiento Administrativo Común de las Administraciones Públicas, y la Ley 40/2015, de 1 de octubre, de Régimen Jurídico del Sector Público, supusieron una nueva oportunidad para que el ordenamiento jurídico positivo sea el mecanismo que permita impulsar y fortalecer un modelo de Administración pública más próximo a la ciudadanía, transparente, proactivo (y no tanto reactivo), sencillo, eficaz, eficiente y sostenible.

El esfuerzo por aunar la regulación en dos únicas leyes ha sido tan significativo[509] que ha dado lugar a importantes novedades tales como la simplificación procedimental, el uso de medios electrónicos en la representación ciudadana, la completa integración de los mismos para la tramitación del procedimiento en sede administrativa, la firma electrónica o la asistencia a las personas en el uso de los medios electrónicos. Sin embargo, la Administración electrónica no ha llegado a su fin y la Cuarta Revolución Industrial ofrece instrumentos como el *big data* o el *cloud computing* que han quedado al margen de la normativa citada.

---

508 En su preámbulo señalaba en un contexto marcadamente tecnológico «las Administraciones deben comprometerse con su época y ofrecer a sus ciudadanos las ventajas y posibilidades que la sociedad de la información tiene, asumiendo su responsabilidad de contribuir a hacer realidad la sociedad de la información. Los técnicos y los científicos han puesto en pie los instrumentos de esta sociedad, pero su generalización depende, en buena medida, del impulso que reciba de las Administraciones públicas. Depende de la confianza y seguridad que genere en los ciudadanos y depende también de los servicios que ofrezca».

509 Esta simplificación normativa forma parte de la voluntad por contribuir a una mayor calidad normativa, una de las preocupaciones que afecta en general a casi todas las Administraciones de las sociedades actuales ante una marcada complejidad normativa tradicional.

A pesar de tales omisiones, es necesario destacar la importante labor del Derecho administrativo en la materia a través de distintos papeles.

A. El Derecho administrativo como salvaguardia de la confianza ciudadana

En primer lugar, los proyectos iniciales de Administración electrónica generaron un sinfín de dudas a los ciudadanos en relación con la seguridad y la validez de las transacciones electrónicas. En consecuencia, la Administración pública no podría responder a tal desconfianza con el mero impulso de nuevas aplicaciones o la incorporación de tecnología punta, sino que tales medidas debían ir acompañadas de normas que garanticen su uso adecuado tanto en las oficinas físicas por parte de los empleados públicos como por parte de los interesados.

Aspectos tan relevantes como la conservación de documentos que se presenten en papel o la fecha y hora en que se presentan en una oficina o registro son aspectos positivizados que permiten asegurar el buen funcionamiento de las relaciones Administración pública-ciudadano y, a su vez, motivan el impulso de los medios electrónicos al obligar a determinados sujetos a utilizarlos cuando cumplan ciertos requisitos.

B. El Derecho administrativo como freno a la digitalización

Junto al papel destacado anteriormente también puede darse el caso contrario, es decir, aquel en el que el Derecho supone un límite al desarrollo de la Administración digital en la medida en que las tecnologías, los proyectos o las aplicaciones que no estén explícitamente previstas por una norma puedan ser contrarias al ordenamiento jurídico y, en consecuencia, no aplicables por la Administración pública.

Debido al formalismo asentado en la Administración española, el desarrollo de cualquier proyecto digital queda condicionado a la emisión de un informe jurídico que constate la inexistencia de un respaldo jurídico suficiente. Además, el ordenamiento jurídico español llegar a ser, en ocasiones, excesivamente preventivo, exigiendo mayores cotas de seguridad a las transacciones electrónicas que las que realmente serían necesarias. Todo ello puede limitar y retrasar el desarrollo de la Administración digital, siendo un ejemplo significativo al respecto la exigencia de certificados electrónicos para la identificación y la firma en el marco de las relaciones con las Administraciones públicas.

Ambas caras del Derecho administrativo en materia digital son perfectamente combinables. Pero, a tal efecto, es necesario encontrar el equilibrio adecuado para que impulso y control estén en perfecta armonía.

C. El Derecho administrativo como fuente de nuevas fórmulas de relación entre la Administración pública y sociedad civil

La regulación de la administración digital no se limita al diseño de normas que contemplan el fenómeno imparable de extensión del uso de los medios electrónicos en la Administración, sino que también facilita nuevas fórmulas de relación entre esta última y la ciudadanía promoviendo el uso intensivo de tales medios. Gracias a ello se habla de un Derecho administrativo de la información que extiende su contenido más allá del Derecho administrativo moderno desarrollado a inicios del presente siglo.

3. Cambio cultural

Toda organización cuenta con una cultura determinada compuesta por un conjunto de creencias, hábitos, valores y tradiciones entre los grupos incluidos en la misma. Lo mismo sucede con la Administración pública, la cual cuenta con una cultura con valores positivos para el contexto actual como es la ética pública, pero, sin embargo, otros aspectos como la burocracia excesiva o el abuso del papel como soporte de gran cantidad de actuaciones impiden el progreso hacia la era digital en su propio seno.

Por lo tanto, un cambio cultural supone la primera palanca de cambio hacia la digitalización de la Administración pública, es decir, hacia el paradigma denominado Administración sin papel. Para ello es necesario facilitar el conocimiento de las tecnologías, su utilidad y beneficios que reportan, destacando la importancia que todo esto tiene para progresar en un mundo cada vez más competitivo. Brian Solis, de la Consultora Capgemini, declara que cultura corporativa digital cuenta con varias aristas como es su predisposición a la digitalización, innovación, adaptación, conectividad y el empleo de análisis de metadatos, trabajo en equipo y con el cliente[510] (en el caso de la Administración pública, con el ciudadano, administrado o interesado).

510 *Vid.* Brian Solis, «The Digital Culture Challenge: Closing the Employee-Leadership Gap», en *Capgemini Digital Transformation Institute Survey*, Digital Culture, marzo-abril 2017, p. 13.

Para lograr dicho cambio se ha emprendido la Iniciativa IC 4.0, cuyo objetivo es el de fomentar la digitalización de la industria española y su concienciación digital en cuatro ejes:

- Conocimiento y formación de la industria 4.0 y las tecnologías asociadas.
- Fomentar la colaboración entre industrias, centros tecnológicos y de investigación y otros.
- Impulsar la oferta española de habilitadores digitales.
- Apoyar la implantación de la Industria 4.0 con regulación, estándares y proyectos.

No obstante, los esfuerzos deberán seguir para lograr que, dentro de la misma Administración pública, los propios empleados se involucren y sean motor del cambio, puesto que la promulgación de normas y aprobación de iniciativas o estrategias o es suficiente si no existe un cambio cultural y un compromiso por parte de los que hacen posible la gestión pública de calidad.

4. Hacia una mayor transparencia

En la Cuarta Revolución Industrial, las TIC ofrecen multitud de ventajas a los ciudadanos y a las organizaciones; en particular, a las Administraciones públicas. Sin embargo, se trata de herramientas que exigen de un uso responsable y adecuado. Por ello, las TIC suponen grandes oportunidades para la modernización de la Administración públicas, si bien es verdad que, al mismo tiempo, implican una serie de retos a asumir.

Entre ellos se encuentra la transparencia, o, si se prefiere, la apertura de los datos públicos para que los ciudadanos tengan acceso a los mismos y procedan a su reutilización, garantizando, a su vez, la calidad de los mismos. Pero hacer realidad este paradigma no es una tarea fácil y la Administración pública debería mostrar una implicación constante para obtener frutos en el menor plazo de tiempo posible.

España se ha sumado a la vocación de los países avanzados del mundo por contribuir a una mayor transparencia. En los últimos años se ha multiplicado por más de cinco el número de leyes que recogen el derecho de acceso a la información que está en poder de las Administraciones públicas[511]. En el caso de España, fueron las Cortes constituyentes las que iniciaron este proceso a través de lo previsto en el art. 105.b) CE, el cual establece que «El acceso de los ciudadanos a los archivos y registros administrativos, salvo en lo que afecte a la seguridad y defensa del Estado, la averiguación de los deli-

511 *Vid.* Rafael Jiménez Asensio, «Instituciones de garantía de la transparencia», en *Administración al día, Instituto Nacional de Administración Pública*, 2017, p.3.

tos y la intimidad de las personas». A partir de esta base, la Ley 30/1992, de 26 de noviembre, de Régimen Jurídico de las Administraciones Públicas y el Procedimiento Administrativo Común, hoy derogada, ofreció un desarrollo, aunque limitado, del derecho a la información.

En el marco europeo destacan el Reglamento (CE) n.º 1049/2001 del Parlamento Europeo y del Consejo sobre el acceso del público a los documentos de las instituciones de la Unión Europea, así como el Informe de la Comisión sobre la aplicación de dicho Reglamento comunitario [COM(2017) 738 final, 6.12.2017], pero en especial debe mencionarse el mayor impulso que recibió en España esta materia en virtud de la Ley 19/2013, de 9 de diciembre, de Transparencia, Acceso al a Información Pública y Buen Gobierno, incorporada a la realidad administrativa y gubernativa tras 40 años de democracia[512].

Dicha ley, tardía para algunos como ESTHER ARIZMENDI[513], se convierte según sus propias palabras en «uno de los ejes fundamentales de toda acción pública», la cual exige a la Administración pública sendos cambios en sus estructuras organizativas, procesos, tecnología y cultura. Además, dicha ley no es el mero resultado de una tendencia pasajera, sino que, por el contrario, afronta un cambio de paradigma en las relaciones de las Administraciones con los ciudadanos, de manera que la información saldrá de los edificios administrativos donde es generada y se instalará en la calle, junto a los que pasan a ser dueños de la misma.

Por lo tanto, la regeneración democrática y la recuperación de la confianza en las instituciones se establecen como máxima a lograr a través de la trasparencia, cuyo logro es articulado por la citada ley a través de 3 vías: la publicidad, un catálogo de principios que rigen la actuación de los servidores públicos y la creación de un Consejo de Transparencia y Buen Gobierno.

La publicidad es la base sobre la cual se construye la transparencia, obligando a la Administración a hacer pública la información de ámbito institucional, organizativo, de relevancia jurídica, económica, presupuestaria o estadística y aquella que solicita con más frecuencia el ciudadano sin esperar una petición concreta[514]. Esta prescripción sería de difícil cumpli-

---

512 Pueden verse los trabajos de LUIS POMED SÁNCHEZ, «Transparencia», en *Fundamentos n.º 9 (2016)*, La era de los derechos. La teoría general de los derechos fundamentales en sus nuevos territorios y ensamblajes, Junta General del Principado de Asturias, Oviedo; y «Un lector errático reflexiona sobre el principio de transparencia», *Revista Cuadernos Manuel Giménez Abad* n.º 15 (2018), pp. 157-168.

513 http://www.uimp.es/gabinete-de-comunicacion/actualidad-uimp/la-transparencia-es-mucho-mas-que-una-ley-es-un-modelo-de-gestion-que-implica-a-todos.html

514 Su justificación en el ordenamiento jurídico constitucional es una consecuencia del principio de control pleno de la actuación administrativa. Así lo ha declarado el Tribunal Constitucional, aunque su jurisprudencia se refiera a la actividad de las Asambleas Legislativas, su contenido es perfectamente extensible al ámbito de la Administración pública. En la STC 136/1989, de 19 de julio, declaró que «la publicidad de la actividad parlamentaria, que

miento sin el Portal de Transparencia[515] creado en el año 2014 y la creación de múltiples páginas web al servicio de cada Administración pública.

El sistema actual de publicidad activa, si bien alcanza estándares aceptables, es sometido a objeciones al estar los portales y páginas web impulsados y gestionados por quienes deben ser objeto de control, lo que desdibuja en cierto modo su efectividad. A lo anterior, Jiménez Asensio insiste en que la transparencia no queda constreñida al cumplimiento de parámetros legales y su visualización a través de dichos portales, ya que «volcar información en masa no es transparencia, por muy ordenada y accesible que esta sea. Es informar y punto»[516].

Otro de los ejes sobre los cuales es implantada la transparencia en el funcionamiento de la Administración pública y el Gobierno está integrado por un conjunto de principios esenciales en la actuación de la Administración pública en sus tres instancias territoriales, miembros del Gobierno y altos cargos previstos en el título II de la Ley 19/2013.

En este sentido, se trata de que los servidores públicos ajusten sus actuaciones a los principios de eficacia, austeridad, imparcialidad y, sobre todo, de responsabilidad; configurando un completo régimen sancionador como vía principal para garantizar su cumplimiento[517].

El tercer pilar de esta política de transparencia está constituido por el Consejo de Transparencia y Buen Gobierno: órgano de naturaleza independiente,

---

es una exigencia del carácter representativo de las Asambleas en un Estado democrático mediante la cual se hace posible el control político de los elegidos por los electores, ofrece dos vertientes: una, la publicidad de las sesiones; otra, la publicación de las deliberaciones y de los acuerdos adoptados».

515 Su importancia dentro del paradigma hacia la plena transparencia en evidente, pues genera innumerables ventajas para la reputación de las Administraciones ante la ciudadanía. En primer lugar, permite acceder a la información de una forma rápida y eficaz. Ello redunda en que se aprecie una gestión de los recursos públicos absolutamente transparente. En esta línea, la obtención de información en materias como contratación, urbanismo y aspectos de la marcha económico-financiera de la Administración permite un mejor funcionamiento de la actividad económica general. Otra gran ventaja que ofrece un portal de transparencia para las Administraciones es la inclusión de una Sede Electrónica que pone a disposición del ciudadano toda la información y los documentos necesarios para las gestiones que se deban realizar, lo que a su vez conlleva todo un catálogo de los servicios que ofrecen esos organismos e indicaciones del lugar donde realizar los trámites.

516 https://rafaeljimenezasensio.com/2017/04/22/sobresalientes-en-transparencia/

517 Las infracciones pueden ser leves, graves y muy graves. Las leves incluyen cuestiones como la «incorrección con los superiores, compañeros o subordinados», así como «el descuido o negligencia en el ejercicio de sus funciones y el incumplimiento de los principios de actuación» (art. 29.3 Ley 19/2013 de 9 de diciembre, de Transparencia, Acceso al a Información Pública y Buen Gobierno). En estos casos, la sanción se limita a una amonestación.
Las graves son «abuso de autoridad en el ejercicio del cargo», «la intervención en un procedimiento administrativo cuando se dé alguna de las causas de abstención legalmente señaladas», « la emisión de informes o adoptar acuerdos manifiestamente ilegales», así como «no guardar el debido sigilo respecto a los asuntos que se conozcan por razón del cargo, cuando

cuyos fines están perfectamente descritos en el artículo 34 de la Ley 9/2013 y que puede ser descrito como el organismo que adopta la solución pertinente cuando el ciudadano y la Administración no se ponen de acuerdo sobre qué datos deben ser públicos y cuáles no.

Para garantizar la observancia de las disposiciones de buen gobierno, las obligaciones de publicidad y salvaguardar el ejercicio del derecho de acceso a la información pública, la Ley 9/2013 regula una reclamación potestativa y previa a la vía judicial de la que conocerá el Consejo de Transparencia y Buen Gobierno, que sustituye a los recursos administrativos. Igualmente, se prevé como pieza clave para el alcance de sus propósitos la colaboración con la Agencia Española de Protección de Datos en la determinación de criterios para la aplicación de los preceptos de la ley en lo relativo a la protección de datos personales.

Resta añadir, aportando una visión actual, que su funcionamiento está pasando por un momento complicado, tal como afirma su actual responsable, JAVIER AMORÓS, al caer su financiación por segundo año consecutivo, así como a la no ampliación de la plantilla a pesar de que la carga de trabajo no deja de aumentar[518].

---

causen perjuicio a la Administración o se utilice en provecho propio» (art. 29.2 Ley 19/2013 de 9 de diciembre, de Transparencia, Acceso al a Información Pública y Buen Gobierno).

En caso de infracción grave, su comisión acarreará algunas de las siguientes sanciones: «a) La declaración del incumplimiento y su publicación en el Boletín Oficial del Estado o diario oficial que corresponda.

b) La no percepción, en el caso de que la llevara aparejada, de la correspondiente indemnización para el caso de cese en el cargo». (art. 30.2 Ley 19/2013 de 9 de diciembre, de Transparencia, Acceso al a Información Pública y Buen Gobierno).

Son infracciones muy graves el notorio «incumplimiento de las funciones esenciales inherentes al puesto de trabajo o funciones encomendadas», «la discriminación, por razón de origen racial o étnico, religión o convicciones, discapacidad, edad u orientación sexual y el acoso moral, sexual y por razón de sexo». Asimismo, «la adopción de acuerdos manifiestamente ilegales», «la publicación o utilización indebida de la documentación o información a que tengan o hayan tenido acceso por razón de su cargo o función» (art. 29.1 Ley 19/2013 de 9 de diciembre, de Transparencia, Acceso al a Información Pública y Buen Gobierno).

También constituye infracción grave la «violación de la imparcialidad, utilizando las facultades atribuidas para influir en procesos electorales de cualquier naturaleza y ámbito» o «la prevalencia de la condición de alto cargo» (art. 29.1 Ley 19/2013 de 9 de diciembre, de Transparencia, Acceso al a Información Pública y Buen Gobierno). Pero la Ley también contempla una cláusula de cierre considerando muy grave la comisión de una infracción grave cuando el autor hubiera sido sancionado por dos infracciones graves a lo largo del año anterior contra las que no quepa recurso en la vía administrativa.

«Los sancionados por la comisión de una infracción muy grave podrán ser destituidos del cargo que ocupen salvo que ya hubiesen cesado y no podrán ser nombrados para ocupar ningún puesto de alto cargo o asimilado durante un periodo de entre cinco y diez años con arreglo a los criterios previstos en el apartado siguiente» (art. 30.4 Ley 19/2013 de 9 de diciembre, de Transparencia, Acceso al a Información Pública y Buen Gobierno).

518 https://www.eldiario.es/sociedad/Hacienda-Consejo-Transparencia-utilizar-presupuesto_0_865463624.html

A tenor de lo anterior, los logros alcanzados por la Administración han sido significativos en materia de transparencia. Sin embargo, todavía se enfrentará a una serie de retos en este camino hacia la construcción total de la transparencia. Tales desafíos pueden ser clasificados, a su vez, dentro de la transparencia activa y la transparencia pasiva.

Como se ha indicado, la transparencia es coetánea al continuo proceso de mejora de las organizaciones públicas, pero, desde la perspectiva de la transparencia activa, el verdadero reto consiste en lograr un cambio en la cultura organizacional, es decir, impregnar la cultura administrativa de los valores propios de la transparencia y la rendición de cuentas, siendo ésta última tan antigua como el artículo 15 de la Declaración francesa de 1789[519].

Tal reto implica una auténtica transformación en los hábitos del personal al servicio de los intereses de los ciudadanos; erradicar el favoritismo o trato preferente basado en la amistad en el funcionamiento de lo público; redefinir los procedimientos que sean necesarios, así como alterar sustancialmente las formas viciadas de conformar un expediente administrativo.

La doctrina especializada considera en su mayoría que la sanción no es buena vía para lograr este objetivo, ya que, en ese caso, únicamente se conseguiría una transparencia que se mueve en estándares de legalidad y no de eficacia, y menos aún de interiorización de ciertos valores. Pero, en sentido contrario, una apuesta por la formación del servidor público será el principal impulso para la efectiva implantación de una conciencia transparente en el seno de la Administración.

En esta línea los planes desarrollados en seno administrativo son varios, si bien debido a su vocación de inmediatez no llegan a surtir efecto. Es por ello que la puesta en marcha de un enfoque formativo a largo plazo y desde el mismo acceso a la función pública que acompañe al empleado público a lo largo de su vida profesional se presenta como una vía indispensable para la construcción plena de la transparencia.

Por otro lado, y desde la perspectiva de la transparencia pasiva, el principal reto se concreta en el desarrollo de la conciencia ciudadana de disponer y usar el control efectivo que está en sus manos. La opinión generalizada considera que el «derecho a saber» está dormido, ya que las solicitudes de información pública por parte de la ciudadanía son escasas e incluso son de carácter anecdótico.

El filósofo Alain considera que «todo poder es malvado desde el momento que lo dejamos en libertad, todo poder es sabio desde el momento que se siente juzgado»[520], poniendo de esta manera énfasis en el necesario cuestionamiento por parte del ciudadano para la buena marcha de la Administración pública y su verdadero servicio en favor del interés general.

---

519 El artículo 15 de la Declaración de los Derechos del Hombre y del Ciudadano de 1789 recoge lo que sigue: «La sociedad tiene derecho a pedir a todos sus agentes cuentas de su administración».

520 https://rafaeljimenezasensio.com/2017/04/22/sobresalientes-en-transparencia/

Además, este desinterés por la actuación administrativa encuentra su razón de ser en las limitaciones previstas por la Ley 9/2013, que en este sentido regula el derecho de acceso de todos los ciudadanos a la información pública. La solicitud presentada por los ciudadanos habrá de ser respondida con la concesión o denegación correspondiente en un plazo máximo de un mes y, transcurrido el mismo sin notificación, se entenderá que la solicitud ha sido desestimada; pudiendo desembocar dicha regulación en la pasividad por parte de la Administración a la hora de atender debidamente las peticiones ciudadanas.

Otros de los condicionantes de la Ley son las limitaciones que se marcan para acceder a la información, como un posible perjuicio para la seguridad y la defensa nacional, las relaciones exteriores, la seguridad pública o la protección del medio ambiente; circunstancias que en algunos casos estarán justificadas pero que, en otros, podrían limitar de forma arbitraria el derecho de acceso a la información de todo ciudadano.

Pero todas estas representan algunos de los muchos obstáculos que se encuentra la Administración pública en su camino hacia la mejora constante, debiendo ser sorteados con la voluntad coordinada de todos los agentes implicados en el proyecto común para lograr «abrir las ventanas» del sector público tal como señalan Hunt y Chapman[521].

5. Seguridad

Tal y como se ha visto en el epígrafe anterior, la transparencia ofrece la oportunidad de democratizar el funcionamiento de la Administración pública rindiendo cuentas y ofreciendo a los ciudadanos una información que les pertenece. Sin embargo, la otra cara de la moneda no es menos importante. Así, las TIC son el aliado perfecto para alcanzar el paradigma de gobierno abierto, si bien tal objetivo no se puede conseguir a costa de cualquier precio. Por ello, la seguridad debe estar consolidada en un momento en el que los datos son accesibles a golpe de clic y las tecnologías son el aliado perfecto para los hackers y sus pretensiones de delincuencia cibernética.

Lograr la seguridad en la gestión pública lleva implícito gestionar todos aquellos procesos conectados con la confianza, la protección de datos personales, de los documentos, el uso seguro de los teléfonos y otros dispositivos móviles, así como los sistemas de información accesibles desde el exterior o interior de la Administración pública.

521 *Vid.* Álvaro Ramírez Alaujas, «Gobierno abierto», en Eunomía. *Revista en Cultura de la Legalidad*, n.º 5, septiembre 2012 – febrero 2014, pp. 201-216.

Hasta el momento se han desarrollado herramientas clave para la gestión de la seguridad como el Esquema Nacional de Seguridad (ENS), el Esquema Nacional de Interoperabilidad (ENI) y sus normas técnicas (NTI). Junto a ellos, un abanico de organismos que respalda a las Administraciones públicas permite gestionar el conjunto de riesgos con la suficiente antelación para evitar que el uso de tecnologías pueda perjudicar la gestión pública y a sus relaciones con la ciudadanía. Este conglomerado de instrumentos trata de salvaguardar cuatro aspectos trascendentales como los activos de información estratégicos de cada Administración, los datos de carácter personal, los soportes electrónicos de datos y documentos y, finalmente, la integridad y trazabilidad de los procesos.

Todos estos avances suponen un éxito incontestable, pero, al mismo tiempo, ponen sobre la mesa una serie de asuntos que, en los próximos años, la Administración pública deberá evaluar y estudiar para lograr que sean una realidad. Entre ellos se encuentra la necesidad de organizar la seguridad como un proceso transversal, impulsar la gestión de las evidencias, identificar componentes y catalogar los activos de información, así como impulsar un sistema de gestión de la seguridad de la información de carácter integral.

A. El Esquema Nacional de Seguridad

El Esquema Nacional de Seguridad (ENS) es uno de los principales instrumentos diseñados para combatir la inseguridad que por su propia naturaleza implican las tecnologías. Fue aprobado por el Real Decreto 3/2010, de 8 de enero, por el que se regula el Esquema Nacional de Seguridad en el ámbito de la Administración Electrónica y modificado por el Real Decreto 951/2015, de 23 de octubre[522]. El ENS tiene carácter básico y, por ello, es de obligado cumplimiento para el conjunto de Administraciones públicas.

Su finalidad es la configuración de las condiciones suficientes para la confianza en el uso de los medios electrónicos a través de herramientas que

522 Según su Exposición de Motivos, dada la rápida evolución de las tecnologías de aplicación y la experiencia derivada de la implantación del Esquema Nacional de Seguridad es necesaria «la actualización de esta norma, cuyo alcance y contenido se orienta a precisar, profundizar y contribuir al mejor cumplimiento de los mandatos normativos, clarifica el papel del Centro Criptológico Nacional y del CCN-CERT, elimina la referencia a INTECO, explicita y relaciona las instrucciones técnicas de seguridad, y la Declaración de Aplicabilidad, actualiza el Anexo II referido a las medidas de seguridad y simplifica y concreta el anexo III, referido a la auditoría de seguridad, modifica el Glosario de términos recogido en el anexo IV, modifica la redacción de la cláusula administrativa particular contenida en el anexo V y finaliza estableciendo mediante disposición transitoria un plazo de veinticuatro meses contados a partir de la entrada en vigor para la adecuación de los sistemas a lo dispuesto en la modificación».

aseguren tanto sistemas como datos, comunicaciones y los servicios electrónicos globalmente considerados, de manera que los ciudadanos y las Administraciones públicas puedan ejercer sus derechos y cumplir sus deberes a través de tales medios sin traba alguna.

Para el análisis del ENS se han de tener en cuenta dos conjuntos de elementos: los principios básicos y los requisitos mínimos para lograr una protección adecuada de la información.

Comenzando por los primeros mencionados, el ENS los describe como «los fundamentos que deben regir toda acción orientada a asegurar la información y los servicios». Entre ellos se puede destacar la seguridad como un proceso integral, el carácter diferenciado de la seguridad en relación con la gestión de la información y, finalmente, la gestión basa en riesgos.

Respecto al segundo conjunto de elementos, los requisitos mínimos fijados por el ENS son de obligado cumplimiento en cualquier caso para el desarrollo de políticas de seguridad que adopten las Administraciones públicas. Se refieren a aspectos tales como la mejora continuada del proceso de seguridad o la organización e implementación del mismo tomando en consideración los correspondientes riesgos[523].

Por otro lado, el ámbito objetivo de aplicación del ENS gira en torno al concepto de «sistema de información», incluyendo dentro del mismo los sistemas accesibles electrónicamente a los ciudadanos, los sistemas para el ejercicio de derechos, aquellos destinados al cumplimiento de deberes y los sistemas para recabar información y estado del procedimiento administrativo. Todo ello se puede ilustrar a través de una serie de ejemplos. Así, las sedes electrónicas, carpetas electrónicas, los registros electrónicos u otros espacios que aportan información sobre el estado del procedimiento administrativo se encuentran incluidos en el ENS.

En cualquier caso, todas las medidas de seguridad del ENS cuentan con un denominador común: minimizar el impacto que tendrían los incidentes de seguridad[524] en los sistemas de información que permiten a la ciudadanía cumplir con sus obligaciones y ejercer sus derechos.

---

523 A tal efecto conviene señalar que los requisitos mínimos se implementan con la aplicación de las medidas de seguridad establecidas en el Anexo II del ENS, incluso en el caso de que estas medidas sean sustituidas por otras medidas compensatorias.

524 Todo ello se logra a través del diseño de una serie de objetivos: 1) establecer una política de seguridad en la utilización de medios electrónicos (cumpliendo los principios básicos y requisitos mínimos); 2) introducir elementos comunes que deben guiar la actuación de las Administraciones públicas en materia de seguridad; 3) aportar un lenguaje común para facilitar la interacción entre Administraciones públicas; 4) aportar un tratamiento homogéneo a la seguridad que facilite dicha cooperación; y 5) facilitar un tratamiento continuado de la seguridad.

Desde una perspectiva subjetiva, cabe destacar el papel que han adquirido los Ayuntamientos en la aplicación de todas estas medidas de seguridad debido al amplio catálogo de servicios que ofrecen a la ciudadanía.

B. Protección de datos

Nuestras vidas se están «datificando». Prácticamente nadie sería capaz de afirmar que, en nuestros días, la tecnología no es la gran causa y origen del cambio en la esfera económica y vida social. A través de la misma, el uso y recopilación de información que puede remontarse a la antigüedad griega y romana con sus censos no tiene nada que ver con la era del *cloud computing*.

El gran fenómeno económico de nuestra era, tal como Martin Wolf define la globalización, ha multiplicado el número de datos tratados por pequeños y grandes entes, ya sean de naturaleza pública o privada. Viktor Mayer-Schonberger y Kenneth Cukier añaden que «al cambiar la cantidad cambia la esencia»[525] y, por lo tanto, el entorno en el cual circulan los datos debe ser repensado.

Por otro lado, no cabe duda de que los datos como materia prima del siglo XXI, junto al soporte que ofrecen las Tecnologías de la Información y la Comunicación (TIC), ofrecen grandes ventajas como la rapidez en los procesos y una mayor dialéctica global-local, pero a su vez las amenazas son relevantes. El «juicio universal permanente»[526] acuñado por Frosini, la suplantación de la identidad y la complejidad para hacer efectivo el derecho al olvido[527] son claros ejemplos de ello.

Por ello, dicha actuación intrusiva sobre ciertos datos puede, sin duda, afectar a los derechos fundamentales de las personas físicas, alcanzando a casi todos los derechos y no únicamente a los de intimidad o privacidad. Y, teniendo en cuenta lo anterior, la única solución posible es la regulación, pues el fenómeno de la revolución tecnológica acelerado y de la digitalización tiene grandes consecuencias sobre los datos personales.

---

525 *Vid.* Viktor Mayer-Schonberger y Kenneth Cukier, *Big Data. La revolución de los datos masivos*, Turner Publications, Madrid, 2013, p. 10.

526 *Vid.* Vittorio Frosini, *Cibernética, Derecho y Sociedad*, Tecnos, Madrid, 1982, p. 178.

527 Tras múltiples debates doctrinales, un fallo de la justicia europea (STJUE 13 de mayo de 2014) resuelve finalmente la cuestión sobre la interpretación del Derecho al olvido en los buscadores de Internet. En citada sentencia se viene a recoger lo que la Agencia Española de Protección de Datos ha ido pronunciando en sus resoluciones. «El tratamiento de datos que realizan los motores de búsqueda está sometido a las normas de protección de datos de la Unión Europea y que las personas tienen derecho a solicitar, bajo ciertas condiciones, que los enlaces a sus datos personales no figuren en los resultados de una búsqueda en internet realizada por su nombre», *Vid.* en https://www.aepd.es/

Con el fin de alcanzar dicho paradigma la Unión Europea aprobó el Reglamento 2016/679 de Protección de Datos de Carácter Personal. El legislador español, con el fin de adaptar tal mandato a su ordenamiento jurídico, aprobaría posteriormente la Ley Orgánica 3/2018, de 5 de diciembre, de Protección de Datos Personales y garantía de los derechos digitales.

Dentro de este panorama de seguridad que ha sido consecuencia directa de la Cuarta Revolución Industrial, es necesario atender a dos elementos fundamentales: el derecho fundamental a la protección de datos y los hitos tras la aprobación del Reglamento general de protección de datos y la Ley Orgánica 3/2018, de Protección de Datos Personales y garantía de los derechos digitales.

a. Derecho fundamental a la protección de datos

Respecto al primero de los aspectos señalados, el derecho a la protección de datos, las Cortes constituyentes de 1978 ya fueron conscientes del enorme impacto que los avances tecnológicos provocarían la sociedad española, pero, de forma concreta, en el goce de los derechos fundamentales. Concretamente, su artículo 18.4 recoge que «la ley limitará el uso de la informática para garantizar el honor y la intimidad personal y familiar de los ciudadanos y el pleno ejercicio de sus derechos». Tal derecho fundamental, por su ubicación sistemática, goza de las mayores garantías que la Carta Magna pudiera ofrecer, pero, transcurridos cuarenta años desde la aprobación del texto, es lo cierto que parte de la doctrina considera que una de las prioridades de una posible reforma sería aquella destinada a adaptar su vocación a la era digital.

Pero dejando al margen tales consideraciones, no cabe duda de que la doctrina y la jurisprudencia han ejercido una importante labor en la delimitación de esta figura jurídica con el paso del tiempo. Dentro de la primera destaca la aportación de PÉREZ LUÑO, quien plantea la necesidad de que exista «en la era de la información un habeas data que se erija, del mismo modo que en su día hizo el habeas corpus, en cauce procesal que salvaguarde la libertad de la persona en la esfera de la informática»[528]. A su vez, entiende que el surgimiento de este derecho, que se integraría en los derechos de tercera generación, supone la necesidad de incorporar un nuevo status a la teoría elaborada por JELLINEK.

Junto a tales referentes se encuentra MURILLO DE LA CUEVA ofreciendo como principales aportaciones la relativa a la «autodeterminación informativa»[529], cuyo reconocimiento como derecho «implica necesariamente poderes que permitan a

528 *Vid.* ANTONIO ENRIQUE PÉREZ LUÑO, «Las generaciones de los Derechos Humanos», en *Revista del Centro de Estudios Constitucionales*, n.° 10, septiembre-diciembre 1991, p.6.

529 *Vid.* PABLO LUCAS MURILLO DE LA CUEVA, *El derecho a la autodeterminación informativa*, Fundación Coloquio Jurídico europeo, Madrid, 2009.

su titular definir los aspectos de su vida que no sean públicos, que desea que no se conozcan, así como facultades que le aseguren que los datos que de su persona manejan terceros informáticamente son exactos, completos y actuales».

Tal consideración fue acogida por el Tribunal Constitucional, que puede ser considerado como pieza clave en la delimitación del derecho a la protección de datos a través de numerosos pronunciamientos emanados entre 1993 y la entrada del nuevo siglo. Tal actividad jurisprudencial comenzaría con la STC 254/1993, la cual recoge el derecho a la libertad informativa de un modo ciertamente confuso, evolucionando con el paso del tiempo hasta STC 292/2000[530], donde el Tribunal Constitucional diseñaría con nitidez el contenido del derecho fundamental a la protección de datos dotándolo de plena autonomía respecto del derecho a la intimidad.

Toda esta labor jurisprudencial que configura el derecho fundamental a la protección de datos tuvo un rápido reflejo en el ordenamiento jurídico español, en particular, a través de la Ley Orgánica 15/1999, de 13 de diciembre de Protección de los Datos de Carácter Personal, actualmente derogada.

No obstante, la conformación de un derecho tan importante para la sociedad actual no ha ido de la mano de esfuerzos internos únicamente, puesto que Derecho en la Unión Europea, a pesar de la Constitución europea o tratado constitucional non nato, ha tomado un rumbo que conduce, de forma inevitable, al reconocimiento de este derecho. En efecto, más allá de la sucesión de directivas, entre las que se encuentra la Directiva 97/66/CE del Parlamento Europeo y del Consejo, y de las constantes exigencias en esta materia contenidas por distintos convenios como el Convenio de Schengen, la Carta Europea de Derechos Fundamentales incorpora de modo expreso el derecho a la protección de datos[531].

---

530 Algunos pronunciamientos de la STC 292/2000 merecen ser destacados. En primer lugar, el objeto de protección del derecho fundamental a la protección de datos. Nos dice el Tribunal Constitucional que «no se reduce solo a los datos íntimos de la persona, sino a cualquier tipo de dato personal, sea o no íntimo, cuyo conocimiento o empleo por terceros pueda afectar a sus derechos, sean o no fundamentales, porque su objeto no es solamente la intimidad individual, que ya estaría protegido por el artículo 18.1 de la Constitución, sino los datos de carácter personal». Así, el Tribunal Constitucional viene a extender este derecho fundamental a los datos personales públicos. Por otro lado, «el derecho fundamental a la protección de datos se concreta en un poder de disposición y de control sobre los datos personales. De esta manera, la persona debe quedar facultada para decidir cuáles de sus datos proporcionar a un tercero, sea la Administración o un particular, decidir cuáles puede este tercero recabar, saber quién posee esos datos personales y para qué, pudiendo oponerse a esa posesión o uso».

531 Artículo 8 de la Carta Europea de Derechos Fundamentales: «1. Toda persona tiene derecho a la protección de los datos de carácter personal que la conciernan. 2. Estos datos se tratarán de modo leal, para fines concretos y sobre la base del consentimiento de la persona afectada o en virtud de otro fundamento legítimo previsto por la ley. Toda persona tiene derecho a acceder a los datos recogidos que la conciernan y a su rectificación. 3. El respeto de estas normas quedará sujeto al control de una autoridad independiente».

Todo ello muestra una clara tendencia hacia la consolidación de la categoría del derecho fundamental a la protección de datos que se consolida con la promulgación del Reglamento 2016/679, de Protección de Datos de Carácter Personal y su desarrollo por los ordenamientos internos.

b. Hitos del Reglamento (UE) 2016/679 del Parlamento Europeo y del Consejo, de Protección de Datos y Ley Orgánica 3/2018, de 5 de diciembre, de Protección de Datos Personales y garantía de los derechos digitales

Junto al derecho a la protección de datos hay que destacar los hitos alcanzados tras la aprobación de la Ley Orgánica 3/2018. Siendo multitud los hitos reseñables del RGPD y la LO 3/2018, serán agrupados en su análisis bajo las perspectivas normativa, funcional, economía e institucional, para hacer referencia, finalmente, a los hitos que en el ámbito de la Administración pública han tenido lugar.

Comenzando por la perspectiva normativa, el RGPD es un auténtico hito. No es baladí que el legislador europeo haya optado esta vez por regular esta materia por Reglamento y no por Directiva, como anteriormente se produjo con la Directiva 95/46/CE. Sin entrar en otras consideraciones, el Reglamento UE marca un antes y un después en la regulación de la protección de datos de carácter personal, dejando clara la necesidad de «garantizar un nivel uniforme y elevado de protección de las personas físicas». Además, expone que el «tratamiento de dichos datos debe ser equivalente en todos los Estados miembros» y se pretende que la aplicación de las normas en esta materia «sea coherente y homogénea».

Desde esta misma perspectiva, la LO 3/2018 también ha supuesto un hito, no por ser el primer instrumento de dicho rango que regula la materia, ya que tal realidad comenzaría con la LO 5/1992, de 29 de octubre, reguladora del tratamiento automatizado de datos personales. No obstante, la importancia de la nueva legislación como referente queda circunscrita a su contenido, más concretamente, a la inclusión en la misma de la protección de los «derechos digitales»[532].

---

532 El Título X de la LO 3/2018, de Protección de Datos Personales y garantía de los derechos digitales, incorpora por primera vez al ordenamiento español una Declaración de Derechos digitales. El legislador, con fundamento en el mandato del art. 18.4 CE ha incorporado a nuestro Derecho un conjunto de disposiciones que pueden clasificarse en varias categorías. De una parte, cumpliendo con la función promocional e igualadora que el art. 9.2 CE dirige a los poderes públicos, trata de promover las condiciones para que la libertad y la igualdad del individuo y de los grupos en que se integra sean reales y efectivas también en Internet; los derechos a la neutralidad de Internet, de acceso universal a Internet, a la educación digital y las políticas de impulso de los derechos digitales. De otro lado, se

Por otro lado, desde un punto de vista funcional, tanto el RGPD como la LO 3/2018 establecen nuevos parámetros a cumplir por aquellos entes que tratan los datos de carácter personal. En primer lugar, el RGPD hace una llamada a la responsabilidad o, más bien, la auto-responsabilidad de los distintos actores implicados en el tratamiento de datos personales, estableciendo nuevas garantías a los interesados y, lo que es más importante, imponiendo una responsabilidad proactiva a los actores de los tratamientos de datos en el considerando 85. Este concepto viene a referir que la norma no está dirigida a prohibir conductas concretas e imponer sanciones ante el incumplimiento de un precepto concreto, sino que, por el contrario, la norma crea un marco de actuación al que se adaptarán las correspondientes estructuras organizativas creando así una cultura de respeto al derecho de protección de datos de carácter personal[533].

Junto a la responsabilidad proactiva y también desde esta perspectiva funcional, el consentimiento para el tratamiento de tales datos y el conjunto de derechos reconocidos experimentan un punto de inflexión. Respecto al mencionado en primer lugar, su formulación habrá de ser libre[534], incondicionada y específica, distinguiendo así cada uno de los concretos tratamientos a realizar. Junto a ello, la nueva legislación supone un hito, ya que no se

despliega una función de garantía frente a ciertos usos de la informática en muy distintos ámbitos: protección de la infancia, relaciones laborales e impacto de los medios de comunicación en internet respecto a los derechos de las personas.

533 El RGPD dispone diversos instrumentos para lograr dicha responsabilidad proactiva. Entre ellos se encuentra la obligación de realizar un análisis de riesgo que variará en función de los tipos de tratamiento, la naturaleza de los datos, el número de interesados afectados o la cantidad y variedad de tratamientos que una misma organización lleve a cabo. Con tal fin también se recoge la obligación de tener un registro de actividades de tratamiento, la protección de datos desde el diseño y por defecto, códigos de conducta o mecanismos de certificación y, finalmente, la notificación de violaciones de seguridad de los datos.

534 El consentimiento debe ser prestado libremente. El Grupo de Trabajo del Articulo 29 (dictamen 15/2011), ha expresado que tal libertad consiste que «el interesado puede hacer una elección real y no haya ningún riesgo de engaño, intimidación, coerción o consecuencias negativas significativas en caso de que no consienta. Si las consecuencias del consentimiento socavan la libertad de elección de la persona, el consentimiento no es libre». En este mismo sentido se ha pronunciado la Agencia Española de Protección de Datos (AEPD) al indicar que un consentimiento libre «supone que el mismo deberá haber sido obtenido sin la intervención de vicio alguno del consentimiento».
Al objeto de garantizar que el consentimiento se otorgue libremente, conviene recordar el considerando 43 señala que «el consentimiento prestado en un caso concreto en el que exista un desequilibrio claro entre el interesado y el responsable del tratamiento no constituirá un fundamento jurídico válido para el tratamiento de datos de carácter personal. Este desequilibrio se aprecia particularmente cuando dicho responsable sea una autoridad pública y sea por lo tanto improbable que el consentimiento se haya dado libremente en todas las circunstancias de dicha situación particular». *Vid.* https://www.iberley.es/temas/consentimiento-interesados-materia-proteccion-datos-62725

limita a consolidar los derechos ARCO (Acceso, Rectificación, Cancelación, Oposición), sino que añade otros de nuevo cuño como son los derechos a la imitación, portabilidad y al olvido.

A mayor abundamiento, desaparece la obligación de registrar ficheros ante el registro general de la Agencia Española de Protección de Datos, la cual será sustituida por las actividades de tratamiento de datos, que serán identificadas oportunamente por el responsable y por el encargado.

Pero esta perspectiva no puede finalizar sin atender el hito que ha supuesto la nueva legislación para superar las tradicionales brechas de seguridad. A tal efecto se ha diseñado una Evaluación de Impacto de la Privacidad para aquellos casos en los que exista un riesgo alto o relevante para las libertades y derechos de los interesados.

En tercer lugar, el RGPD y la LO 3/2018 se han convertido en hitos desde una perspectiva económica. Nunca antes las entidades gestoras de datos de carácter personal han tenido que acometer una inversión de tal magnitud para el cumplimiento de la normativa vigente en la materia. Se calcula que se tendrán que destinar 140 millones de euros para adaptar los procesos y sistemas tales como la gestión de identidades y acceso a la información o la formación de trabajadores. Solo el 10% de las grandes empresas españolas están a día de hoy preparadas, frente al 20% de media en la Unión Europea. A pesar de dicha dificultad, las consecuencias positivas son más que evidentes. Así lo muestra FABIAN WEHNERT, miembro de Federación Industrial Alemana, el cual considera que el RGPD «es un hito, porque por primera vez tenemos un estándar europeo único para todas las empresas e instituciones en materia de protección de datos»[535].

Asimismo, especial impacto económico ofrece el régimen sancionador (capítulo VIII del RGPD), ya que una de las vocaciones del nuevo binomio normativo es dotar a las autoridades de control de poderes coercitivos más contundentes. El RGPD modifica la tabla de sanciones distinguiendo entre graves y muy graves, estableciendo para las entidades privadas sanciones del 2% y 4%, respectivamente, de la base de su volumen de negocio anual y de 10 y 20 millones de euros para las organizaciones que no cuenten o estén sujetas a un volumen de negocio, es decir, los organismos públicos.

Por otro lado, y desde una cuarta perspectiva, el RGPD ha supuesto un hito desde el punto de vista institucional, si bien tales cambios no se referirán tanto a las instituciones internas como la Agencia Española de Protección de Datos (AEPD) o las autoridades catalana y vasca, sino que los mismos adoptarán una perspectiva europea. El RGPD crea a través de su artículo 68 el Comité Europeo de Protección de Datos[536].

535 https://job-wizards.com/es/evaluando-la-situacion-tras-los-primeros-100-dias-como-marcha-el-rgpd-gdpr/

536 El Comité Europeo de Protección de Datos viene a sustituir al GT29 (antiguo Grupo de Trabajo del Artículo 29). Fue creado en virtud del 29 de la Directiva 95/46/CE, hoy dero

El RGPD es una norma relativamente nueva y es lógico pensar que su interpretación y aplicación van a evolucionar con el paso del tiempo. Dado que la idea central de este Reglamento es la homogeneidad y la seguridad jurídica, su aplicación en todos los Estados debe ser uniforme. Es en este ámbito donde entran en juego el Comité Europeo de Protección de Datos y el Tribunal de Justicia de la Unión Europea.

Pero las repercusiones institucionales del RGPD también han sido considerables desde una perspectiva dinámica. Es de destacar la coordinación entre las distintas autoridades de control para el correcto desarrollo del mecanismo de «ventanilla única»[537] en los tratamientos transfronterizos. A fin de garantizar que en estos casos lidere el procedimiento la autoridad principal, la LO 3/2018 ha incorporado la obligación de que la AEPD, antes de iniciar cualquier procedimiento sancionador o de tutela de derechos, deba analizar el carácter interno (nacional) o transfronterizo (europeo o internacional) del asunto. En el supuesto de ser un dato transfronterizo, la AEPD sí ostenta la posición de autoridad principal.

Un análisis completo de los hitos que ha supuesto la nueva normativa en materia de protección de datos no podría dejar de lado los efectos de la misma que, de manera particular, han repercutido en la Administración pública. La misma y, en general, las entidades del sector público «no tienen el comportamiento mercantilista que puedan mostrar determinadas grandes

---

gada a través del Reglamento 679/2016. «Entre sus funciones tiene asignada la relativa a fomentar la aplicación coherente del RGPD en la UE, asesorar a la Comisión sobre el nivel de protección de datos en terceros países u organizaciones internacionales y fomentar la cooperación entre las autoridades nacionales de protección de datos en la UE». Este organismo con personalidad jurídica propia, está conformado por el director de una autoridad de protección de datos personales de cada Estado miembro y el SEPD, o, en su caso, por sus respectivos representantes. «En concreto, si en un Estado miembro, como ocurre en España, hubiera varias autoridades de protección de datos, nombrarán a un representante común. En este sentido, la Agencia Española de Protección de Datos representa en el CEPD a las autoridades de protección de datos en España».

537 La «ventanilla única» es uno de los instrumentos que permite a la UE avanzar hacia un verdadero mercado interior de los servicios a nivel comunitario. La Directiva 2006/123/CE del Parlamento Europeo y del Consejo, de 12 de diciembre de 2006, relativa a los servicios en el mercado interior, comúnmente conocida como Directiva de Servicios (DS), entró en vigor a finales de 2006 y su objetivo es la eliminación de obstáculos innecesarios y desproporcionados para la prestación de servicios. A tal efecto se diseñó la «ventanilla única», cuyo objetivo «es permitir el acceso a cualquier prestador de un Estado miembro de la Unión Europea y proporcionarle tanto la información necesaria para el acceso y ejercicio de las actividades de servicios, así como realizar el trámite de forma telemática y a distancia a través de la ventanilla ante la autoridad competente. La ventanilla debe ofrecer, asimismo, información a los destinatarios relacionada con la protección de sus derechos». *Vid. Resumen de funciones de la ventanilla única de la Directiva de Servicios*, Dirección General para el impulso de la Administración electrónica, 2009, p. 3.

empresas tecnológicas»[538], pero también es cierto que «pueden tratar, y de hecho así sucede, gran cantidad de datos personales que, en determinados contextos, pueden ser causa o provocar situaciones de riesgo evidente»[539].

La mayoría de esos datos son considerados sensibles por el RGPD y, consecuentemente, los responsables y encargados del tratamiento en el sector público tendrán que actuar con una especial diligencia en tales procesos fomentando una cultura preventiva. En esta línea cabe incluir la regulación de la evaluación de impacto relativa a la protección de datos (artículo 35 RGPD), la incorporación de los códigos de conducta como medio de autorregulación para la correcta aplicación del Reglamento (artículos 40 y 41 RGPD), así como la creación de mecanismos de certificación.

Pero sin duda, el principal hito de la RGPD, posteriormente recogido por la LO 3/2018, es la creación de la figura del Delegado de Protección de Datos, definido como «una persona con conocimientos especializados del Derecho y la práctica en materia de protección de datos si el tratamiento lo realiza una autoridad pública».

Partiendo de que su existencia es preceptiva, la primera decisión a adoptar por cada Administración pública es la creación de una o varias figuras. «La nota determinante o existencial de su estatuto jurídico es la de que se salvaguarde su posición de independencia frente al responsable o encargado de la protección de datos»[540], siéndole facilitados los recursos necesarios para el desempeño de las funciones que el propio RGPD regula mínimamente en su artículo 39 y que son ampliadas por la LO 3/2018.

538 https://rafaeljimenezasensio.com/2018/05/23/la-regulacion-europea-de-proteccion-de-datos-de-la-directiva-al-rgpd/

539 *Ibidem.*

540 *Vid.* Rafael Jiménez Asensio, «Algunas reflexiones sobre la figura del Delegado de Protección de Datos en las Administraciones Públicas», en *La administración al día, Instituto Nacional de la Administración Pública*, 2018.

CAPÍTULO VIII

NUEVAS HERRAMIENTAS DE GESTIÓN PÚBLICA

1. Automatización

Según el art. 41 de la Ley 40/2015, de 1 de octubre, de Régimen Jurídico del Sector Público, «se entiende por actuación administrativa automatizada, cualquier acto o actuación realizada íntegramente a través de medios electrónicos por una Administración pública en el marco de un procedimiento administrativo y en la que no haya intervenido de forma directa un empleado público». «En caso de actuación administrativa automatizada deberá establecerse previamente el órgano u órganos competentes», según los casos, para la definición de las especificaciones, programación, mantenimiento, supervisión y control de calidad y, en su caso, auditoría del sistema de información y de su código fuente. Asimismo, «se indicará el órgano que debe ser considerado responsable a efectos de impugnación».

A. *Blockchain:* una nueva forma de entender los procedimientos administrativos

En el entorno cambiante del que se viene hablando, destaca una herramienta de automatización en concreto, el *blockchain*, llamada a cambiar los sistemas de toma de decisiones automatizadas[541]. *Blockchain* posee la potencialidad suficiente como para protagonizar un cambio en la estructura tecnológica que sirve de base a la actividad administrativa. Aspectos como

541 *Vid.* Manuel Pereiro Cárceles, «La utilización del blockchain en los procedimientos de concurrencia competitiva», en *La administración al día, Instituto Nacional de la Administración Pública*, 2019.

la identificación de los ciudadanos, la aportación de documentos y su verificación, las notificaciones o los pagos por vía electrónica son solo algunos de los usos sobre los que puede incidir *blockchain*, mejorando su funcionamiento actual. Las relaciones entre el ciudadano y la Administración podrían mantenerse en una red sostenida en esta tecnología que recopilara de forma inmutable y segura la información incorporada a dicha red, así como cualquier otra que desde la plataforma pueda ser captada de otros portales de internet o registros.

Pero la necesidad de avanzar hacia mecanismos como el *blockchain* no es algo totalmente nuevo. La voluntad del legislador en 2015 ya lo reflejó cuando, al redactar la exposición de motivos de la Ley 39/2015, de 1 de octubre, de Procedimiento Administrativo Común de las Administraciones Públicas, expresó que «en el entorno actual, la tramitación electrónica no puede ser todavía una forma especial de gestión de los procedimientos, sino que debe constituir la actuación habitual de las Administraciones».

La irrupción de *blockchain* parece promover un cambio trascendental en los fundamentos sobre los que se sostendrá la gobernanza pública, debido a las múltiples ventajas que ofrece. Entre ellas se encuentra el registro de información, garantizando la integridad e inmutabilidad de la misma; la provisión de un modo seguro y certero para confirmar la identidad de cualquier sujeto o para la expresión del consentimiento de un acto; y la eliminación o, cuando menos, disminución de la intermediación, lo que conlleva importantes consecuencias organizativas y favorece la simplificación de procedimientos administrativos como paradigma por excelencia de la Administración pública.

Entre todas estas ventajas destaca, en primer lugar, la eficacia en los procedimientos administrativos. *Blockchain* coadyuva a una mejor prestación de servicios a los interesados, logrando la satisfacción efectiva de los intereses generales de la Administración, pero, al mismo tiempo, también permite una optimización de los medios, logrando un mejor rendimiento con los recursos posibles. Junto a lo anterior, GIMENO FELIÚ[542] recuerda que la reducción de cargas y las consecuencias socioeconómicas del interesado serán significativas, tal como sucede en los procedimientos de contratación electrónica (Ley 9/2017, de 8 de noviembre, de Contratos del Sector Público, por la que se transponen al ordenamiento jurídico español las Directivas del Parlamento Europeo y del Consejo 2014/23/UE y 2014/24/UE, de 26 de febrero de 2014).

La transparencia y trazabilidad de los actos son, por otro lado, grandes ventajas que *blockchain* aporta impulsando el gobierno abierto en la Administración pública. Esta herramienta permite el registro de solicitudes con indicación de su fecha y hora, dejando constancia del momento en que se

542 *Vid.* JOSÉ MARÍA GIMENO FELIÚ, «El principio de eficiencia», en la obra colectiva *Los principios jurídicos del Derecho administrativo*, dirigida por JUAN ALFONSO SANTAMARÍA PASTOR, La Ley, Madrid, 2010, pp. 1255-1274.

introdujeron los datos, así como de los distintos accesos a tal información. No obstante, el hecho de que el sistema *blockchain* sea público y transparente no debe inducir al error de pensar que no sería posible proteger la identidad de quienes realizan algunas transacciones. Mediante un sistema de criptografía asimétrica, que funciona a través de una clave pública y otra privada, el titular de una transacción puede decidir quiénes pueden acceder a la misma a través de un mensaje cifrado.

Sin embargo, el uso de *blockchain* nunca será efectivo si no se dedican importantes recursos de distinta naturaleza (material, económica y personal) a un tratamiento avanzado de la información que permita que la información esté disponible en formatos adecuados para su registro en esta red. La Administración pública cuenta con diversas dificultades para digitalizar los documentos que obran en su poder de forma ágil y adecuada. Si a ello se unen las dificultades en el intercambio en sistemas interoperables y seguros, junto al coste energético que conlleva *blockchain*, quedan trazados los principales problemas a los que la implantación de esta tecnología tendrá que hacer frente.

B. El poder de la analítica predictiva

«El análisis predictivo supone un cambio en el juego de los negocios» declara el Informe Forrest Research[543]. Sin embargo, como veremos, el sector público también participa de sus enormes beneficios.

El análisis predictivo puede ser definido como una subdisciplina propia del análisis de datos que utiliza métodos estadísticos (aprendizaje computacional o minería de datos entre otros) con el propósito de desarrollar modelos que anticipan eventos, situaciones o conductas futuras. Estos modelos predictivos permiten aprovechar los patrones de comportamiento encontrados en los datos actuales e históricos para identificar riesgos y oportunidades que acontecerán próximamente.

Con Estados Unidos y Australia a la cabeza, el sector público ha transformado su forma de actuar gracias a la analítica predictiva[544]. Pero esta tendencia seguirá en aumento; de hecho, tal y como revela Forbes, «el futuro se escribe con tinta predictiva»[545]. No obstante, serán muchos los obstáculos que tendrán que salvar las Administraciones públicas para lograr su plena implantación[546].

543 https://www.forrester.com/report/The+Forrester+Wave+Big+Data+Predictive+Analytics+Solutions+Q2+2015/-/E-RES115697#

544 https://blog.es.logicalis.com/analytics/predictive-analytics-en-el-sector-publico-y-en-el-sector-privado

545 https://www.forbes.com/sites/sungardas/2014/03/26/your-company-can-see-the-future-with-predictive-analytics-2/

546 Entre dichas trabas se puede mencionar la siguiente. «La mayoría de las organizaciones pasan más tiempo recopilando y organizando datos que analizándolos. Los expertos en

En cualquier caso, la analítica predictiva pone en manos del sector público un potencial considerable que deberá capitalizar y aprovechar, convirtiendo tal analítica en una competencia principal de la gestión pública. Construir esta competencia requiere que las organizaciones se centren en tres imperativos[547] que habrán de ser incluidos en toda estrategia:

1. Centrarse en los resultados para ir más allá de los problemas que en un principio puedan ser adelantados.
2. Orientar la gestión de la información en torno a su utilización y puesta en práctica.
3. Utilizar conocimientos derivados de la analítica para cumplir objetivos específicos.

Para todo ello, las Administraciones públicas deberán afrontar una serie de retos. Así, el sector público debe tener en cuenta el fenómeno denominado «paradoja de datos»[548], puesto que, debido a la acumulación de los mismos, no solo resulta difícil seleccionar la información trascendente a efectos de gestión pública, sino también descartar aquella que es irrelevante. A pesar de ello, también hay que reconocer que las organizaciones del sector público manejan herramientas cada vez más sofisticadas en los últimos tiempos: información, modelos o técnicas analíticas, herramientas y tecnologías analíticas.

Sin embargo, sus líderes declaran que para su puesta en práctica «entran en juego muchos factores como el volumen y la variedad de la información, la fiabilidad de los datos y la tendencia de los expertos públicos en análisis en centrarse en la recopilación y unificación de datos»[549], en lugar concentrar la atención en el desarrollo de perspectivas.

Otro de los óbices hacia una analítica predictiva plena es el déficit estructural y económico-presupuestario con que tradicionalmente cuenta la Administración pública, al que habría que sumar una reticencia generalizada que aboga por subestimar la manera en la que un entorno complejo afecta a sus operaciones. «Aceptar que el nuevo entorno socioeconómico de hoy en día es dinámico y perjudicial puede ser el primer paso para crear la base de

analítica también tienden a estar concentrados dentro de las organizaciones en lugar de gozar de una presencia global en las mismas. Esto puede dificultar la tarea de descubrir conocimientos útiles que solo pueden revelarse analizando la información presente en distintas agencias y bases de datos». *Vid.* https://socially.mx/2016/03/27/el-poder-del-big-data-en-el-sector-publico/

547 https://www.ibm.com/es-es/analytics/predictive-analytics

548 La situación que supone tener demasiada información, pero muy pocos conocimientos como el principal obstáculo para el uso y la adopción de la analítica.

549 https://www.ibm.com/es-es/analytics/predictive-analytics

información y análisis necesaria que permita una prestación de servicios más eficaz proporcionando, a la vez, la transparencia y responsabilidad demandadas»[550] a cualquier Administración pública en la actualidad.

Por otro lado, las organizaciones gubernamentales y del sector público en general deberán explorar nuevos modelos de gestión de expertos para obtener conocimientos analíticos de los que carecen en la actualidad. En particular, necesitarán considerar tres factores importantes.

En primer lugar, es necesario un cambio de mentalidad con el fin de obtener el mayor partido al talento existente. Por ello, el talento de sus empleados que aporte creatividad, enfoque proactivo y actuación estratégica debe ser premiado por las organizaciones públicas logrando, en consecuencia, un buen uso a la analítica de la información. Una estrategia popularizada es la combinación de nuevas técnicas analíticas, cognitivas y estadísticas para descubrir patrones y determinar acciones que puedan reforzar los resultados positivos.

Por otro lado, es necesario un cambio en la forma de trabajar. Así, «los expertos en analíticas necesitan ser más ágiles, cooperativos e interdisciplinarios y confiar menos en su instinto e intuición»[551]. Una de las alternativas podría ser que aquellos profesionales que proporcionan servicios a los ciudadanos colaboren con los gestores de riesgos para determinar aquellos factores que anticipen resultados no deseables y personalizar o individualizar los programas de forma adecuada.

Finalmente, la estrategia de cambio a seguir debe tener en cuenta la resolución de problemas. Por ello, la mayor integración de los agentes en la toma de decisiones es fundamental para promover y medir los conocimientos basados en los datos y derivados de la analítica.

2. *Cloud computing*

Junto a *blockchain*, el modelo de previsión de servicios en la nube o *cloud computing* también contribuye a alcanzar el paradigma que permite una prestación de servicios más eficiente. Por este motivo, la Administración pública española está dando pasos acelerados para hacer del *cloud computing* un modelo de referencia para la provisión de servicios TIC.

Antes de saber su uso por la Administración pública es necesario conocer más de cerca qué es la computación en la nube. Según el *National Institute of Standards and Technology* (NIST)[552], «el *cloud computing* es un modelo

550 *Ibidem.*

551 *Ibidem.*

552 https://csrc.nist.gov/publications/detail/sp/800-145/final

tecnológico que permite el acceso ubicuo, adaptado y bajo demanda en red a un conjunto compartido de recursos de computación configurables compartidos (por ejemplo: redes, servidores, equipos de almacenamiento, aplicaciones y servicios), que pueden ser rápidamente aprovisionados y liberados con un esfuerzo de gestión reducido o interacción mínima con el proveedor del servicio»[553].

A. Características del *cloud computing*

Para poder comprender este concepto de forma sencilla se puede recurrir a la descripción de las múltiples características que le hacen diferenciarse respecto de los sistemas tradicionales de explotación de las TIC. Entre ellas se encuentran las siguientes[554]:

- Pago por uso. Una de las características principales de las soluciones *cloud* es su facturación basada en el consumo, de manera que el pago que debe abonar el cliente, usuario o Administración pública varía en función del uso que se realiza del servicio contratado.
- Agilidad en la escalabilidad, lo cual se traduce en un aumento o disminución de las prestaciones ofrecidas al cliente o Administración en función de sus necesidades puntuales, sin necesidad de nuevos contratos ni sanciones. De la misma manera, el coste del servicio asociado se modifica también en función de las necesidades puntuales de uso de la solución, evitando así los riesgos inherentes al posible diseño deficiente inicial.
- La demanda del usuario o Administración pública es la piedra angular del régimen de autoservicio, concediendo una mayor flexibilidad en las «capacidades de computación en la nube de forma automática a medida que las vaya requiriendo, sin necesidad de una interacción humana»[555] con su proveedor de servicios en la nube.

553 Otra definición complementaria es la aportada por el RAD Lab de la Universidad de Berkeley. Ésta vendría a señalar que el *cloud computing* hace referencia a aplicaciones entregadas, pero también al servicio a través de la red. Tal es el caso del hardware y el *software*. «Los servicios anteriores han sido conocidos durante mucho tiempo como Software as a Service (SaaS), mientras que el *hardware* y *software* del centro de datos es a lo que se llama nube». *Vid.* Resolución de 31 de julio de 2015, de la Entidad Pública Empresarial Red.es, por la que se convocan ayudas del programa de fomento de la demanda de soluciones de computación en la nube para pequeñas y medianas empresas (C-051/15-ED) y se establecen las bases reguladoras.

554 https://www.ontsi.red.es/ontsi/es/estudios-informes/cloud-computing-retos-y-oportunidades

555 http://www.mercadoit.com/blog/productos-hardware-it/que-es-cloud-computing/

- Finalmente, destaca como nota característica la capacidad de aislar (abstracción) la contratación de los diferentes recursos informáticos de un mismo proveedor respecto a los equipos informáticos del cliente o Administración pública. Esto es posible gracias a la virtualización y soslaya la necesidad de personal dedicado al mantenimiento de la infraestructura, actualización de sistemas y demás tareas asociadas.

B. El *cloud computing* en la Administración pública

De entre la multitud de entes y organizaciones que pueden usar el *cloud computing*, la Administración pública es una de las más favorecidas con el uso de esta tecnología. Una entidad pública, ya sea estatal, autonómica o local, debe gestionar su función pública prestando servicios de valor al ciudadano, gestionar recursos públicos, relacionarse con proveedores, o contratar de manera similar a una empresa privada, por lo que puede aplicar las tecnologías de computación en nube en su cadena de valor para ser más eficiente y competitiva.

En la actualidad, la cooperación, colaboración y coordinación entre Administraciones públicas es una exigencia cada vez mayor dada la complejidad del mundo actual. Para hacer frente a los desafíos que el mismo presenta, la Ley 40/2015, de 1 de octubre, del Régimen Jurídico del Sector Público, ha positivizado mecanismos a tales efectos. Además, para lograr tal cooperación y, junto a ella, la reutilización e intercambio de servicios entre administraciones, el *cloud computing* se convierte en un aliado perfecto y una de las palancas de modernización y desarrollo de las Administraciones.

El modelo *cloud* también puede tener una clara repercusión en las entidades locales, cuyo número supera los 8.000 en España. Estas entidades, tradicionalmente, cuentan con menos recursos tecnológicos y humanos. Por lo tanto, la computación en nube les puede ofrecer diversos medios eficientes para la modernización administrativa de sus procesos.

Junto a ello, la idea de gobernanza en la Administración pública se verá reforzada a través de esta herramienta, puesto que «convivirá lo público con lo privado, ya que la infraestructura tecnológica hará que sea totalmente compatible el uso de soluciones de *cloud* públicas con soluciones de *cloud* privadas, empleando un tipo u otro en función del grado de seguridad requerido y de la naturaleza de los datos»[556].

Parece claro que el futuro de la Administración se encuentra en la nube híbrida, permitiendo un acceso a los datos de ciudadanos y empresas más sencillo y en tiempo real. A todo ello se sumaría un ahorro de costes considerable, algo fundamental dentro del contexto de austeridad económica en

556 https://www.revistacloudcomputing.com/2013/07/la-nube-base-tecnologica-de-la-reforma-de-la-administracion/

el que constantemente se encuentra la Administración. Las soluciones *cloud* «permiten una adaptación del gasto y la mejora de eficiencia, sobre todo si va acompañado de una fórmula de pago no muy común hoy en día, pero sí que cada vez más ofrecida por los operadores tecnológicos»[557], como ya se ha mencionado anteriormente.

Para los supuestos en los que un soporte tecnológico intensivo vaya de la mano de las políticas públicas, la computación en nube se conforma como un instrumento que permite facilitar para su desarrollo y mantenimiento. Paradigmas como el gobierno abierto, la modernización de la sanidad y educación[558] o el gobierno multinivel no podrían alcanzarse con los medios tradicionales.

En esta línea y por lo que afecta directamente a la Administración pública, la computación en nube permite diseñar instrumentos tales como plataformas de open data o portales de participación que propicia, a su vez, el surgimiento de ciudadanos que se convierten en usuarios de los recursos tecnológicos de las administraciones y deben recibir un servicio de alta disponibilidad y rendimiento.

C. La Red SARA como impulso del *cloud computing*[559]

La Administración pública inició su evolución a la nube tomando como punto de partida infraestructura tecnológica propia: la Red SARA[560]. El 15 de enero de 2013 el Consejo Superior de Administración Electrónica, presidido por el Ministro de Hacienda y Administraciones Públicas, declaró SARA como proyecto de interés prioritario alrededor del cual comenzar a construir la nube privada de las Administraciones públicas españolas[561].

Esta red, conectada a su vez con red europea sTESTA, interconecta y da servicio a la Administración pública en sus distintos ámbitos territoriales: Estado, comunidades autónomas y entes locales. Pero su configuración inicial ha ido evolucionando a lo largo del tiempo ya que, actualmente, desde SARA «se ofrecen servicios compartidos de uso extendido en la Administración española, como la plataforma @firma para la validación de certificados electrónicos y la plataforma de intermediación de datos»[562].

557 *Ibidem.*

558 En estas esferas y su proyección de futuro, el *cloud computing* se muestra como un elemento esencial ofreciendo plataformas de e-learning, redes de profesionales, educación a distancia, integración hospitalaria, redes de pacientes, monitorización o telemedicina.

559 https://administracionelectronica.gob.es/ctt/redsara#.XPPfPFIzbIU

560 https://administracionelectronica.gob.es/pae_Home/pae_Actualidad/pae_Noticias/Anio2013/Febrero/pae_Noticia_2013-02-04_Cloud_Computing_AAPP.html#.XPgOIllzbIU

561 *Ibidem.*

562 https://www.esmartcity.es/2013/02/15/la-red-sara-se-configura-como-base-de-la-plataforma

El impulso del *cloud computing* a través de la Red SARA se muestra en el art. 13 Real Decreto 4/2010, de 8 de enero, por el que se regula el Esquema Nacional de Interoperabilidad en el ámbito de la Administración Electrónica: «(...) las Administraciones públicas utilizarán preferentemente la Red de comunicaciones de las Administraciones públicas españolas para comunicarse entre sí, para lo cual conectarán a la misma, bien sus respectivas redes, bien sus nodos de interoperabilidad, de forma que se facilite el intercambio de información y de servicios entre las mismas, así como la interconexión con las redes de las Instituciones de la Unión Europea y de otros Estados miembros. La Red SARA prestará la citada Red de comunicaciones de las Administraciones públicas españolas».

Con el fin de cumplir su cometido, la Red SARA ha sido diseñada e implementada con unos criterios de racionalidad técnica y económica que favorecen el adecuado uso de servicios públicos. La Guía para la aplicación de la Norma Técnica de Interoperabilidad de Requisitos de conexión a la Red de comunicaciones[563] sistematiza sus características de la siguiente manera:

- Fiabilidad. La Red SARA hace uso de los *Virtual Private LAN Services*, una tecnología punta con elevados índices de granularidad y ancho de banda que ofrece una amplia capacidad y disponibilidad en la transmisión de los datos.
- Seguridad. Junto a lo anterior, la Red SARA implementa medidas de seguridad entre las que se encuentra la VPN's (*Virtual Private Networks*), en las que todo el tráfico circula cifrado por una red troncal de manera que asegura la integridad y confidencialidad de la información que viaja a través de dicha red.
- Capacidad. El ancho de banda de la Red SARA es suficientemente amplio como para cubrir las necesidades de los Ministerios, comunidades autónomas y sus propios Centros de procesamiento de datos y servicios internos.
- Calidad de servicio. Los datos trasmitidos a través de esta red no pierden su naturaleza, ya sea voz, video o datos, estableciendo un amplio abanico de servicios multimedia a incorporar.
- Punto-Multipunto. La Red SARA ha sido diseñada a través de un modelo de conexión multipunto («todos con todos»), de manera que no existe un nodo central en el que convergen todas las conexiones y ayuda a complementar el entramado de seguridad anteriormente explicado.
- Flexibilidad. Se trata de una red que, lejos de ser inmutable, permite evolucionar tecnológicamente a la medida en que lo hagan las necesidades de las Administraciones públicas, permitiendo asimismo la incorporación de nuevas redes.

563 http://travesia.mcu.es/portalnb/jspui/handle/10421/5862?mode=full

3. Internet de las cosas

El *Internet of Things* (IoT) ha sido llamado por voces cualificadas[564] a ser uno de los agentes de la Cuarta Revolución Industrial, junto con los restantes instrumentos analizados en la presente monografía, como la inteligencia artificial, la robótica, la impresión 3D y 4D, así como otros que quedarán al margen, tales como la nanotecnología, la biotecnología o la ciencia de los materiales.

El fenómeno de Internet de las cosas hace referencia a la integración de capacidades inteligentes a objetos tradicionales usados diariamente, a través de dispositivos hardware específicos (o simplemente de sensores inalámbricos), con la finalidad de que puedan recopilar datos para su envío a centros de procesamiento por medio de una estructura de red interconectada[565]. A su vez, ello permite que objetos de toda índole se comuniquen entre sí con la capacidad para transmitir, compilar y analizar datos[566].

Los primeros dispositivos sobre los cuales se proyectó el Internet de las Cosas fueron los teléfonos inteligentes *(smartphones)* o las tabletas *(tablets)*. No obstante, la realidad no se limita a dichos dispositivos, sino que alcanza otros tantos como ropas tecnológicas o wearables (como relojes, pulseras inteligentes o gafas de realidad aumentada), electrodomésticos (tales como frigoríficos o aspiradoras), televisores, videoconsolas, automóviles, elementos de edificios (cámaras de seguridad o controles de acceso)[567]. Las grandes infraestructuras públicas también se verán implicadas en el Internet de las Cosas. Tal es el caso de puentes, autopistas o ciudades, dando paso a la puerta de la interacción «máquina-máquina» *(Machine-to-Machine)*.

564 *Vid.* Klaus Schwab, *La cuarta revolución industrial*, Debate, Barcelona, 2016.

565 *Vid.* Moisés Barrio Andrés, Internet de las Cosas, *op. cit.*, p. 18.

566 Otra definición sería la aportada por Haller, Karnouskos y Schroth, los cuales conceptúan el IoT como «un mundo donde los objetos físicos se integran perfectamente en la red de información y donde los objetos físicos pueden convertirse en participantes activos en los procesos empresariales. Los servicios están disponibles para interactuar con estos "objetos inteligentes" a través de Internet, consultar su estado y cualquier información asociada con ellos, teniendo en cuenta las cuestiones de seguridad y privacidad» (*vid.* Stephan Haller, Stamatis Karnouskos y Christoph Schroth, «The Internet of Things in an enterprise context», en la obra colectiva *Future Internet, dirigida* por John Chandy Springer, Berlín, 2009, p. 15). Otra de las definiciones más extendidas es la propuesta por la Unión Internacional de Telecomunicaciones (UIT), organismo especializado en telecomunicaciones de la Organización de las Naciones Unidas (ONU), según la cual el IoT es «una infraestructura global para la Sociedad de la Información que permite servicios avanzados interconectando cosas (físicas y virtuales) basadas en tecnologías de información y comunicación interoperables existentes y en evolución» (*vid.*, a este respecto, «Overview of the Internet of Things», en *Series y: Global information, infraestructura, internet protocol aspects and next generation networks*, 2012, p. 2).

567 *Vid.* Moisés Barrio Andrés, *Internet de las Cosas*, *op. cit.*, p. 18.

Todo esto fenómeno no es ajeno a la Administración pública. Internet de las Cosas tiene potencial para transformar el sector público, ya que altera profundamente la forma que tienen los organismos públicos de recoger los datos y la información, al combinar las principales tendencias técnicas y de negocio de movilidad, automatización y análisis de datos.

A. Posibilidades del internet de las cosas en la Administración pública

Se calcula que más del 85% de las entidades públicas y privadas han implantado el Internet de las Cosas en los últimos años[568]; cifra que revela el enorme potencial de un conjunto de tecnologías que beneficia tanto a la ciudadanía como a las Administraciones públicas[569].

En el caso de las ultimas mencionadas, además, supone una enorme ventaja, ya que el uso del Internet de las Cosas en la ciudad permite recoger datos mediante la utilización de sensores y otras herramientas para resolver el problema de los atascos en hora punta, medir de forma telemática las emisiones contaminantes provocadas por la masificación de los medios de transporte, registrar la calidad del agua, conocer las necesidades de riego en parques y jardines o saber cuántas plazas de aparcamiento quedan disponibles en sus calles en tiempo real.

Entre todos los beneficios mencionados cabe destacar el transporte público más eficiente y más rentable. Alcanzar los compromisos adquiridos en la Cumbre de París de 2015 contra el Cambio Climático por un mayor compromiso por parte de cualquier gobierno hacia un transporte público o privado más eficiente. En este ámbito, el Internet de las Cosas permite crear una red de sensores, cámaras digitales y vehículos conectados para aumentar la capacidad del sistema, así como para mejorar la seguridad y la comodidad de los viajeros, reduciendo de forma simultánea los costes y los riesgos.

Por otro lado, el Internet de las Cosas ofrece a la Administración pública nuevas soluciones de vídeo vigilancia formadas por cámaras de alta resolución en circuito cerrado para aumentar la seguridad del transporte público y la infraestructura general de la ciudad. La supervisión del movimiento de personas y multitudes y la posibilidad de facilitar respuestas de emergencia se plantea como una necesidad ante los riesgos que presenta la sociedad actual. Además,

568 https://transformaciondigital.izertis.com/blog/iot-y-administracion-publica-la-importancia-de-una-ciudad-conectada

569 La firma de investigación Gartner señala que los dispositivos de IoT han aumentado un 31% de 2016 a 2017, alcanzando 8.400 millones de «cosas» conectadas dicho año. Posteriormente, en 2018, tal cifra ascendió a 23.140 millones de dispositivos y se prevé que alcance la cifra de 75.440 millones en 2025. (https://www.iotworldonline.es/las-grandes-estadisticas-del-internet-de-las-cosas-iot/)

el software para análisis de vídeo inteligente puede automatizar la detección temprana de comportamientos sospechosos y equipaje abandonado.

Un campo tradicional donde viene aplicándose el Internet de las Cosas es a través de mensajes dinámicos que permiten visualizar en tiempo real el estado del tráfico, carriles cerrados y tiempos de desplazamiento recibidos automáticamente desde sensores y cámaras.

Por último, y en relación con todo lo anterior, el Internet de las Cosas ofrece soluciones energéticas inteligentes que permiten supervisar el consumo eléctrico y crear sistemas energéticos más robustos que reducen el consumo y producen menos emisiones relacionadas con la energía con el fin de mejorar la eficiencia y la sostenibilidad energética a escala municipal[570].

B. Desafíos de su despegue en el sector público

Como ya se ha visto, el sector público obtiene ventajas considerables en la utilización del Internet de las Cosas. Sin embargo, la otra cara de la moneda pone de manifiesto una serie de retos a asumir por la Administración pública. Así, las organizaciones públicas necesitan una infraestructura de red económica que garantice el manejo de enormes flujos de datos, además de ser fácil de gestionar.

En este sentido, la infraestructura debe ofrecer un proceso sencillo y automatizado para la incorporación de dispositivos del Internet de las Cosas. Los grandes sistemas contienen una cantidad ingente de dispositivos o sensores, y el suministro y la gestión manual de todos ellos incrementan la complejidad y la posibilidad de errores. La incorporación automatizada permitirá que la infraestructura de la red reconozca los dispositivos de forma dinámica, así como su asignación a la red segura más apropiada.

También supone un reto para la Administración pública el deber de suministrar los recursos correctos a la red para que el sistema Internet de las Cosas funcione de manera apropiada y eficiente. Muchos dispositivos incluidos en dicho sistema aportan información crítica que exige un nivel determinado de calidad del servicio. En concreto, algunos casos precisan la reserva del ancho de banda adecuado en una infraestructura de red de altas prestaciones para garantizar el rendimiento y la fiabilidad del servicio.

Junto a todo lo anterior, las Administraciones públicas también deben proporcionar un entorno seguro frente a ciberataques y pérdida de datos. Debido a que los numerosos dispositivos y sensores de la red Internet de las Cosas de la Administración suponen un amplio número de vectores de ataque potencial, la seguridad es fundamental para aminorar los riesgos de cibercrimen. Además, la seguridad se muestra necesaria en diversos niveles, incluyendo el confinamiento de las propias redes de Internet de las Cosas.

570 https://www.al-enterprise.com/es-es/perspectivas/tendencias/internet-of-things-iot

4. Inteligencia artificial

La inteligencia artificial ha pasado de ser un mito a convertirse en una realidad en un período de tiempo muy breve. De hecho, es considerada como el propio fundamento de la Cuarta Revolución Industrial. Por ello, es una realidad tecnológica que ha venido para quedarse y multiplicar su utilidad de forma exponencial en los próximos años, convirtiéndose en un auténtico «tsunami digital»[571].

Las cifras estimadas sobre su importancia en el futuro próximo así lo revelan. La consultora americana Accenture afirma que si el PIB español en 2035 será de 1.674 mil millones de dólares, la inteligencia artificial puede incrementarlo en 189 mil millones de dólares. En esa misma línea se posiciona *PriceWaterhouse-Coopers* (PwC), que estima que la inteligencia artificial puede incrementar el producto interior bruto en 15,7 trillones, un millón de billones en la escala europea.

Considerando todo lo anterior, es necesario plantear en qué consiste la inteligencia artificial y su impacto en la Administración pública.

A. ¿Qué es la inteligencia artificial?

La inteligencia artificial puede ser definida desde múltiples perspectivas y existen tantas acepciones de la misma como autores que se proponen abordarla. Por ello, a pesar de ser un concepto que apareció hace más de cuatro décadas, MUNAKATA[572] recuerda que no existe una definición estándar o global.

JERRY KAPLAN parte de la idea de que a través de la inteligencia artificial los ordenadores son capaces de realizar acciones que serían consideradas como inteligentes si fuesen desarrolladas por personas[573]. La inteligencia artificial persigue emular las facultades intelectuales humanas en máquinas para que estas puedan realizar tareas propias de los seres humanos. En el estadio actual de desarrollo de la inteligencia artificial únicamente consigue realizar tareas específicas como traducir textos, conducir vehículos sin conductor o reconocer imágenes (inteligencia artificial limitada), siendo aún un mito —para muchos inalcanzable— la equiparación de un ordenador a la inteligencia de los humanos respecto a un amplio conjunto de tareas cognitivas (inteligencia artificial general)[574].

---

571 *Vid.* MOISÉS BARRIO ANDRÉS, «Del Derecho de Internet al Derecho de los robots», en la obra *Derecho de los robots*, dirigida por MOISÉS BARRIO ANDRÉS, La Ley-Wolters Kluwer, Madrid, 2018, pp. 61-68.

572 *Vid.* TOSHINORI MUNAKATA, *Fundamentals of the New Artificial Intelligence: beyond Traditional Paradigms*, Springer, 1998, p 1-5.

573 *Vid.* JERRY KAPLAN, *Inteligencia artificial. Lo que todo el mundo debe saber*, Teell, Zaragoza, 2017.

574 Con el fin de acotar correctamente el concepto se pueden aportar otras definiciones. Una definición clásica sostiene que «la Inteligencia Artificial es la parte de las Ciencias de la

Por otro lado, señala SOSA SIERRA[575] que existen dos aproximaciones fundamentales dentro del extenso espectro de la inteligencia artificial. La primera de ellas es la inteligencia artificial simbólica, la cual se caracteriza por un alto nivel de abstracción y vista microscópica. A esta categoría pertenecen la psicología clásica, el aprendizaje simbólico de maquinaria, los sistemas basados en el conocimiento, técnicas de búsqueda, y el procesamiento de lenguaje natural.

La segunda de las aproximaciones mencionadas «se caracteriza por un bajo nivel de abstracción y modelos biológicos microscópicos. Las redes neuronales y los algoritmos genéticos se encuentran en esta vertiente»[576].

Junto a estas dos aproximaciones de la inteligencia artificial, se han desarrollado nuevas herramientas denominadas «inteligencia computacional» que incluiría los «sistemas borrosos», la «teoría de los conjuntos aproximados» y «sistemas caóticos».

La base de la inteligencia artificial se encuentra en los algoritmos, definidos por ROBERT HILL como «una estructura de control finita, abstracta, efectiva y compuesta, establecida imperativamente, cumpliendo una finalidad dada ante unos suministros determinados»[577].

Tales algoritmos han ido adquiriendo una mayor complejidad con el transcurso del tiempo, pasando de tener un carácter estático, de manera que los informáticos diseñaban en las propias fórmulas matemáticas los criterios para tomar las decisiones, a ser dinámicos, en el sentido de que los algoritmos denominados de aprendizaje automático o *machine learning* están preparados para aprender con la experiencia en la gestión de datos y a tomar decisiones por sí mismos, generando, en consecuencia, sus propias instrucciones, que ya no siguen las pautas iniciales del programador.

A partir de tales algoritmos, la inteligencia artificial permite dar respuesta a problemas que tradicionalmente han existido en distintos campos y solucionar los nuevos que tienen lugar. La robótica es uno de los campos donde la

computación que se ocupa del diseño de sistemas de computación inteligentes, esto es, sistemas que exhiben las características que asociamos con la inteligencia en el comportamiento humano» (vid. AVRON BARR y EDWARD FEIGEMBAUM, *Le manuel de l'Intelligence Artificielle, Eyrolles*. París, 1986, p. 7). Esto revela que la IA se ocupa de desarrollar sistemas que realicen tareas que, cuando las realizan las personas, las asociamos con la inteligencia. Otra definición es siguiente: «la inteligencia artificial es el estudio de cómo hacer que las computadoras hagan cosas que hasta el momento, los humanos hacen mejor» (*vid.* ELAINE RICH y KEVIN KNIGHT, *Inteligencia Artificial*, Mc Graw Hill, 1994).

575 *Vid.* MARÍA DEL CARMEN SOSA SIERRA, «Inteligencia Artificial en la gestión financiera empresarial», en *Pensamiento y Gestión*, n.º 23, marzo de 2007, p. 5.

576 *Ibidem.*

577 *Vid.* ROBIN HILL, «What an algorithm is», en *Philosophy & Technology*, Phil Papers, 2016, p. 47.

inteligencia artificial está experimentando una mayor expansión. En este sentido, es capaz de aportar «visión, el control de motores, el aprendizaje, la planificación, la comunicación lingüística o el comportamiento cooperativo»[578].

Por otro lado, la inteligencia artificial es fundamental en el cambio que está experimentando la gestión de la información como es el caso de la minería de datos, el rastreo web o el filtrado de correo. También las matemáticas están evolucionando gracias al diseño de herramientas capaces de obtener multitud de funciones matemáticas, cuyo uso es tan generalizado en la actualidad que siquiera se reconocen como productos propios de la inteligencia artificial.

Pero la inteligencia artificial también tendrá aplicación en la industria del entretenimiento, de manera que cada vez más se utiliza la inteligencia artificial en los «juegos de ordenador y los sistemas de control y de generación de caracteres sintéticos, ya sea en la interacción a través de texto o con la generación de películas con dibujos animados o "avatares" interactivos en mundos virtuales»[579].

Pero junto a todo ello, la Administración pública será un escenario privilegiado donde la Inteligencia Artificial tendrá cabida, tal como veremos a continuación.

B. Impacto en la Administración pública

a. Situación en el Derecho comparado

Son numerosas las Administraciones públicas que a lo largo y ancho del mundo han logrado incorporar la inteligencia artificial y la robótica a través de distintos instrumentos. En primer lugar, destaca Escocia y su *Intelligent Street Lighting* con la instalación de cientos de bombillas LED conectadas a un sistema de control centralizado que ofrece una gestión remota del alumbrado mediante la incorporación de varios sensores. «Gracias a esta innovación incorporada, el consistorio escocés puede obtener información pública y cruzar datos para ofrecer mejores servicios a su ciudadanía de una manera más eficiente»[580].

Junto a dicha utilización de la inteligencia artificial para la mejora de la vida en las calles de la ciudad, otras Administraciones públicas utilizan la

578 *Vid.* Aaron Sloman, *Áreas de aplicación de la Inteligencia Artificial*, Universidad de Birmingham, 2010.

579 https://juanga001.wordpress.com/2012/03/27/disciplinas-que-la-inteligencia-artificial-ha-contribuido/

580 https://www.lasnaves.com/energia/valencia-estudia-el-proyecto-estrella-de-alumbrado-publico-inteligente-de-glasgow/?lang=es

inteligencia artificial en el proceso de toma de decisiones para darles apoyo en sistemas de predicción policial, sistemas de asistencia para médicos, sistemas de alerta de abandono escolar, así como para asignar subvenciones o evaluar profesores. Este último sería el caso de Nueva York.

Asimismo, las Administraciones públicas están utilizando los sistemas de respuesta automatizada a preguntas formuladas en lenguaje natural o los sistemas de diálogo a partir del reconocimiento de voz para prestar servicios de asesoramiento, información y atención a los ciudadanos. Entre las herramientas utilizadas a tales efectos destacan los *chatbots* para dar respuesta a las preguntas formuladas por los ciudadanos. Las Administraciones públicas utilizan asimismo la inteligencia artificial en la personalización de servicios a partir del análisis de los datos personales de los ciudadanos y del comportamiento de otros usuarios a partir de la creación de perfiles. Cataluña ha desarrollado esta estrategia a través de *MyGov Social* del *Consorci Administració Oberta*, dando respuesta, de este modo, a una sociedad cada vez más compleja y que, a su vez, exige respuestas más rápidas.

La inteligencia artificial también es utilizada en la prestación de servicios públicos como el transporte, la seguridad, la sanidad, dependencia y la educación. Asimismo, la inteligencia artificial se usa frecuentemente en la mejora de la gestión de la cosa pública; por ejemplo, en la gestión del tráfico (Pittsburg, California)[581].

Todo ello contribuye a construir el concepto de ciudad inteligente definida por CARAGLIU como «una ciudad donde las inversiones en capital humano, social, de infraestructuras y tecnologías de comunicaciones modernas impulsan el crecimiento económico y la calidad de vida, con una gestión racional de los recursos naturales, a través de la gestión y gobierno participativos»[582].

b. Inteligencia artificial en la Administración pública española

Considerando todos estos ejemplos comparados, se deduce que todavía queda mucho por avanzar en materia de inteligencia artificial en nuestro país. La situación de España junto a la de otros países de nuestro entorno ha sido analizada a través de distintos estudios[583]. En un reciente informe de la

581 *Vid.* AGUSTÍ CERRILLO I MARTÍNEZ, «El impacto de la inteligencia artificial en el Derecho administrativo ¿nuevos conceptos para nuevas realidades técnicas?», en *Administración al Día, Instituto Nacional de la Administración Pública*, mayo 2019, p. 3.

582 *Vid.* ANDREA CARAGLIU, «Smart Cities in Europe», en *Journal of Urban Technology*, volumen 18, 2011, p. 65-82.

583 Estrategia española de I+D+I en Inteligencia Artificial, 2019, Ministerio de Ciencia, Innovación y Universidades.

OCDE[584] se indica que la inversión de capital privado en *startups* centradas en inteligencia artificial en España durante el periodo que transcurre entre 2011 y mediados de 2018 es el 3% de la cantidad total invertida en empresas de nueva creación con sede en la Unión Europea, muy por detrás de Francia (13%), Alemania (14%) o Reino Unido (55%). España ocupa el cuarto puesto, seguida muy de cerca por países clasificados en el grupo de los emergentes, como los llamados países *followers* o «seguidores». Estos datos ponen de manifiesto que hay un amplio margen de evolución con un mejor sistema de cooperación entre agentes, así como que la inversión tecnológica realizada hasta ahora en España es insuficiente[585]. Todo ello tiene, a su vez, repercusión en la Administración pública, la cual todavía habrá de trabajar en este sentido para lograr alcanzar paradigmas como el de Estonia y su utilización de la inteligencia artificial al servicio del ciudadano. Este país es pionero en el uso de las identidades digitales protegidas para sus ciudadanos, permitiéndoles firmar y encriptar archivos y acceder sin trabas a los servicios proporcionados por el Gobierno y la Administración. Otro dato a destacar es que las bases de datos públicas y privadas de Estonia se comparten a través de la red de pares *(X-Road)* en un conjunto que conforma una federación de la información[586].

No obstante, conviene recordar que se han ido dando pasos en estos últimos años, como p. ej. que el Ministerio de Ciencia, Innovación y Universidades haya aprobado la Estrategia Española de I+D+I en Inteligencia Artificial, mostrando así su voluntad por avanzar en este ámbito[587].

b.1. Especial referencia a los drones

Llegados a este punto, la referencia a los drones es obligatoria al tratarse de una herramienta que está cambiando la gestión pública de forma sustancial. «Los drones son aeronaves pilotadas por control remoto y, por tanto, hay que utilizarlos con la formación adecuada, en los espacios adecuados»[588] y aplicando las medidas de seguridad oportunas.

Ya desde los años 60 este tipo de aeronaves comenzó a utilizarse en misiones de reconocimiento por el ejército de los Estados Unidos. Posteriormente,

584 *Vid.* Private Equity Investment in Artificial Intelligence, OCDE 2018, pp. 1-4.

585 Estrategia española de I+D+I en Inteligencia Artificial, 2019, Ministerio de Ciencia, Innovación y Universidades.

586 https://www.administracionpublica.com/administracion-digital-un-viaje-a-estonia/#

587 *Vid.* Agustí Cerrillo I Martínez, «El impacto de la inteligencia artificial en el Derecho administrativo ¿nuevos conceptos para nuevas realidades técnicas?», en *Administración al Día*, *op. cit.*, p. 3.

588 *Vid. Los drones y las Administraciones públicas*, Agencia estatal de seguridad aérea, p. 1.

en los años 80, estas plataformas se extendieron a aplicaciones civiles[589]. La primera de estas experiencias se llevó a cabo en Japón, en tareas de fumigación de cultivos. No obstante, el desarrollo de la tecnología y su reducción de costes, unido a la mejora en la eficiencia y fiabilidad de estas herramientas ha hecho posible que en las últimas dos décadas se haya producido una amplia difusión de la utilización de los drones.

Los países que han dominado el panorama internacional en la materia han sido Estados Unidos y China; el primero en el ámbito militar y el segundo en el de la fabricación de drones de consumo, principalmente de uso recreativo, aunque también han sido empleados en el ámbito profesional. Junto a ellos, la Unión Europea está empezando a ser consciente de la utilidad de los drones y su indudable beneficio para los ciudadanos comunitarios. Por ello, la cifra de drones de uso civil ha ascendido entre 1 y 1,5 millones, alcanzando un mayor incremento para el uso recreativo.

Pero España también ha seguido la misma senda de crecimiento. El uso de drones en nuestro ámbito nacional está regulado por el RD 1036/2017, de 15 de diciembre, por el que se regula la utilización civil de las aeronaves pilotadas por control remoto y se modifican el Reglamento del Aire (RD 552/2014, de 27 de junio) y el Reglamento de Circulación Aérea (RD 57/2002, de 18 de enero), puesto que es necesario garantizar la seguridad de las personas y bienes en tierra, así como la del resto de las aeronaves en el espacio aéreo[590].

El Plan Estratégico para el desarrollo del sector civil de los drones en España 2018-2021[591] destaca las múltiples ventajas que estas herramientas ofrecen sobre las aeronaves tripuladas a la hora de afrontar la realización de tareas profesionales. Entre ellas se encuentra «la disminución de costes tanto en lo referente al precio de la aeronave como a los costes operativos, la mejora de la seguridad en el ámbito laboral al poder realizar trabajos en entornos complejos sin exponer al piloto, o la reducción del impacto ambiental de la operación respecto al producido por aeronaves tripuladas, puesto que sus emisiones de gases son más reducidas y la contaminación acústica es menor»[592]. Asimismo, desde casi cualquier superficie los drones ofrecen una mayor flexibilidad de despliegue, ya que generalmente no requieren de unas infraestructuras concretas, y, por último, permiten la ampliación del campo de aplicación de las aeronaves, al permitir la realización de nuevas tareas que hasta el momento no han podido ser asumidas por aeronaves convencionales.

---

589 https://www.seguridadaerea.gob.es/lang_castellano/buscador.aspx?term=los%20drones%20y%20las%20administraciones%20p%C3%BAblicas&p=2&be=false&fi=&ff=&o=1

590 *Ibidem.*

591 https://www.fomento.gob.es/el-ministerio/sala-de-prensa/noticias/vie-06042018-1144

592 https://www.seguridadaerea.gob.es/lang_castellano/buscador.aspx?term=los%20drones%20y%20las%20administraciones%20p%C3%BAblicas&p=2&be=false&fi=&ff=&o=1

b.2. La riqueza del ámbito de aplicación de los drones

En vista de lo anterior, se aprecia que el campo de aplicación de este tipo de aparatos es muy amplio. Por ello, a efectos de lograr una exposición ordenada se hará referencia a cuatro grandes ámbitos donde la Administración pública está haciendo un uso intensivo de los drones con el fin de mejorar su servicio público: tráfico, control de masas y seguridad, energía y del sector agrícola.

El tráfico es uno de los ámbitos donde los drones han irrumpido con mayor fuerza. La Dirección General de Tráfico (DGT) ha comenzado a utilizar drones para realizar labores de vigilancia, control y gestión del tráfico en las carreteras. «Este nuevo medio aéreo, que requiere un operativo técnico y humano reducido, viene a mejorar las misiones de vigilancia del tráfico, cuyo fin último es aumentar la seguridad de la circulación en las carreteras»[593].

Numerosos drones están en marcha en la actualidad. A través de este tipo de sistemas se pueden analizar infracciones como adelantamientos en línea continua, giros prohibidos o no respetar la distancia de seguridad, entre otros, permitiendo la identificación del infractor. Los drones cuentan además con un sistema de seguimiento automático que permite localizar y no perder de vista al conductor que ha llevado a cabo una determinada infracción de tráfico y dar el pertinente aviso a una patrulla que pueda comunicar al usuario la multa correspondiente.

En varias ocasiones durante el pasado 2018, la DGT puso en funcionamiento los drones para comprobar su utilidad en la vigilancia de las carreteras. De hecho, la última prueba que se llevó a cabo con ellos tuvo lugar durante la Operación Salida de Navidad de dicho año, donde la DGT pudo comprobar su efectividad. Por ello, desde inicios del año 2019 es ya un sistema completamente activo para ayudar a la vigilancia de las carreteras.

Pero a pesar de sus logros, las autoridades también se enfrentan a problemas con este tipo de sistema, especialmente relacionados con la toma de imágenes. Y es que será fundamental que las grabaciones que se obtengan no ofrezcan lugar a la duda y no permitan interpretaciones, sino que se aprecie con claridad que la infracción se está produciendo y que el conductor debe de ser multado por ello, en aras de respetar el derecho a la presunción de inocencia.

En segundo lugar, los drones se convierten en una pieza clave para la seguridad y salvamento del siglo XXI. Las aeronaves no tripuladas comienzan ya a transformar la seguridad pública de las principales ciudades del mundo, como por ejemplo en Nueva York, donde su utilidad es apta para monitorizar áreas extensas, acomodándose a las necesidades especiales de este tipo de trabajos. Las áreas en las que los drones cobrarán gran importancia en terri-

593 http://revista.dgt.es/es/noticias/nacional/2019/04ABRIL/0417-Drones-Semana-Santa.shtml#.XRkq4BYzblU

torio español serán las actividades de prevención, esencialmente a través de trabajos de vigilancia general y de aquellos que permitan ofrecer una vía de respuesta ante incidentes a través de una actuación rápida.

Para ello habrá que tener en cuenta la población existente en nuestro territorio. España supone el 12% de la población europea y, partiendo de esta cifra, se prevé que serían necesarios en España aproximadamente 7.000 drones en 2035, y un número menor, motivado por la disminución de la población y las mejoras en las prestaciones de las plataformas y de la carga de pago, en torno a 6.000 aeronaves en 2050[594].

Junto al tráfico y seguridad, los drones ejercen en la actualidad una importante labor en la transición energética, siendo especialmente adecuados para la realización de tareas de inspección de las infraestructuras de producción y distribución de energía, puesto que pueden efectuar inspecciones de forma continua, siendo controladas en remoto, mejorando así la eficiencia y la seguridad en las condiciones en que se desenvuelve la actividad.

En el caso español, el mayor potencial de los drones en este ámbito se centrará en la inspección continua de los emplazamientos de producción de energía y en la inspección de las redes de distribución de energía mediante vuelos más allá del alcance visual del piloto. Su crecimiento será exponencial, de manera que para el año 2035 se espera que cada instalación de energía cuente con un dron monitorizando su funcionamiento de forma permanente que realizará la toma de datos continuada.

Respecto al último de los usos mencionados, el sector agrícola, la aplicación de drones da lugar a lo que se conoce como agricultura de precisión. Este nuevo modelo de agricultura inteligente emplea distintas herramientas tecnológicas como el posicionamiento global, fertilizantes y plaguicidas, herramientas de distribución de riego, sensores climatológicos y de cultivo, con el fin de llevar a cabo una gestión específica y eficiente de las distintas áreas de cultivo, obteniendo así la máxima producción posible, al menor coste y de manera respetuosa con el medioambiente, en línea con los dictados de la Agenda 2030 de Naciones Unidas.

La utilización de los drones y otros pequeños avances empiezan a posibilitar que la Administración pública española empiece a progresar en el ámbito de la inteligencia artificial y la robotización, pero todavía queda un amplio camino por recorrer. Según Ansón[595], nuestra Administración seguirá un proceso conformado por tres fases sucesivas:

- 1.ª Fase: Pequeños avances hacia la automatización. En este estadio los técnicos expertos definirán las necesidades a cubrir por la inteli-

594 https://www.fomento.gob.es/el-ministerio/sala-de-prensa/noticias/vie-06042018-1144

595 https://trabajandomasporunpocomenos.wordpress.com/2017/04/26/las-tres-fases-de-la-automatizacion-del-sector-publico/

gencia artificial. Los sistemas tradicionales tendrán que convivir con los primeros sistemas informatizados carentes total o parcialmente de inteligencia artificial y con otros más avanzados en fase de implementación y pruebas. En este momento la actividad de la Administración pública no experimentará cambios sustanciales, salvo el incremento natural de los servicios al ciudadano en el seno de la Administración pública.

En esta fase se encuentra todavía la Administración pública española, con el retraso subsiguiente en su incorporación plena a la Cuarta Revolución Industrial.

- 2.ª Fase: Consolidación de sistemas basados en la inteligencia artificial. En este estadio, la informatización del sector público será prácticamente absoluta y avanzada en los países desarrollados, de manera que todas las actividades más primitivas estén basadas en inteligencia artificial para desarrollar las relaciones con los ciudadanos. A partir de esta segunda fase la función pública estará destinada a asegurar que todo marcha correctamente y a corregir los errores iniciales de programación y aprendizaje.
- 3.ª Fase: El dominio pleno de la inteligencia artificial en la Administración pública. El culmen de la inteligencia artificial provocará un cambio radical en el perfil de los empleados públicos, los cuales seguirán conociendo de sus respectivos espacios sectoriales, pero desde el punto de vista de su gestión automatizada.

No obstante, los recursos humanos serán uno de los ejes más afectados por la Cuarta Revolución Industrial en el seno de la Administración pública y, por ello, será necesario un análisis pormenorizado del mismo a continuación, en la última parte de este capítulo.

CAPÍTULO IX

LOS RECURSOS HUMANOS EN LA ADMINISTRACIÓN PÚBLICA

«De todas las decisiones que toma una organización ninguna es tan importante como las relativas al personal porque determinan la capacidad de su rendimiento».
PETER DRUCKER.

1. Breve análisis de la situación actual de los recursos humanos en la Administración pública española

La gestión de los recursos humanos en el sector público no ha sido fácil en los últimos tiempos. Aunque los años más complicados parecen haber quedado atrás tras los recortes presupuestarios de la década de los 90, las medidas emprendidas durante aquella época se hacen sentir en la actualidad.

La OCDE, a través de sus distintos informes, ha mostrado su preocupación por esta situación. En el año 2011 ya tuvo ocasión de declarar el error que supone que la política de recursos humanos se vea desplazada paulatinamente por la política presupuestaria. Además, advirtió del riesgo de considerar el personal de las Administraciones públicas como un mero gasto y no como un activo destinado a asegurar la calidad y continuidad de los servicios públicos. Junto a lo anterior, recomendaciones como el diseño cuidadoso de la planificación de efectivos, una valoración de las competencias necesarias de los servidores públicos y una anticipación de las necesidades de las dotaciones de capital humano de sus servicios públicos, no han sido atendidas en su plenitud.

En líneas generales, la función pública española cuenta con algunos rasgos diferenciales respecto a otros países de la OCDE, pero no llegan a tener la suficiente trascendencia para que pueda hablarse de «singularidad española»[596]. El tamaño comparado de las Administraciones públicas españolas, considerando el conjunto del empleo público directo, es escasamente inferior a la media de la OCDE (17% de la población empleada siendo la media de la OCDE el 21%)[597]. Las comunidades autónomas siguen acumulando la mayor parte de trabajadores públicos y su tamaño es más del doble que la suma de la Administración Central y de la Administración Local. Y, en fin, la retribución de los empleados públicos en el PIB español se sitúa alrededor del 11%; porcentaje muy similar a la media de la OCDE.

Pero estos trazos generales, siendo relevantes en todo estudio de la función pública española, se han podido ver afectados por la crisis económica, que sin duda ha sido la principal fuerza desencadenante de la situación actual del empleo público. Por primera vez desde mediados del siglo XX, se ha pasado de una tendencia de crecimiento del empleo público sin solución de continuidad a reducirse el cómputo total de empleados públicos, mostrando así una capacidad de adaptación a la difícil coyuntura económica. Sin embargo, la reacción de la Administración pública española, al igual que ha sucedido en el Derecho comparado, ha sido tardía: el ajuste en España se realiza bien entrada la crisis: en 2011 se observa el mayor volumen de empleo público de la historia de España con 3.267.500 empleados públicos, reduciéndose en más de 300.000 hasta alcanzar la cifra de 2.920.500 en el 2014.

Pero no cabe duda de que la medida que ha afectado en mayor proporción al envejecimiento de la función pública es la congelación de la tasa de reposición de efectivos durante varios años consecutivos. Esto ha provocado que, al tiempo que se limita el acceso de personal joven con conocimiento tecnológico adaptado a la realidad del siglo XXI, la media de edad siga creciendo en la Administración española.

Por todo ello, el envejecimiento es una de las principales características de la situación actual de la función pública española. El conocido como «*baby boom*» a nivel mundial y la entrada masiva de empleados públicos en las Administraciones autonómicas del Estado español en la década de los 80, nos sitúan ahora ante el reto de gestionar la descapitalización de la Administración a resultas de la gran oleada de jubilaciones que tendrán lugar en la próxima década.

596 *Vid.* Carlos Losada Marrodán, «Aproximación a un diagnóstico y sugerencias de mejora del empleo público en España», en *Revista Vasca de Gestión de Personas y Organizaciones Públicas*, 2017, pp. 8-25.

597 https://www.abc.es/economia/abci-paises-tienen-mas-funcionarios-espana-201805081141_noticia.html

Las cifras son reveladoras en este sentido: la edad media de la Administración General del Estado es de prácticamente 52 años (51,9), casi diez años más que la del conjunto de la población activa del país (42,5), según ha declarado el Consejo de Ministros tomando como referencia la situación a 1 enero de 2019[598].

En la pirámide poblacional[599] ofrecida por la Oferta de Empleo Público de 2019, se aprecia la distribución del personal por grupos de años. Destacan dos reducciones: «la primera (colectivo de 40 a 49 años) fruto del efecto de la culminación de los procesos de traspaso de personal»[600] a las Comunidades Autónomas. «La segunda (efectivos entre 30 y 39 años) refleja los efectos de la crisis económica y la reducción de las tasas de oferta de empleo a límites muy por debajo de los niveles que garantizan la reposición de efectivos»[601].

Tal envejecimiento ofrece claros obstáculos a la modernización de la Administración pública y su adaptación a la Cuarta Revolución Industrial, puesto que la gran mayoría de servidores públicos están considerablemente desconectados de generacionalmente con los cambios tecnológicos y sociales que están produciéndose.

No existen demasiados estudios comparados, pero el realizado por González Oñate, Fanjul Peyró y Cabezuelo Lorenzo en 2015 entre mayores de Reino Unido, Francia y España, constata que la población española de mayores es la que más baja adaptación tiene en relación con el uso de las nuevas tecnologías, constatando que este suceso viene determinado principalmente por la escasa formación y educación que las personas mayores tienen en el campo de las TIC[602]. Tal situación genera una brecha digital en la sociedad, pero también ofrece límites u obstáculos en la gestión pública, puesto que sus empleados públicos de avanzada edad tampoco mostrarán facilidad para adaptarse a los cambios tecnológicos.

Por todo ello es necesario abordar una serie de cambios en lo que a la gestión de recursos humanos se refiere. La Cuarta Revolución Industrial no puede esperar y los empleados públicos son una pieza fundamental para lograr el engranaje perfecto entre Administración pública y las nuevas tecnologías.

---

598 https://www.fep-uso.es/a-g-e/noticias-age/item/3298-age-informe-del-estudio-sobre-la-evolucion-del-personal-pone-de-manifiesto-el-envejecimiento-de-las-plantillas.html

599 https://icaitam.files.wordpress.com/2019/03/290319-ope2019.pdf

600 *Ibidem.*

601 *Ibidem.*

602 *Vid.* Cristina González-Oñate, Carlos Fanjul-Peyró y Francisco Cabezuelo-Lorenzo, «Uso, consumo y conocimiento de las nuevas tecnologías en personas mayores en Francia, Reino Unido y España», en *Revista Científica de Educomunicación*, n.º 15, 2015, p. 7.

2. Cambios necesarios en la gestión de recursos humanos ante la Cuarta Revolución Industrial

A. Nuevas formas de atraer el talento

Cualquier reflexión realista y con vocación de aplicabilidad sobre los procesos selectivos en las organizaciones públicas no puede obviar el adecuado diagnóstico tanto de las funciones y dinámicas de trabajo que desarrolla como de la composición de su empleo público. En cuanto a las primeras resulta necesario atender al impacto de presiones relacionadas con modelos de relación con el entorno, así como a la incorporación intensiva de tecnologías y, más allá de éstas, al surgimiento de un nuevo paradigma en la gestión de la información y el conocimiento.

En cuanto al segundo de los elementos señalados, la composición de su empleo público, el fenómeno del progresivo envejecimiento de plantillas abre un inmenso reto (u oportunidad) tanto en lo que se refiere a la gestión del conocimiento como al relevo generacional y la necesidad de atraer talento en los nuevos procesos selectivos. En los próximos 10 años se prevé que un millón de personas habrán de ingresar en el servicio público para satisfacer las necesidades de la Administración pública ante la oleada de jubilación masiva de la generación del *baby boom*.

a. Claves para abordar una reforma

Para lograr un giro en la forma de atraer el talento digital y el diseño de los procesos selectivos se podrían seguir los siguientes pasos:

a.1. Definir el talento que la Administración pública quiere captar

Jericó Rodríguez define el talento como «la capacidad puesta en práctica de un profesional o grupo de profesionales comprometidos que alcanzan resultados superiores en un entorno y en una organización determinados»[603].

Partiendo de esta definición general, el talento en el que la Administración deberá centrar la atención radica en los perfiles directivos y técnicos, atendiendo al modelo de empleo público asociado al desarrollo del gobierno y la Administración digital, intensiva en conocimiento, que a medio y largo plazo debería caracterizarse por desplegar altos niveles de tecnificación.

603 *Vid.* Pilar Jericó Rodríguez, «La gestión del talento: enfoque conceptual y empírico», en *Boletín de Estudios Económicos*, vol. 56, n.º 174, 2001, pp. 423-442.

En línea con lo anterior, el talento que necesitará la Administración en los próximos años se ubicará, esencialmente, en estudiantes de educación superior. Por ello, sería necesario potenciar la interacción con las Universidades públicas, e incluso privadas, y centros de formación superior para generar programas de capacitación que sirvan como lugar de encuentro y una preparación que preceda los procesos de selección en concordancia con el talento que se pretende conseguir.

La atracción del talento digital también pasa por reforzar la imagen de la Administración como empleadora *(employer branding)*, con una orientación que sea atractiva para los perfiles profesionales deseados. A tal efecto, la utilización intensiva de canales digitales y las redes sociales, gestionados de forma oportuna para llegar al público objetivo que se persigue, constituye otro de los factores críticos que permiten ir más allá de los medios habituales para publicitar las ofertas de empleo que buscan el nuevo talento.

Teniendo en cuenta todo lo anterior, el talento pasará por el diseño de un atractivo sistema selectivo como piedra angular de la gestión de los recursos humanos en la Cuarta Revolución Industrial.

a.2. Diseñar pruebas de acceso más fluidas

Si se destaca una nota que informa en su conjunto los sistemas selectivos de la Administración pública española sería su lentitud. A pesar de que el acceso en los niveles inferiores de la función pública, como es el caso de los grupos C1 y C2, es más ágil, conforme se eleva la dificultad de acceso, también lo hace el tiempo que transcurre desde el principio al fin de los procesos, hasta el punto de que algunos lleguen a extenderse al año de duración.

Para aquellas oposiciones de carácter masivo o semi-masivo, una primera fase de pruebas muy rápidas sería recomendable. En este sentido, se podría seguir el ejemplo del modelo de acceso a la Universidad en España (selectividad), cuya duración es de 2 o 3 días. En esta primera fase se medirían los conocimientos básicos, destrezas simples y test psicométricos, tan solicitados por algunos cuerpos de la Administración. Los aspirantes que lograran superar esta frase pasarían a una segunda, más densa, en la que demostraran habilidades tales como destrezas orales, las aptitudes y, en su caso, las habilidades específicas.

a.3. Un proceso selectivo que no perjudique la seguridad que ofrecen los sistemas tradicionales y, a su vez, incremente la transparencia

Sin perjuicio de la celeridad conseguida con la propuesta anterior, el proceso selectivo resultante no podrá perjudicar, en ningún caso, la seguridad arraigada en los sistemas tradicionales. Pero, además, será necesario generalizar el uso de medidas que transmitan una imagen de transparencia, honestidad y eficacia. Entre ellas destaca la entrega de los cuestionarios, la publicación de las plantillas de corrección y la rapidez en la publicación de los resultados.

a.4. Evaluar aptitudes y actitudes o, si se prefiere, conocimiento memorístico y competencias

La mayoría de las pruebas que conforman los procesos selectivos están basadas en la memoria. En este sentido, conviene tener presente que las pruebas de conocimiento siguen basadas en largos temarios que, de forma general, vuelven a examinar a los aspirantes de materias que ya han sido evaluadas al aspirante en su trayectoria universitaria. Esto pone de manifiesto la reducida confianza que la Administración pública deposita en las enseñanzas universitarias, propia de un sistema periclitado y antiguo. Al contrario, en un sistema universitario riguroso y serio, como es el caso alemán, se prescinde incluso de llevar a cabo pruebas de conocimientos para el acceso a la Administración pública.

Exigir que los cuerpos superiores de la Administración, sobre todo los de perfil jurídico, se sepan de memoria los temas o contenidos de todas las asignaturas de Derecho público y parte de las de Derecho privado, en su caso, es poco sostenible porque implica un desgaste de tiempo y energías considerable, alargando la preparación durante años e impidiendo, en consecuencia, que aquellos jóvenes talentosos sin recursos económicos no puedan acceder a la función pública. Además, los propios miembros de los órganos de selección no pueden, en muchas ocasiones, competir con la capacidad de memorización de los opositores ni con la actualización que tienen adquirida.

Por todas estas razones, el diseño de nuevos procesos selectivos que pretendan atraer el talento joven debe premiar otras habilidades importantes para la gestión pública de nuestra era como es la resiliencia, el trabajo en equipo, la destreza tecnológica y la relación de conceptos, sin eliminar en su totalidad, por otro lado, la evaluación del conocimiento memorístico, que no puede quedar desterrado en ningún caso por lo que supone en la formación del opositor; máxime ante las carencias que presenta el modelo universitario generalizado en España, en el que, paradójicamente, quienes acceden a la función pública universitaria no demuestran el conocimiento del temario que explicarán en las aulas, sino experiencia docente, investigadora y de gestión.

a.5. Otorgar una mayor importancia a la formación selectiva

En la actualidad, muchos cuerpos de la función pública prevén que, tras el acceso, los nuevos empleados públicos asistan a cursos de formación. A pesar de su existencia, es necesario dotarles de mayor prestigio con el fin de socializar los valores públicos e institucionales, así como la realización de casos prácticos y simulación gerencial. *La École Nationale d'Administration* de Francia es el perfecto ejemplo de alta formación de los servidores públicos que acceden a la Administración.

Además, no faltan autores, entre ellos MIQUEL SALVADOR[604], que apuestan por una vinculación entre Administración pública y las Universidades para lograr una mejor formación de los empleados públicos tras la superación de los respectivos procesos selectivos. Pero las medidas en esta línea ya se han puesto en marcha, como el caso del curso selectivo del Cuerpo Superior de Administradores Civiles del Estado, en el cual, tras aprobar la oposición, los funcionarios en prácticas pasarán a ser alumnos del Máster Universitario en Administración Civil del Estado, coordinado con la Universidad Internacional Menéndez Pelayo.

b. Experiencias inspiradoras del Derecho comparado

Para abordar tales transformaciones en los procesos selectivos, la Administración pública española pueden tomar como ejemplos a seguir distintos modelos comparados que muestran una importante viabilidad a la hora de captar el joven talento digital y que, a su vez, constan de pruebas donde las TIC tienen un lugar protagonista.

Expertos en función pública como CLARA MAPELLI declaran el buen ejemplo que suponen, a esos efectos, los sistemas de acceso de Reino Unido y la Unión Europea[605].

El primero de los casos propuestos cuenta con procesos selectivos para el acceso al *Civil Service* inspirados en los principios de mérito y capacidad que establecería *el Informe Northcote-Trevelyan* de 1854. No obstante, el modelo actual también se fundamenta en la idea de que la Administración desempeña un papel clave en fomentar la igualdad de oportunidades, así como en la exigencia de que los servidores públicos muestren dotes de liderazgo a lo largo de su carrera profesional, elemento que podría ser tenido más en cuenta en los procesos selectivos españoles.

Pero la cualidad más destacable del diseño selectivo de Reino Unido es la configuración de un modelo de acceso previsto exclusivamente para estudiantes universitarios que demuestran capacidades sobresalientes y podrían aportar un gran valor a la gestión pública. Así, los graduados de Universidades británicas con buenas calificaciones académicas podrán acceder a la alta

604 *Vid.* MIQUEL SALVADOR SERNA y CARLES RAMIÓ MATAS, «Relevo intergeneracional y procesos selectivos: ¿Cómo puede la Administración pública captar el talento joven?», en *Revista Vasca de Gestión de Personas y Organizaciones Públicas*, 2017. p. 4.

605 *Vid.* CLARA MAPELLI MARCHENA, «La visión comparada: nuevos sistemas de selección de la alta función pública en las democracias avanzadas», en *Revista Vasca de Gestión de Personas y Organizaciones Públicas*, n.° extra 2, 2018, pp. 32-50

función pública a través del denominado *Fast Stream* o de carrera rápida, que se sitúa como una de las opciones laborales más atractivas para los jóvenes adaptados a la era digital.

En este proceso, tareas tan importantes en la era de la globalización como la colaboración y asociación o la construcción de capacidades entre todos son aptitudes esenciales para el acceso a la función pública a través de este proceso selectivo. El mismo contará con tres partes:

- La fase de preselección ha sido reformada recientemente con el fin de incorporar dos cuestionarios orientados a evaluar el comportamiento y las reacciones de los aspirantes ante determinadas situaciones.
- A continuación, la segunda fase comprende una simulación de trabajo con una bandeja de entrada de correo electrónico (*e-tray exercise*), donde el aspirante deberá resolver, durante 80 minutos, una serie de supuestos que se le plantean en cada correo electrónico, acompañados de información de soporte, marcando la respuesta más y menos efectiva de las cuatro opciones que le son ofrecidas.
- Finalmente, se realiza una entrevista por ordenador sobre experiencia profesional y fortalezas durante un período de 20 minutos.

Una vez superadas las anteriores fases, los candidatos realizarán una serie de pruebas breves, entre ellas una exposición oral, realizadas en un solo día. Gracias a este sistema se pueden extraer dos conclusiones que perfectamente podrían encajar en el acceso a la función pública española a través de las oportunas reformas. En primer lugar, la celeridad que caracteriza el procedimiento selectivo es una nota seductora para el talento joven, el cual no está dispuesto a invertir varios años de su vida estudiando en un mundo que evoluciona a un ritmo vertiginoso. Por otro lado, las tecnologías son las verdaderas protagonistas en este proceso, de manera que los candidatos deben demostrar sus dotes en este ámbito y la Administración pública tiene la oportunidad de escoger a los mejores y más adaptados al entorno digital.

En una línea similar se encuentra el sistema de acceso a la función pública de la Unión Europea encomendado a un organismo especializado: la Oficina de Selección de Personal de las Comunidades Europeas (EPSO) creada en 2002. En su configuración destaca, desde la primera fase, el uso de un ordenador para la realización de un test donde se desarrollan pruebas interactivas de razonamiento número, verbal y abstracto con el fin de evaluar la capacidad cognitiva del aspirante. Además, se ha incorporado recientemente un *e-tray exercise*, similar al caso del *Fast Stream* británico. Tanto esta primera fase como la segunda, se caracterizan por su celeridad, permitiendo evaluar a decenas de miles de candidatos en distintos lugares y en un lapso muy corto de tiempo.

Gracias a su diseño, la selección permite apreciar cómo será el futuro desempeño de los candidatos, evaluando sus competencias y comportamientos, tanto individualmente como en grupo, y no tanto sus conocimientos memorísticos. Todo ello permite, a su vez, asegurar que los servidores públicos europeos estén plenamente adaptados a la Cuarta Revolución Industrial y contribuyan a lograr una mayor calidad en el servicio público comunitario.

B. Reciclaje de los activos humanos y traspaso del conocimiento intergeneracional

Pero las necesidades en materia de servidores públicos de la Administración pública ante la Cuarta Revolución Industrial no se solventarán simple y llanamente con la entrada de nuevos y jóvenes talentos en las plantillas públicas. Los activos personales existentes deben ser amortizados en los próximos años y su conocimiento y experiencia habrá de adaptarse a la nueva era digital, donde su forma de trabajar distará de la que desempeñaban cuando accedieron a la Administración.

Dos son las líneas recomendadas para lograr tal efecto deseado que, a su vez, van de la mano. Por un lado, es necesario el reciclaje de los servidores públicos, ofreciendo cursos y talleres que les permitan mantenerse actualizados en una realidad tan dinámica y cambiante como la actual. Por otro lado, el traspaso del conocimiento intergeneracional es necesario, tal como afirman expertos en la materia como Jiménez Asensio o Mikel Gorriti[606], puesto que permite combinar la experiencia de las generaciones más mayores con el conocimiento tecnológico y la ambición de las nuevas.

a. Reciclaje/formación

La formación de los empleados públicos no ha sido objeto de mucha atención por la doctrina hasta la aprobación de la Ley 7/2007, de 12 de abril, del Estatuto del Empleado Público, hoy derogada por el Real Decreto legislativo 5/2015, de 30 de octubre, por el que se aprueba el Texto Refundido de la Ley del Estatuto Básico del Empleado Público, que configura la formación como un derecho y a la vez como un deber de los empleados públicos. No cabe duda de que la política de formación de empleados públicos es trascendental para la Administración pública y su buena marcha. Y tampoco cabe duda que tal política constituye parte integrante, como si de un subsistema se tratara, de la política de gestión de personas en esas organizaciones públicas. Pero esa relevancia se ve acrecentada en la actual sociedad del conocimiento que se viene explicando a lo largo de la presente monografía, con todos los cambios normativos, económicos, sociales, de gestión y tecnológicos que conlleva y que, además, se producen a una velo-

606 https://jesusmartinezmarin.org/2016/11/12/la-edad-en-las-administraciones-publicas-la-bomba-ha-estallado-1/

cidad vertiginosa. Un complejo entramado de fenómenos que coadyuvan, efectivamente, a la necesidad objetiva de la formación en una sociedad en permanente estado de mutación.

Numerosas Administraciones públicas han desarrollado planes y programas para mejorar la formación de sus empleados, estando orientados la gran mayoría de ellos a las TIC. En este sentido se puede destacar el Plan de Formación para Empleados Públicos (2018) de la Comunidad de Madrid conformado por un conjunto de acciones formativas dirigidas a la totalidad del personal al servicio de la Administración de la Comunidad. Entre ellas, son más de 30 los cursos de formación que intentan integrar la Cuarta Revolución Industrial en la Administración pública como «Transparencia: publicidad activa y acceso a la información pública», «Reutilización de la información del sector público: *Open data*» o «Las redes sociales como herramienta de trabajo: la web 2.0»[607].

b. Gestión del conocimiento intergeneracional

Barrera y Fernández De Álava declaran que «las organizaciones, ante la necesidad de respuestas rápidas y efectivas, se encuentran inmersas en localizar e implementar modelos y estrategias que permitan a sus miembros trabajar de manera colectiva, con el objetivo de favorecer el intercambio de conocimientos e impulsar el desarrollo personal, profesional, grupal-organizativo y social (aunque sea de manera indirecta)»[608]. Teniendo en cuenta esta premisa, el traspaso del conocimiento entre generaciones es la clave del progreso en el servicio público. A tal efecto se dedican las siguientes páginas, ofreciendo una serie de propuestas para la mejora en la gestión de los recursos humanos en los años venideros.

De entrada, es necesario tener en cuenta que los esfuerzos realizados por mejorar esta situación ya son evidentes. La existencia de la plataforma europea EPALE[609] dedicada a la enseñanza de adultos en Europa, donde pueden encontrarse referencias a proyectos intergeneracionales (EAGLE: *European Approaches to Inter-Generational Lifelong Learning*, por ejemplo), al Certificado Europeo en Aprendizaje Intergeneracional (ECIL) o al Mapa Europeo de Aprendizaje Intergeneracional (EMIL), financiado por la Fundación Beth Johnson, son claros ejemplos de ello.

---

607 http://www.madrid.org/cs/Satellite?c=CM_ConvocaPrestac_FA&cid=1354686853110&definicion=Ofertas+Formacion&language=es&pagename=ComunidadMadrid%2FEstructura&pid=1109265444835&segmento=1&tipoServicio=CM_ConvocaPrestac_FA

608 *Vid.* Aleix Barrera-Corominas, Miren Fernández de Álava, y Joaquín Gairín Sallán, «Aprendizaje colaborativo en comunidades de práctica online: la plataforma e-Catalunya», en *Edutec-e: Revista Electrónica de Tecnología Educativa*, 2014, pp. 1-13.

609 https://ec.europa.eu/epale/es

No obstante, la doctrina también ha mostrado un considerable interés en la materia, tal como lo evidencian los estudios[610] PÉREZ y FERNÁNDEZ, 2008[611]; DUPONT y LETESSON, 2010[612]; MARTIN, SPRINGATE y ATKINSON, 2010[613]; PINAZO, 2012[614]; GUTIÉRREZ y HERNÁNDEZ, 2013[615]; LAGO, 2013[616]; SÁNCHEZ, KAPLAN y BRADLEY, 2015[617]; o BATISTA, 2016[618].

Con el fin de exponer las técnicas de gestión de conocimiento intergeneracional que podrían ser desarrolladas en la Administración pública española se hará referencia a tres de ellas: la mentoría o *mentoring*, comunidades de prácticas y trabajos en la sombra.

b.1. Mentoría o *mentoring*

Surgida en los años 90 en Estados Unidos, esta técnica invierte los papeles tradicionales convirtiendo al empleado veterano en aprendiz. «Hoy en día, los mentores no son solamente los mayores; la práctica de apoyar, aconsejar, conducir y acompañar al otro, de dar retroalimentación positiva y coaching, debe darse entre todas las generaciones, en ambos sentidos: los jóvenes ayudan a las generaciones mayores a comprender la nueva tecnología y su

---

610 *Vid.* JOAQUÍN GAIRÍN SALLÁN, «Creación y gestión del conocimiento intergeneracional. Reflexiones y propuestas», en *Revista Vasca de Gestión de Personas y Organizaciones Públicas*, n.° Especial 1, 2017, pp. 42-59.

611 *Vid.* MARIAN PÉREZ-MARÍN y MANUEL FERNÁNDEZ ESQUINAS, «Familia, Empresa y Juventud: elementos para el estudio de la interacción intergeneracional en las empresas familiares», en *Revista de Psicología Aplicada*, n.° 6, 2008, pp. 7-33.

612 *Vid.* CÉCILE DUPONT y MELINA LETESSON, *Comment développer une action intergénérationnelle?*, De Boeck, Bruselas, 2010.

613 *Vid.* KERRY MARTÍN, LAIN SPRINGATE y MARY ATKINSON, *Intergenerational practice: outcomes and effectiveness, LGA Research* Report, Slough: NFER, Berkshire, 2010.

614 *Vid.* SACRAMENTO PINAZO HERNANDIS, «Las personas mayores proveedoras de conocimientos y cuidados. El papel de los programas intergeneracionales», en *Educación social: revista de intervención socioeducativa*, n.° 51, 2012, pp. 45-66.

615 *Vid.* MARTA GUTIÉRREZ SÁNCHEZ y DANIEL HERNÁNDEZ TORRANO, «Los beneficios de los programas intergeneracionales desde la perspectiva de los profesionales», en *Pedagogía Social, Revista Interuniversitaria*, n.° 21, enero-junio de 2013, pp. 213- 235.

616 *Vid.* JOSÉ LUIS LAGO, «Reflexiones sobre la gestión intergeneracional de los recursos humanos en la organización», en FACES, *Revista de la Facultad de Ciencias Económicas y Sociales*, n.° 40-41, 2013, pp. 95-110.

617 *Vid.* MARIANO SÁNCHEZ MARTÍNEZ, MATHEW KAPLAN y LEAH BRADLEY, «Usando la tecnología para conectar las generaciones: consideraciones sobre la forma y función», en *Revista Científica de Educomunicación*, n.° 45, 2015, pp. 95-104.

618 *Vid.* YOANA BATISTA JIMÉNEZ, «La dinámica intergeneracional entre jóvenes y adultos mayores en una organización laboral cubana», en *Desidades, n.° 12*, septiembre de 2016, pp. 30-38.

impacto en nuestra sociedad; los mayores, por su parte, pueden compartir experiencia, el dominio de las tareas y la ejecución efectiva»[619], afirma MANPOWER.

La mentoría es, sin duda, una de las técnicas más utilizadas para promover el conocimiento intergeneracional tanto en entes públicos como en entes privados. Además, uno de los rasgos que hacen esta modalidad tan atractiva es la rapidez con la que arroja resultados: en la era digital las empresas y las Administraciones públicas no pueden permitirse curvas de aprendizaje prolongadas.

No obstante, implantar la mentoría no siempre es sencillo e implica una serie de retos. Para un adecuado desarrollo cabría pensar en una selección de los mentores con la suficiente experiencia, con habilidades sociales y con motivación, en promover las capacidades existentes y en conseguir las competencias que ha de tener el mentor. Al respecto, una alternativa interesante sería el desarrollo de programas de formación o en seminarios internos para desarrollar las nuevas competencias de coaching de los equipos.

b.2. Comunidades de prácticas

Siguiendo a WENGER, «es un grupo de personas que comparten un interés común y que forman parte de un proceso de aprendizaje colectivo al conversar y compartir sus conocimientos con la finalidad de mejorar la actividad que desarrollan»[620]. Pero tales grupos cuentan con tres elementos particulares que los hacen diferenciarse del resto: «a) el dominio, entendido como el interés común que comparten sus miembros; b) la comunidad, destacada como el entorno donde tiene lugar la búsqueda del interés, las discusiones y las relaciones; y c) la práctica, definida como la capacidad para desarrollar herramientas útiles para el día a día»[621].

Respecto a tales grupos, algunas organizaciones públicas ya han comenzado a utilizarlos como sistema de apoyo a la innovación institucional, de forma que aúnan procesos de formación con aquellos que están ligados a la mejora permanente. A tales efectos son múltiples los instrumentos usados como tableros de comando, mapas de conocimiento, fórums de discusión o circulares.

b.3. Trabajos en la sombra

Suponen una supervisión puntual y paralela que proporciona permanentemente aspectos del desarrollo profesional. De esta manera, el trabajador

619 *Vid.* ARTURO HERNÁNDEZ, *Reescribiendo las reglas: la interacción generacional en el trabajo*, Manpower, México, 2010, p. 15.

620 *Vid.* ETIENNE WENGER, *Communities of Practice. Learning, Meaning and Identity*, Cambridge University Press, Nueva York, 1998.

621 *Ibidem.*

veterano podría desempeñar sus tareas ordinarias comenzando a hacer uso de las nuevas tecnologías y el servidor público joven supervisar si lo hace de manera correcta y dar las pautas para mejorar las destrezas digitales del primero.

Para Tejada Fernández[622] el éxito de estas modalidades de aprendizaje depende de

- Conformar un contexto significativo de enseñanza-aprendizaje, esto es, relacionar el mismo con los conocimientos previos, experiencias, intereses, prácticas, etc.
- Diseñar materiales estructurados y ajustados a su nivel de conocimiento y decodificación.
- Conformar círculos de aprendizaje, «tándems» o constituir comunidades en tal dirección.
- Posibilitar un *feedback* rápido y autoevaluación para no disminuir la motivación.

C. Desaparición y aparición de profesiones y cambios en la organización del trabajo

La mayoría de estudios sobre Cuarta Revolución Industrial y su repercusión en las instituciones públicas declaran que Administración pública del futuro va a poseer menos empleados públicos que la actual; de manera que se mantendrán los cargos de gestión, pero el personal de apoyo irá desapareciendo paulatinamente porque aporta menor valor añadido. Al mismo tiempo, surgirán nuevos perfiles profesionales como los gestores de información, capaces de buscar y tratar la información crítica, sistematizarla y anticipar problemas. Todo ello cobra especial importancia en la búsqueda de una Administración pública proactiva que canalice su actuación anticipándose a las contingencias que puedan tener lugar en el futuro.

La ingente cantidad de información que recibe la Administración pública por parte de los ciudadanos día a día supone un gran reto para las mismas, pues la propia información debe ser gestionada por profesionales que puedan ofrecer respuesta oportuna antes de que el ciudadano deba manifestar sus necesidades individuales. Así, uno de los desafíos a los que se enfrentan las diferentes Administraciones públicas es la necesidad de actuar de forma proactiva, anticipándose a los procesos y «dejando atrás la actual forma de operar, que se basa en la adopción de una postura reactiva que actúa después de los hechos. La calidad se define no solo a través de la eficacia,

622 *Vid.* José Tejada Fernández, «El aprendizaje intergeneracional», en *Formación XXI. Revista de formación y empleo*, junio 2011, pp. 3-4.

sino también por la capacidad de reacción de la Administración ante nuevas demandas o necesidades»[623], que cada vez serán más demandadas por los ciudadanos. La calidad y la eficacia aparecen unidas en el entorno en el que se mueve la nueva gestión pública y se expresan en medidas concretas, como las denominadas «cartas de servicios»[624], que dotan al mismo tiempo de transparencia a la actuación pública[625].

Sin embargo, la organización interna de las Administraciones y sus métodos de trabajo (derivados en buena medida de las obligaciones normativas que procuran proteger los derechos e intereses de la ciudadanía) «hacen que este paso resulte de enorme complejidad, particularmente para las entidades locales»[626]. No obstante, ya existen algunos ejemplos de actuaciones que se anticipan a las necesidades de los ciudadanos, como la elaboración de borradores de las declaraciones de impuestos por parte de la Agencia Tributaria, aunque aún se requerirá paciencia a corto y medio plazo para que esta mentalidad pueda ser extendida y generalizada; sobre todo en la Administración local española. No cabe duda de que la aplicación de las TIC será de gran ayuda para dar este paso y, junto a ellas, la incorporación de profesionales expertos en su uso que permita extraer su máximo potencial para la gestión de la cosa pública.

a. Empleados más cualificados y ámbitos profesionales a promover

Con el fin de que la Administración pública pueda albergar el conocimiento suficiente para lograr un oportuno dominio de las TIC, el personal que permanezca al servicio de la Administración pública en el futuro tendrá un perfil considerable de elevada cualificación. No sería exagerado afirmar que, en este sentido, los empleados públicos de las próximas décadas serán aquellos que aporten un elevado valor público, lo cual implica en la mayoría de los casos que cerca del 90 por ciento sean titulados superiores y ostenten bien grado universitario o bien estudios de máster.

Por todo ello, la Administración pública del futuro deberá hacer una apuesta firme por la inteligencia institucional a través de la creación de puestos como

623 https://pedrotorresm.wordpress.com/2014/01/23/libro-para-descargar-las-tic-en-la-administracion-local-del-futuro/

624 La regulación vigente de las «cartas de servicios» se encuentra recogida en el Real Decreto 951/2005, de 29 de julio, por el que se establece el marco general para la mejora de la calidad en la Administración Pública y el Real Decreto 1671/2009, de 6 de noviembre, por el que se desarrolla parcialmente la Ley 11/2007, de 22 de junio, de acceso electrónico de los ciudadanos a los servicios públicos.

625 https://pedrotorresm.wordpress.com/2014/01/23/libro-para-descargar-las-tic-en-la-administracion-local-del-futuro/

626 *Ibidem.*

especialistas en tecnología de la información y robótica, expertos en inteligencia artificial, analistas de información o gestores de complejas redes de gobernanza. Si la Administración pública lograra gestionar sus tareas diseñando de forma precisa tales puestos de trabajo y reclutando a los más competentes a tal efecto, la misma asumiría el rol de «meta-gobernadora» en un contexto de gobernanza compleja y, a su vez, actuaría como catalizadora del cambio hacia un mundo eminentemente digitalizado.

b. Reducción del volumen de algunas categorías de empleados públicos

Pero junto a la creación de nuevos perfiles profesionales especializados en tecnología en la Administración pública, algunos puestos de trabajo serán suprimidos o, cuando menos, reducidos en su volumen. Tal es el caso de los cargos administrativos y auxiliares administrativos, puesto que conforme la digitalización se ha instalado en las Administraciones públicas, las tecnologías se han ido extendiendo y consolidando y, a su vez, se han convertido en innecesarias la mayoría de las tareas que venía realizando este colectivo.

El Instituto Nacional de la Administración pública declara la obsolescencia de las funciones que realizan tales funcionarios señalando lo siguiente: «como Cuerpo General sus miembros realizan las funciones comunes al ejercicio de la actividad administrativa, especialmente aquellas de carácter mecanográfico, de cálculo sencillo, archivo, registro y similares. En concreto de ellas merecen ser destacadas aquellas referidas a la tramitación de expedientes (gasto, contratos, personal, certificados...); las de atención al ciudadano, bien sea presencial o telefónica; las de gestión de archivos y documentación; grabación y mantenimiento de bases de datos, así como funciones de apoyo al resto de miembros de las unidades administrativas en las que presten servicio»[627].

De todo lo anterior se pueden destacar dos asuntos. En primer lugar, algunas de dichas tareas simplemente no existen, como es el caso de la mecanografía. Pero más llamativo es el segundo dato, pues, aunque tales tareas todavía sigan siendo necesarias en alguna organización poco digitalizada, es seguro que casi todas ellas pueden ser sustituidas en un lapso de tiempo breve por procesos de digitalización o robotización que ya se encuentran en marcha.

De este modo, la supresión de los perfiles profesionales actualmente catalogados como C1 y C2 puede significar la reducción aproximada de un 10 por ciento del total de los empleados públicos de manera casi inmediata. Pero, ampliando estas transformaciones al largo plazo, en un horizonte de unos 15 o 20 años, la reducción será de un 30 por ciento de los actuales puestos de trabajo.

627 https://www.inap.es/que-es-el-cuerpo-general-auxiliar-de-la-administracion-del-estado

Con el fin de llevar todo este pronóstico a la práctica, hay que tener en cuenta que la robotización puede afectar a colectivos muy relevantes cuantitativamente hablando: Fuerzas y Cuerpos de Seguridad del Estado, empleados de correos, personal penitenciario, docentes, empleados sanitarios y trabajadores de empresas públicas de transporte son claros ejemplos de ello.

De entre todos ellos, especial mención requieren los posibles efectos de las TIC sobre los docentes y sanitarios. En relación con los primeros, el reciclaje de los profesores es necesario con el fin de aportar un nuevo valor al ejercicio de su profesión que permita, más que impartir conocimientos que estén disponibles en la red, ejercer de coach para que los alumnos se desarrollen plenamente en el marco de la sociedad del aprendizaje. Probablemente no sea recomendable reducir el volumen de docentes disponibles en la actualidad, pero sí que es necesario, por el contrario, lograr una renovación del mismo y una atención más personalizada en los procesos de aprendizaje de los alumnos. No cabe duda de que tales medidas ayudarían a aumentar la productividad de los docentes y combatir un fracaso escolar elevado que alcanza el 30 por ciento en España.

Respecto a los segundos, el personal sanitario, las consecuencias se prevén algo distintas. En este ámbito, la inteligencia artificial y la robótica, junto a la renovación del personal, harán posible una notable disminución del volumen de personal, ofreciendo cirugía robotizada, enfermos monitorizados desde su domicilio e incluso robots que ofrezcan asistencia sociosanitaria en los hogares españoles. No cabe duda de que estos avances ofrecerán, junto a una mayor calidad en la prestación de servicios, una mejor sostenibilidad del sistema nacional de salud que se enfrenta, en los próximos años, a un reto demográfico sin precedentes debido al envejecimiento de su población.

No obstante, la única manera en la que se van a ver afectados los profesionales de estos niveles no es a través de la supresión de puestos o la modificación sustancial de su desempeño, sino que podrán ser externalizados hacia organizaciones privadas con o sin ánimo de lucro. Tales externalizaciones en ámbitos concretos de gestión como sanidad, educación o servicios sociales podrán reducir en un 20 por ciento más el volumen actual de empleados públicos.

Además, tal reducción de efectivos se verá compensada, tal como se ha explicado en el apartado anterior, mediante la incorporación de nuevos perfiles profesionales más cualificados para hacer de las TIC una herramienta más en la gestión pública. Por ello, probablemente, el empleo público en su conjunto se podrá ver reducido de forma considerable. Pero tal cambio se producirá sin menoscabo de la calidad de los servicios públicos, debido a que los puestos innecesarios dejarán de ser una carga para el erario y tales fondos se destinarán a atraer el talento digital e invertir en tecnologías que permitan a la Administración pública alinearse con el contexto económico y social que le rodea.

c. Retribuciones

Junto a lo anterior, algunos autores abogan por cambios retributivos que, lejos de presentar medidas pacíficas, son objeto de amplios debates. Tal es el caso de Carles Ramió, quien afirma que no tiene mucho sentido que el mercado público retribuya mejor que el privado en los puestos operativos e instrumentales, puesto que son los que aportan menor valor agregado, y retribuya por debajo del privado a los puestos más elevados, que son los que aportan más valor público e inteligencia institucional, pues esto nos aboca a la desprofesionalización y nos hace permeables a la corrupción[628]. Siguiendo esta línea de pensamiento, parece necesario suprimir privilegios laborales, eliminar las rigideces garantistas (exigiéndose a los empleados públicos la misma disciplina y nivel de rendimiento y resultados que los empleados privados) y apostar por adquirir mayor información e inteligencia en sede institucional.

La situación inversa se da en los puestos de mayor nivel de la función pública, de manera que el personal de los grupos A1 y A2 cuenta con retribuciones que suelen ser equivalentes, e incluso más bajas que las de sus puestos parejos en el sector privado. No obstante, tal situación general también cuenta con singularidades, como es el caso del personal docente o el personal sanitario, que presenta retribuciones superiores a un 20 por ciento respecto de las del sector privado.

No obstante, la Cuarta Revolución Industrial obliga a analizar qué sucede con las retribuciones de aquellos empleados públicos de perfil técnico y que son fundamentales para la digitalización de la gestión pública. En este ámbito los salarios públicos suelen ser más bajos, entre un 20 y un 30% por debajo de los del sector privado. Esto conlleva notables problemas, puesto que el talento joven digital no encontrará un incentivo laboral tan importante como es el salario en el ámbito público y tomará la vía privada. Por ello, la Administración pública debe plantear un cambio de enfoque salarial para intensificar su atractivo como organización empleadora.

d. Propuesta de diseño organizacional

Por último, el profesor Carles Ramió realiza una propuesta de diseño organizativo interesante por ser, al mismo tiempo, atrevida y adecuada a la realidad existente, donde la organización se articula entre los siguientes entes que serían resultado de la adaptación de la misma a la Cuarta Revolución Industrial:

- Unidades centrales de carácter político y de inteligencia, formada por nuevos funcionarios públicos con conocimientos sobre gestión pública, valores públicos e inteligencia estratégica y los directivos públicos profesionales.

628 *Vid.* Carles Ramió Matas, *La Administración Pública del Futuro (horizonte 2050). Instituciones, política, mercado y sociedad de la Información*, Tecnos, Madrid. 2017, pp. 177-178.

- Parques logísticos de servicios públicos, similares a parques industriales o ciudades corporativas o campus universitarios, donde se organicen sectorialmente políticas y servicios públicos en agencias públicas independientes.
- Cuatro tipos instituciones públicas: órganos de carácter político y de participación, centros educativos, centros sanitarios y comisarías con efectivos policiales. La idea es fragmentar a pequeña escala la política e integrar en economías de escala la gestión de las políticas y de los servicios. RAMIÓ utiliza la siguiente metáfora para ejemplificar dicha idea: si la imagen de futuro será una red de barcos autónomos le va a corresponder a la Administración pública articular estos barcos y dirigirlos como una pequeña flota[629].

Ahora bien, todo este cambio organizativo debe responder a una agenda de nuevos valores que va más allá de clamar por la innovación o la equidad social e incluye valores tales como la sostenibilidad, la salud, la vigilancia ante la corrupción, la transparencia y rendición de cuentas (no solo para las Administraciones públicas, sino también para las empresas), el fomento del aprendizaje, la coherencia política, la igualdad de género, la sostenibilidad intergeneracional, el *big data*, la regulación equilibrada, la identidad digna o la privacidad personal.

Pero toda esta organización también tendrá repercusiones a la hora de gestionar lo público. Así, el aprovechamiento de información y gestión inteligente ha de ir más allá, siendo necesario regular los servicios universales de interés general, definiendo claramente cuáles son los servicios de interés general como el suministro de agua, electricidad, salud, educación o transportes, entre otros, y mejorando los mecanismos de control de la gestión privada de todos ellos, lo que incluye la creación de agencias especializadas en gestión de la externalización.

629 *Vid.* CARLES RAMIÓ MATAS, *La Administración Pública del Futuro (horizonte 2050). Instituciones, política, mercado y sociedad de la Información*, *op. cit.*, pp. 234-241.

BIBLIOGRAFÍA CITADA (CAP. I)

Aragón Reyes, Manuel, *Uso y abuso del Decreto-Ley. Una propuesta de reforma constitucional*, Iustel, Madrid, 2016.

Ariño Ortiz, Gaspar:

«Sobre el significado actual de la noción de servicio público y su régimen jurídico», en la obra colectiva *El nuevo servicio público*, Marcial Pons, Madrid, 1997.

Economía y Estado: Crisis y reforma del sector público, Marcial Pons, Madrid, 1993.

Bassols Coma, Martín, *Constitución y sistema económico*, Tecnos, Madrid, 1985.

Boquera Oliver, José María, *Derecho administrativo* I, Civitas, Madrid, 1992.

Clavero Arévalo, Manuel, *Las transformaciones del Derecho administrativo en España tras veinticinco años de Constitución*, conferencia pronunciada con ocasión de la solemne apertura del curso del INAP, Madrid, 23 de enero de 2003.

Delgado Barrio, Javier, *El control de la discrecionalidad en el planeamiento urbanístico*, Civitas, Madrid, 1991.

Diez Sánchez, Juan José, *Razones de estado y derecho: del control judicial de los secretos oficiales*, Tirant lo Blanch, Valencia, 1999.

Embid Irujo, Antonio, «La relación entre los poderes del Estado en la reciente dogmática alemana», *Revista de Administración Pública*, n.º. 115, 1988.

Fernández Rodríguez, Tomás-Ramón:

«La Administración del Estado a lo largo del siglo XX», *Revista Española de Derecho administrativo*, n.º. 109, 2001.

De la arbitrariedad de la Administración, 2.ª ed., Civitas, Madrid, 1997.

García de Enterría, Eduardo y **Fernández, Tomás-Ramón**, *Curso de Derecho administrativo* (vol. I, 18.ª, ed.; vol. II, 15.ª ed.), Civitas, Madrid, 2017.

García de Enterría, Eduardo:

Democracia, jueces y control de la administración, 5.ª ed., Aranzadi, Navarra, 2000.

La lucha contra las inmunidades del poder en el Derecho administrativo: (poderes discrecionales, poderes de gobierno, poderes normativos), Civitas, Madrid, 1983.

*La lucha contra las inmunidades del pod*er, Civitas, Madrid, 1960.

Jordano Fraga, Jesús, «¿Jaque mate al acto político?», *Revista Española de Derecho Administrativo*, n.º. 95, 1997.

Martín Mateo, Ramón:

El marco público de la economía de mercado, Trivium, Madrid, 1999.

Derecho administrativo económico, Centro de Estudios Universitarios Ramón Areces, Madrid, 1985.

Martín Rebollo, Luis:

«Treinta años de Derecho administrativo español (una primera aproximación a los principales cambios producidos)», en la obra colectiva *Derecho administrativo y regulación económica Liber Amicorum Gaspar Ariño Ortiz*, La Ley, Madrid, 2011.

«1978-1998: Veinte años de Derecho administrativo posconstitucional», en la obra colectiva, *20 Años de ordenamiento constitucional. Homenaje a Estanislao Aranzadi*, Aranzadi, Pamplona, 1999.

Martín-Retortillo Baquer, Lorenzo, «Del control de la discrecional administrativa al control de la discrecionalidad judicial», *Revista de Administración Pública*, n.º. 100-102, 1983.

Martín-Retortillo Baquer, Sebastián, *El reto de una Administración racionalizada*, Civitas, Madrid, 1983.

Menéndez Rexach, Ángel, «La cooperación, un concepto jurídico», *Documentación Administrativa*, n.º. 240, 1994.

Morell Ocaña, Luis, «Una teoría de la cooperación», *Documentación Administrativa*, n.º. 240, 1994.

Muñoz Machado, Santiago:

Tratado de Derecho administrativo y Derecho público general, tomo III, Agencia Estatal Boletín Oficial del Estado, Madrid, 2015.

«Hacia un nuevo Derecho administrativo», en la obra colectiva *El Derecho público de la crisis económica. Transparencia y sector público, Hacia un nuevo Derecho administrativo*, coordinada por **Avelino Blasco Esteve**, INAP, Madrid, 2012.

Servicio público y mercado, vol. I: Los fundamentos, Civitas, Madrid, 1998.

La reserva de jurisdicción, La Ley, Madrid, 1989.

Nieto, Alejandro:

Estudios históricos sobre Administración y Derecho administrativo, Colección Estudios de Historia de la Administración, INAP, Madrid, 1986.

«La vocación del Derecho administrativo en nuestro tiempo», *Revista de Administración Pública*, n.°. 76, 1975.

Parada Vázquez, José Ramón:

Derecho administrativo, vol. I, parte general, Marcial Pons, Madrid, 1994.

«Réplica a Nieto sobre los orígenes del privilegio de decisión ejecutoria y el proceso contencioso-administrativo», *Revista de Administración Pública*, n.°. 59, 1969.

Parejo Alfonso, Luciano:

«El Estado Social y Administración Prestacional», *Revista Vasca de Administración Pública*, n.°. 57, 2000.

Administrar y juzgar. Dos funciones constitucionales distintas y complementarias, Tecnos, Madrid, 1993.

Crisis y renovación en el Derecho público, Centro de Estudios Constitucionales, Madrid, 1991.

Sánchez Morón, Miguel:

«La coordinación administrativa como concepto jurídico», *Documentación Administrativa*, n.°. 230-231, 1992.

Discrecionalidad administrativa y control judicial, Espasa-Calpe, Madrid, 1994.

Santamaría Pastor, Juan Alfonso, *Fundamentos de Derecho administrativo I*, Editorial Centro de Estudios Ramón Areces, Madrid, 1988.

Schmitt, Carl, *La defensa de la Constitución*, Tecnos, Madrid, 1983.

Soriano García, José Eugenio, «El concepto de Derecho administrativo y de la Administración pública en el Estado social y democrático de derecho», *Revista de Administración Pública*, n.°. 121, 1990.

BIBLIOGRAFÍA CITADA (CAPS. II Y III)

AA.VV., *Les administracions en perspectiva europea*, Escuela de Administración Pública de Cataluña, Barcelona, 2012.

Agudo González, Jorge:

«Actuación material e informalidad. El ejemplo de la concertación con la Administración», *Revista Aragonesa de Administración Pública*, n.º. 41-42, 2013.

«Sobre la europeización del Derecho y la evolución de la teoría del procedimiento administrativo», *Revista Española de Derecho Europeo*, n.º. 45, 2013.

Almeida Cerreda, Marcos, «Una breve aproximación al proceso de construcción de un Derecho administrativo común europeo», en la obra colectiva *La europeización del Derecho administrativo. Una evaluación desde el ordenamiento español*, dirigida por **Isaac Martín Delgado**; **Marcos Almeida Cerreda; Francesca Di Lascio**, Andavira, Santiago de Compostela, 2017.

Alonso García, Enrique, «Ayudas económicas para la protección del medio ambiente» en la obra colectiva *Diccionario de Derecho Ambiental*, dirigida por **Enrique Alonso García** y **Blanca Lozano Cutanda**, Iustel, Madrid, 2006.

Alonso García, Enrique y **Lozano Cutanda, Blanca**, *Diccionario de Derecho Ambiental*, Iustel, Madrid, 2006.

Alonso García, Ricardo, *Derecho Comunitario, Derechos nacionales y Derecho común europeo*, Civitas, Madrid, 1989.

Alzaga Villamil, Óscar, *La Constitución española de 1978 (comentario sistemático)*, Madrid, 1978.

Arana García, Estanislao, «Uso y abuso del Decreto-Ley», *Revista de Administración Pública*, n.º. 191, 2013.

Ariño Ortiz, Gaspar, *Economía y Estado. Crisis y reforma del sector público*, Marcial Pons, Madrid, 1993.

Arzoz Santisteban, Xavier, «El acto administrativo en el Derecho de la Unión Europea», *Revista de Derecho de la Unión Europea*, n.º 19, 2010.

Auby, Jean-Bernard, «La bataille de San Romano. Réflexions sur les évolutions récentes du droit administratif», *Actualité juridique. Edition droit administratif*, vol. 57, n.º. 11, 2001.

Barnés Vázquez, Javier:

«El Derecho administrativo global y el Derecho administrativo nacional, dos dimensiones científicas hoy inseparables», en la obra colectiva *Hacia el Derecho administrativo global: fundamentos, principios y ámbito de aplicación*, dirigida por **Benedict Kingsbury** y **Richard Stewart**. Global Law Press, Sevilla, 2016.

El procedimiento administrativo en el Derecho comparado, Cívitas, Madrid, 1993.

«La transposición de valores públicos a los agentes privados por medio de elementos de organización y de procedimiento», en la obra colectiva *Estrategias del Derecho ante la incertidumbre y la globalización*, dirigida por **María Mercè Darnaculleta Gardella, José Esteve Pardo** e **Indra Spiecker Gennant Döhmann**, Marcial Pons, Madrid, 2015.

Transformaciones (científicas) del Derecho administrativo. Historia y retos del Derecho administrativo contemporáneo, Global Law Press, Sevilla, 2012.

Innovación y Reforma en el Derecho administrativo, Global Law Press, Sevilla (1.ª ed., 2006; 2.ª ed. 2012).

Beck, Ulrich, *La sociedad del riesgo: Hacia una nueva modernidad*, Paidós Básica, Barcelona, 1998.

Bermejo Vera, José, *El declive de la seguridad jurídica en el ordenamiento plural*, Civitas, Madrid, 2005.

Betancor Rodríguez, Andrés, *Las Administraciones independientes: un reto para el Estado Social y Democrático de Derecho*, Tecnos, Madrid, 1994.

Bilbao Ubillos, Juan María, «Las agencias independientes: un análisis desde la perspectiva jurídico-constitucional», *Anuario de la Facultad de Derecho de la Universidad Autónoma de Madrid*, n.º. 3, 1999.

Búrca Gráinne, «Developing Democracy beyond the State», Columbia *Journal of Transnational Law*, n.º. 46, 2008.

Carro Fernández-Valmayor, José Luis, «Reflexiones sobre las transformaciones actuales del Derecho público, en especial del Derecho administrativo», *Revista de Administración Pública*, n.º. 193, 2014.

Cassese, Sabino:

«New paths for administrative law: A manifesto», *International Journal of Constitutional Law*, vol. 10(3), 2012.

The global polity. Global dimensions of democracy and the rule of law, Global Law Press, Sevilla, 2012.

Chevallier, Jacques y **Loschka, Daniele**, *La ciencia administrativa. La exploración del campo científico*, Instituto Nacional de Administración Pública, París, 2011.

Chiti, Mario, «¿Existe un Derecho público europeo? Una pregunta retórica», *Revista Catalana de Derecho Público*, n.º. 41, 2010.

Cienfuegos Salgado, David y **López Olvera, Miguel Alejandro**, *Derecho administrativo. Homenaje a Jorge Fernández Ruiz* Instituto de Investigaciones Jurídicas de la UNAM, México, 2013.

Darnaculleta Gardella, María Mercè, Esteve Pardo, José y **Spiecker Gennant Döhmann, Indra**, *Estrategias del Derecho ante la incertidumbre y la globalización*, Marcial Pons, Madrid, 2015.

Darnaculleta Gardella, María Mercè:

«El Derecho administrativo global. ¿Un nuevo concepto clave del Derecho administrativo?», *Revista de Administración Pública*, n.º. 199, 2016.

El Derecho administrativo y la autorregulación: la autorregulación regulada, Tesis Doctorals en Xarxa, Universidad de Girona, 2003.

Díez-Picazo, Luis, «Constitución y fuentes de Derecho», *Revista Española de Derecho Administrativo*, n.º. 21, 1979.

Domingo Osle, Rafael:

¿Qué es el Derecho global?, Consejo General del Poder Judicial, Centro de Documentación Judicial, Madrid, 2008.

«La pirámide del Derecho Global», *Persona y Derecho: Revista de fundamentación de las Instituciones Jurídicas y de Derechos Humanos*, n.º. 60, 2009.

Esteve Pardo, José: «La extensión del Derecho Público. Una reacción necesaria», *Revista de Administración Pública*, n.º. 189, 2012.

Estévez Araujo, José, «Que no te den gobernanza por democracia», *Mientras Tanto*, n.º. 108-109, 2009.

Fernández Farreres, Germán, *Sistema de Derecho administrativo*, vol. I, Thomson Reuters-Civitas, 4.ª ed., 2018.

Fernández Ruiz, Jorge, *Perspectivas del Derecho administrativo en el siglo XXI*, Universidad Nacional Autónoma de México, México, 2002.

Fernández Rodríguez, Tomás Ramón, «Un nuevo Derecho administrativo para el mercado interior europeo», *Revista Española de Derecho Europeo*, número 22, 2007.

Fernández Torres, Juan Ramón, «El control del derecho interno que infrinja el derecho comunitario europeo y el alcance del artículo 10.2 en la jurisprudencia del tribunal constitucional», *Revista Española de Derecho Administrativo*, n.º. 72, octubre-diciembre 1991.

Ferrajoli, Luigi, «La crisis de la democracia en la era de la globalización», *Anales de la Cátedra Francisco Suárez*, n.º. 39, 2005.

Fuentes i Gasó, Josep Ramón, «El desarrollo de una cultura administrativa europea», en **AA.VV.**, *Les administracions en perspectiva europea, Escuela de Administración Pública de Cataluña*, Barcelona, 2012.

Galera Rodrigo, Susana y **Alda Fernández, Mercedes**, *Construyendo el futuro: conversaciones jurídicas sobre la globalización*, Atelier, Barcelona, 2017.

García de Enterría, Eduardo, «Locke y la Constitución europea», *Revista Española de Derecho Europeo*, n.º. 13, enero-marzo, 2005.

Garrido Falla, Fernando, *Estudios sobre el proyecto de Constitución*, Centro de Estudios Constitucionales, Madrid, 1978.

Giménez Sánchez, Isabel, «Las leyes de acompañamiento y el problema de las "Leyes ómnibus"», *Teoría y realidad constitucional*, UNED, n.º. 22, 2008.

González García, Julio:

«Globalización económica, Administraciones públicas y Derecho administrativo: Presupuestos de una relación», *Revista de Administración Pública*, n.º. 164, 2004.

«Globalización económica y Estado: el debilitamiento del Estado», en la obra colectiva, *Construyendo el futuro: conversaciones jurídicas sobre la globalización*, dirigida por **Susana Galera Rodrigo** y **Mercedes Alda Fernández**, Atelier, Barcelona, 2017.

Gordillo, Agustín:

Tratado de Derecho Administrativo, Tomo 1, parte general, Fundación Derecho Administrativo, Buenos Aires, 10.ª edición, 2009.

«La creciente internacionalización del Derecho», en la obra colectiva *Perspectivas del Derecho administrativo en el siglo XXI*, dirigida por **Jorge Fernández Ruiz**, Universidad Nacional Autónoma de México, México, 2002.

Kaplan, Marcos, «Estado y globalización», *Instituto de Investigaciones Jurídicas*, UNAM, 1.ª reimp. 2008.

Kingsbury, Benedict y **Stewart, Richard**, *Hacia el Derecho administrativo global: fundamentos, principios y ámbito de aplicación*, Global Law Press, Sevilla, 2016.

Kingsbury, Benedict, «The Administrative Law frontier in global governance», *American Society of International Law*, vol. 99, 2005.

Kingsbury, Benedict, **Krisch Nico**, **Stewart Richard**, «The emergence of Global Administrative Law», *Law and Contemporary Problems*, vol. 68, n.º. 3-4, 2005.

Kingsbury, Benedict, **Stewart, Richard** y **Krisch, Nico**, «El surgimiento del Derecho administrativo global», *Revista de Derecho Público*, n.º. 24, Universidad de los Andes, 2010.

Laporta, Francisco, «Teoría y realidad de la legislación: una introducción general», en la obra colectiva *La proliferación legislativa: un desafío para el Estado de Derecho*, dirigida por **Aurelio Menéndez,** Thomson-Civitas, Madrid, 2004.

Linde Paniagua, Enrique:

Derecho Administrativo Económico, UNED, Madrid, 1980.

Las transformaciones del Derecho Público de nuestro tiempo, UNED Ediciones Académicas, 2016.

«La libertad de circulación de los ciudadanos europeos: los nuevos retos más allá de la supresión de los controles fronterizos», *Teoría y realidad constitucional,* UNED, n.º. 32, 2013.

Constitución abierta, Linde Editores, 1991.

Lecturas sobre la Constitución española, tomo I, UNED, Madrid, 1978.

Marcilla Córdoba, Gemma, «Desregulación, Estado Social y proceso de globalización», *Cuadernos de Filosofía del Derecho, Universidad de Castilla-La Mancha*, n.º. 28, 2005.

Marcheco Acuña, Benjamín, «Los desafíos de la ciencia del Derecho administrativo ante la globalización», *Revista General de Derecho Administrativo*, n.º. 49, octubre 2018.

Martín Delgado, Isaac; **Almeida Cerreda, Marcos** y **di Lascio, Francesca**, *La europeización del Derecho administrativo. Una evaluación desde el ordenamiento español*, Andavira, Santiago de Compostela, 2017.

Martin Delgado, Isaac, «El procedimiento administrativo en el Derecho de la Unión Europea», *Revista de Derecho de la Unión Europea*, n.º. 19, 2010.

Martín Rebollo, Luis, «Uso y abuso del Decreto-Ley (un análisis empírico)», *Revista Española de Derecho Administrativo*, n.º. 174, 2015.

Matilla Correa, Andry, «Cinco principios jurídico-administrativos en clave teórica de buena administración: eficacia, eficiencia, objetividad, economía o economicidad y celeridad», en la obra colectiva *Tendencias actuales del Derecho administrativo. Homenaje al profesor Dr. Héctor J. Garcini Guerra*, dirigida por **Andry Matilla Correa**, Unijuris, La Habana, 2017.

Meilán Gil, José Luis:

«Derecho global: realidades y principios», en *Publicaciones del VII Congreso de Academias Jurídicas y Sociales de Iberoamérica y Filipinas*, Real Academia Gallega de Jurisprudencia y Legislación, La Coruña, 2012.

«El Derecho administrativo global», en la obra colectiva *Curso de Derecho administrativo iberoamericano*, dirigida por **Jaime Rodríguez-Arana**, **Libardo Rodríguez** y **María Del Carmen Rodríguez Martín-Retortillo**, Instituto Nacional de Administración Pública, Madrid, 2015.

Menéndez, Aurelio, *La proliferación legislativa: un desafío para el Estado de Derecho*, Thomson-Civitas, Madrid, 2004.

Miaja de la Muela, Adolfo, *Introducción al Derecho internacional público*, Madrid, 1974.

Moreno Molina, José Antonio, «La Administración pública comunitaria y el proceso hacia la formación de un Derecho administrativo europeo», *Revista de Administración Pública*, n.º. 148, enero-abril 1999.

Muñoz Machado, Santiago:

La Unión Europea y las mutaciones del Estado, Alianza Editorial, Madrid, 1993.

Servicio público y mercado. I. Los fundamentos, Civitas, Madrid, 1998.

Tratado de Derecho Administrativo y Derecho Público General, tomo I, Civitas, Madrid, 2004.

Négulesco, Paul, *Principes du droit international administratif*, vol. 51, Recueil des Cours 579, 1935.

Neumeyer, Karl, «Internationales Verwaltungsrecht: Völkerrechtliche Grundlagen», in 1 *Wörterbuch des Völkerrechts und der Diplomatie* 577, **Karl Strupp**, 1924.

Parejo Alfonso, Luciano:

«La idea de la reforma del Derecho administrativo general. Su planteamiento en España», en la obra colectiva *Innovación y Reforma*, dirigida por **Javier Barnés Vázquez**, Global Law Press, Sevilla, 2006.

Transformación y ¿reforma? del Derecho administrativo en España, Instituto Nacional de Administración Pública-Editorial Derecho Global, Madrid-Sevilla, 2012.

Paricio Rallo, Eduardo, «El concepto europeo de servicio de interés general y los servicios municipales», *Cuadernos de Derecho Local (QDL)*, Fundación Democracia y Gobierno Local, n.º. 32, junio de 2013.

Restrepo Medina, Manuel Alberto, *Retos y perspectivas del Derecho administrativo*, 2.ª parte, Universidad del Rosario, Bogotá, 2009.

Rodríguez, Libardo, «El Derecho administrativo frente a la internacionalización del derecho y en particular frente al Derecho comunitario», en la obra colectiva *Retos y perspectivas del Derecho administrativo*, dirigida por **Manuel Alberto Restrepo Medina**, 2.ª parte, Universidad del Rosario, Bogotá, 2009.

Rodríguez-Arana Muñoz, Jaime; Rodríguez, Libardo y **Rodríguez Martín-Retortillo, María Del Carmen**, *Curso de Derecho administrativo iberoamericano*, dirigida por Instituto Nacional de Administración Pública, Madrid, 2015.

Rodríguez-Arana Muñoz, Jaime:

«El Derecho administrativo global: un derecho principal», *Revista Andaluza de Administración Pública*, n.º. 76, 2010.

«El Derecho administrativo transnacional o global: un nuevo capítulo del Derecho administrativo», en la obra colectiva *Derecho administrativo. Homenaje a Jorge Fernández Ruiz*, dirigida por **David Cienfuegos Salgado Y Miguel Alejandro López Olvera**, Instituto de Investigaciones Jurídicas de la UNAM, México, 2013.

Röhl, Hans Christian y **Von Arnauld, Andreas**, «Öffnung der öffentlichrechtlichen Methode durch Internationalität und Interdisziplinarität: Erscheinungsformen, Chancen, Grenzen», *VVDStRL*, 74, 2015.

Ruffert, Matthias, «De la europeización del Derecho administrativo a la unión administrativa europea», en la obra colectiva *La unión administrativa europea, dirigida* por **Francisco Velasco Caballero** y **Jens-Peter Schneider**, Marcial Pons, Madrid, 2008.

Sánchez Morón, Miguel:

«Siete tesis sobre el control judicial de la discrecionalidad administrativa», en la obra colectiva *Estudios de Derecho público en homenaje a Juan José Ruiz-Rico*, Madrid, Tecnos, 1997.

Manual de Derecho administrativo, Madrid, Tecnos, 6.ª ed., 2010.

Santamaría Pastor, Juan Alfonso:

«Un nuevo modelo de ejercicio de las potestades administrativas», *Revista Española de Derecho Administrativo*, n.º. 175, enero-marzo 2016.

Principios de Derecho administrativo general, tomo I, Iustel, 4.ª ed., Madrid, 2009.

«Las leyes orgánicas. Notas en torno a su naturaleza y procedimiento de elaboración», *Revista del Departamento de Derecho Político*, n.º. 4, otoño 1979.

Sassen, Saskia, «The participation of States and Citizens in Global Governance», *Indiana Journal of Global Legal Studies*, 10-5, 2005.

Schmidt-Assmann, Eberhard:

«Cuestiones fundamentales sobre la reforma de la teoría general del Derecho administrativo. Necesidad de la innovación y presupuestos metodológicos», en la obra colectiva *Innovación y reforma en el Derecho administrativo*, dirigida por **Javier Barnés Vázquez**, Global Law Press, Sevilla, 2.ª ed., 2012.

«La ciencia del Derecho administrativo ante el reto de la internacionalización de las relaciones Administrativas», *Revista de Administración Pública*, n.º. 171, 2006.

La teoría general del Derecho administrativo como sistema. Objetos y fundamentos de la construcción sistemática, Marcial Pons, Madrid, 2003.

Schneider, Jens-Peter, «Estructuras de la unión administrativa europea. Observaciones introductorias», en la obra colectiva *La unión administrativa europea*, dirigida por **Francisco Velasco Caballero** y **Jens-Peter Schneider**, Marcial Pons, Madrid, 2008.

Schwarze, Jürgen, *El Derecho administrativo europeo a la luz del Tratado de Lisboa: observaciones preliminares*, Dirección General de Políticas interiores, Departamento temático C: Derechos de los ciudadanos y asuntos constitucionales (PE 432.777).

Siegel, Thorsten, *Europeización del Derecho Público. Marco de condiciones y puntos de interacción entre el Derecho europeo y el Derecho (administrativo) nacional*, Marcial Pons, Madrid, 2016.

Sirvent Alonso, Cristina, «La eclosión del Derecho ambiental en la Unión Europea: especial referencia a España», *Revista Eletrônica Direito e Política*, Itajaí, vol. 3, 1.° cuatrimestre de 2008.

Stewart, Richard, *Addressing problems of disregard in global regulatory governance: accountability, participation and responsiveness*, IILJ Working Paper 2014/2, Global Administrative Law Series, 2014.

Tornos Mas, Joaquín, «El concepto de servicio público a la luz del Derecho Comunitario», *Revista de Administración Pública*, n.º. 200, 2016.

Velasco Caballero, Francisco y **Schneider, Jens-Peter**, *La unión administrativa europea*, Marcial Pons, Madrid, 2008.

Velasco Caballero, Francisco, «Procedimiento administrativo español para la aplicación del Derecho comunitario», *Revista Española de Derecho Europeo*, n.º. 28, 2008.

Von Bogdandy, Armin, y **Venzke, Ingo**, *In whose name? A Public Law theory of international adjudication*, Oxford University Press, 2014.

BIBLIOGRAFÍA CITADA (CAPS. IV, V Y VI)

Agustí Julià, Jordi, «La evolución —procelosa e inacabada— de la jurisprudencia en la extinción contractual del trabajador indefinido no fijo», *Revista Jurídica de Castilla y León*, n.º. 37, septiembre 2015.

Álvarez García, Vicente, «Introducción a los problemas jurídicos de la normalización industrial: normalización industrial y sistema de fuentes», *Revista de Administración Pública*, n.º. 147, septiembre-diciembre 1998.

Álvarez-Cienfuegos Suárez, Juan Manuel, «Las entidades públicas empresariales y el derecho administrativo: perspectivas de futuro», *Diario La Ley*, n.º. 1, 1999.

Ariño Ortiz, Gaspar:

Principios de Derecho público económico, Comares, Granada, 1999.

«Servicio público y libertades públicas», en *Actualidad y Perspectivas del Derecho Público a fines del siglo XX. Homenaje al profesor Garrido Falla*, Madrid, 1984.

Badie, Bertrand, y **Birnbaum, Pierre**, «Sociología del Estado: nuevas interpretaciones», *Revista Internacional de Ciencias Sociales*, n.º. 140, 1994.

Barrio Andrés, Moisés, «La huida del Derecho Administrativo y sus nefastas consecuencias para las Administraciones Públicas», *Diario La Ley*, n.º. 7664, 2011.

Betancor Rodríguez, Andrés, *Regulación: Mito y Derecho*, Civitas, Madrid, Thomson Reuters-Civitas, 2010.

Boix Palop, Andrés, *Cohesión social y liberalización de servicios públicos*, Trabajo de investigación de la Universidad de Valencia, 2001.

Borrajo Iniesta, Ignacio, «El intento de huir del Derecho administrativo», *Revista Española de Derecho Administrativo*, 78, 1993.

Caballero Sánchez, Rafael, *Infraestructuras en red y liberalización de servicios públicos*, Instituto Nacional de Administración Pública, Madrid, 2003.

Calzada, Joan, Costas, Antón, *La liberalización de las telecomunicaciones en España: control de la inflación y universalización del servicio*, documento de trabajo de la Universidad de Barcelona, 2013.

Canals i Ametller, Dolors, *El ejercicio por particulares de funciones de autoridad. Control, inspección y certificación*, Granada, Comares, 2003.

Cantero Martínez, Josefa, «Ámbito de aplicación y clases de personal al servicio de las Administraciones públicas», en la obra colectiva *Estatuto básico del empleado público*, dirigida por **Luis Ortega Álvarez**, La Ley, Madrid 2007.

Carazo Liébana, María José, «Algunos apuntes sobre la constitucionalidad de la privatización de los servicios públicos», *Cuadernos de Derecho Local, Fundación Democracia y Gobierno Local*, n.º. 27, 2011.

Castells, Manuel, *La ciudad informacional. Tecnologías de la información, reestructuración económica y proceso urbano-regional*, Alianza, Madrid, 1995.

Clavero Arévalo, Manuel, «Personalidad jurídica, derecho general y derecho singular de las Administraciones autónomas», *Documentación Administrativa*, n.º. 58, 1962.

Charro, María Calvo, «La Administración institucional. Los organismos autónomos y las entidades públicas empresariales», en la obra colectiva *Gobierno y Administración del Estado, comentarios a la Ley de Organización y Funcionamiento de la Administración General del Estado (LOFAGE)*, Asamblea de Madrid, Madrid, 2004.

Chevalier, Jacques, *Le service public*, P.U.F., París, 1997.

Chinchilla Marín, Carmen, «El Derecho de la UE como freno a la huida del Derecho administrativo», *Revista de Administración Pública*, n.º. 200, mayo-agosto 2016.

Chitti, Mario, *Derecho administrativo europeo*, Civitas, Madrid, 2002.

Darnaculleta Gardella, María Mercè, *Derecho administrativo y autorregulación: la autorregulación regulada*, Universidad de Gerona, 2002.

De Alba Bastarrechea, Esther, «La Ley de liberalización de servicios y sus repercusiones en el procedimiento administrativo», *Revista Parlamentaria de la Asamblea de Madrid*, n.º. 23, diciembre 2010.

De la Cruz Ferrer, Juan, *Principios de regulación económica en la Unión Europea*, Instituto de Estudios Económicos, Madrid, 2002.

De la Cuétara Martínez, Juan Miguel, *El nuevo servicio público*, Marcial Pons, Madrid, 1997.

De la Serna Bilbao, María Nieves, *La privatización en España. Fundamentos constitucionales y comunitarios*, Aranzadi, Pamplona, 1995.

Del Saz Cordero, Silvia:

«La huida del Derecho Administrativo: últimas manifestaciones. Aplausos y críticas», *Revista de Administración Pública*, n.º 133, 1994.

«Desarrollo y crisis del Derecho administrativo: su reserva constitucional», en la obra colectiva *Nuevas perspectivas del Derecho Administrativo*, dirigida por **Carmen Chinchilla, Blanca Lozano** y **Silvia Del Saz Cordero**, Madrid, Civitas, 1992.

Delvolvé, Pierre, «Service publique et libertés publiques», *Revue francaise de Droit administratif*, n.º. 1, Francia, 1985.

Desdentado Daroca, Eva, *La crisis de identidad del Derecho Administrativo. Privatización, huida de la regulación pública y administraciones independientes*, Tirant lo Blanch, 1999.

Díaz y **Díaz, María Cruz**, *El empleado público ante el procedimiento administrativo: deberes y obligaciones de buena administración*, La Ley, Madrid, 2011.

Dieter Wolf, «La réforme des services publics en Allemagne», en la obra colectiva *L'idée de service public est-elle encore soutenable?*, dirigida por **Jean-Marie Chevalier, Marie-Anne Frison-Roche** e **Ivar Ekeland**, P.U.F., Paris, 1999.

Donges, Juergen, «Desregulación y dinámica económica» en La necesaria liberalización de los servicios en España, *Revista del Instituto de Estudios Económicos*, n.º. 3, 1994.

Duguit, León, *Las transformaciones del Derecho público y privado, Comares*, Granada, 2007. Les transformations du droit public, Paris Armand Colin, París, 1913.

Entrena Ruiz, Daniel, «La génesis de la Directiva sobre Liberalización de Servicios», en *El mercado interior de servicios en la Unión Europea. Estudios sobre la Directiva 2006/123/CE relativa a los servicios en el mercado interior*, dirigida por **Tomás Quadra-Salcedo Fernández del Castillo**, Marcial Pons, Madrid, 2008.

Esteve Pardo, José:

«La regulación de la economía desde el Estado garante», en la obra colectiva *La autonomía municipal, administración y regulación económica, títulos académicos y profesionales*, dirigida por Asociación Española de Profesores de Derecho Administrativo, Congreso, 2007.

Autorregulación: génesis y efectos, Aranzadi editorial, 2002.

Técnica, riesgo y Derecho: tratamiento del riesgo tecnológico en el Derecho ambiental, Ariel, 1999.

Fernández Rodríguez, Tomás Ramón:

«Del servicio público a la liberalización desde 1950 hasta hoy», *Revista de Administración Pública*, n.º. 150, septiembre-diciembre 1999.

«Empresa pública y servicio público: el final de una época», *Revista Española de Derecho Administrativo*, n.º. 89, 1996.

Gamero Casado, Eduardo, «¿El "retorno" al Derecho administrativo?: manifestaciones en las leyes de procedimiento, régimen jurídico y contratos del sector público», *Revista Española de Derecho administrativo*, n.º. 189, enero-marzo 2018.

García de Enterría, Eduardo, y **Fernández Rodríguez, Tomás Ramón**, *Curso de Derecho Administrativo* (vol. I, 18.ª, ed.; vol. II, 15.ª ed.), Civitas, Madrid, 2017.

García Oviedo, Carlos, *Derecho Administrativo*, Ediciones Iberoamericanas, Madrid, 1957.

Garrido Falla, Fernando:

Tratado de Derecho administrativo, vol. II, Tecnos, Madrid, 2002.

«Privatización y reprivatización», *Revista de Administración Pública*, 126, 1991.

Gil Ibáñez, Alberto, «Administración, Gestión Pública y Derecho: el Derecho administrativo como obstáculo o como facilitador en un contexto de innovación y complejidad», *Actualidad Administrativa*, n.º. 1, semana del 30 de diciembre al 5 de enero de 2003.

Gimeno Feliú, José María, «El principio de eficiencia», en la obra colectiva *Los principios jurídicos del Derecho Administrativo*, dirigida por **Juan Alfonso Santamaría Pastor**, La Ley, Madrid 2010.

Giner, Salvador, y **Pérez Yruela, Manuel**, «Sobre el origen, naturaleza y modalidades del corporatismo», en la obra *El corporatismo en España* dirigida por **Salvador Giner**, y **Manuel Pérez Yruela**, Ariel Sociología, Barcelona, 1988.

Gómez-Ferrer Morant, Rafael:

«La Unión Europea y el Estado Social», *Revista de Administración Pública*, n.º. 200, 2016.

«El régimen general de los centros privados de enseñanza», *Revista de Administración Pública*, n.º. 70, 1973.

González López, Juan José, «La "huida del Derecho administrativo" como factor criminógeno», *Revista de Derecho penal y criminología*, 3.ª Época, n.º. 16, julio 2016.

Gual Solé, Jordi, *El Estado y la prestación de servicios públicos: el caso de las telecomunicaciones*, Documento de investigación n.º. 332 IESE, Navarra, 1997.

Hauriou, Maurice, *Précis de Droit Administratif et droit public*, Dalloz Sirey, París, 1919.

Herrero de Padura, Mercedes, Sáinz Moreno, Fernando, *Constitución española, Trabajos parlamentarios*, II, Cortes Generales, 1989.

Hirschman, Albert, *Retóricas de la intransigencia*, Fondo de Cultura Económica, México, 1991.

Jordana De Pozas, Luis, «Ensayo sobre una teoría del fomento en Derecho administrativo», *Revista de Estudios Políticos*, n.º. 48, 1948.

Laguna De Paz, José Carlos, «Regulación, externalización de actividad administrativas y autorregulación», *Revista de Administración Pública*, n.º. 185, Madrid, mayo-agosto 2011.

Leclerq, Carles, «La misión de service public», *Recueil Dalloz Sirey*, 3er cuaderno, 1966.

Linde Paniagua, Enrique, *Las transformaciones del Derecho Público de nuestro tiempo*, UNED Ediciones Académicas, 2016.

Luhmann, Niklas, *Teoría política en el Estado de Bienestar*, Alianza Editorial, 1997.

Majó, Joan, *Chips, cables y poder*, Planeta, Barcelona, 1997.

Marina, José Antonio, «La indecencia del poder», en la obra colectiva *Ética de la comunicación audiovisual*, dirigida por **Enrique Bonete Perales**, Tecnos, Madrid, 1999.

Martínez López-Muñiz, José Luis, «Nuevo sistema conceptual» en la obra colectiva *Privatización y liberalización de servicios*, dirigida por **Gaspar Ariño Ortiz**, UAM-BOE, Madrid, 1999.

Martín-Retortillo, Sebastián:

«Reflexiones sobre la huida del Derecho administrativo», *Revista de Administración Pública*, n.º. 140, mayo-agosto de 1996.

«Las Empresas Públicas: reflexiones del momento presente», *Revista de Administración Pública*, n.º. 126, 1991.

Meilán Gil, José Luis:

«El servicio público en el contexto constitucional y comunitario», *Anuario da Facultade de Dereito da Universidade da Coruña*, n.º. 9, 2005.

«El servicio público como categoría jurídica», en *Cuadernos de Derecho Público*, n.º. 2, 1997.

Mestre Delgado, Juan Francisco, «Consideración introductoria sobre el derecho de acceso a registros y archivos administrativos», *Revista Crítica de Derecho Inmobiliario*, n.º. 653, julio-agosto 1999.

Moderne, Fabien, «Les privatisations en Espagne», en *Annuaire européen d'Administration publique*, CNRS, 1988.

Montoro Romero, Ricardo, *La reforma del Estado del Bienestar: Derechos, Deberes e Igualdad de oportunidades, proyecto financiado por la Comisión Interministerial de Ciencia y Tecnología, Plan Nacional de I + D*, Madrid, 1997.

Montoya Martín, Encarnación, *Las empresas públicas sometidas a derecho privado*, Madrid, Marcial Pons, 1996.

Moreo Marroig, Teresa, «La función interventora en los contratos», *Contratación Administrativa Práctica*, n.º. 133, septiembre-octubre 2014.

Muñoz Machado, Santiago:

Tratado de Derecho Administrativo y Derecho Público General, I, 4.ª ed., Boletín Oficial del Estado, 2015.

Servicio público y mercado I. Los fundamentos, Civitas, Madrid, 1998.

Parada Vázquez, Ramón:

Concepto y fuentes del Derecho administrativo, Marcial Pons, 1.ª ed., Madrid, 2008.

Derecho administrativo, I Parte General, Madrid, 1994.

Parejo Alfonso, Luciano José, «Servicios públicos y servicios de interés general: La renovada actualidad de los primeros», *Revista de Derecho de la Unión Europea*, n.º. 7, 2004.

Pascual García, José, «La huida del Derecho administrativo, del Presupuesto y de los controles financieros por los nuevos entes del sector público», *Presupuesto y gasto público*, n.º. 60, 2010.

Paz-Ares Rodríguez, Cándido, Alfaro Águila-Real, Jesús, «Artículo 38», en la obra colectiva *Comentarios a la Constitución española*, dirigida por **Miguel Rodríguez**, vol. 1, 2018.

PEACOCK, ALAN, *Elección pública: una perspectiva histórica*, Alianza, Madrid, 1995.

PIÑERO Y BRAVO FERRER Y CASAS BAAMONDE, MARÍA EMILIA, Fundación Wolters Kluwer, Boletín Oficial del Estado, Tribunal Constitucional y Ministerio de Justicia, Madrid, 2018.

RIVERO, JEAN, «Le conseil constitutionel et les libertés», *Revue française de science politique*, París, 1987.

SALA ARQUER, JOSÉ MANUEL:

«Las concesiones de servicio público en un contexto liberalizado», *Revista Andaluza de Administración Pública*, n.º. 56, 2004.

La liberalización del Monopolio de Petróleos en España, Marcial Pons, Madrid, 1995.

«Huida al Derecho privado y huida del Derecho», *Revista Española de Derecho Administrativo*, 75, 1992.

SALA ARQUER, JOSÉ MANUEL, y **SARTORI, GIOVANNI**, *Elementos de teoría política*, Madrid, Alianza, 1992.

SÁNCHEZ MORÓN, MIGUEL, «El retorno del Derecho administrativo», *Revista de Administración Pública*, n.º. 206, 2018.

SCHWARZE, JÜRGEN, *Droit Administratif Europeen, Office des Publications officielles des Communautés Europeénnes*, Bruylant, Buselas, 1994.

SELZNICK, PHILIP, «Focusing Organizational Research on Regulation», en la obra colectiva *Regulatory Policy and the Social Sciences*, dirigida por **ROBERT NOLL**, Berkeley, University of California Press, 1985.

SENDÍN GARCÍA, MIGUEL ÁNGEL, *Hacia un servicio público europeo. El nuevo Derecho de los servicios públicos*, Comares, Granada, 2003.

SERRANO PASCUAL, ANTONIO, «El empleo público en la Ley de racionalización y sostenibilidad de la Administración Local: claroscuros y falta de apuesta firme por la modernización y por un modelo funcionarial de lucha contra la corrupción», *El Consultor de los Ayuntamientos*, n.º. 5, quincena del 15 al 29 de marzo de 2014.

TORNOS MAS, JOAQUÍN, «El concepto del servicio público a la luz del Derecho comunitario», *Revista de Administración Pública*, n.º. 200, 2016.

TRIEPEL, HEINRICH, *Delegation und Mandat im öffentlichen Recht. Eine kritische Studie, W.* Kohlhammer Verlag, Stuttgart, Berlín, 1942.

TRONCOSO, ANTONIO, *Privatización, empresa pública y Constitución*, Marcial Pons, Madrid, 1997.

Vida Fernández, José, «La transformación de los mercados de servicios en Europa», *Cuadernos de Derecho Transnacional*, n.º. 1, marzo de 2010.

Villar Palasí, José Luis:

«Voz concesiones administrativas», en *Nueva Enciclopedia Jurídica*, Francisco Seix editor, Barcelona, 1952.

«La actividad industrial del Estado en el Derecho Administrativo», *Revista de Administración Pública*, n.º. 3, septiembre- diciembre de 1950.

BIBLIOGRAFÍA CITADA (CAPS. VII, VIII Y IX)

ARTEAGA MARTÍN, FÉLIX, *La Cuarta Revolución Industrial (4RI): un enfoque de seguridad nacional*, Documento de Trabajo Real Instituto Elcano, mayo de 2018.

BARR, AVRON y **FEIGEMBAUM, EDWARD**, *Le manuel de l'Intelligence Artificielle*, Eyrolles. París, 1986.

BARRERA-COROMINAS, ALEIX, FERNÁNDEZ DE ÁLAVA, MIREN, y **GAIRÍN SALLÁN, JOAQUÍN**, «Aprendizaje colaborativo en comunidades de práctica online: la plataforma e-Catalunya», *Edutec-e: Revista Electrónica de Tecnología Educativa*, 2014.

BARRIO ANDRÉS, MOISÉS:

«Del Derecho de Internet al Derecho de los robots», en la obra *Derecho de los robots*, La Ley-Wolters Kluwer, Madrid, 2018.

Internet de las Cosas, Reus Editorial, Madrid, 2018.

BATISTA JIMÉNEZ, YOANA, «La dinámica intergeneracional entre jóvenes y adultos mayores en una organización laboral cubana», en *Desidades*, n.º. 12, septiembre de 2016.

CARAGLIU, ANDREA, «Smart Cities in Europe», *Journal of Urban Technology*, volumen 18, 2011.

CERRILLO I MARTÍNEZ, AGUSTÍ, «El impacto de la inteligencia artificial en el Derecho administrativo ¿nuevos conceptos para nuevas realidades técnicas?», *Administración al día, Instituto Nacional de la Administración Pública*, mayo 2019.

DUPONT, CÉCILE y **LETESON, MELI**na, *Comment développer une action intergénérationnelle?,* De Boeck, Bruselas, 2010.

FROSINI, VITTORIO, *Cibernética, Derecho y Sociedad*, Tecnos, Madrid, 1982.

Gairín Sallán, Joaquín, «Creación y gestión del conocimiento intergeneracional. Reflexiones y propuestas», *Revista Vasca de Gestión de Personas y Organizaciones Públicas*, n.º. Especial 1, 2017.

Gimeno Feliú, José María, «El principio de eficiencia», en la obra colectiva *Los principios jurídicos del Derecho administrativo*, dirigida por **Juan Alfonso Santanaría Pastor**, La Ley, 1.ª ed., Madrid, 2010.

González-Oñate, Cristina, **Fanjul-Peyró, Carlos** y **Cabezuelo-Lorenzo, Francisco**, «Uso, consumo y conocimiento de las nuevas tecnologías en personas mayores en Francia, Reino Unido y España», *Revista Científica de Educomunicación*, n.º. 15, 2015.

Gutiérrez Sánchez, Marta y **Hernández Torrano, Daniel**, «Los beneficios de los programas intergeneracionales desde la perspectiva de los profesionales», *Pedagogía Social, Revista Interuniversitaria*, n.º. 21, enero-junio de 2013.

Haller, Stephan, **Karnouskos, Stamatis** y **Schroth, Christoph**, «The Internet of Things in an enterprise context», en la obra colectiva *Future Internet*, dirigida por **John Chandy Springer**, Berlín, 2009.

Hernández, Arturo, *Reescribiendo las reglas: la interacción generacional en el trabajo*, Manpower, México, 2010.

Hill, Robin, «What an algorithm is», *Philosophy & Technology*, Phil Papers, 2016.

Iglesias Sevillano, Héctor, *Derecho Administrativo Global*, Aranzadi, Madrid, 2020.

Jericó Rodríguez, Pilar, «La gestión del talento: enfoque conceptual y empírico», *Boletín de Estudios Económicos*, vol. 56, n.º. 174, 2001.

Jiménez Asensio, Rafael:

«Algunas reflexiones sobre la figura del Delegado de Protección de Datos en las Administraciones Públicas», en *La administración al día, Instituto Nacional de la Administración Pública*, 2018.

Instituciones de garantía de la transparencia, Administración al día, Instituto Nacional de Administración Pública, 2017.

Kaplan, Jerry, *Inteligencia artificial. Lo que todo el mundo debe saber*, Teell, Zaragoza, 2017.

Lago, José Luis, «Reflexiones sobre la gestión intergeneracional de los recursos humanos en la organización», *FACES, Revista de la Facultad de Ciencias Económicas y Sociales*, n.º. 40-41, 2013.

Losada Marrodán, Carlos, «Aproximación a un diagnóstico y sugerencias de mejora del empleo público en España», *Revista Vasca de Gestión de Personas y Organizaciones Públicas*, 2017.

Mapelli Marchena, Clara, «La visión comparada: nuevos sistemas de selección de la alta función pública en las democracias avanzadas», *Revista Vasca de Gestión de Personas y Organizaciones Públicas*, n.º. extra 2, 2018.

Martín, Kerry, **Springate, Lain** y **Atkinson, Mary**, *Intergenerational practice: outcomes and effectiveness, LGA Research Report*, Slough: NFER, Berkshire, 2010.

Mayer-Schonberger, Viktor y **Cukier, Kenneth**, *Big Data. La revolución de los datos masivos*, Turner Publications, Madrid, 2013.

Moreno Rebato, Mar, *Inteligencia artificial*, Aranzadi, Pamplona, 2021.

Munakata, Toshinori, *Fundamentals of the New Artificial Intelligence: beyond Traditional Paradigms*, Springer, 1998.

Murillo de la Cueva, Pablo Lucas, *El derecho a la autodeterminación informativa*, Fundación Coloquio Jurídico europeo, Madrid, 2009.

Peppler, Kylie y **Bender, Sophia**, «Maker movement spread innovation one project at a time», en *Kappan*, noviembre 2013.

Pereiro Cárceles, Manuel, *La utilización del blockchain en los procedimientos de concurrencia competitiva*, La administración al día, Instituto Nacional de la Administración Pública, 2019.

Pérez Luño, Antonio Enrique, «Las generaciones de los Derechos Humanos», *Revista del Centro de Estudios Constitucionales*, n.º. 10, septiembre-diciembre 1991.

Pérez-Marín, Marian y **Fernández Esquinas, Manuel**, «Familia, Empresa y Juventud: elementos para el estudio de la interacción intergeneracional en las empresas familiares», *Revista de Psicología Aplicada*, n.º. 6, 2008.

Pomed Sánchez, Luis:

«Un lector errático reflexiona sobre el principio de transparencia», *Revista Cuadernos Manuel Giménez Abad* n.º 15 (2018).

«Transparencia», en *Fundamentos n.º 9 (2016), La era de los derechos. La teoría general de los derechos fundamentales en sus nuevos territorios y ensamblajes*, Junta General del Principado de Asturias, Oviedo.

Pinazo Hernandis, Sacramento, «Las personas mayores proveedoras de conocimientos y cuidados. El papel de los programas intergeneracionales», *Educación social: revista de intervención socioeducativa*, n.º. 51, 2012.

Ramió Matas, Carles, *La Administración Pública del Futuro (horizonte 2050). Instituciones, política, mercado y sociedad de la Información*, Tecnos, Madrid. 2017.

Ramírez Alaujas, Álvaro, «Gobierno abierto», Eunomía. *Revista en Cultura de la Legalidad*, n.º. 5, septiembre 2012 - febrero 2014.

Rich, Elaine y **Knight, Kevin**, *Inteligencia Artificial*, Mc Graw Hill, 1994.

Salvador Serna, Miquel y **Ramió Matas, Carles**, «Relevo intergeneracional y procesos selectivos: ¿Cómo puede la Administración pública captar el talento joven?», *Revista Vasca de Gestión de Personas y Organizaciones Públicas*, 2017.

Sánchez Martínez, Mariano, **Kaplan Mathew** y **Bradley Leah**, «Usando la tecnología para conectar las generaciones: consideraciones sobre la forma y función», *Revista Científica de Educomunicación*, n.º. 45, 2015.

Schwab, Klaus, *La cuarta revolución industrial*, Debate, Barcelona, 2016.

Solís, Brian, «The Digital Culture Challenge: Closing the Employee-Leadership Gap», *Capgemini Digital Transformation Institute Survey, Digital Culture*, marzo-abril 2017.

Sosa Sierra, María del Carmen, «Inteligencia Artificial en la gestión financiera empresarial», *Pensamiento y Gestión*, n.º. 23, marzo de 2007.

Tejada Fernández, José, «El aprendizaje intergeneracional», Formación XXI. *Revista de formación y empleo*, junio 2011.

Wenger, Etienne, *Communities of Practice. Learning, Meaning and Identity*, Cambridge University Press, Nueva York, 1998.

Made in the USA
Monee, IL
05 November 2026

67386637R00164